IMPRESSUM

© für die Werke von Alessandro Chiodo:
VG Bild-Kunst, Bonn 2018.

Alessandro Chiodo – Die Unwissenheit der Bilder – Fotografien

Umschlagbild: Fotografie von Alessandro Chiodo

ISBN: 978-1731371898

Veröffentlichungsjahr: 2018

Herausgegeben von
Larissa Ferro, Dieter Jaeschke, Carlo Salzani

Weitere Informationen über den Künstler sind unter
www.alessandro-chiodo.de erhältlich

ALESSANDRO CHIODO

DIE UNWISSENHEIT DER BILDER
Fotografien

Herausgegeben von

Larissa Ferro, Dieter Jaeschke, Carlo Salzani

ALESSANDRO CHIODO

DIE UNWISSENHEIT DER BILDER
Fotografien

mit einem Gedicht und einem Beitrag des Künstlers

BEITRÄGE VON

Die Reihenfolge folgt dem Erscheinen der Beiträge im Text

Carlo **Salzani**

Larissa **Ferro**

Dieter **Jaeschke**

Teo Alexander **Fabian**

INHALT

SCHWARZ-WEISS
Gedicht
von Alessandro Chiodo   **p. 1**

FOTOGRAFIEN   **p. 3**

Appunti dell'artista
Notizen des Künstlers
von Alessandro Chiodo   **p. 199**

Sculpted by Light
von Carlo Salzani   **p. 205**

Die Unwissenheit der Bilder
Wie die Fotografie lebendige Kunst erschafft
von Larissa Ferro   **p. 213**

Jenseits der Effekte
Die entfremdete Wirklichkeit der Portraits von Alessandro Chiodo
von Dieter Jaeschke   **p. 221**

Das Gesicht, die Augen, die Seele
von Teo Alexander Fabian   **p. 227**

URHEBERRECHTE / Hinweis   **p. 233**

SCHWARZ-WEISS
Gedicht von Alessandro Chiodo

Schwarz-Weiß ist nicht das Herz
das in dir unermüdet schlägt,
auch nicht der kalte März
der Öffnung bei sich trägt

Es ist gezeichneter Bund
der in dir alles führt,
der gesungene Mund
der die Nacht noch berührt

Bevor du es gehört
ein im Winde blaues Blatt
das dir die Liebe schwört
schrie dir laut Schach und matt

Schenke ihm keinen Glaub
lieber schau dich doch um
siehe die weiße Taub
und winde nicht herum

dein Porträt ist es nur
das dir ewige Liebe schwur.

FOTOGRAFIEN

Porträts

*****

Die fotografierten Personen stammen aus dem Umfeld des Fotografen bzw. gehören zum öffentlichen Leben im Münsterland und im Ruhrgebiet. Ihre Namen werden hier bewusst nicht genannt.

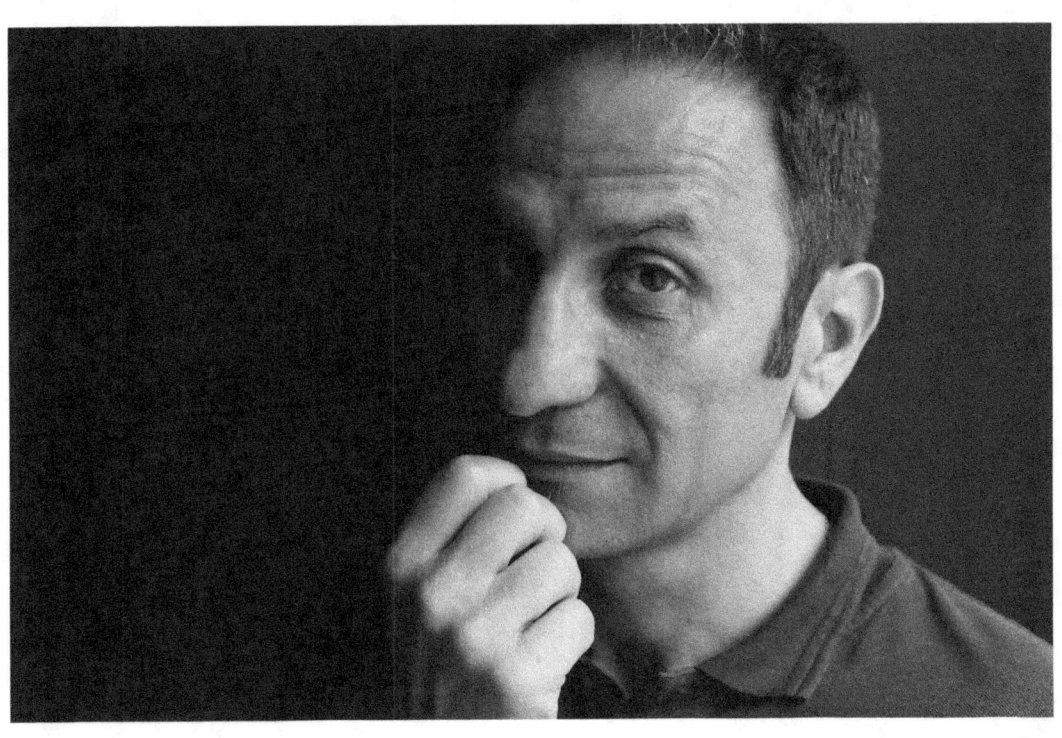
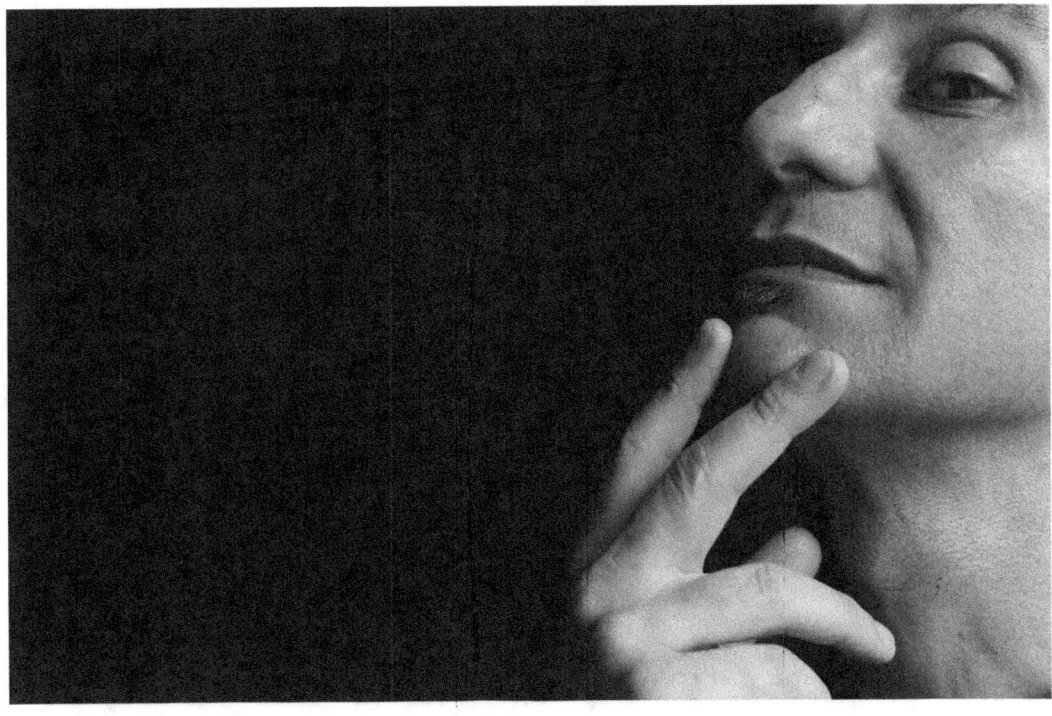

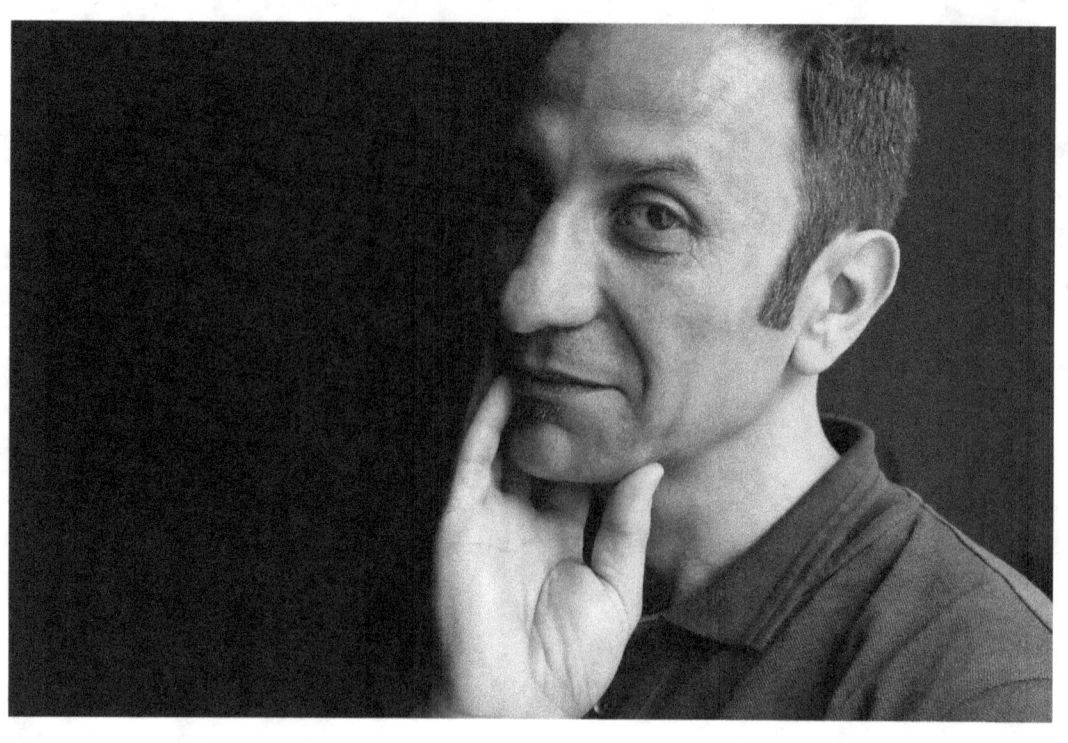
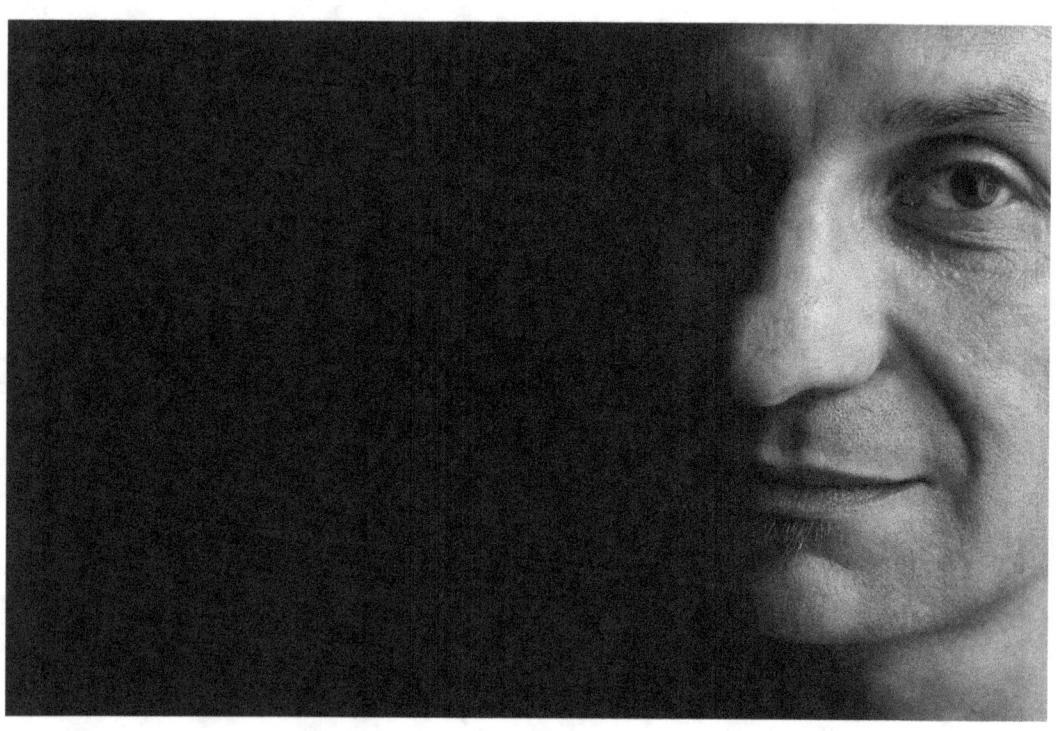

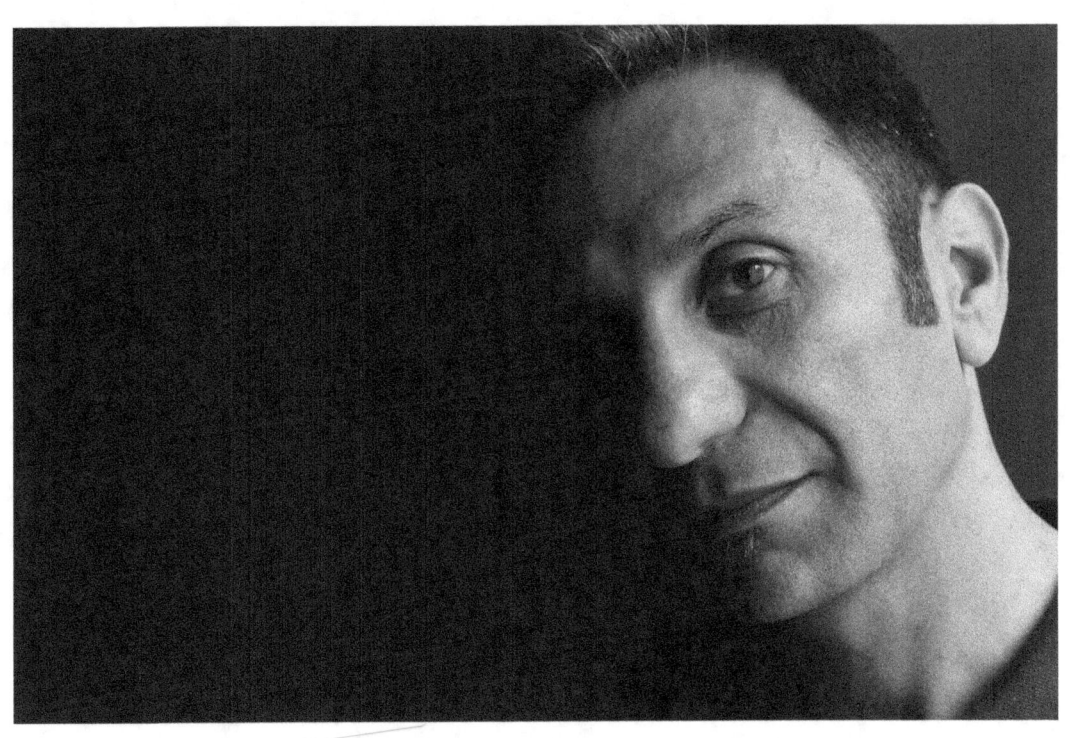

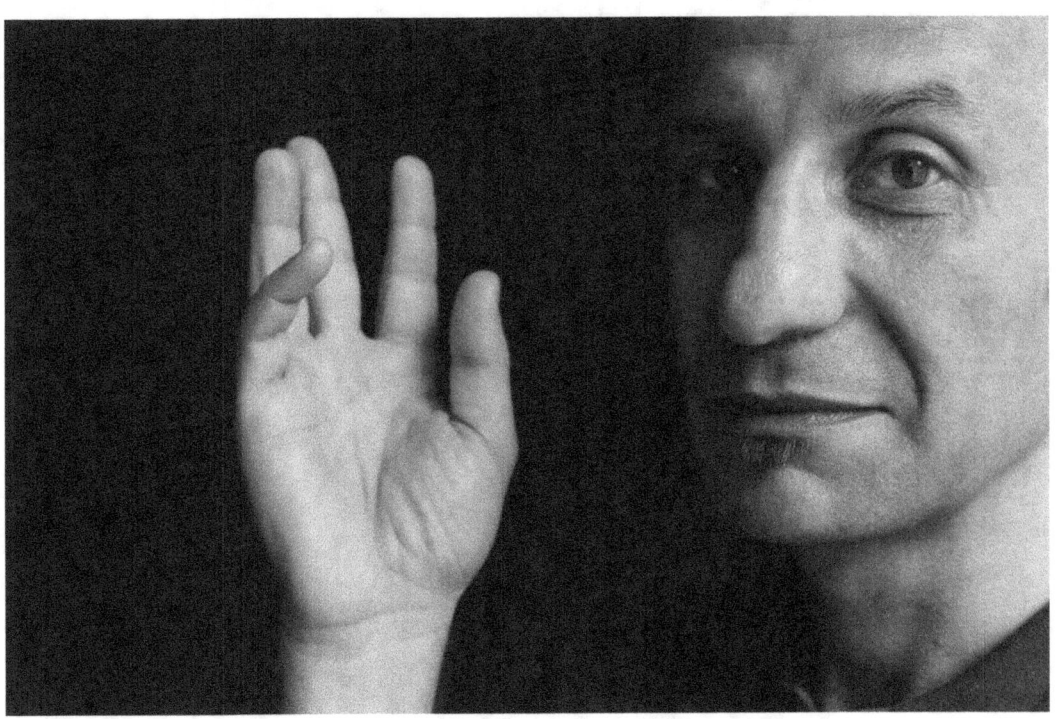

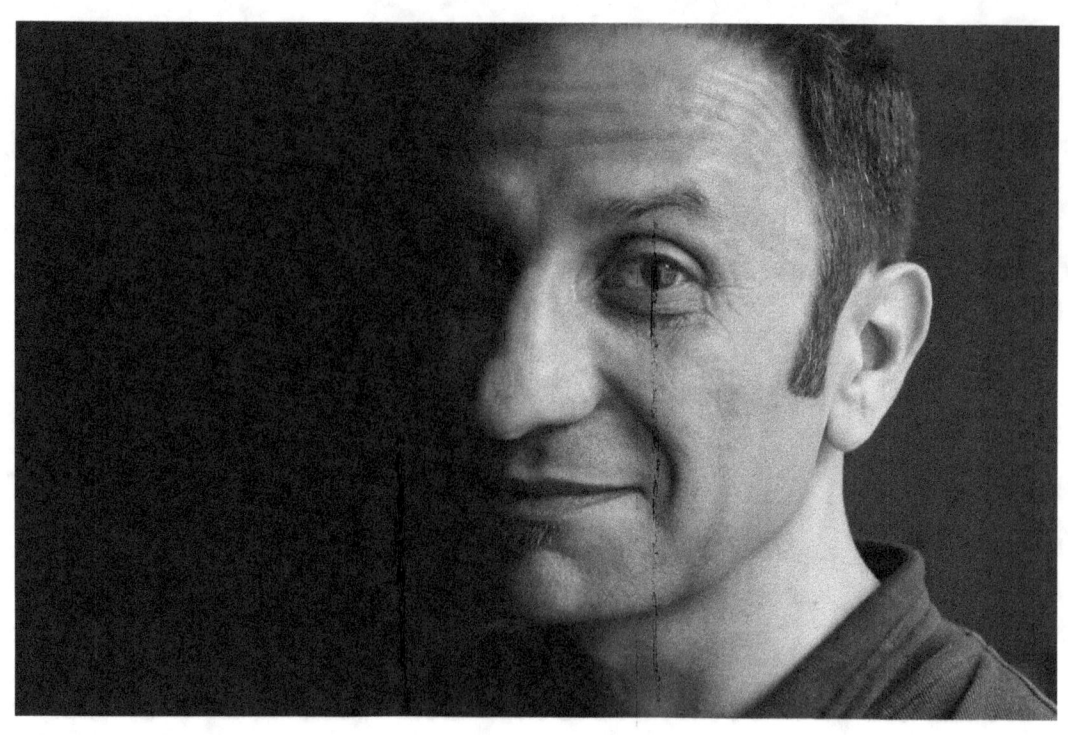
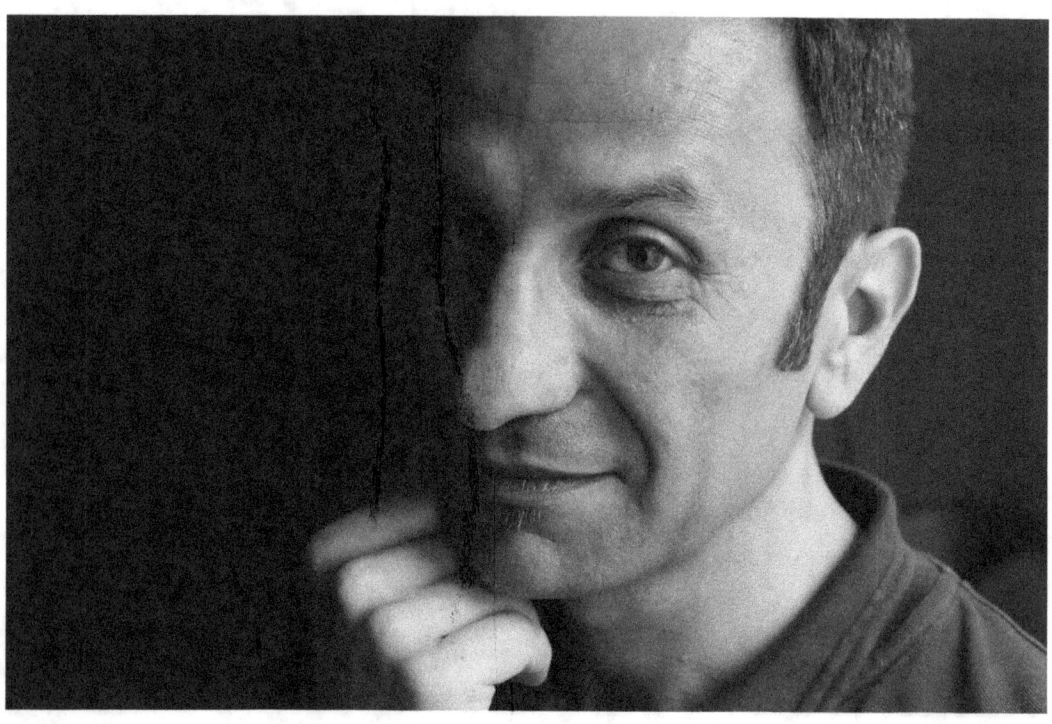

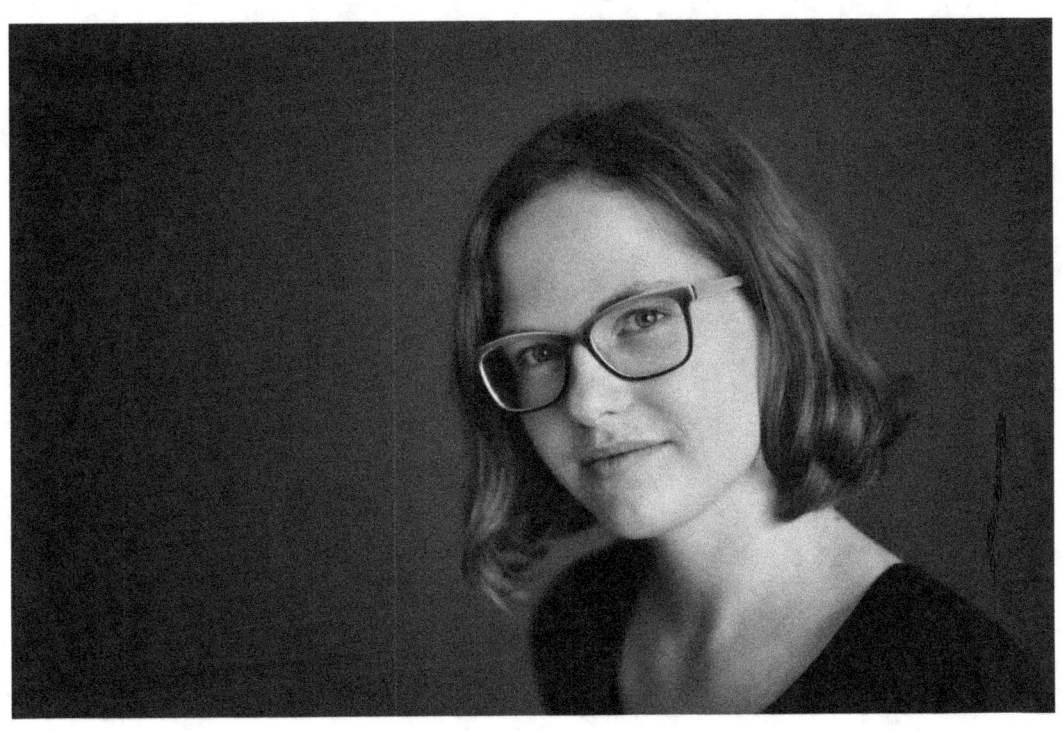

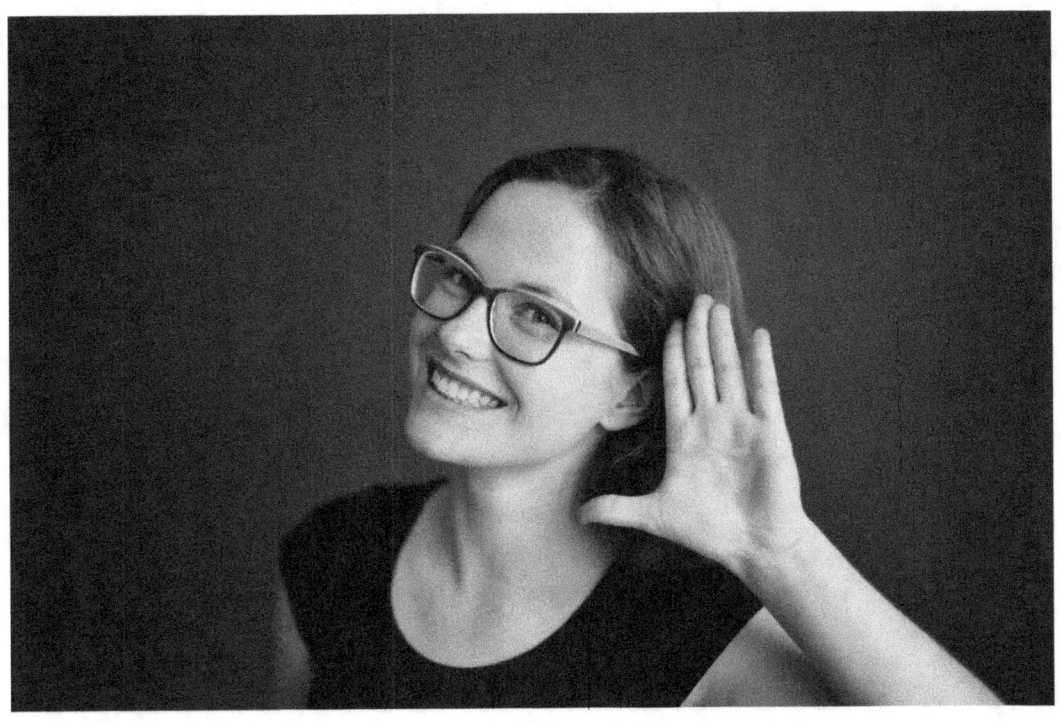

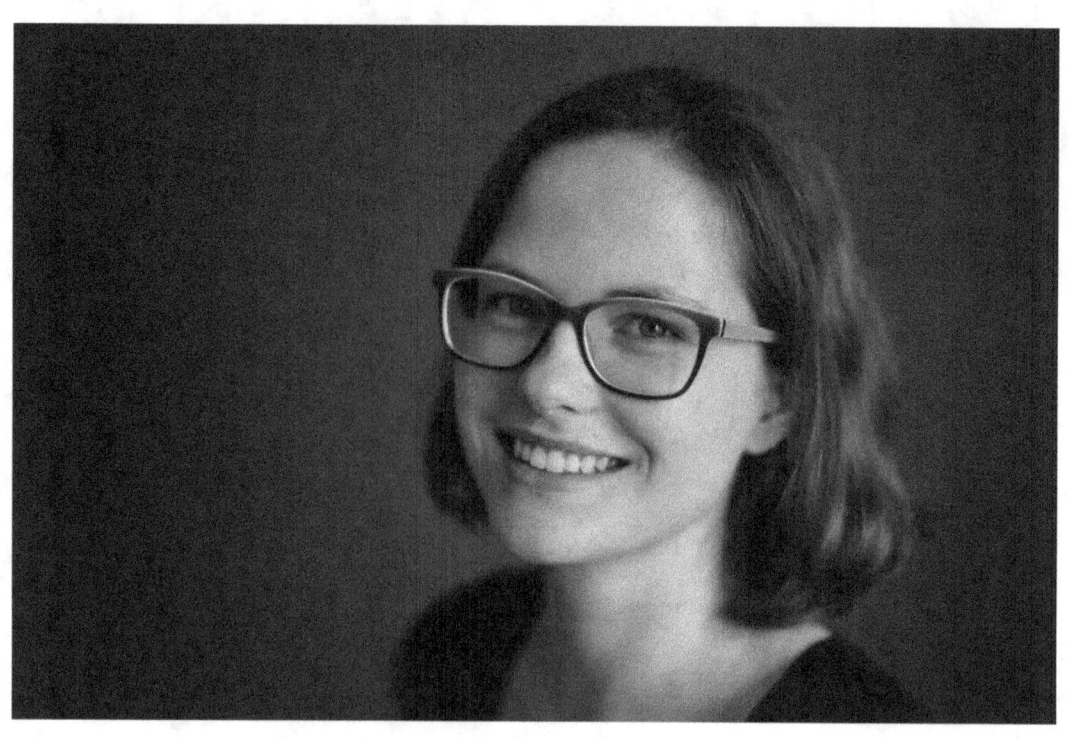

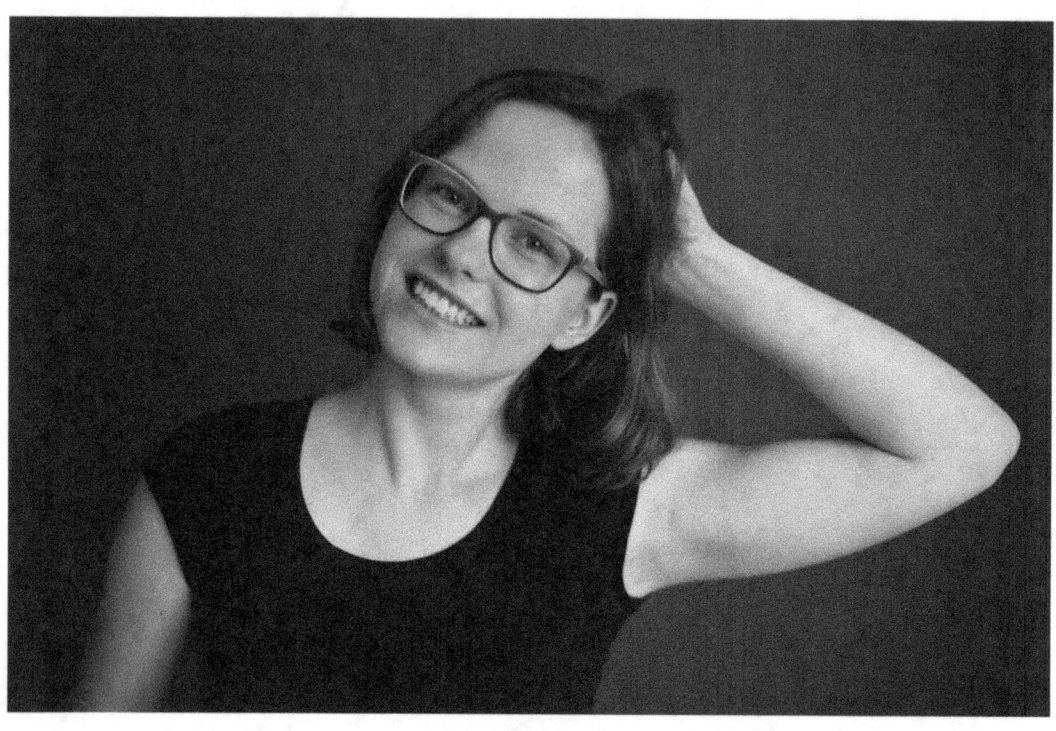

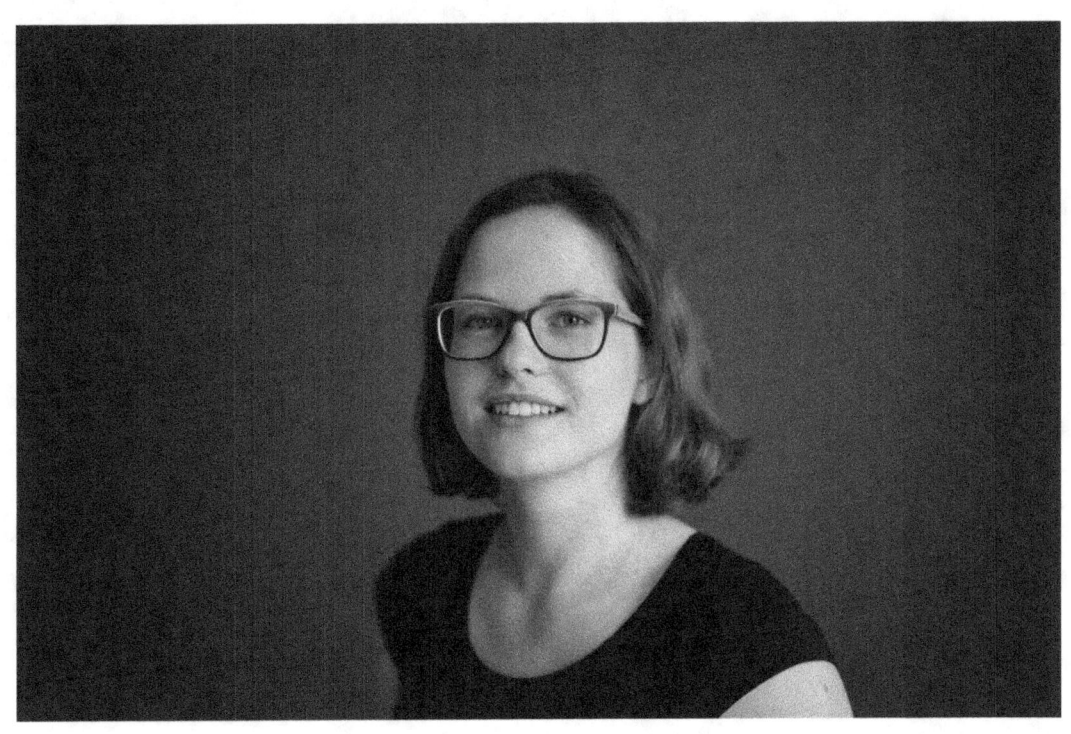

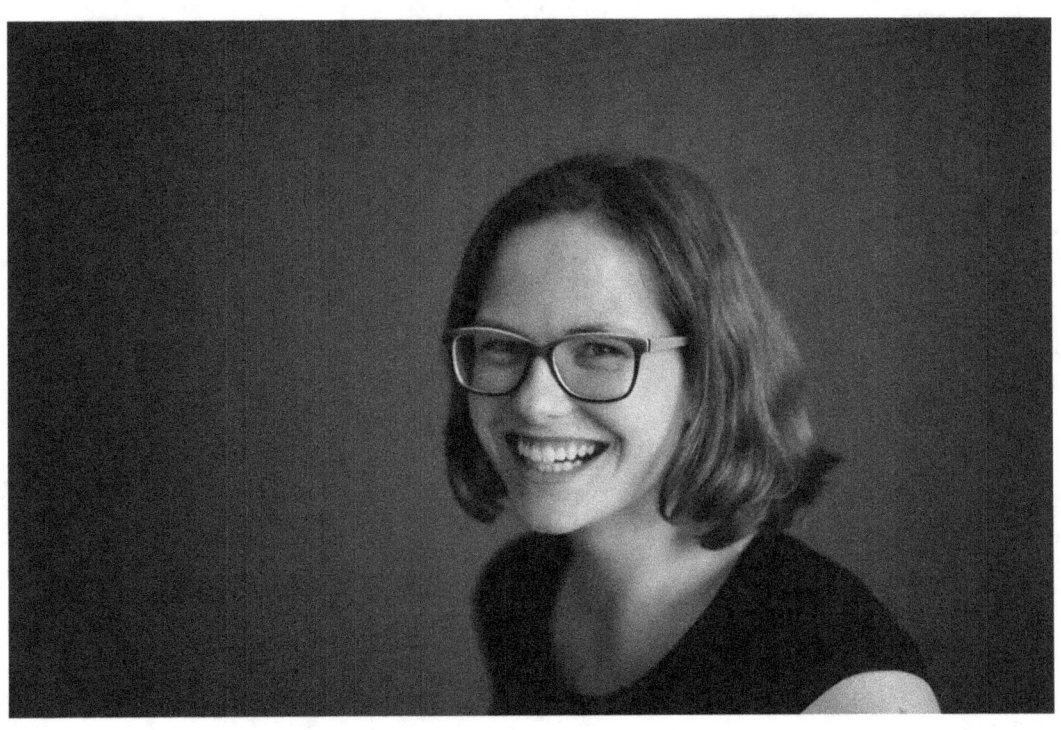

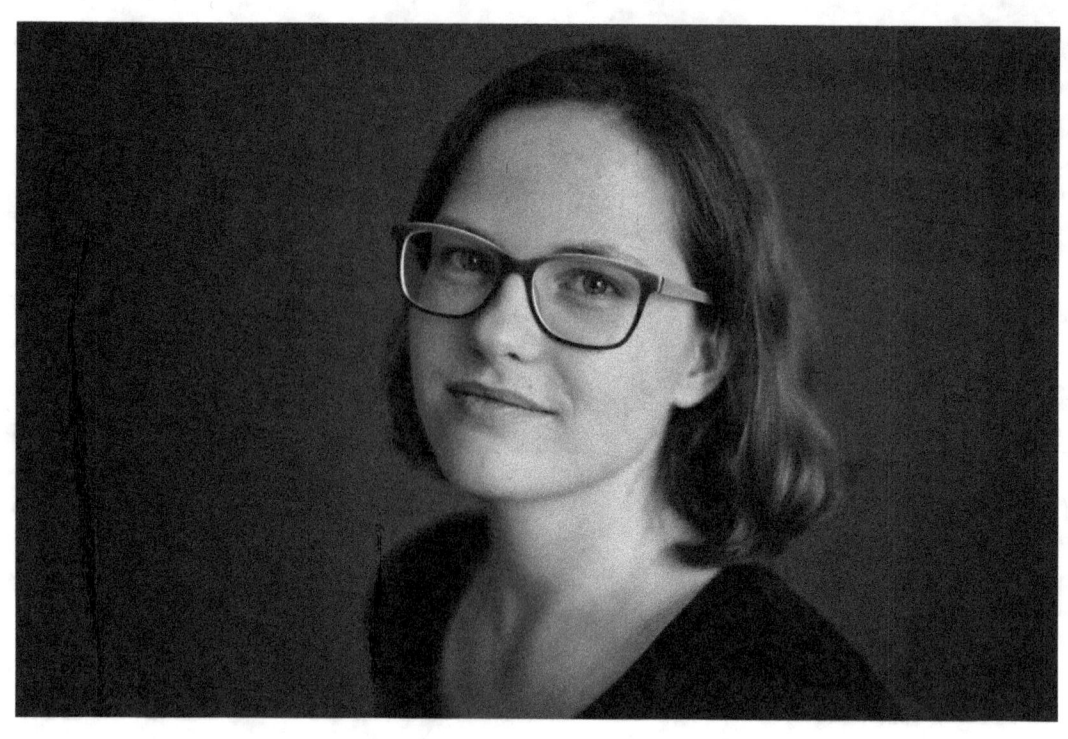
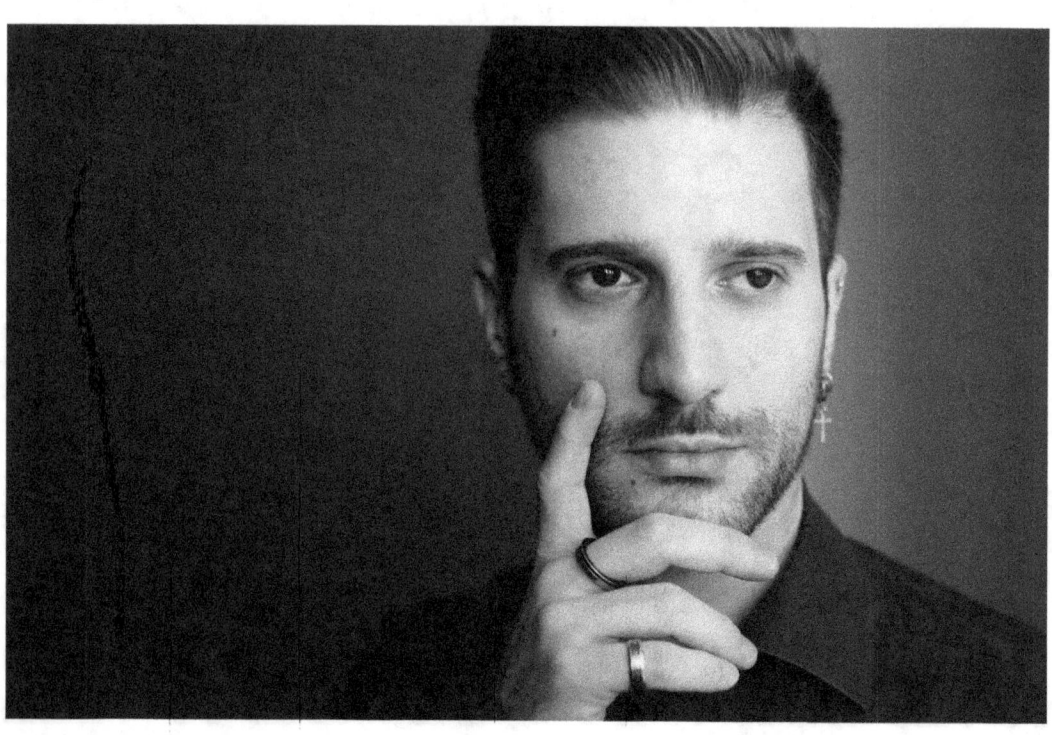

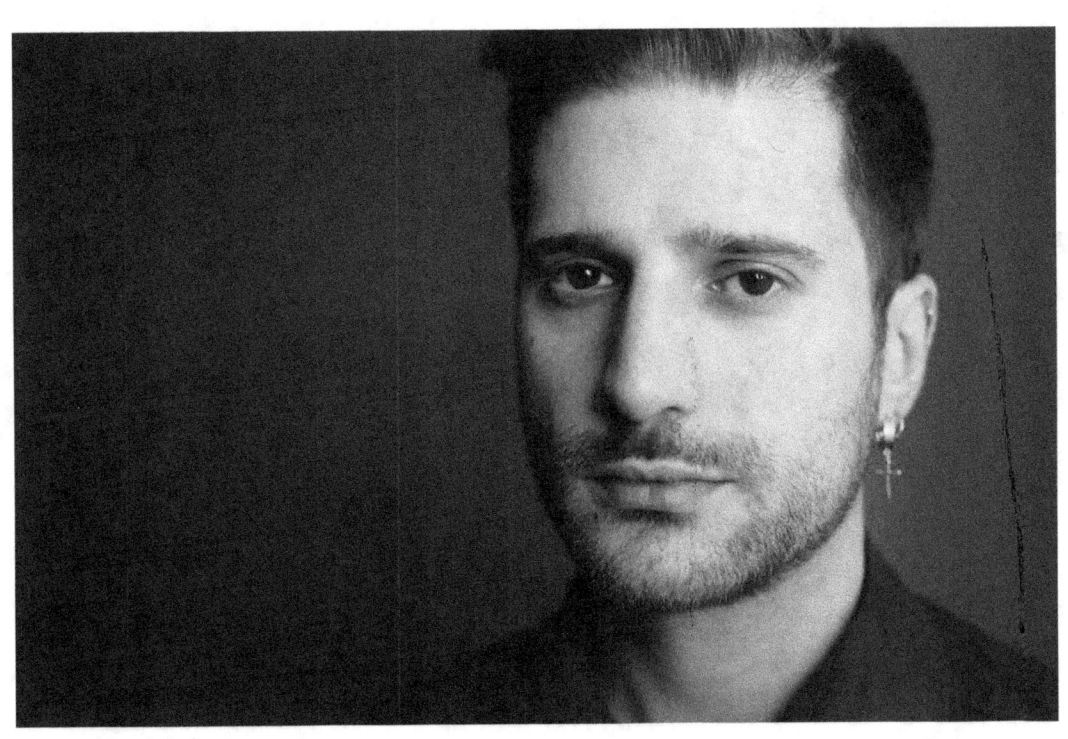

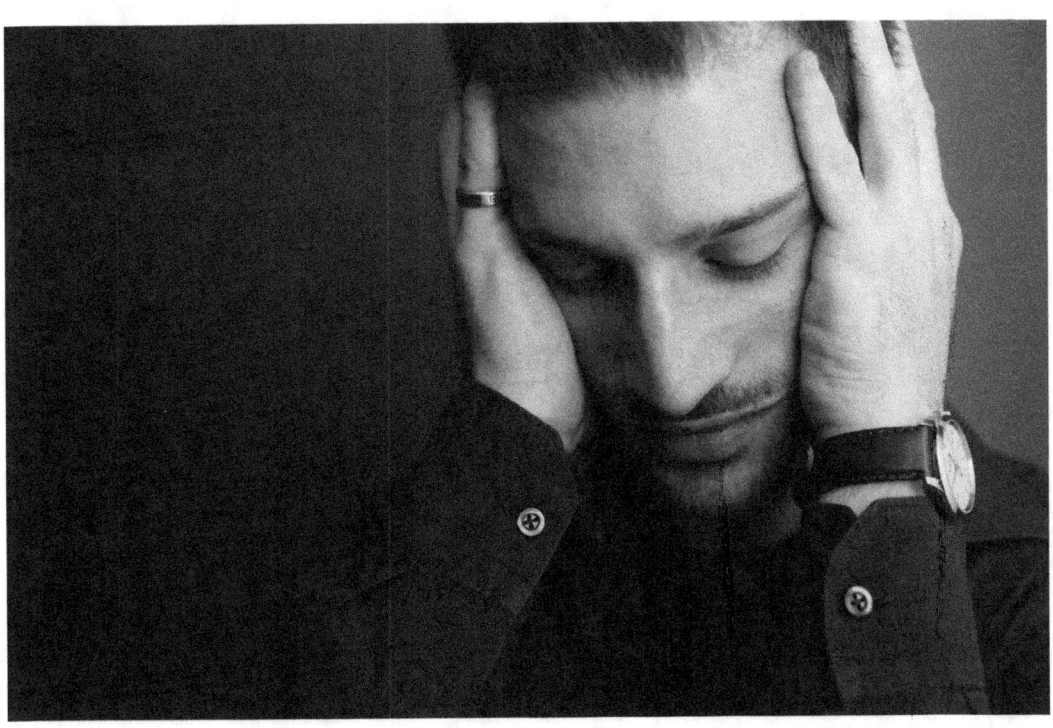

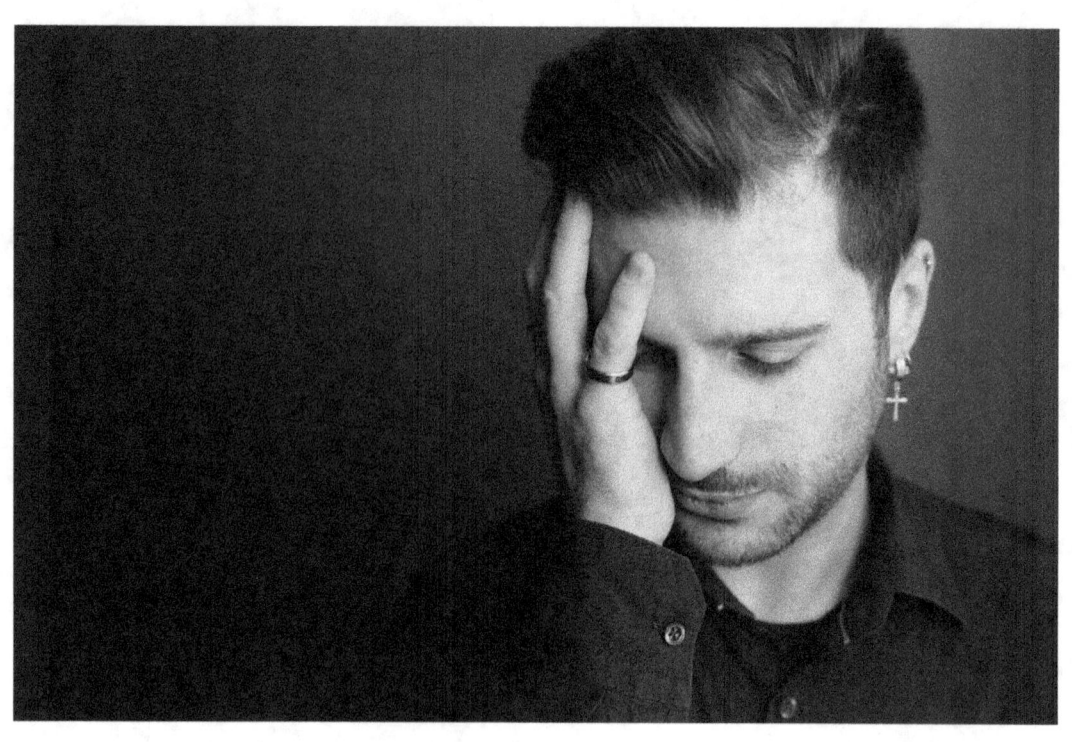

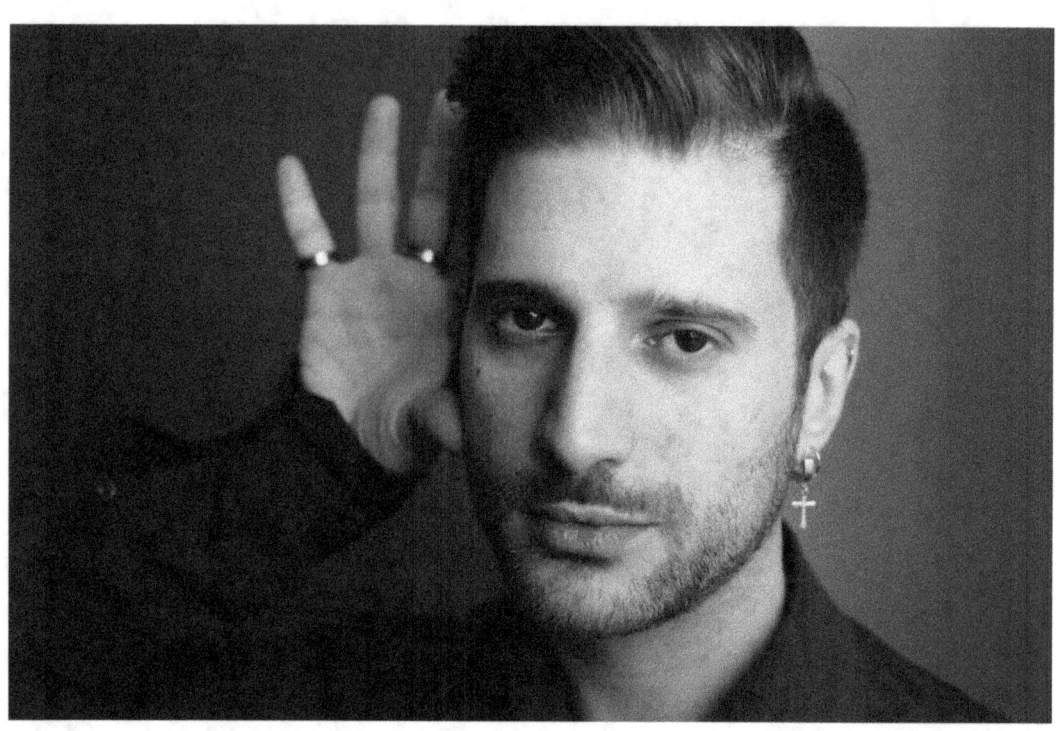

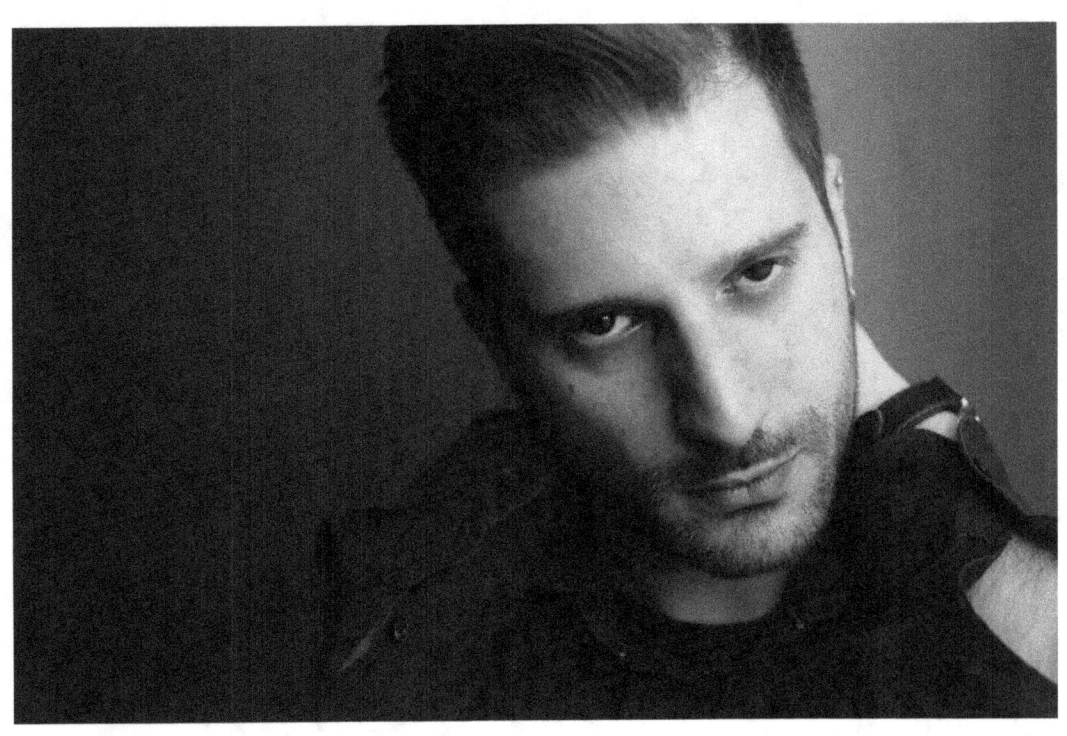
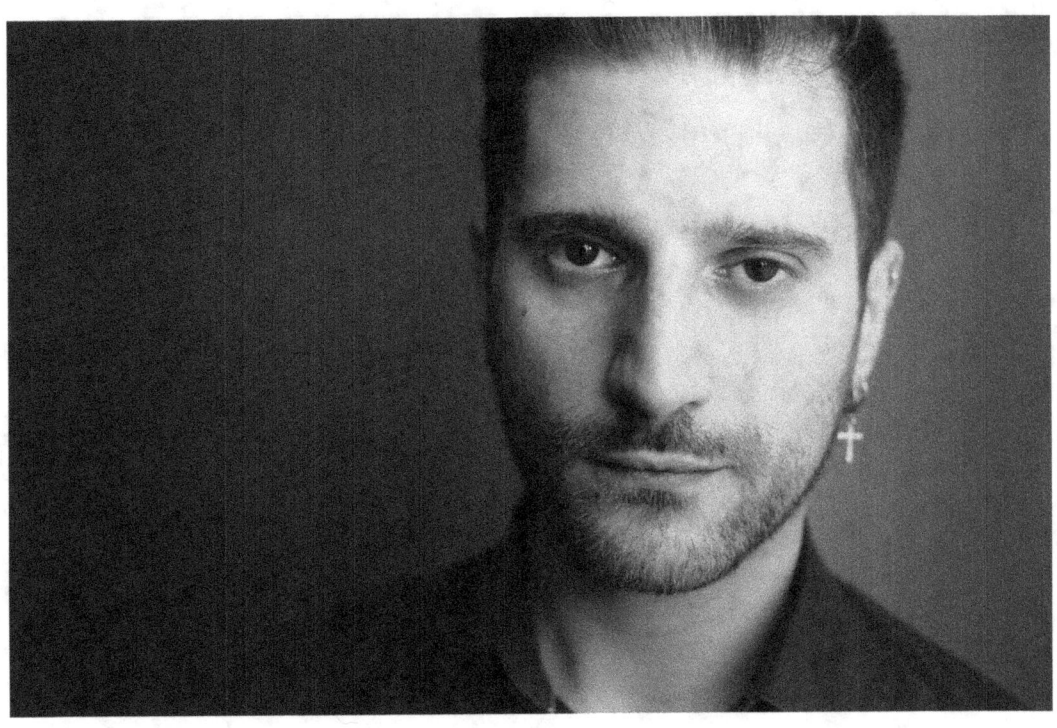

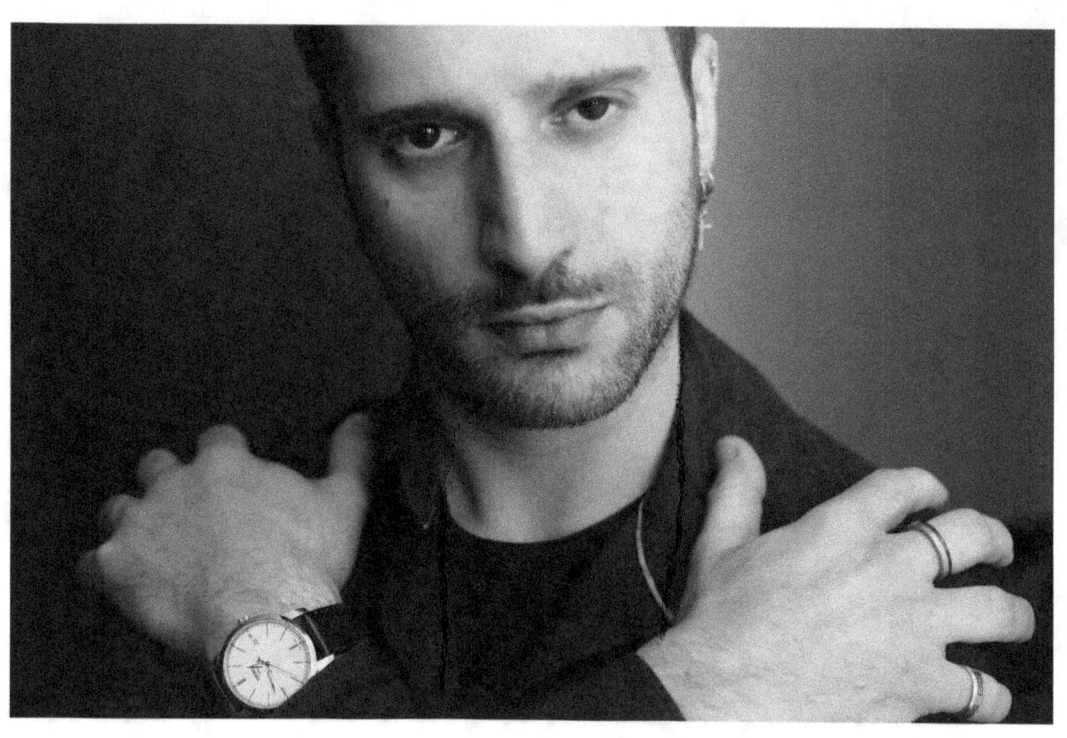
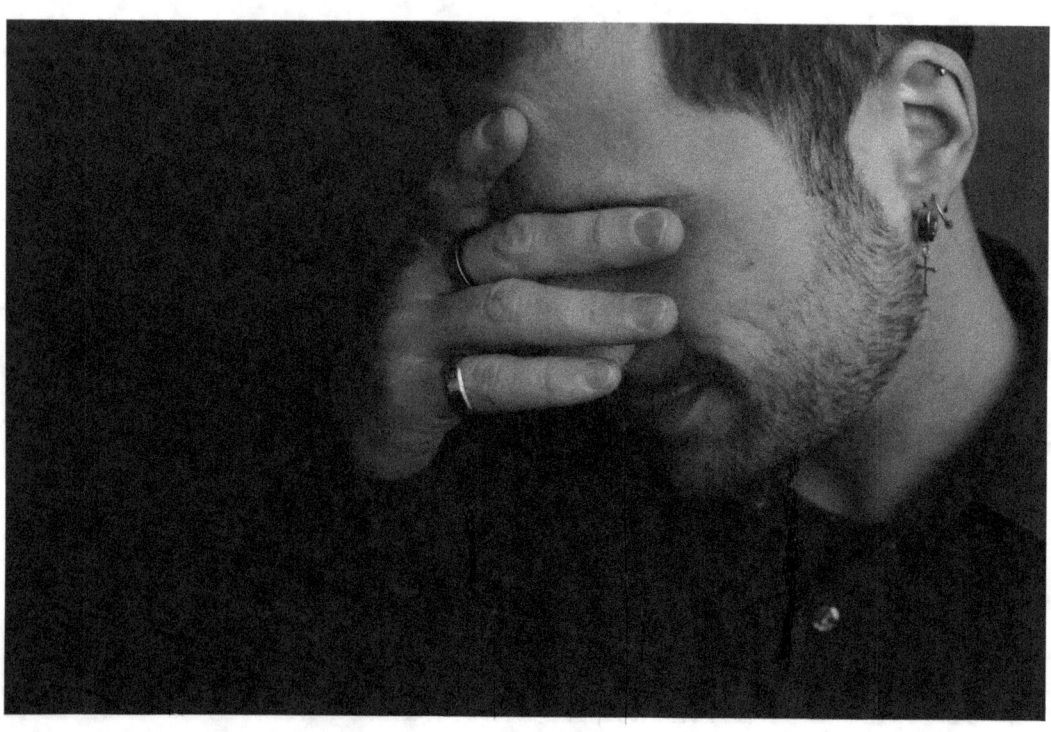

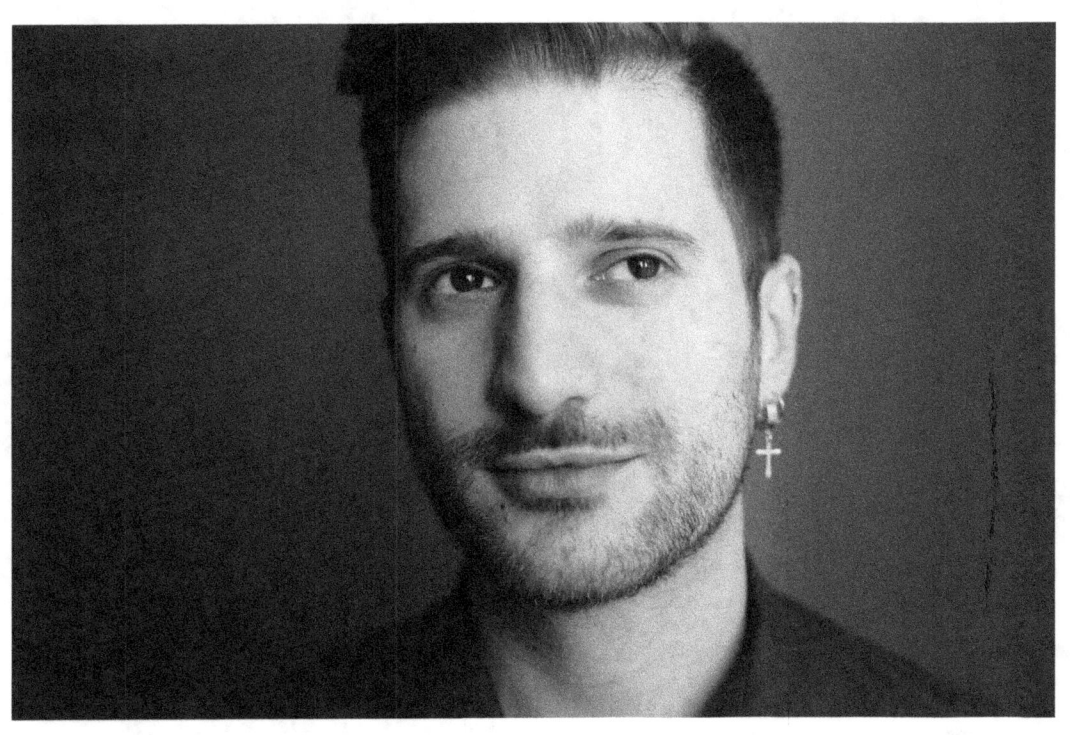

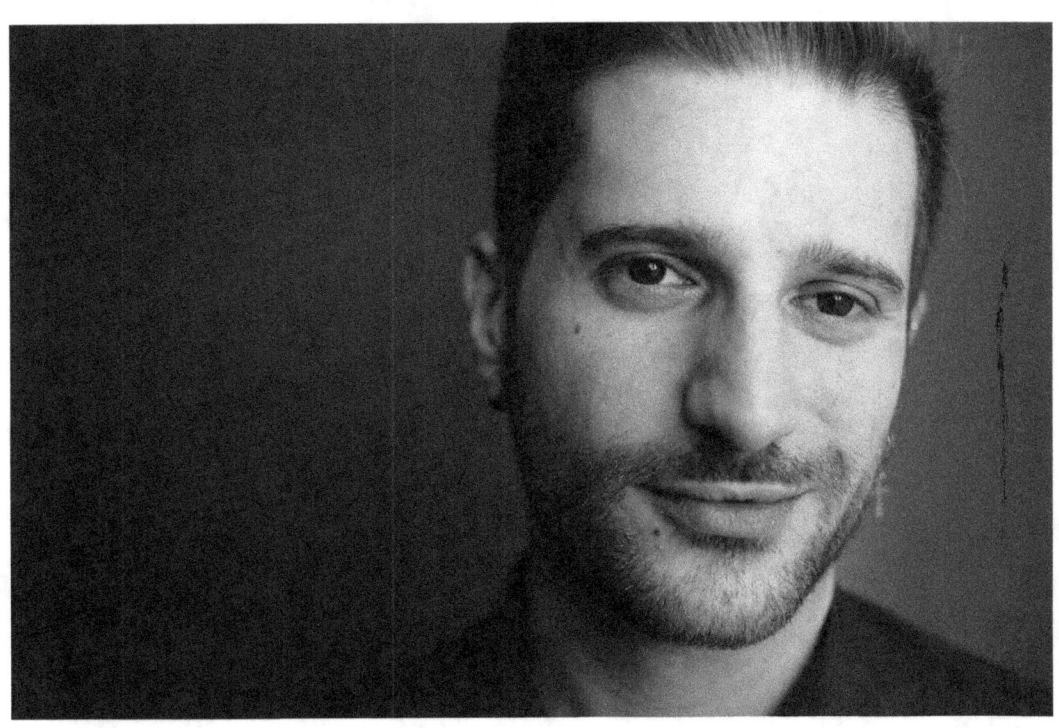

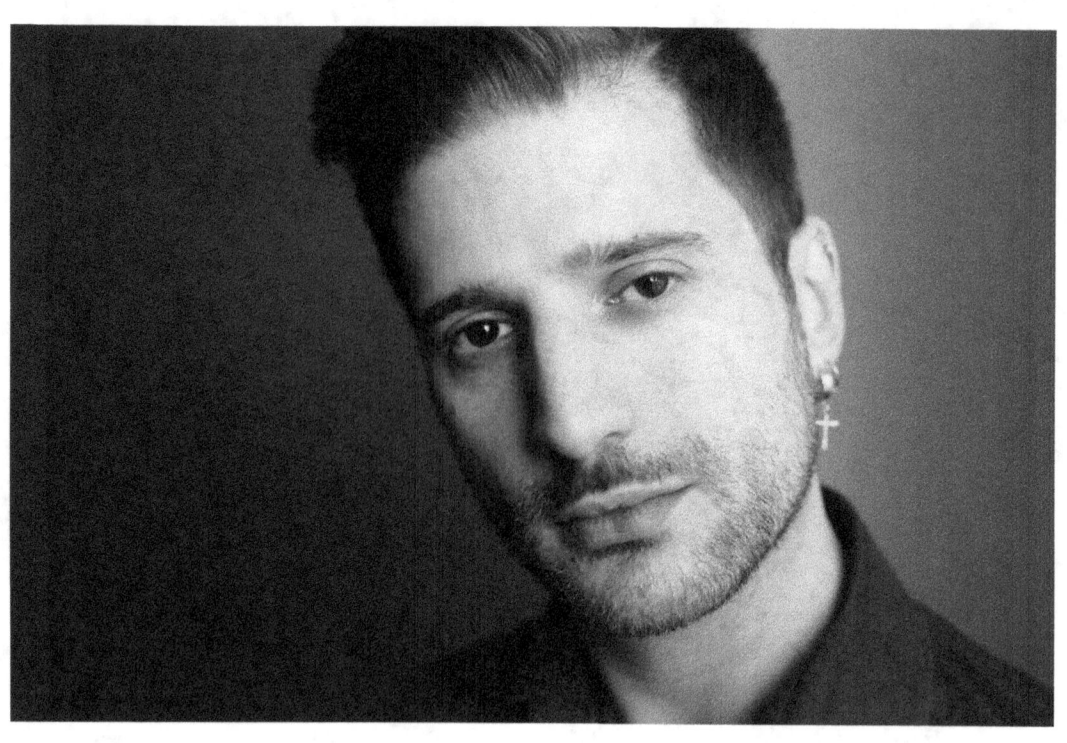

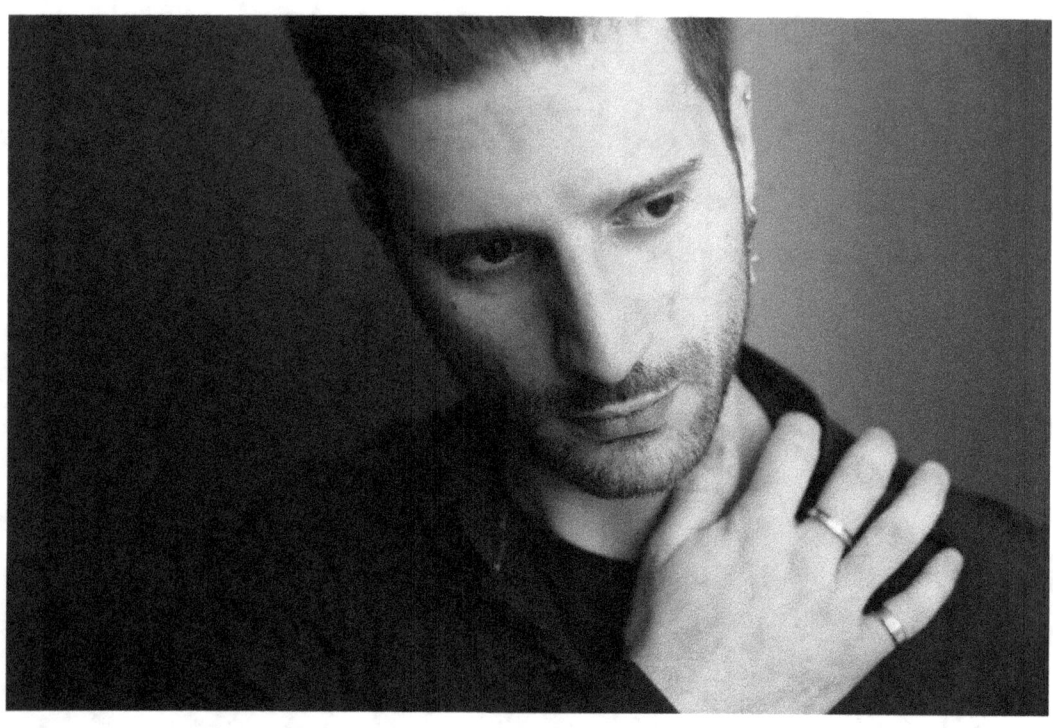

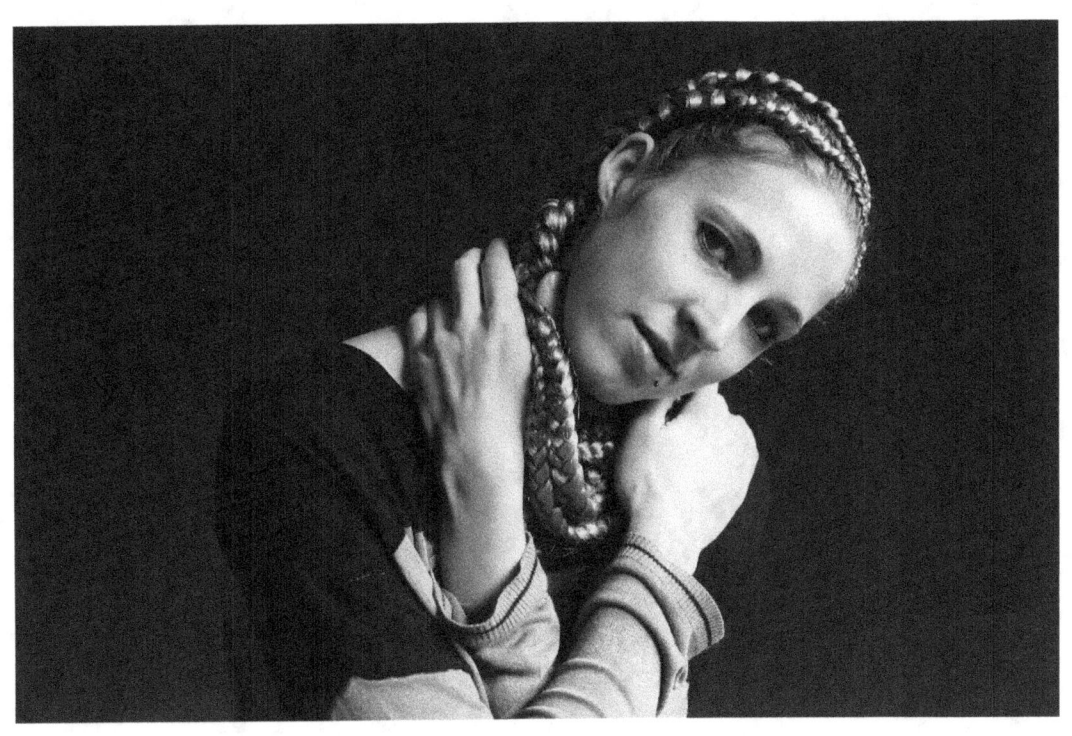

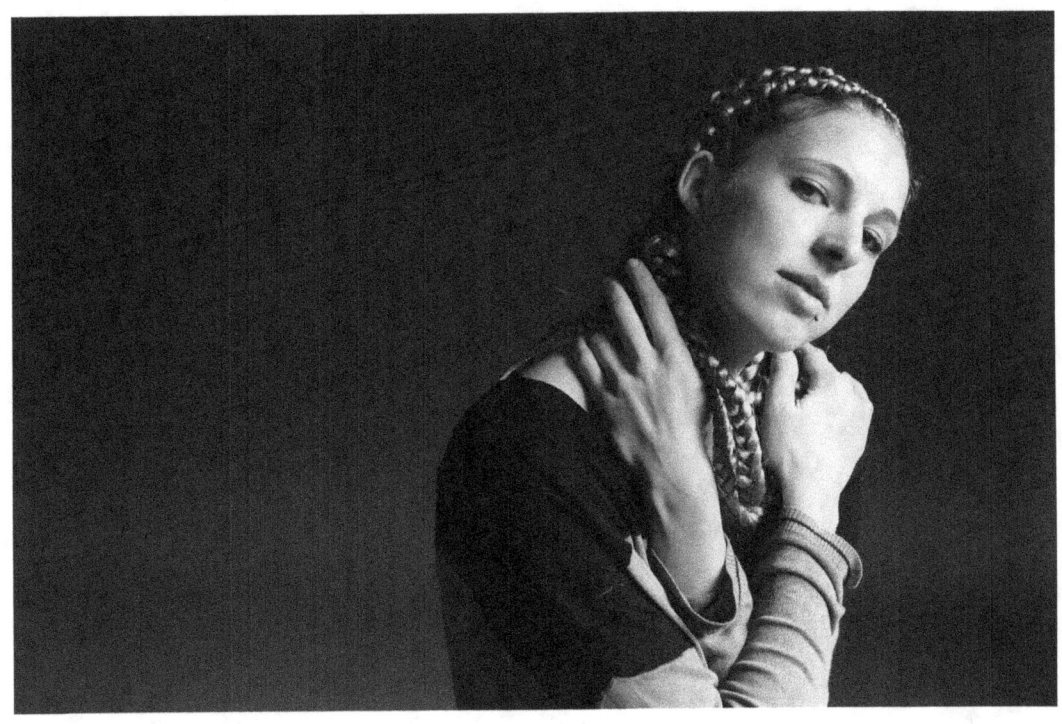

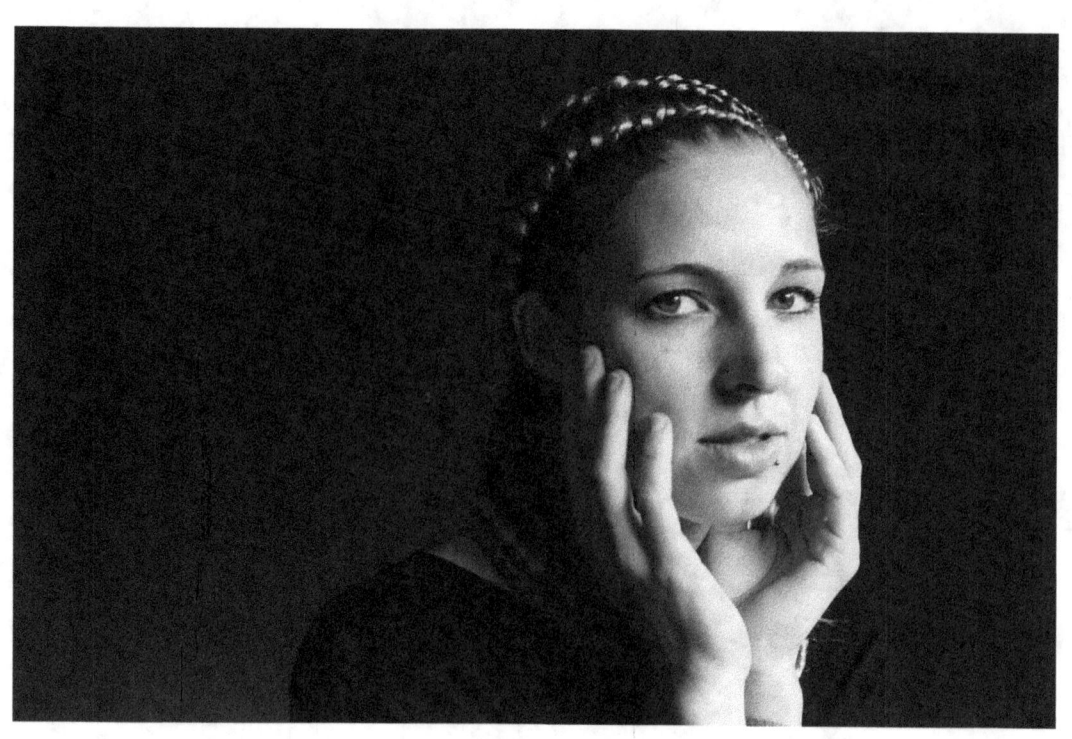

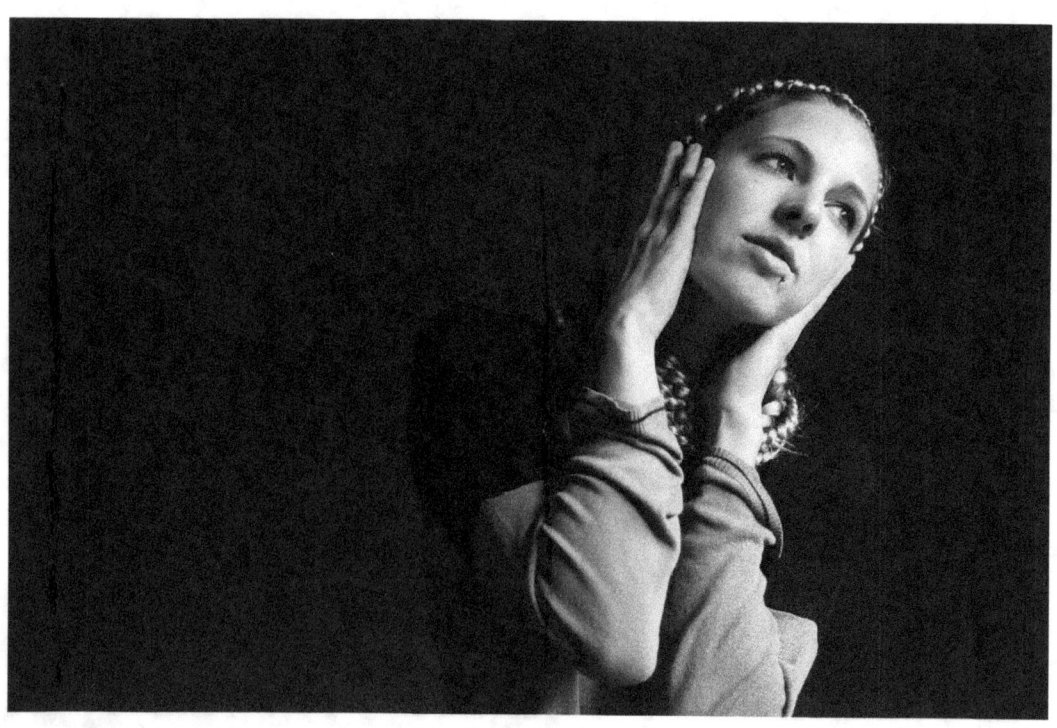

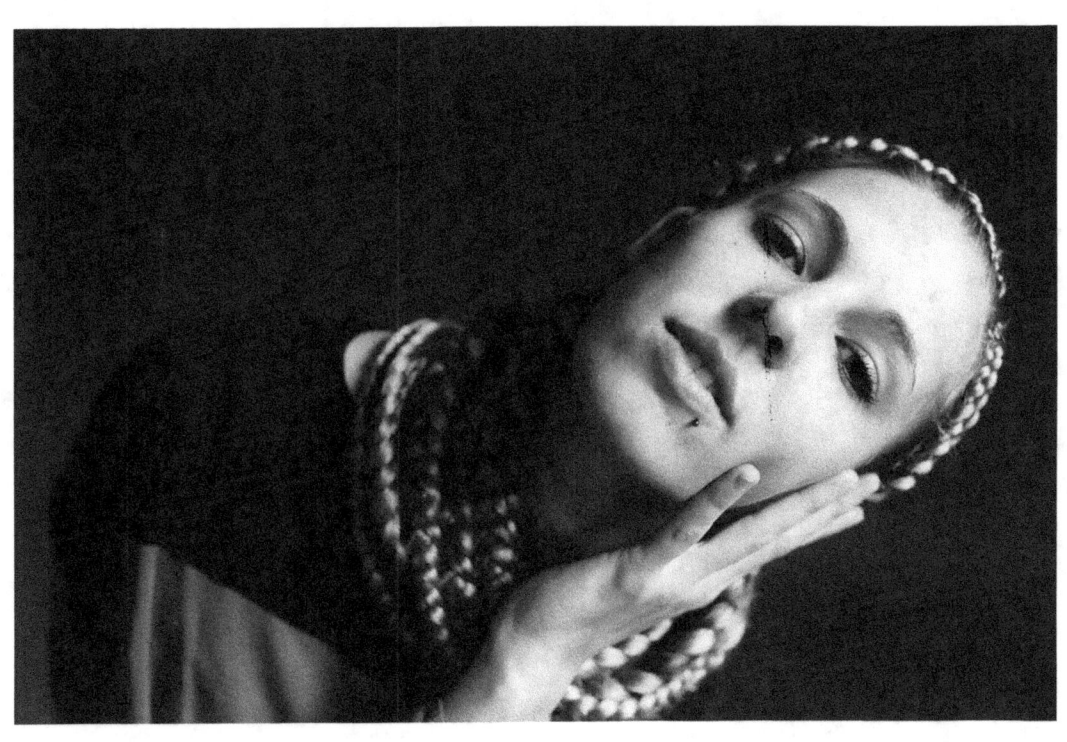
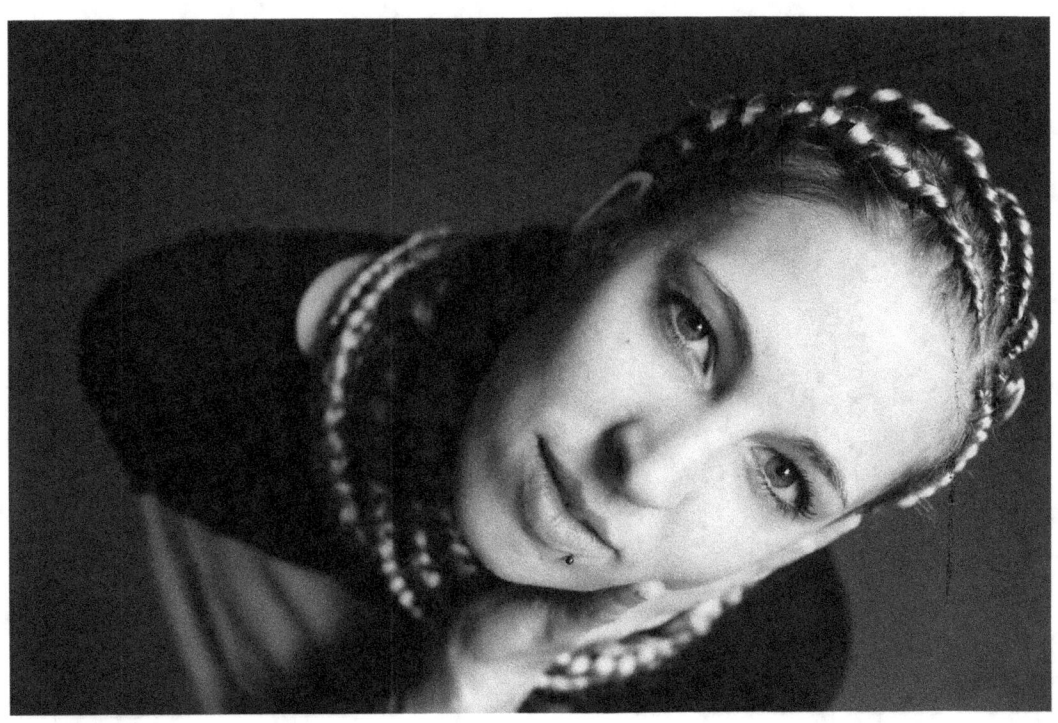

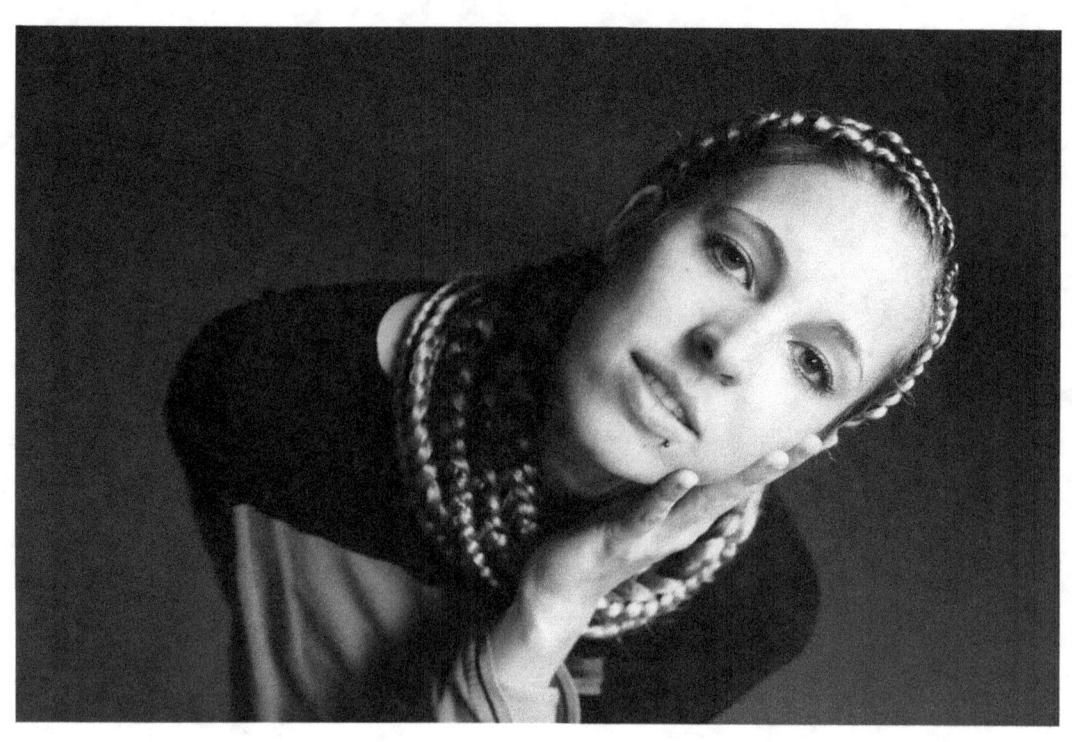
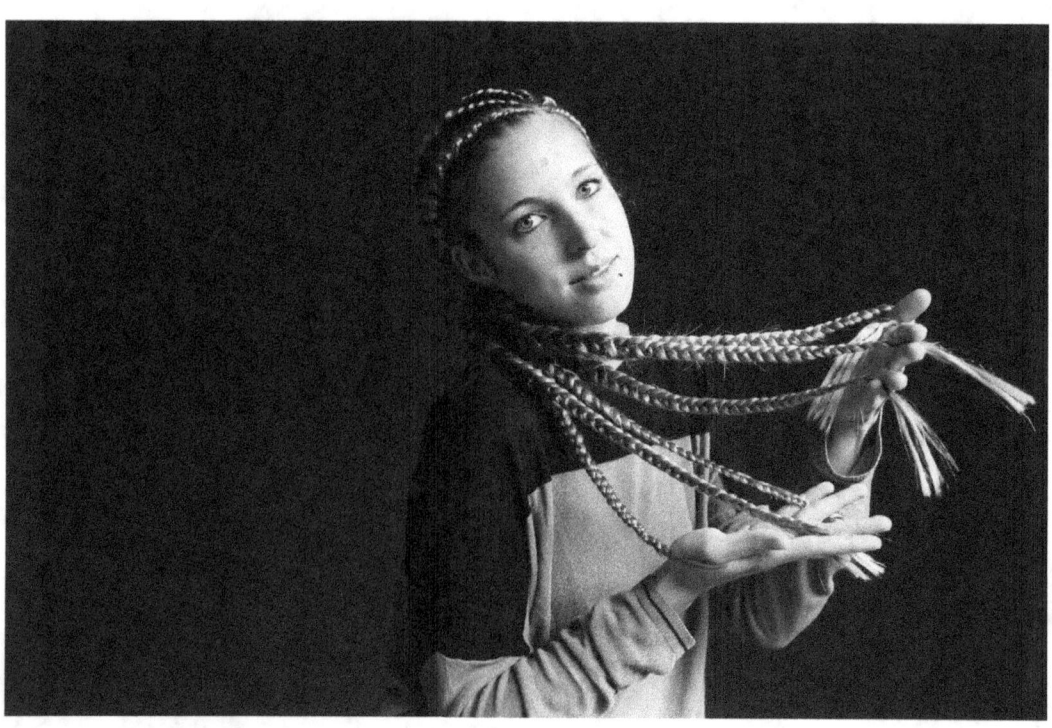

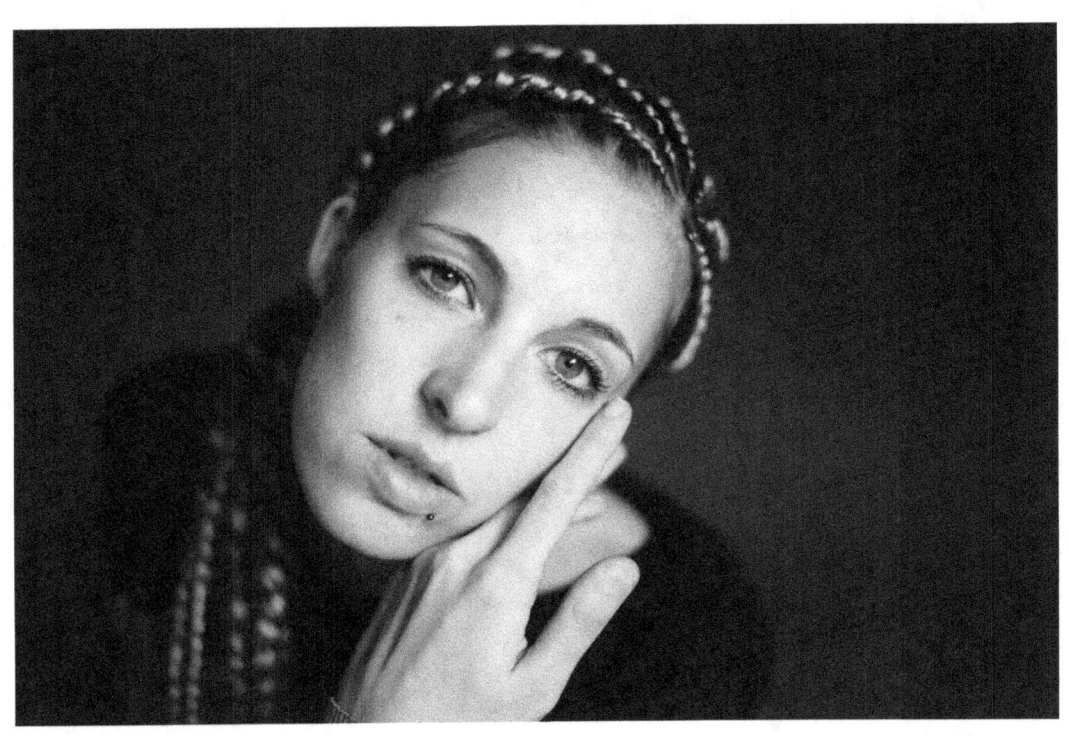
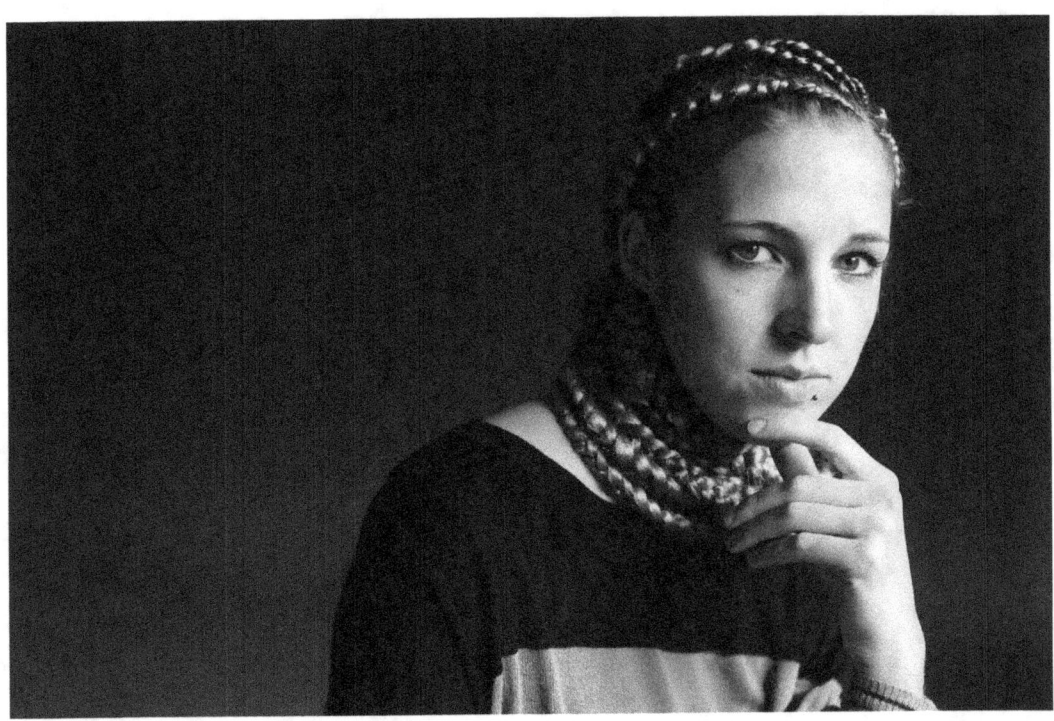

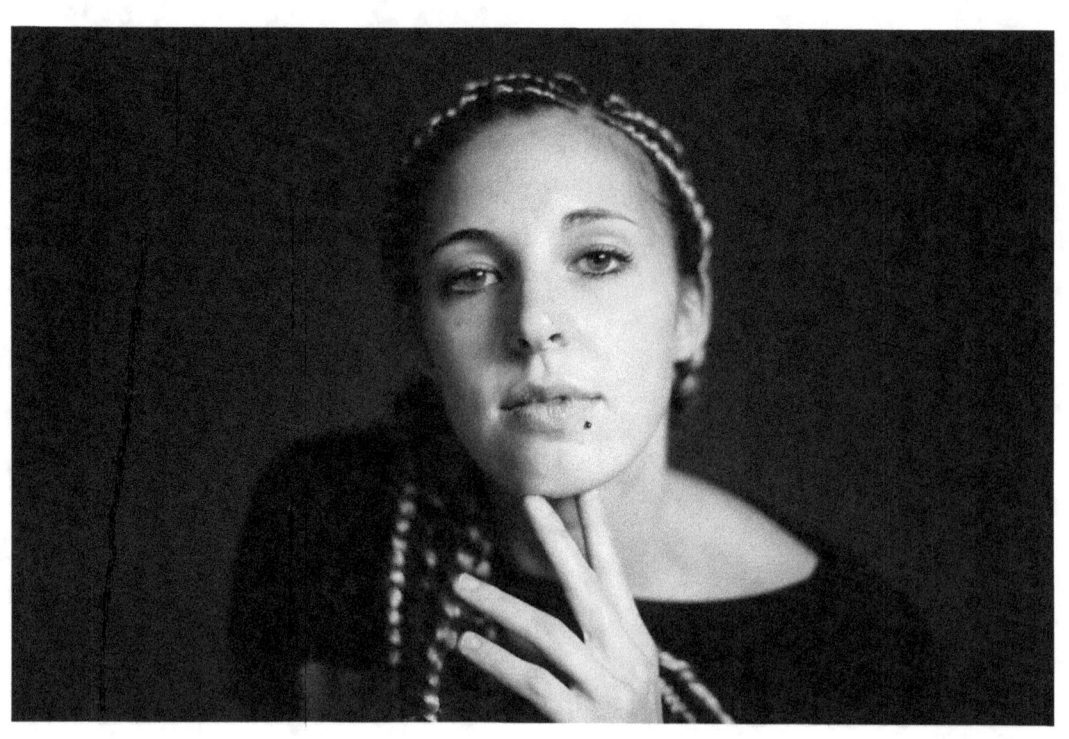

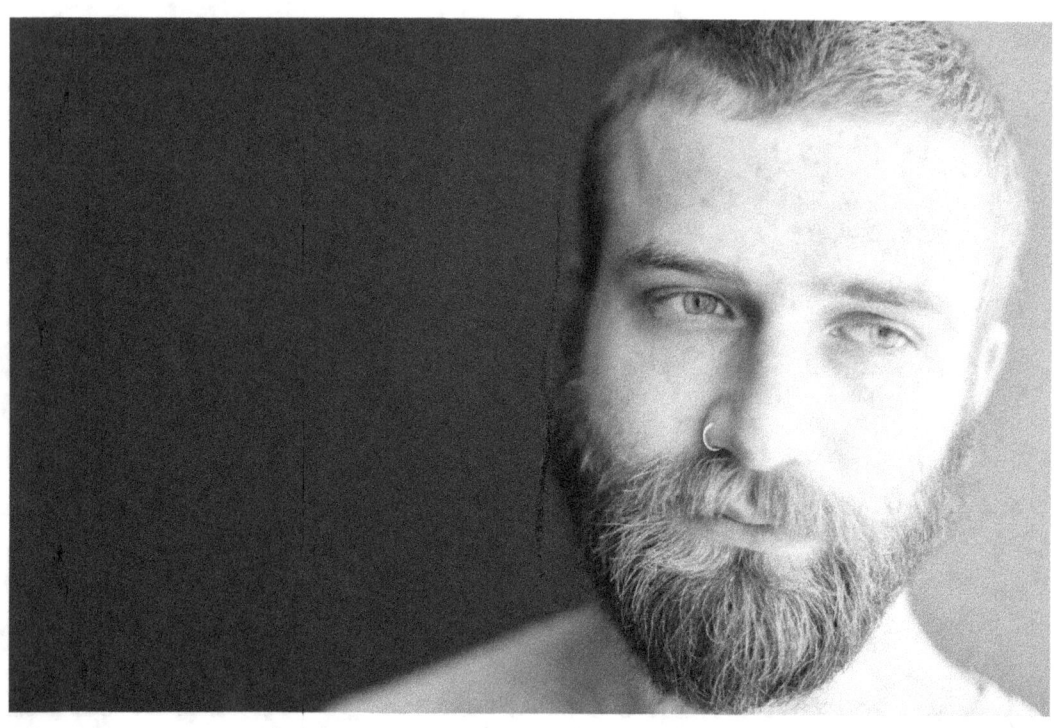

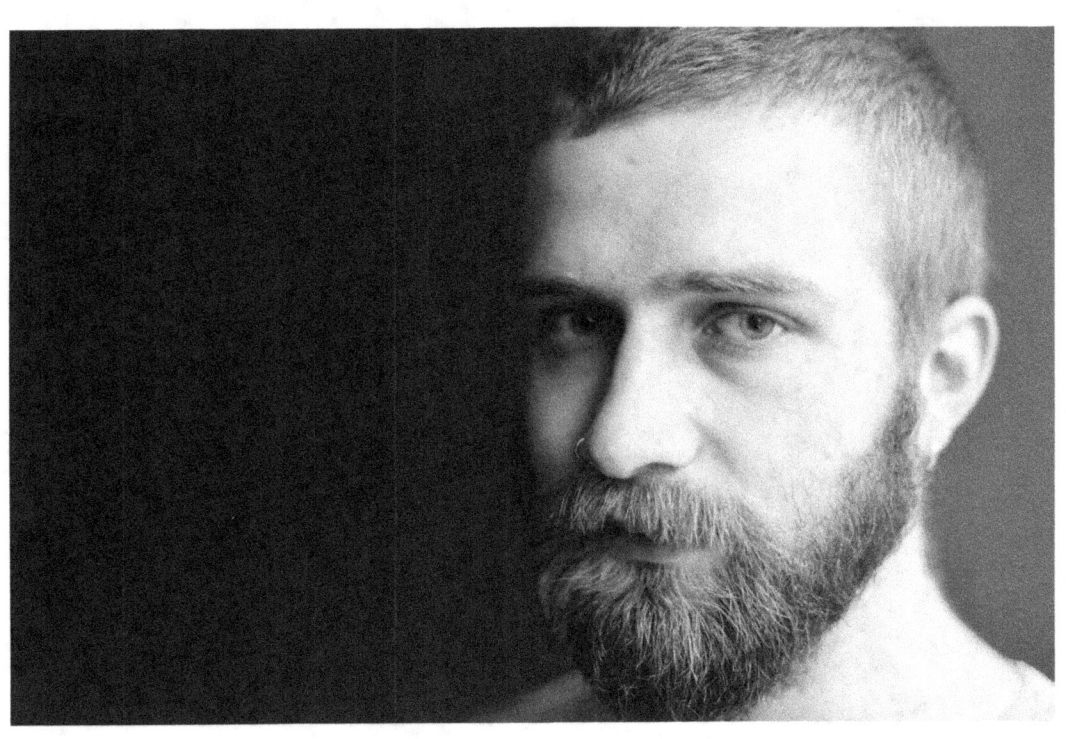
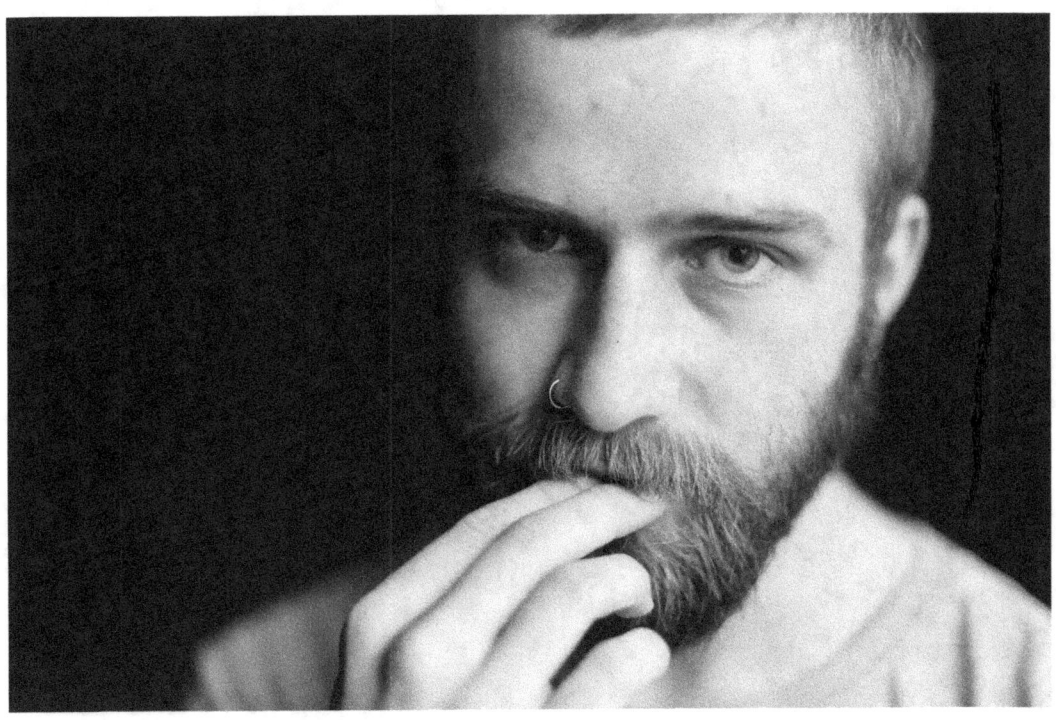

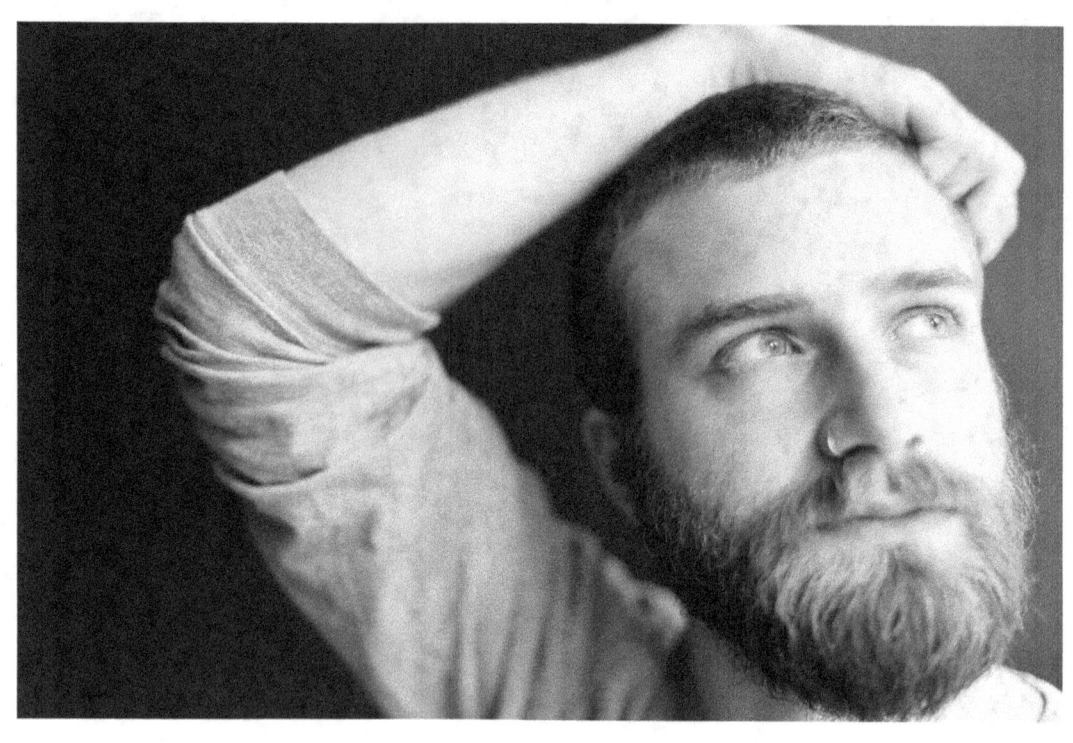
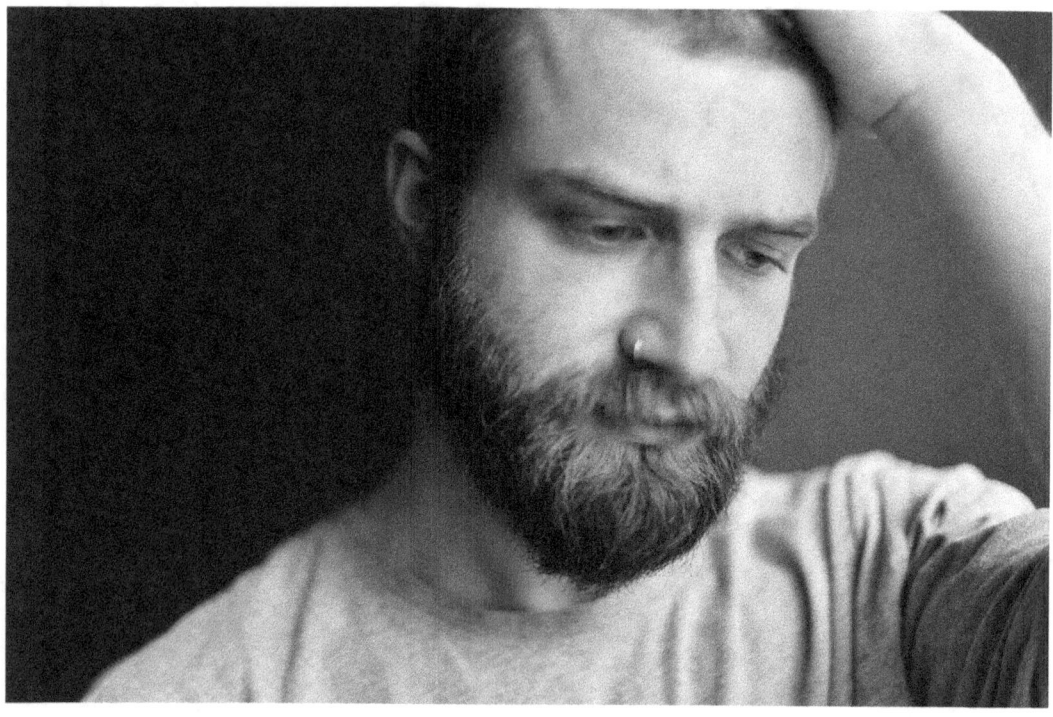

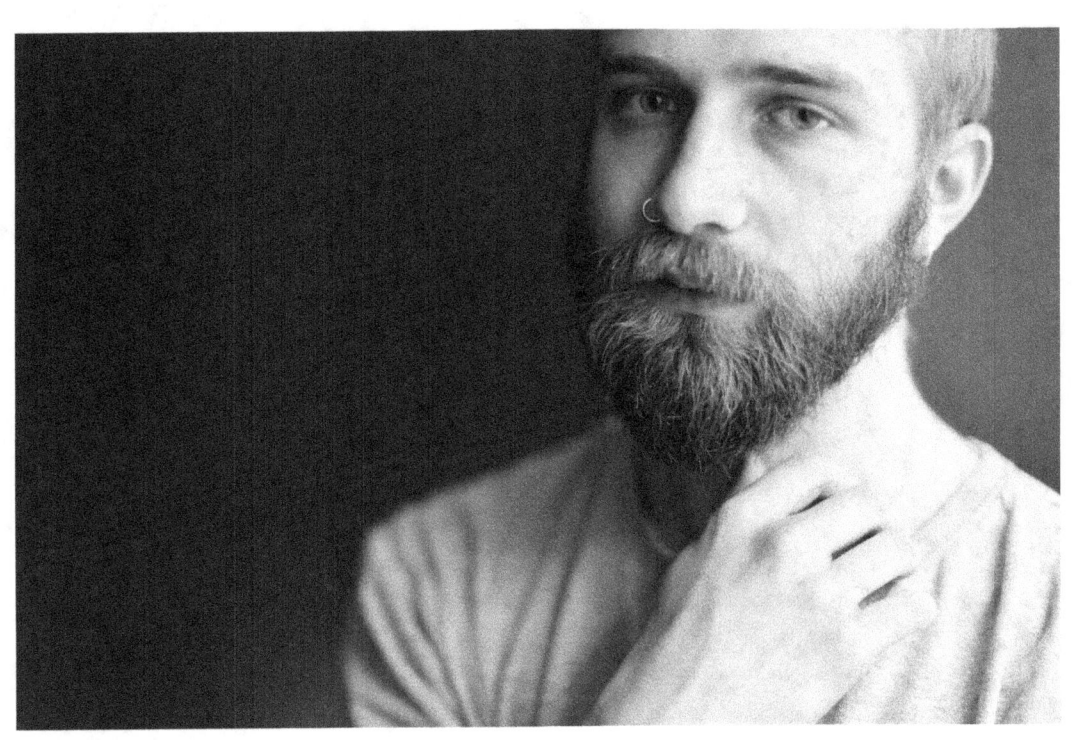
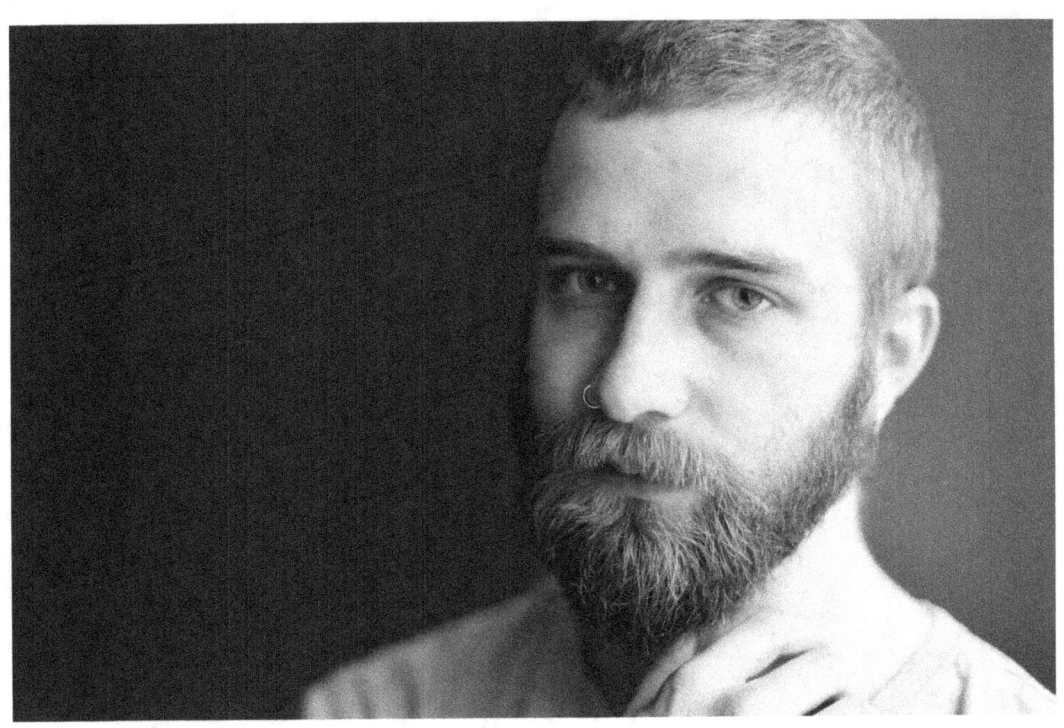

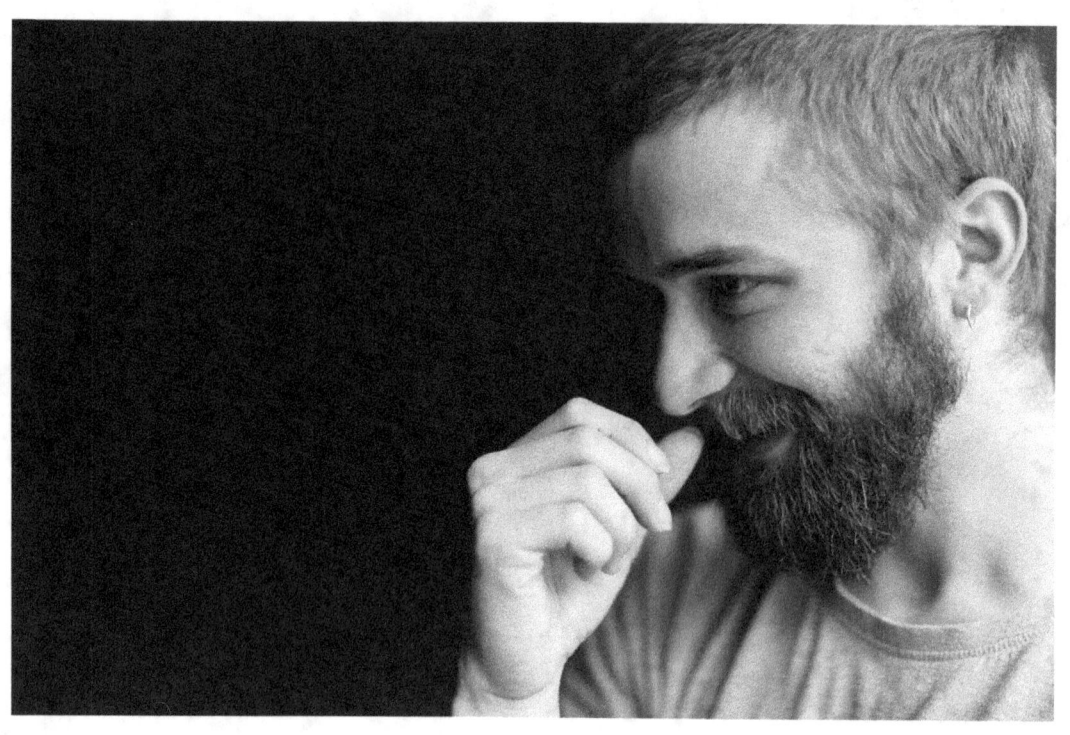
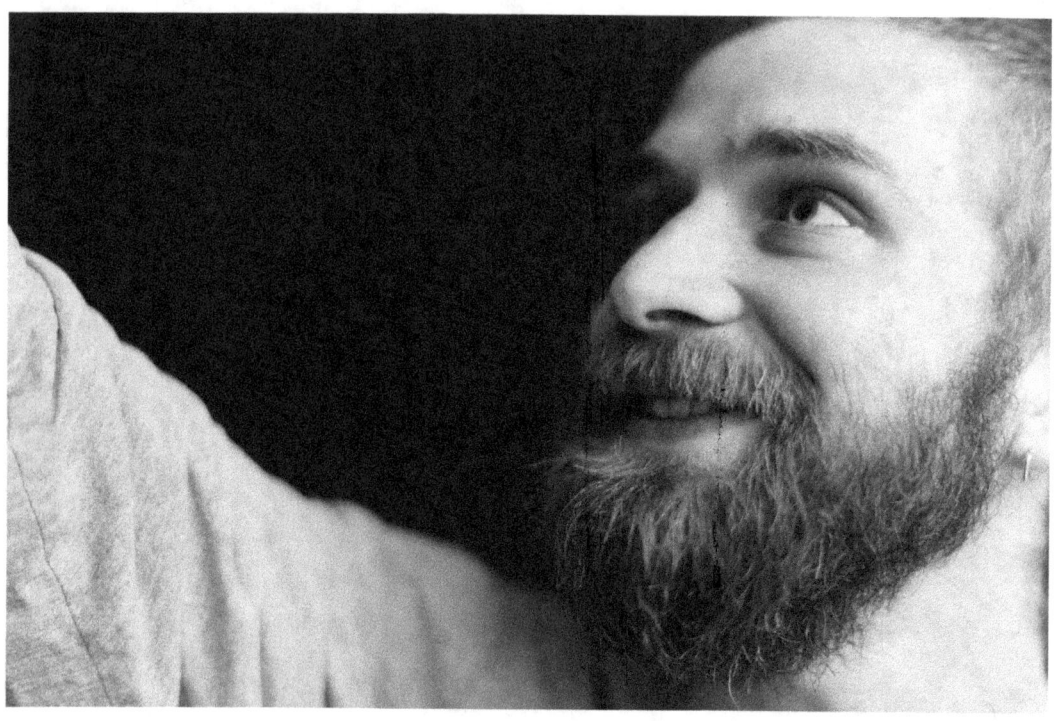

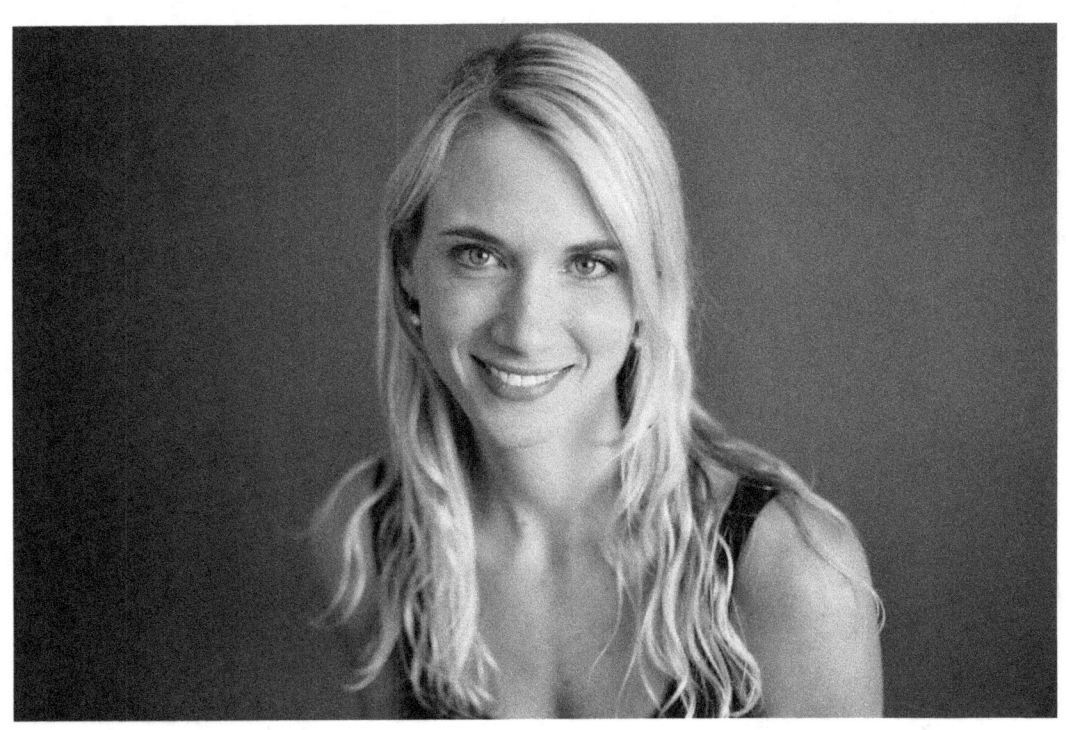

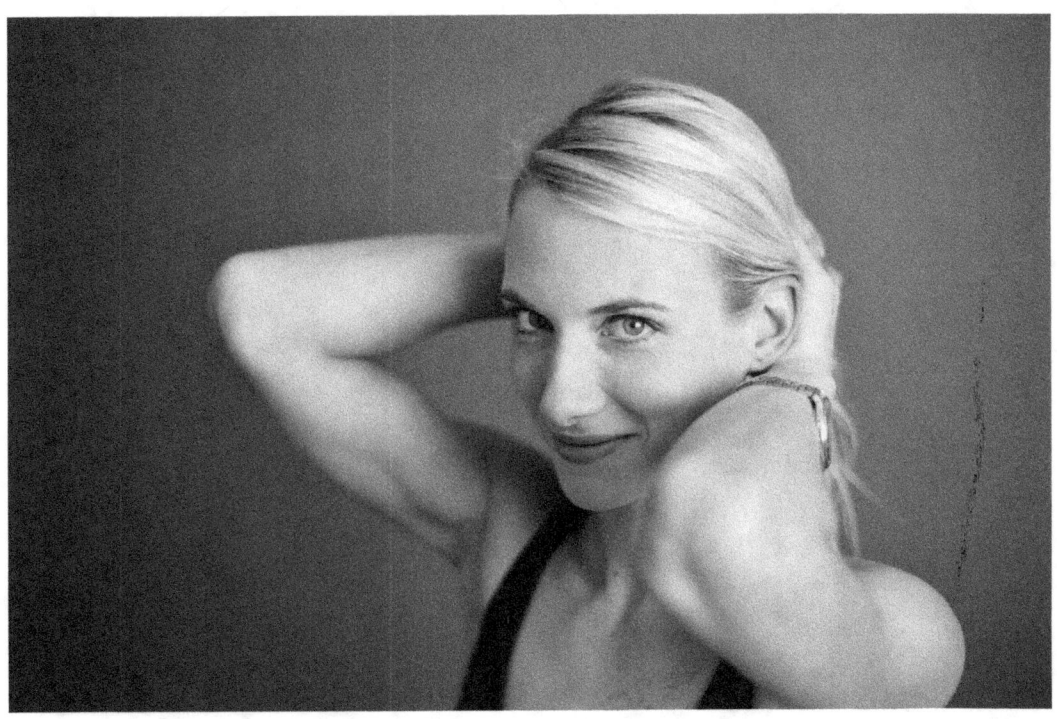

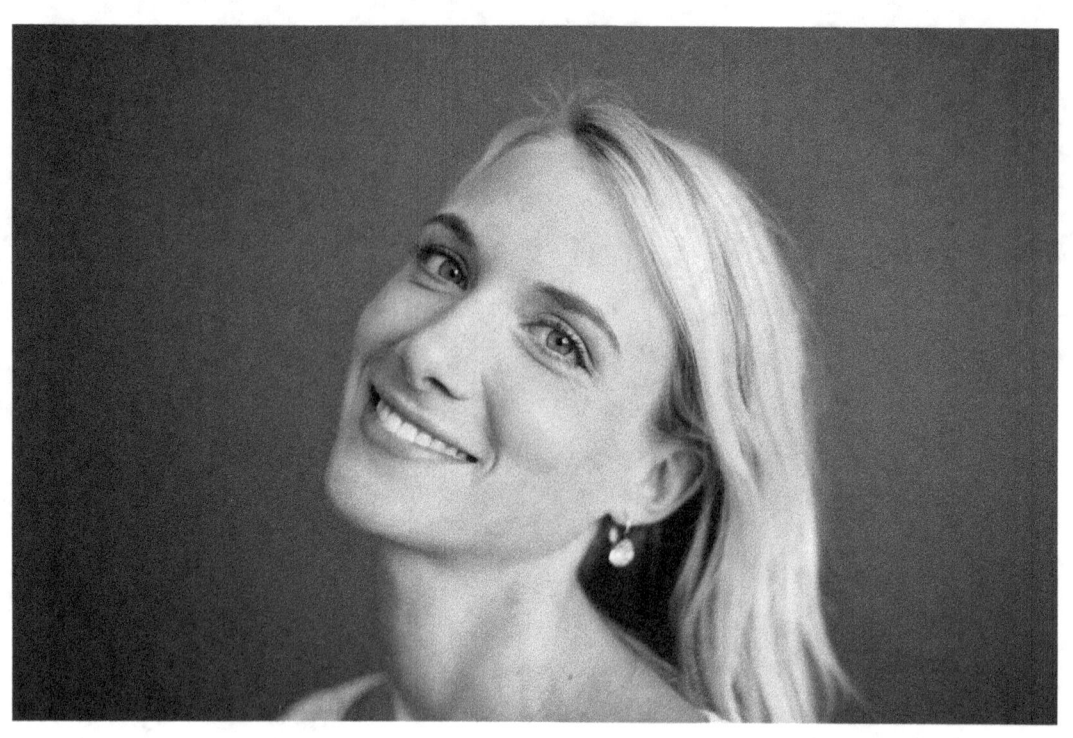

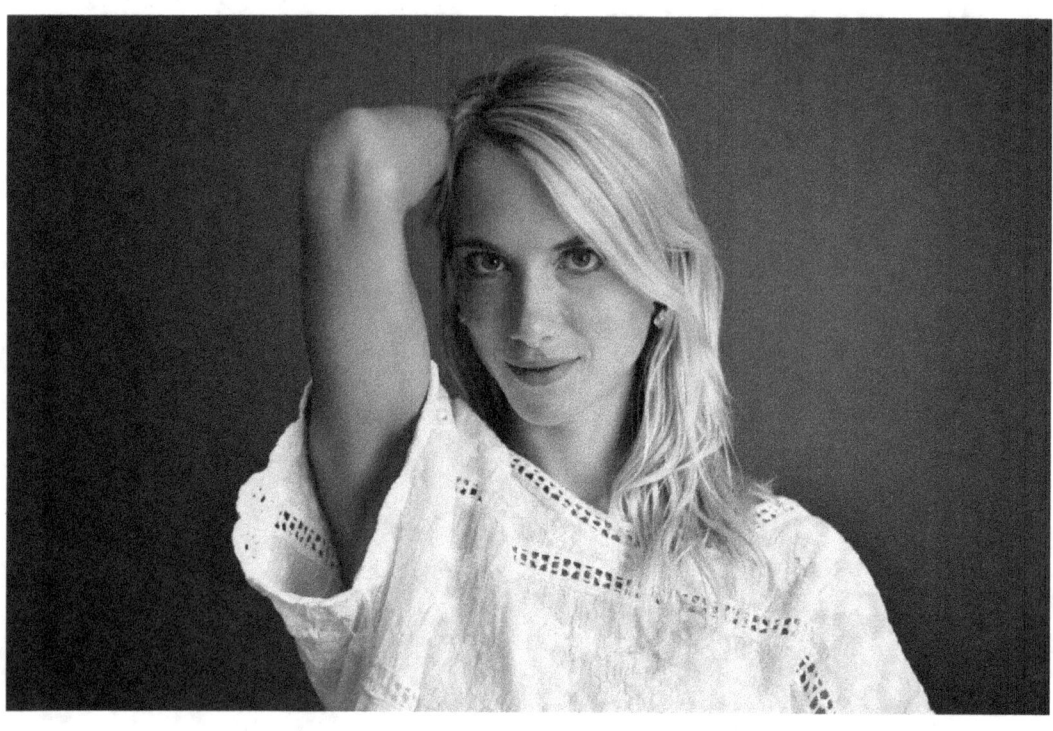

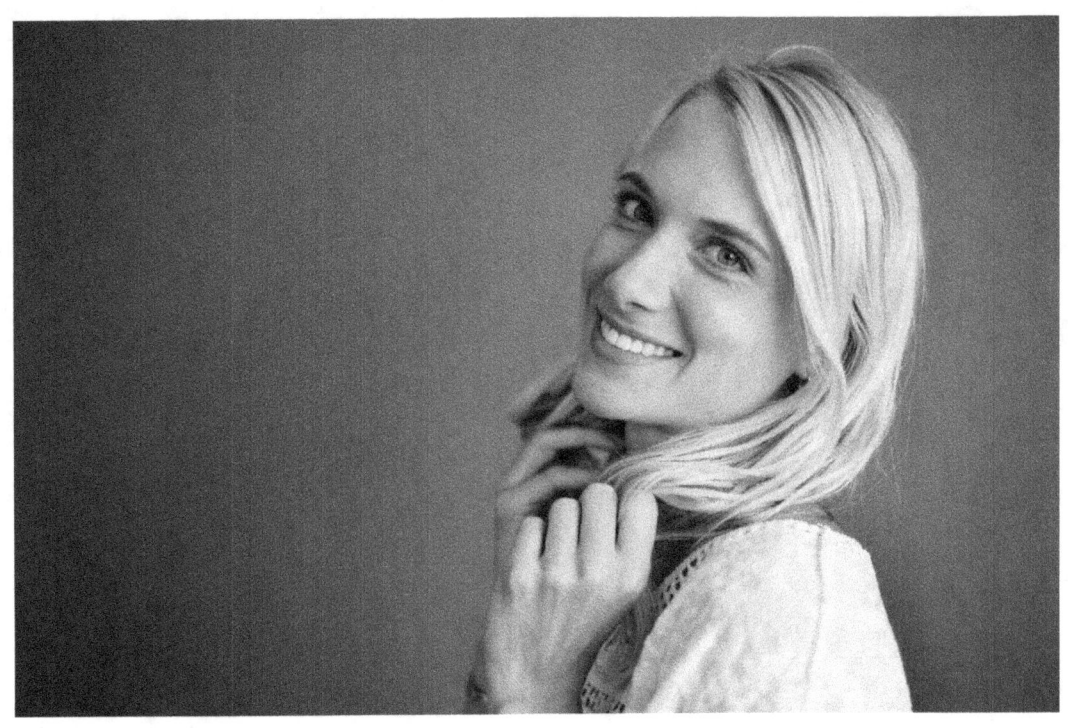
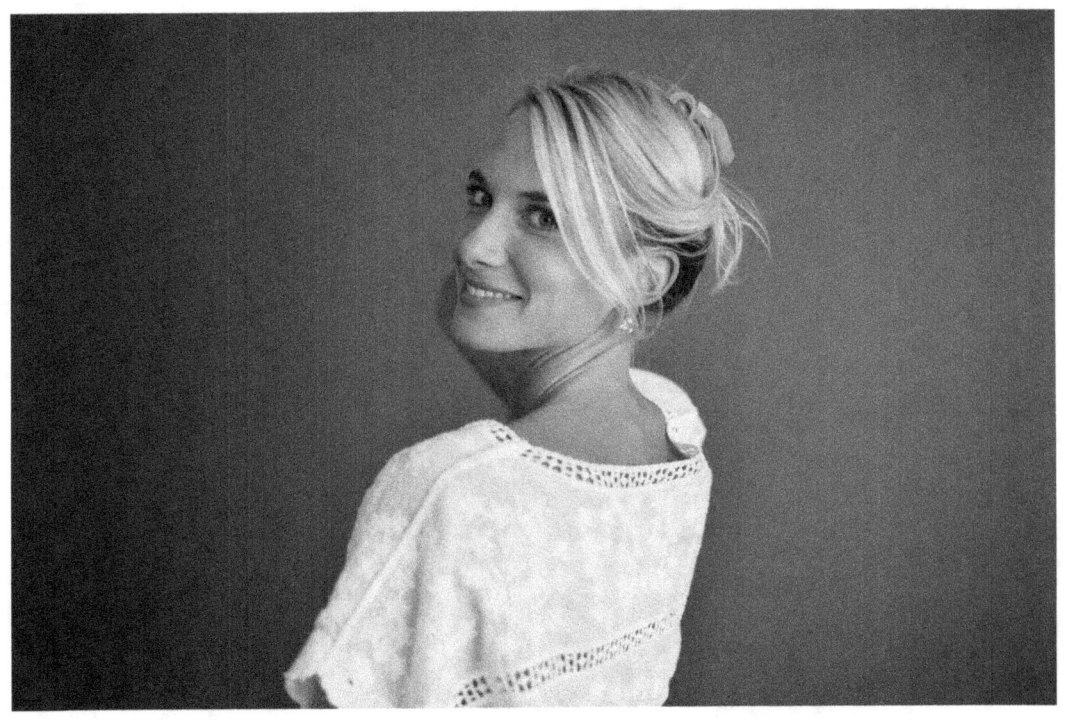

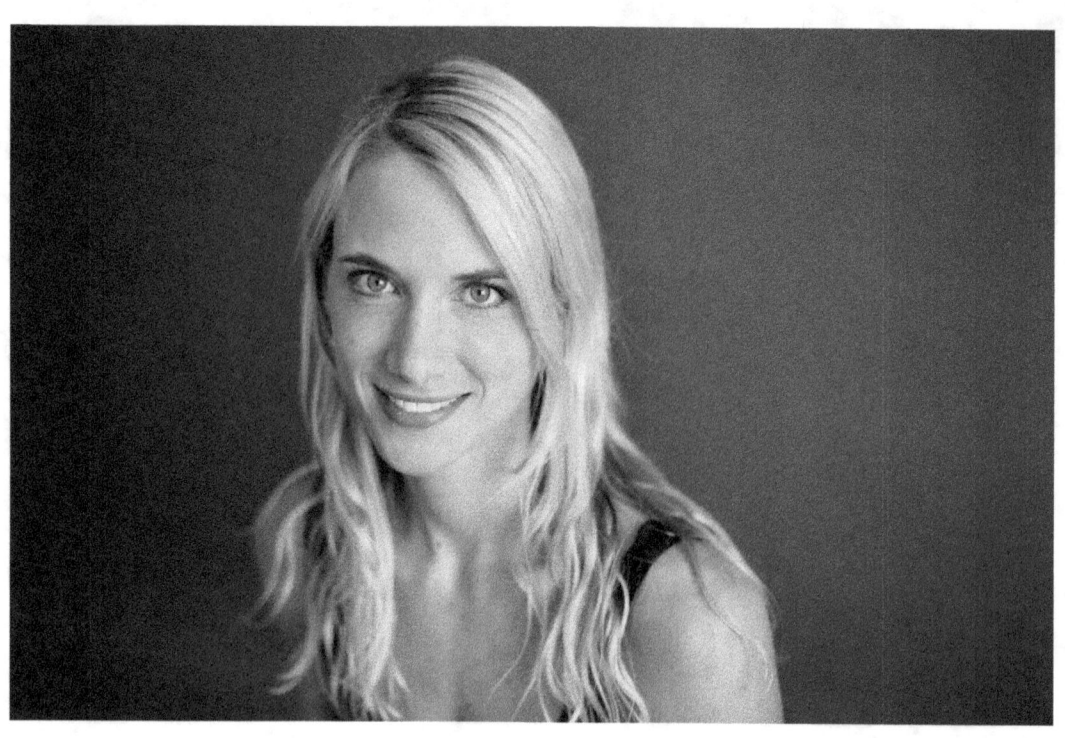

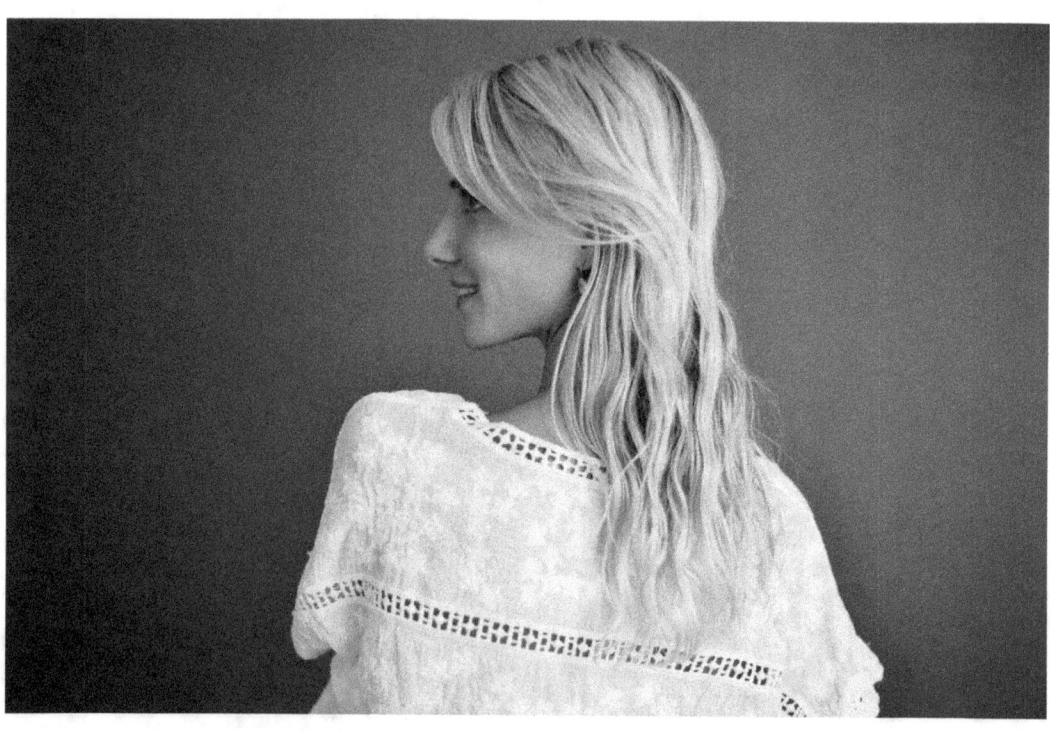

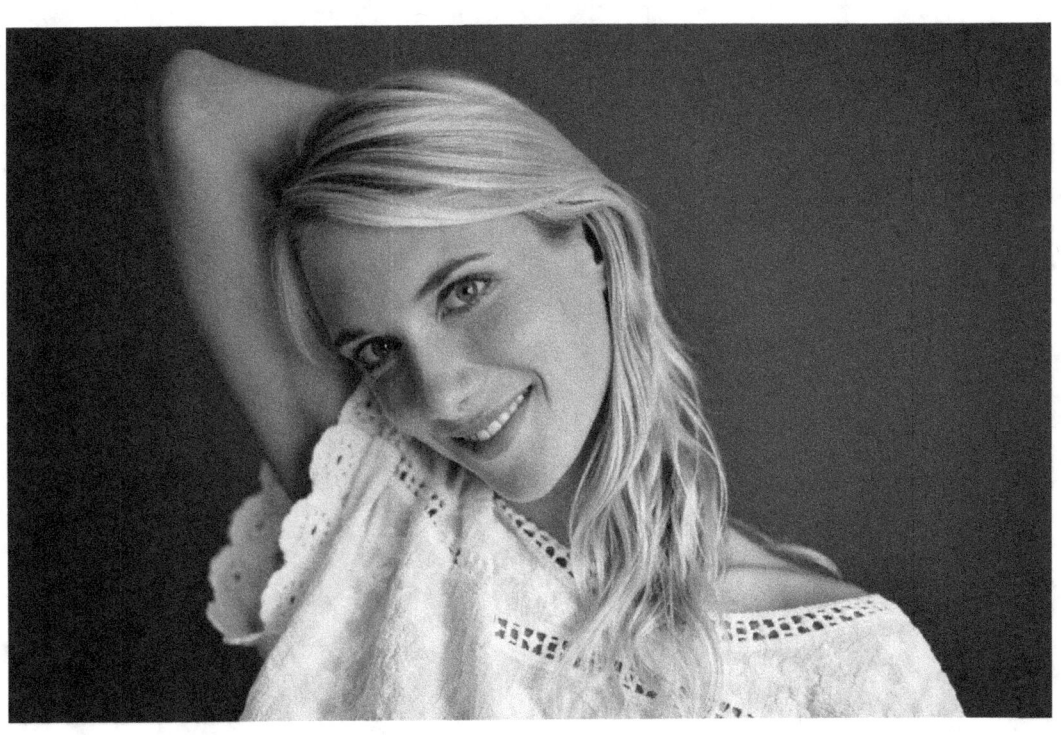
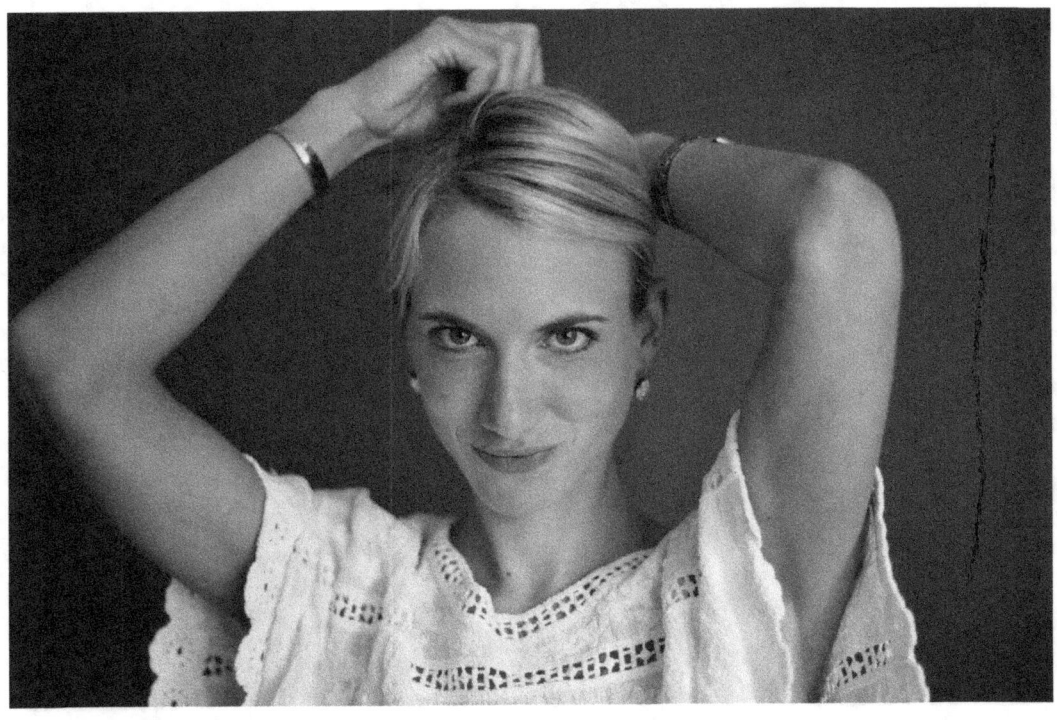

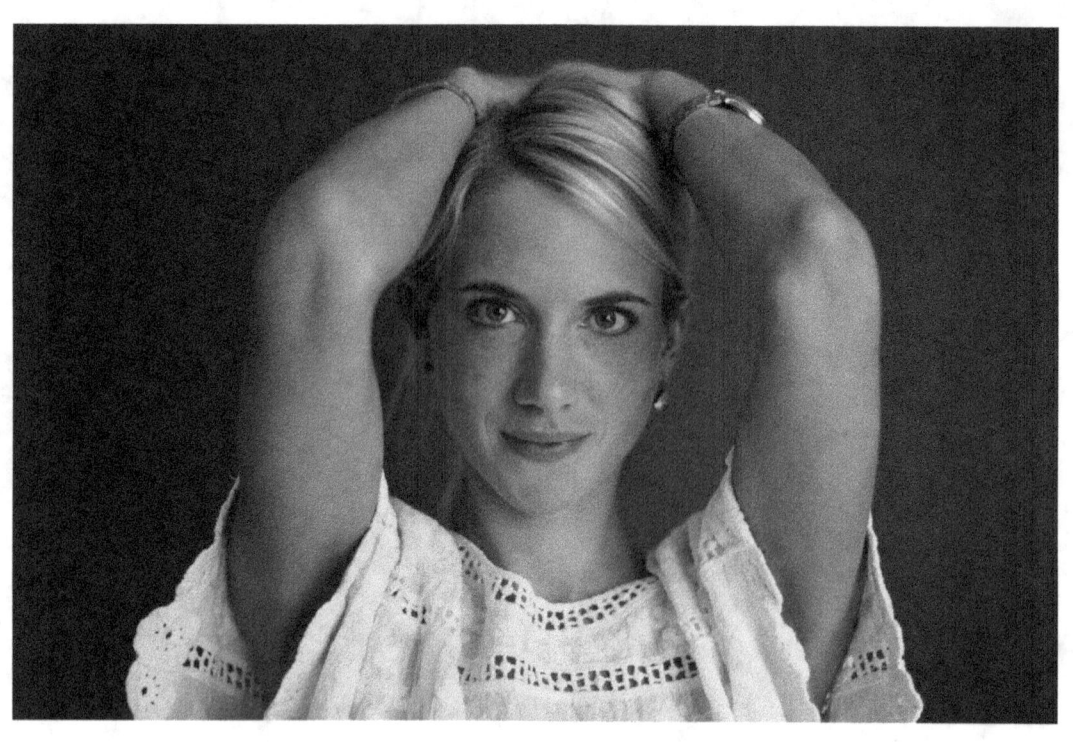

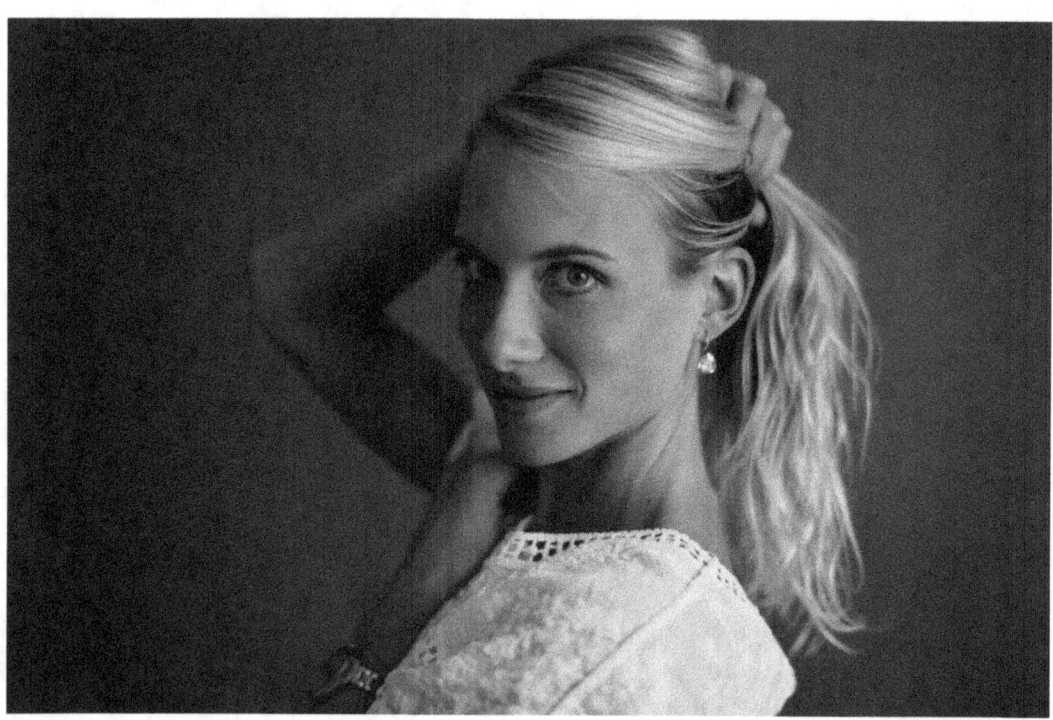

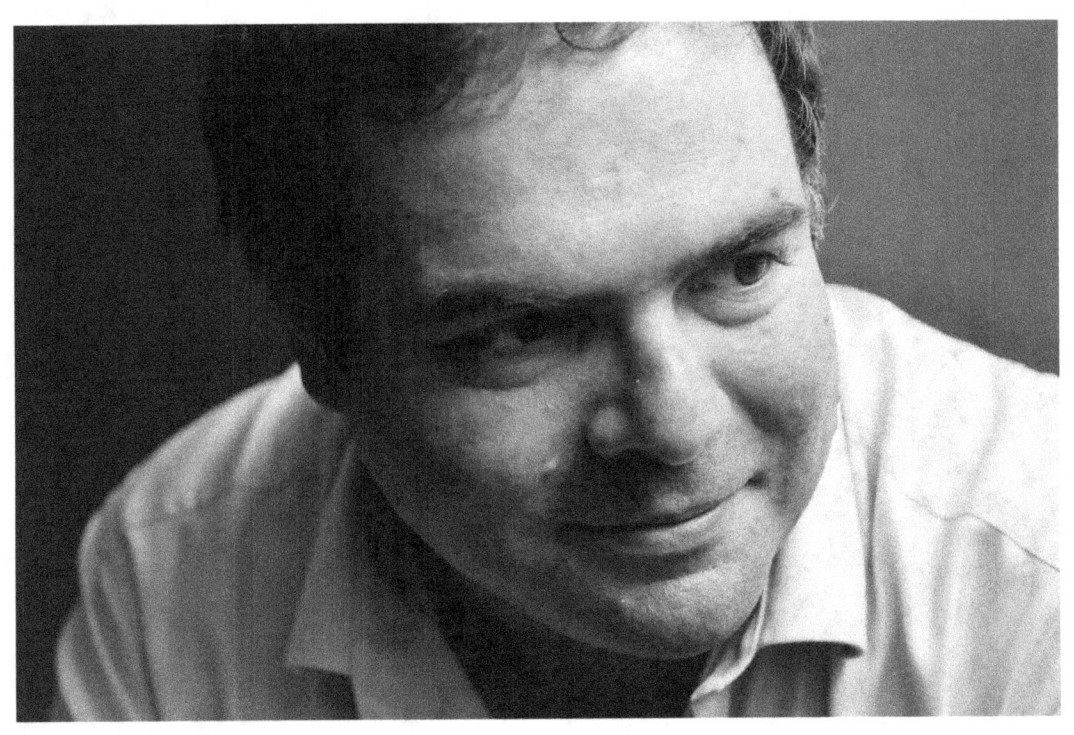
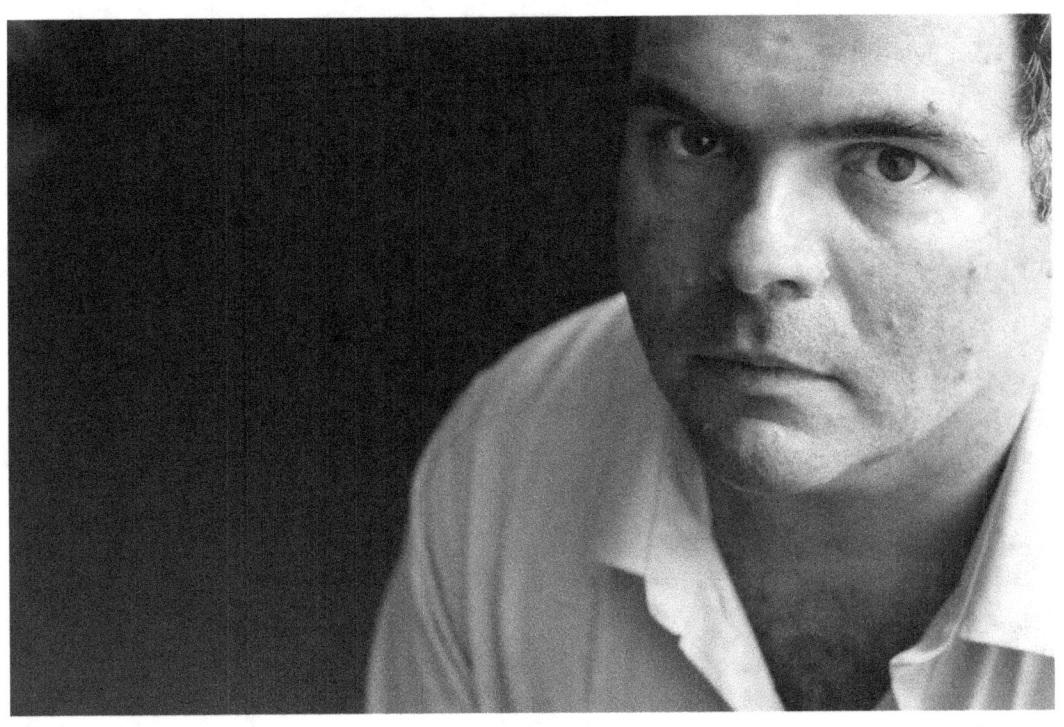

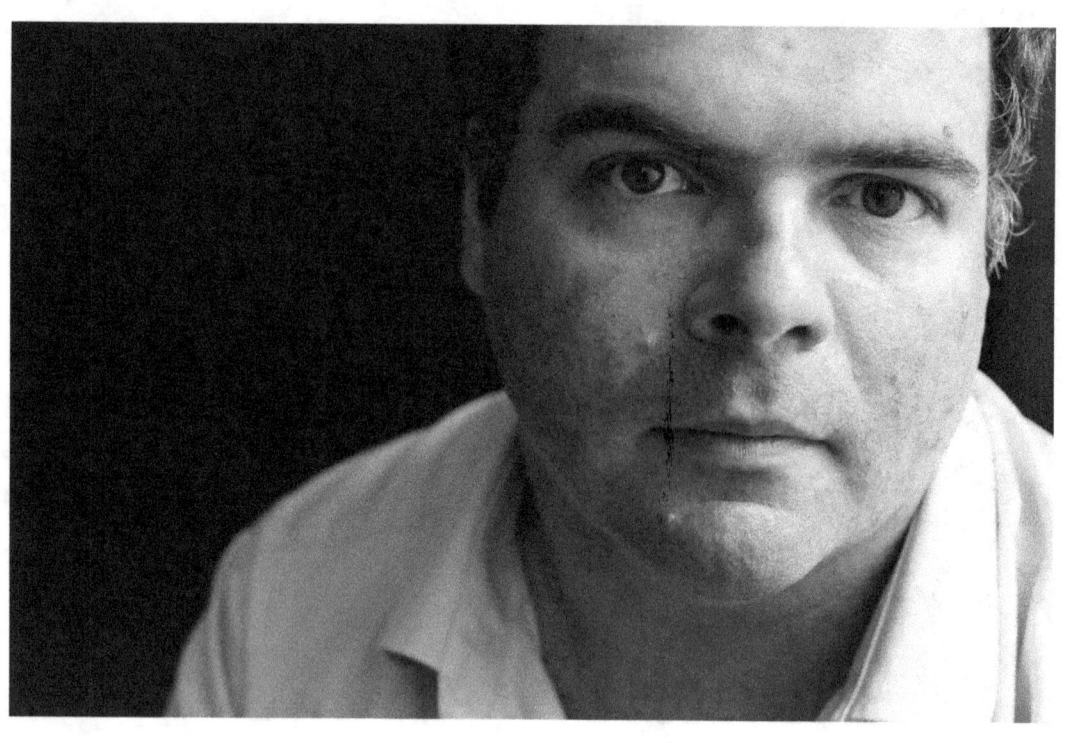
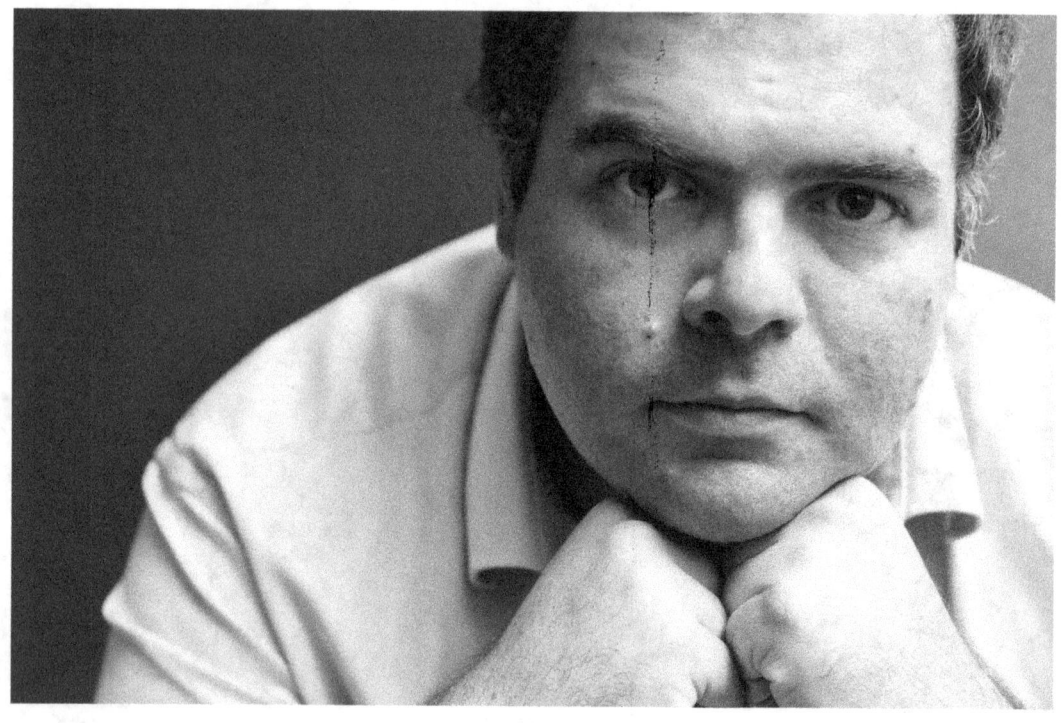

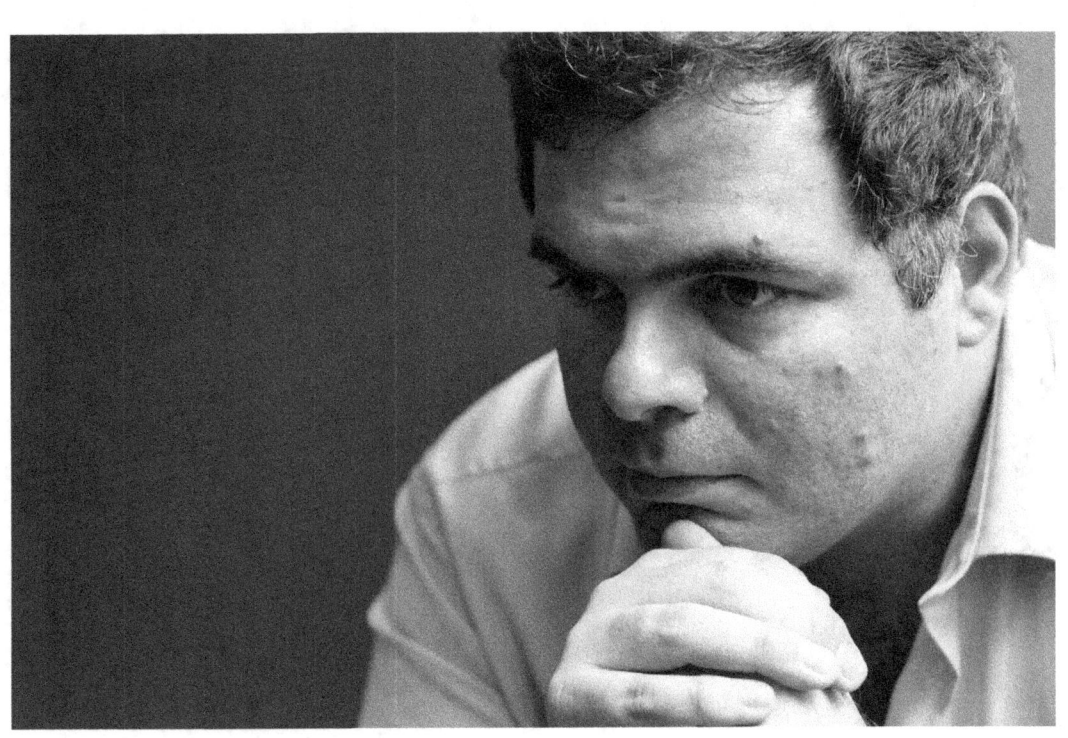

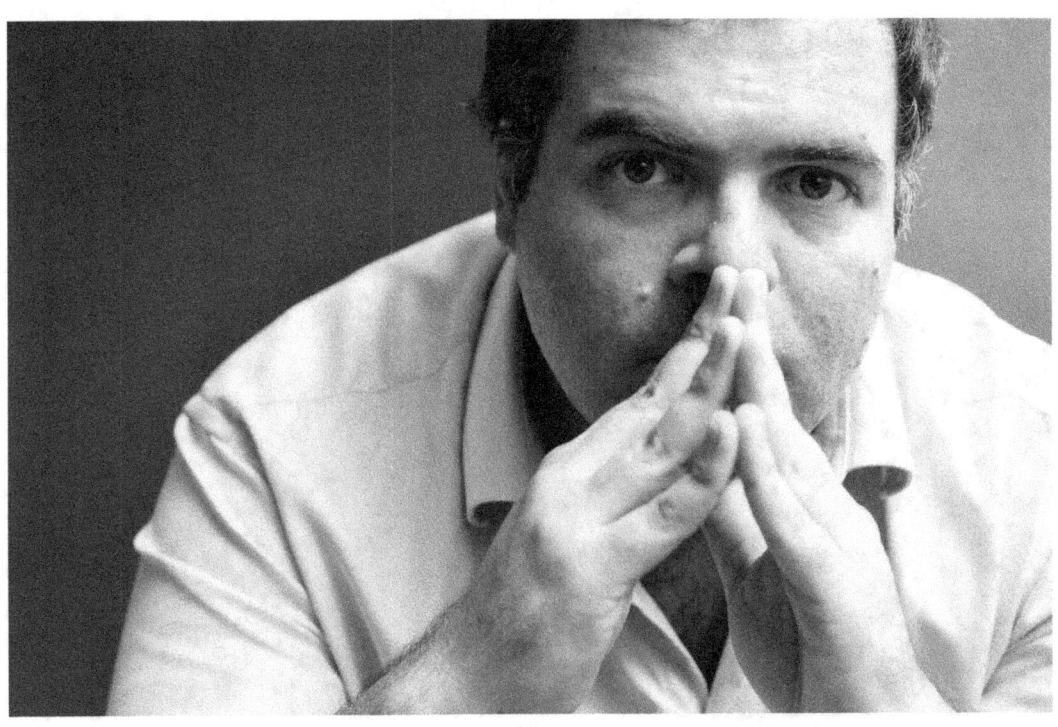

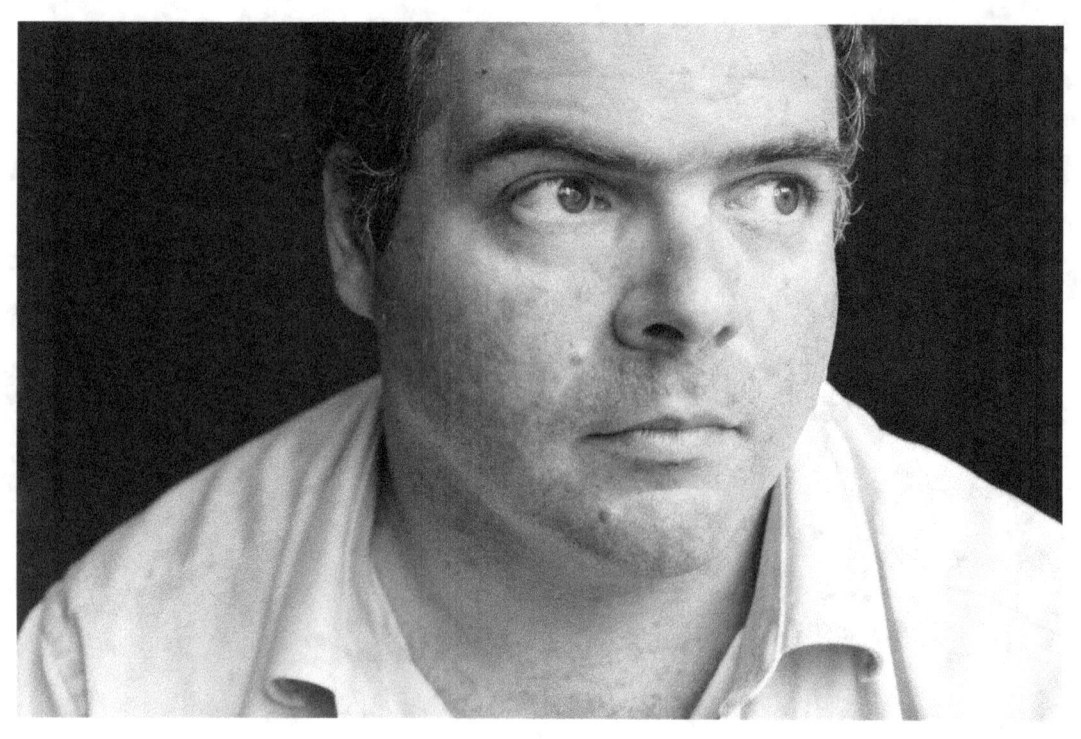
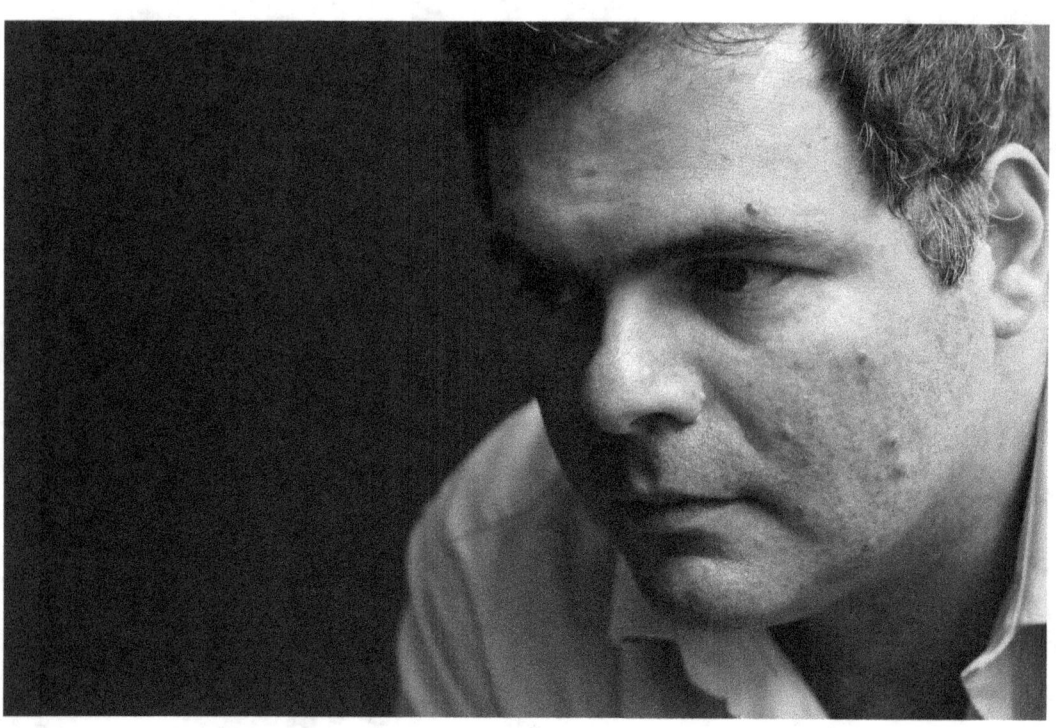

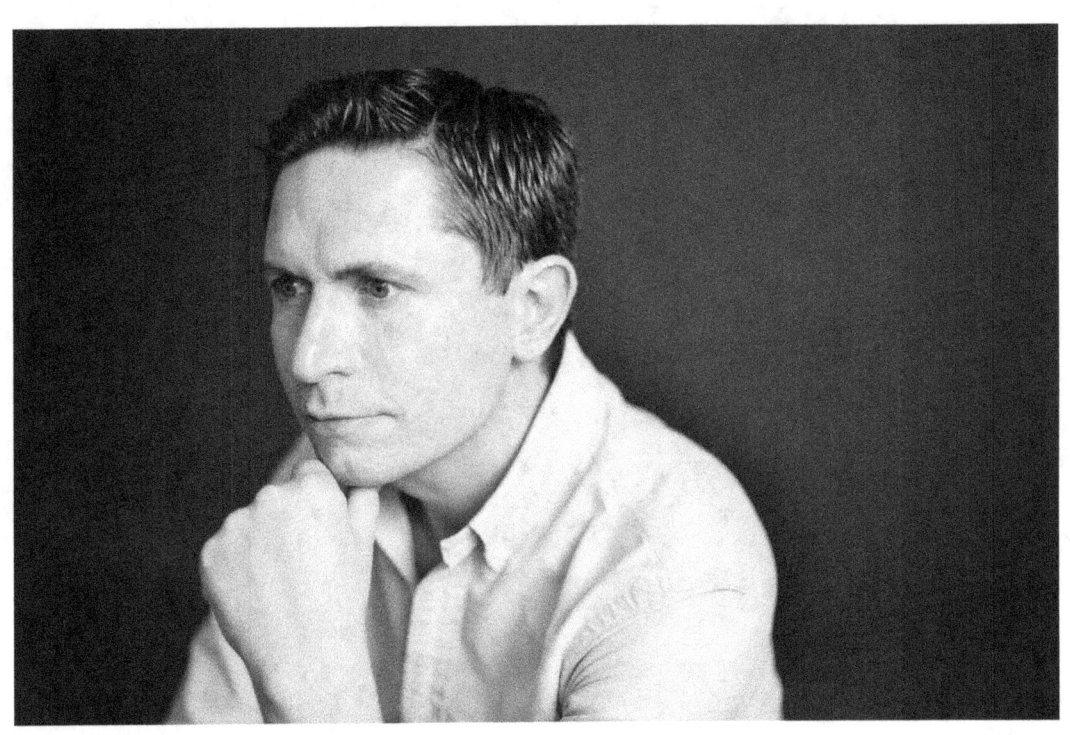

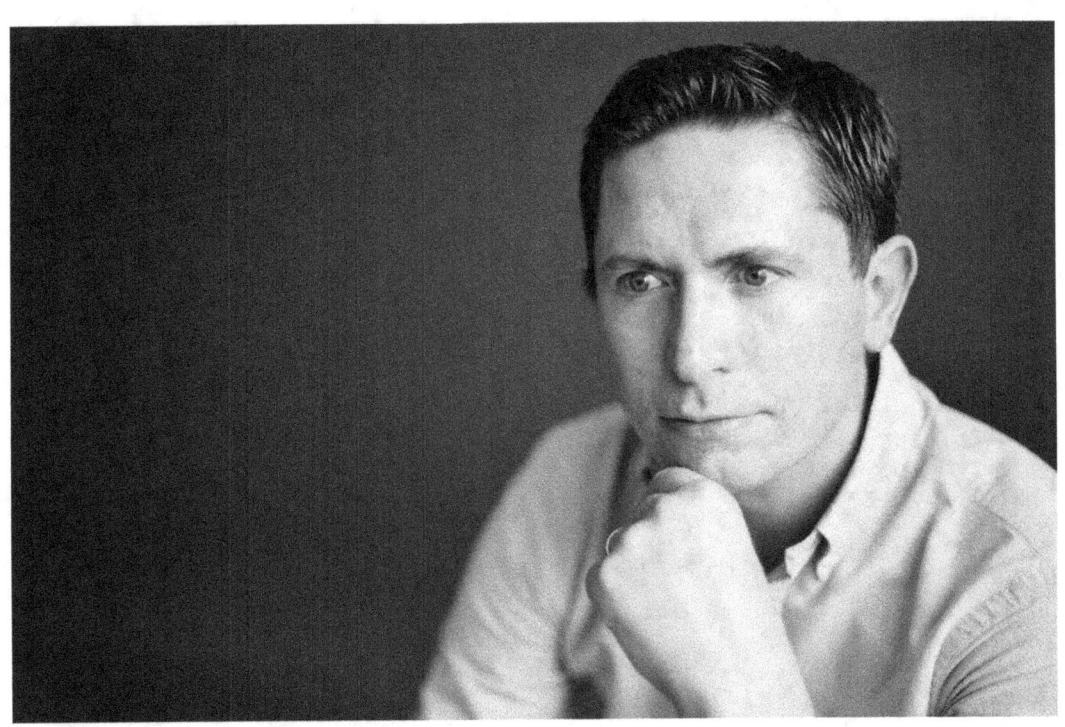

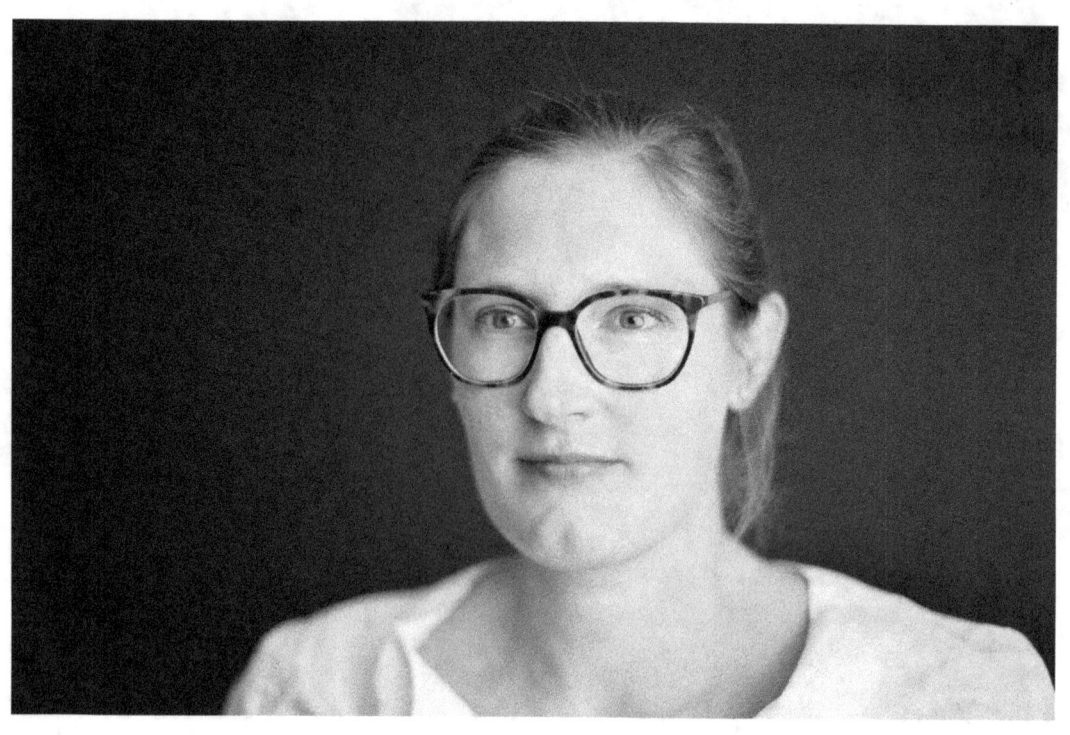
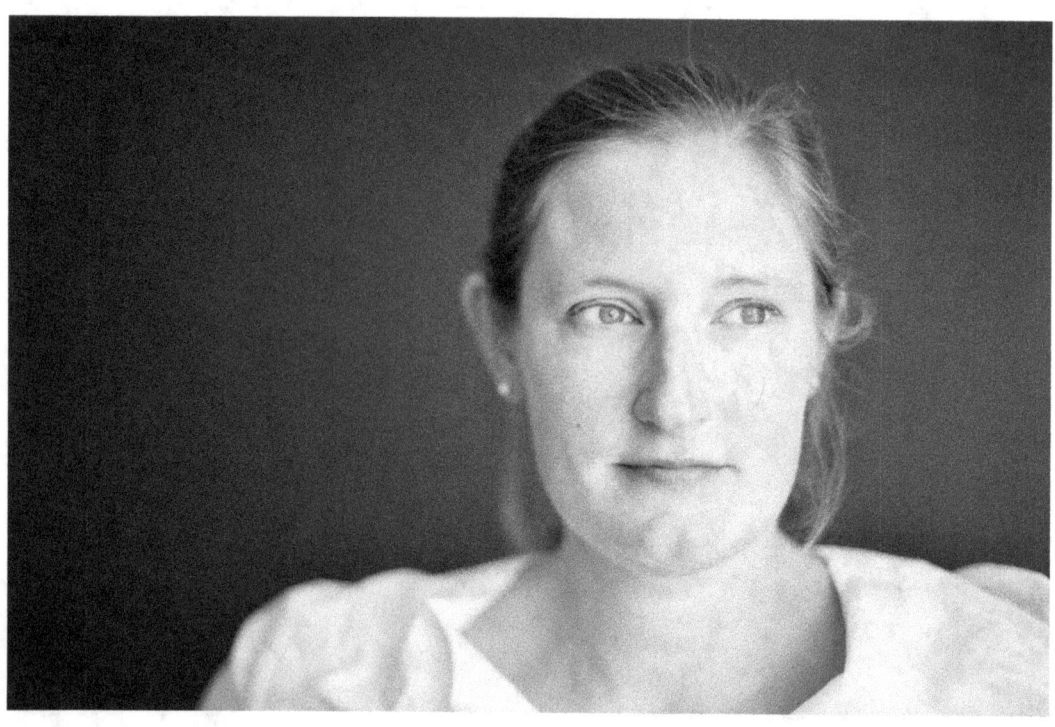

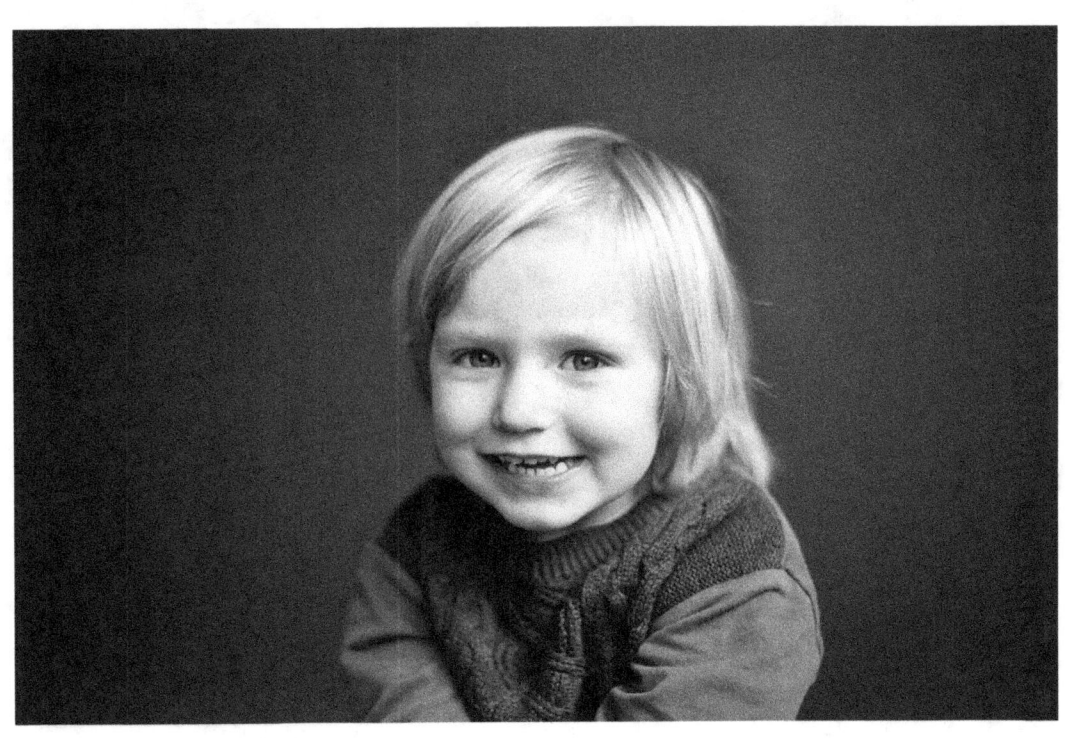
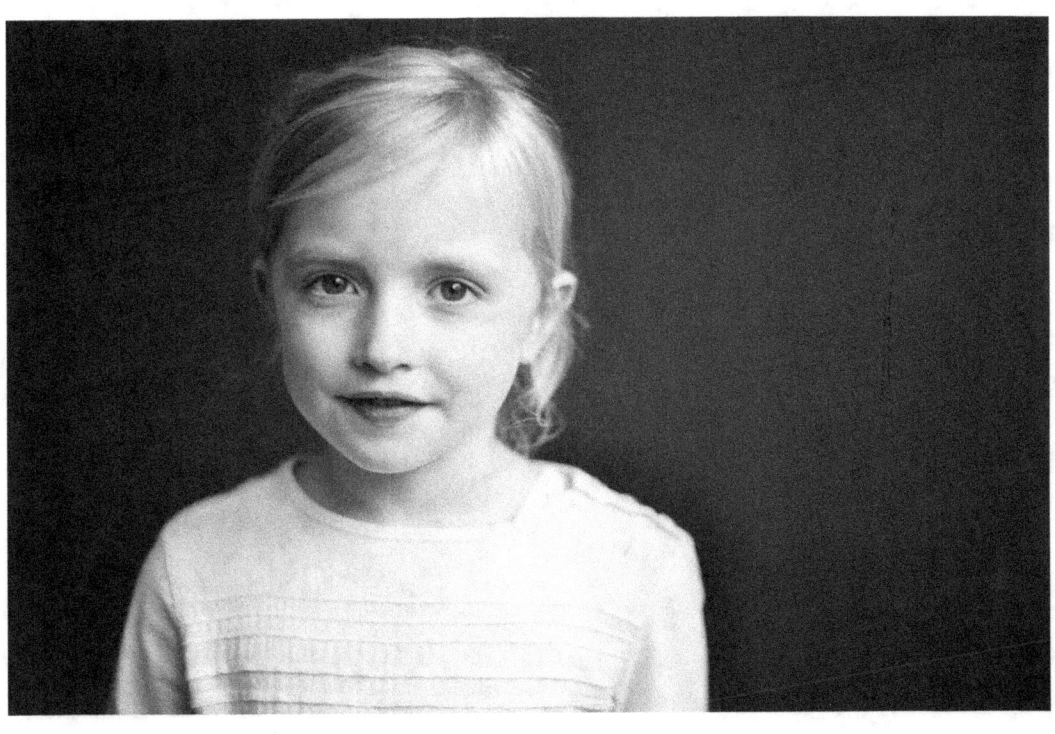

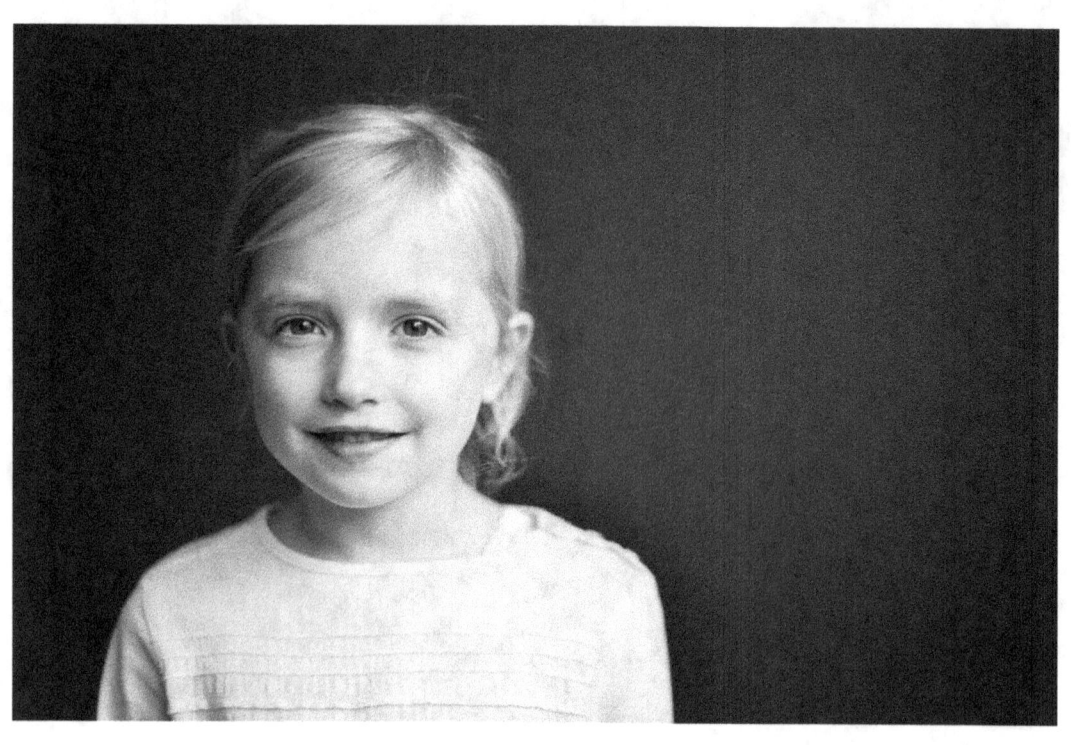

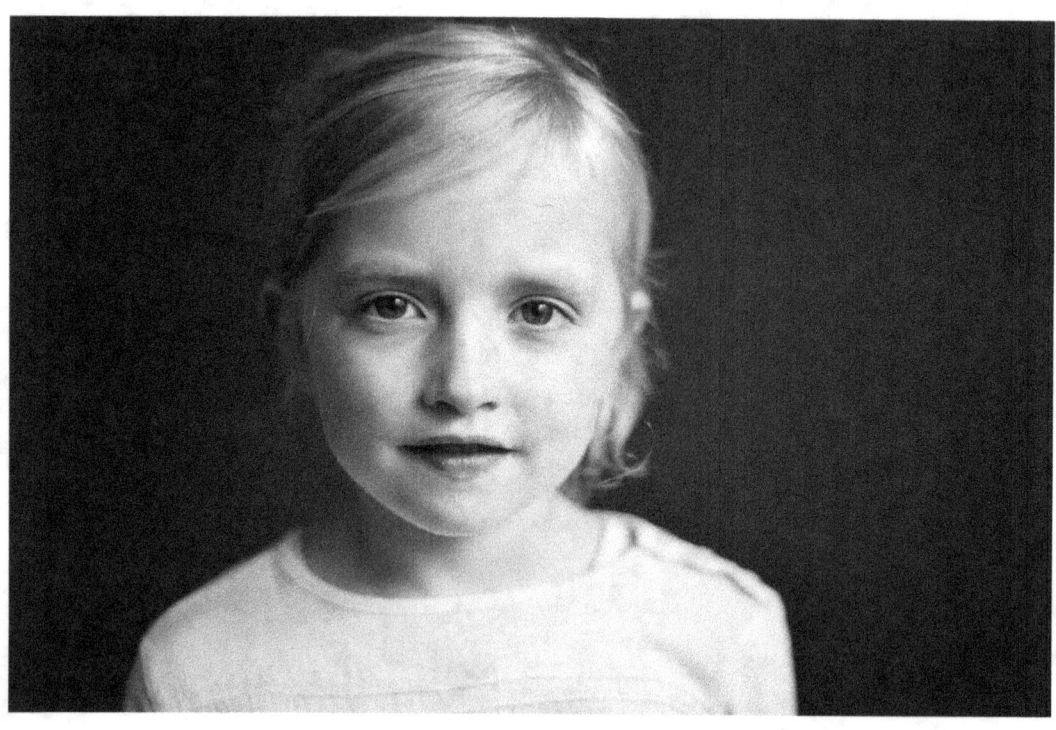

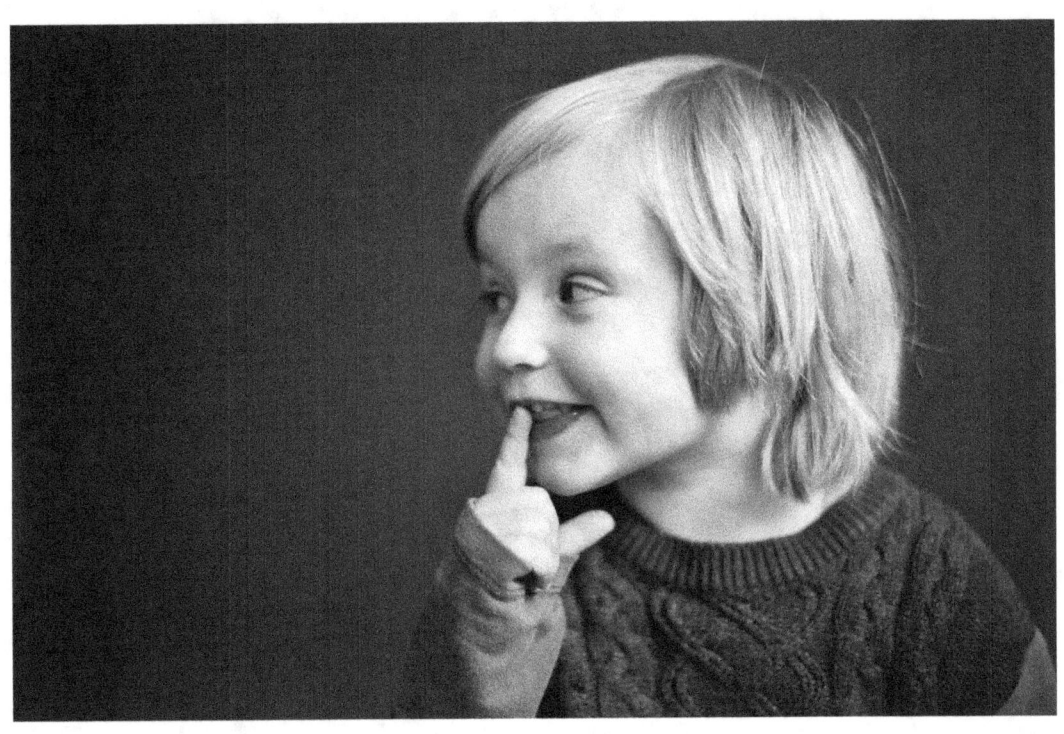

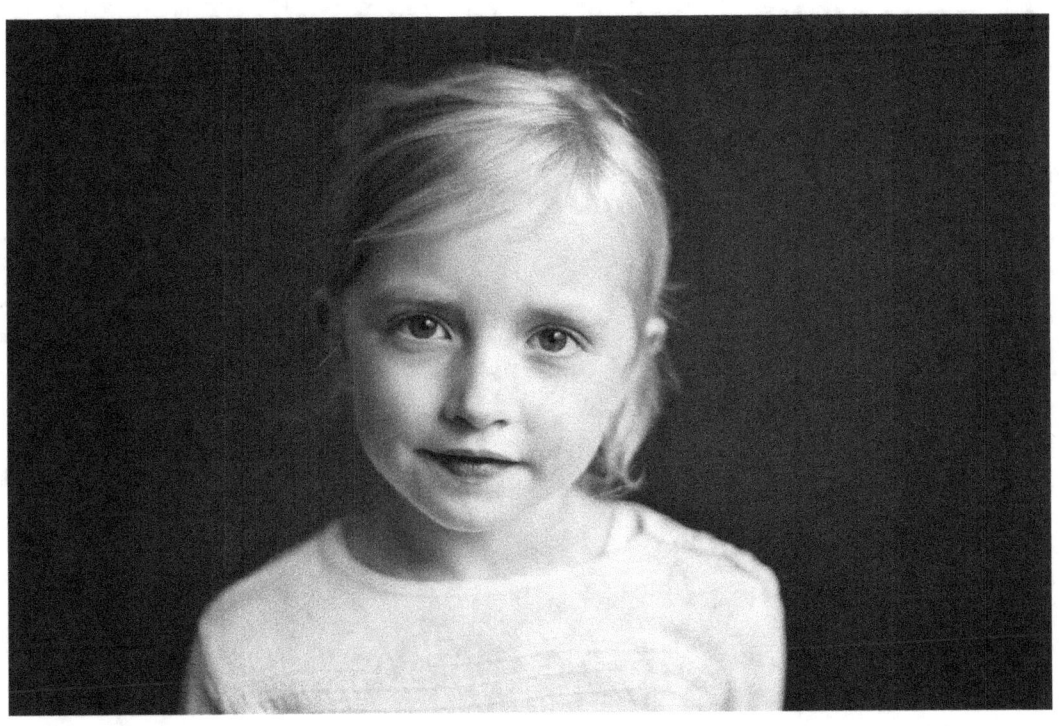

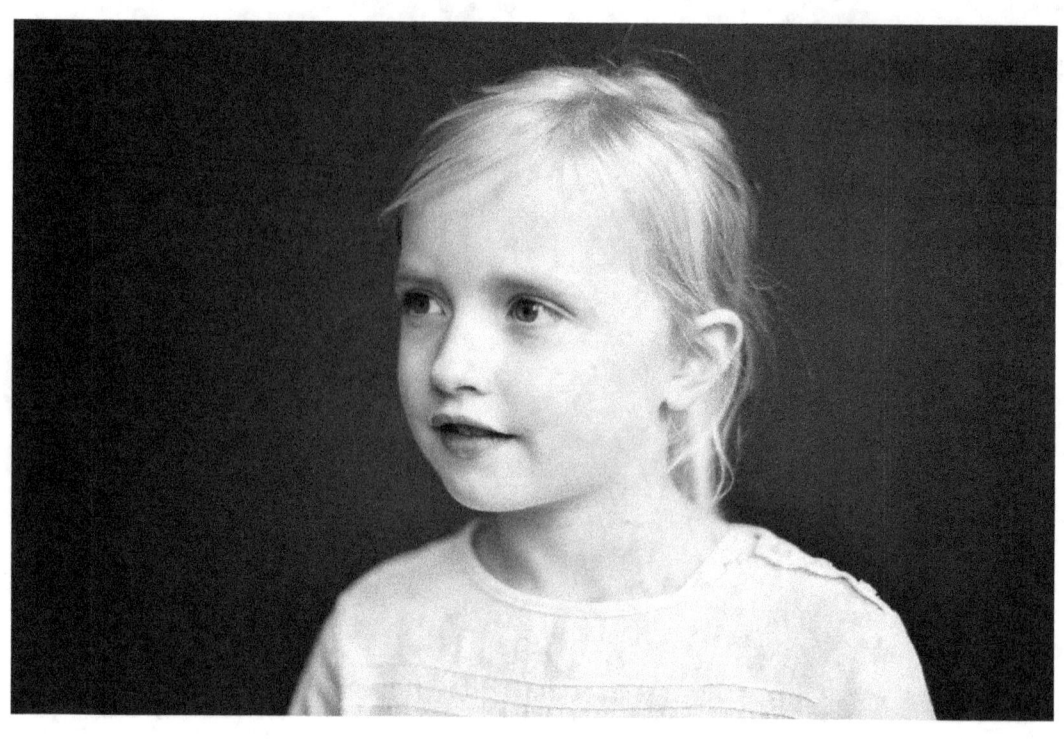
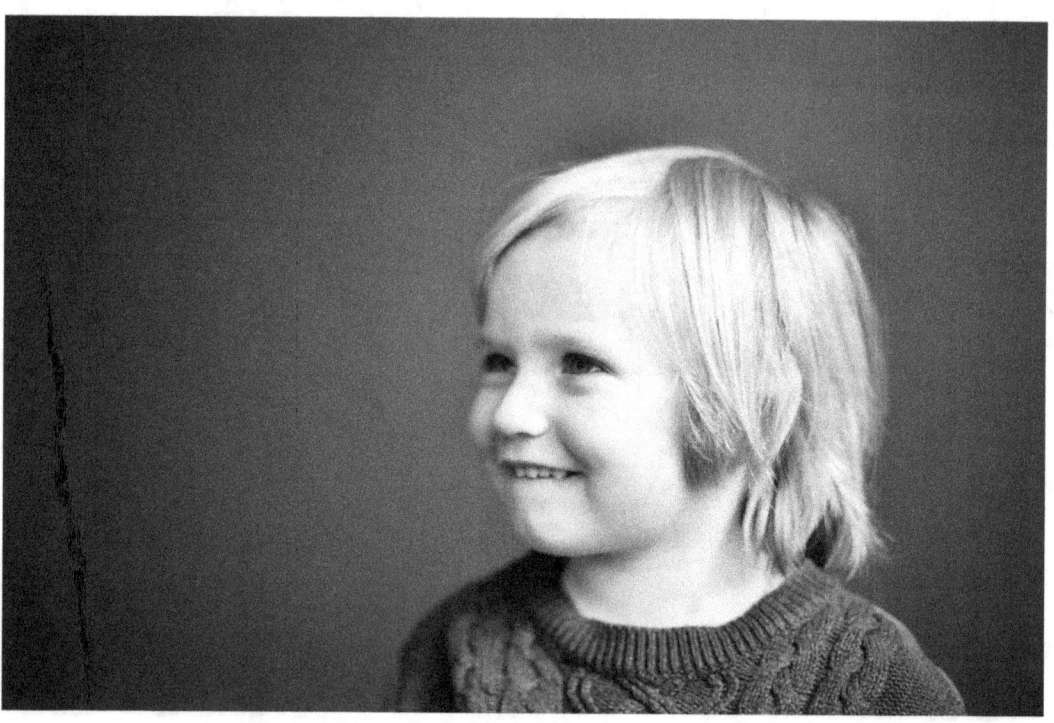

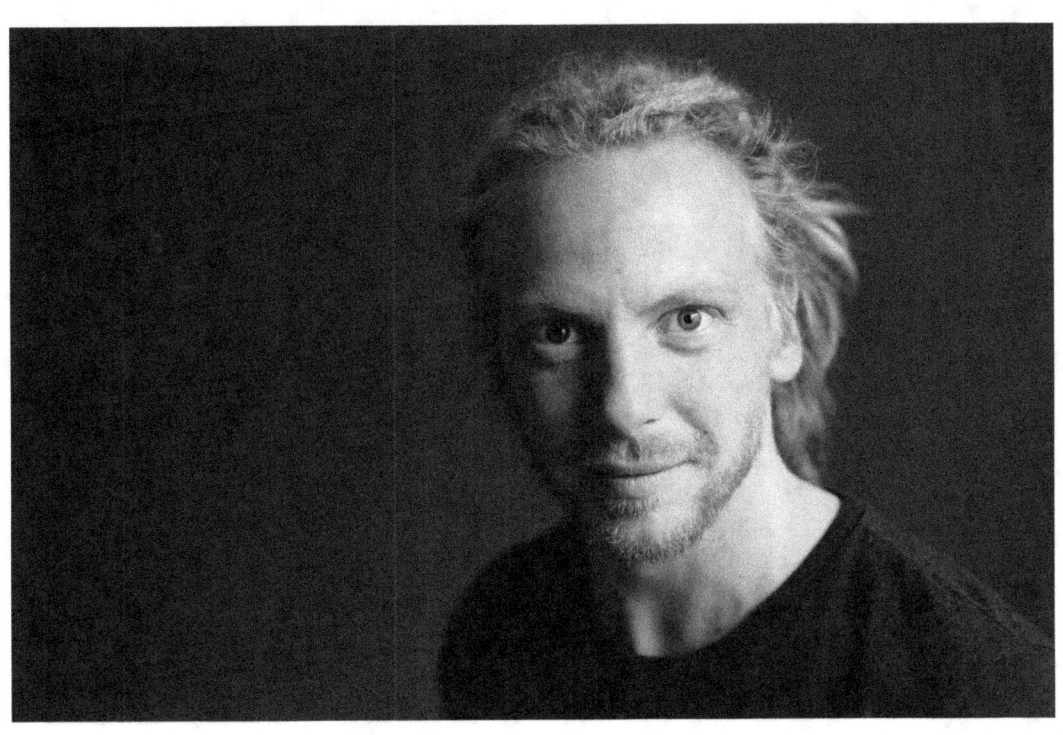

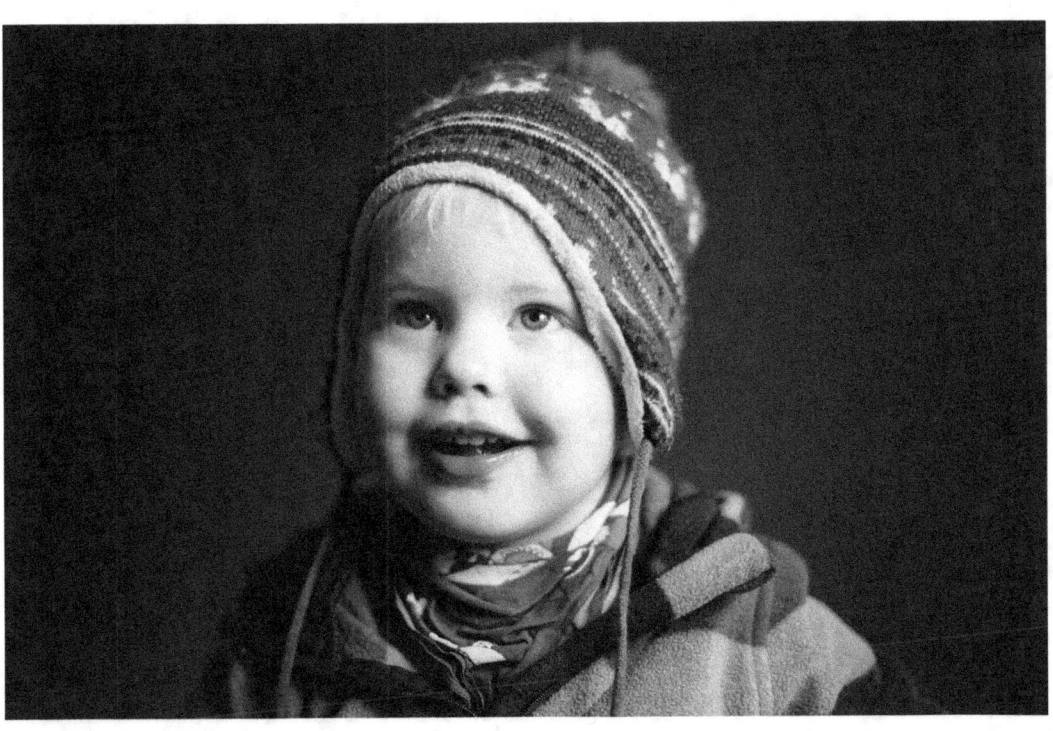

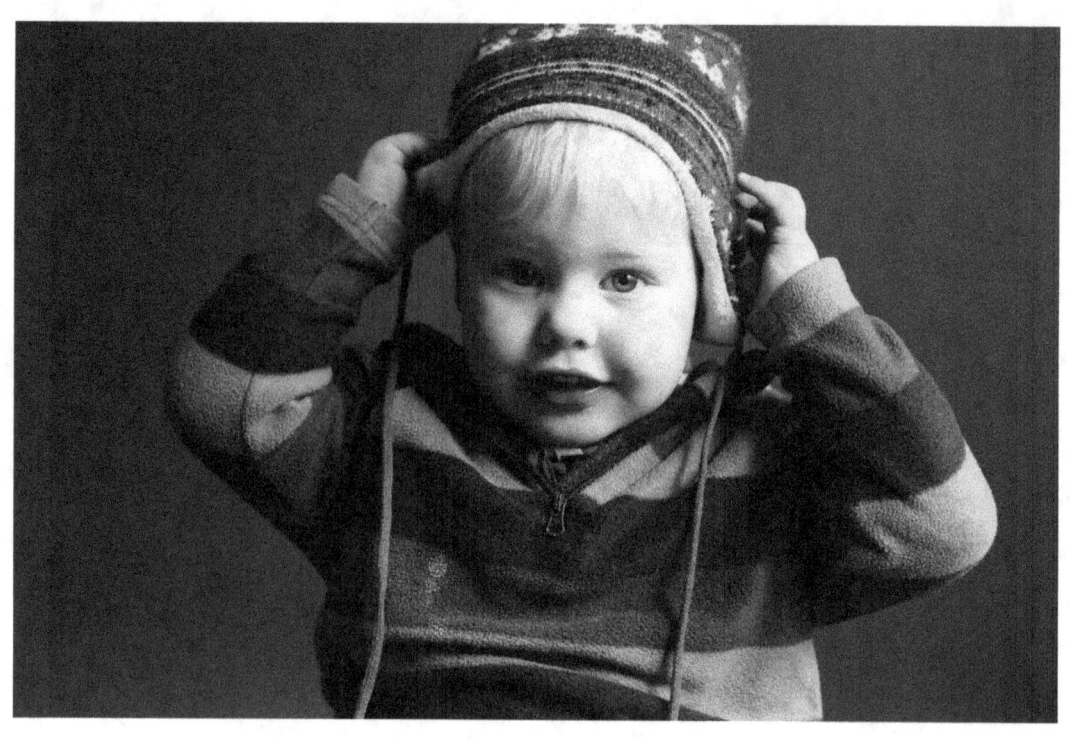

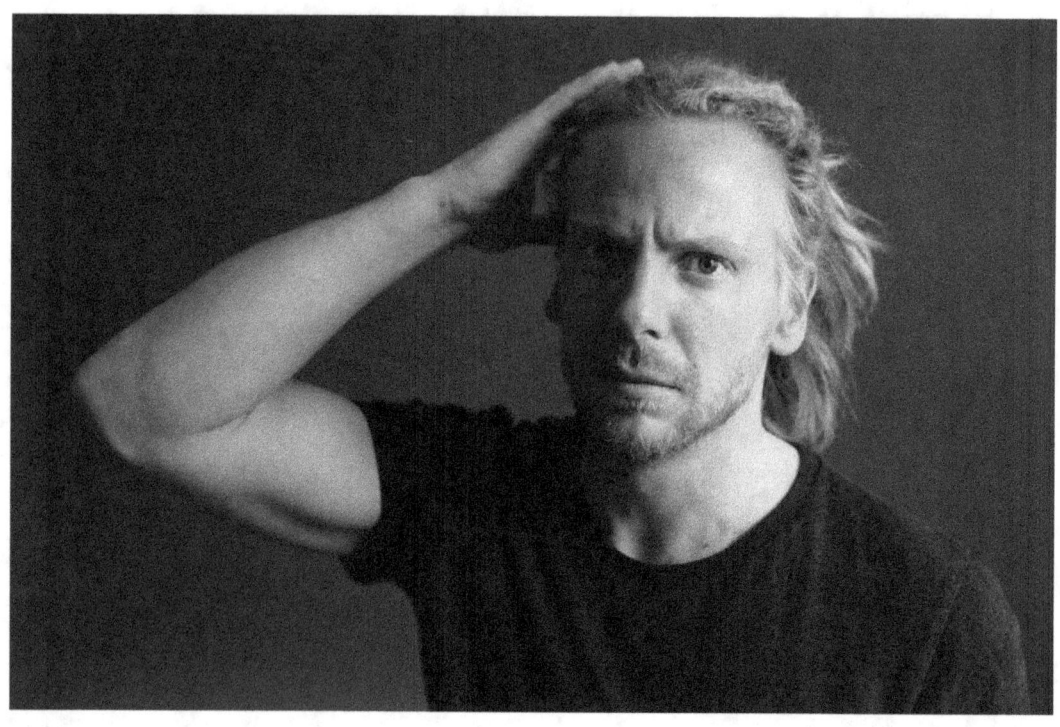

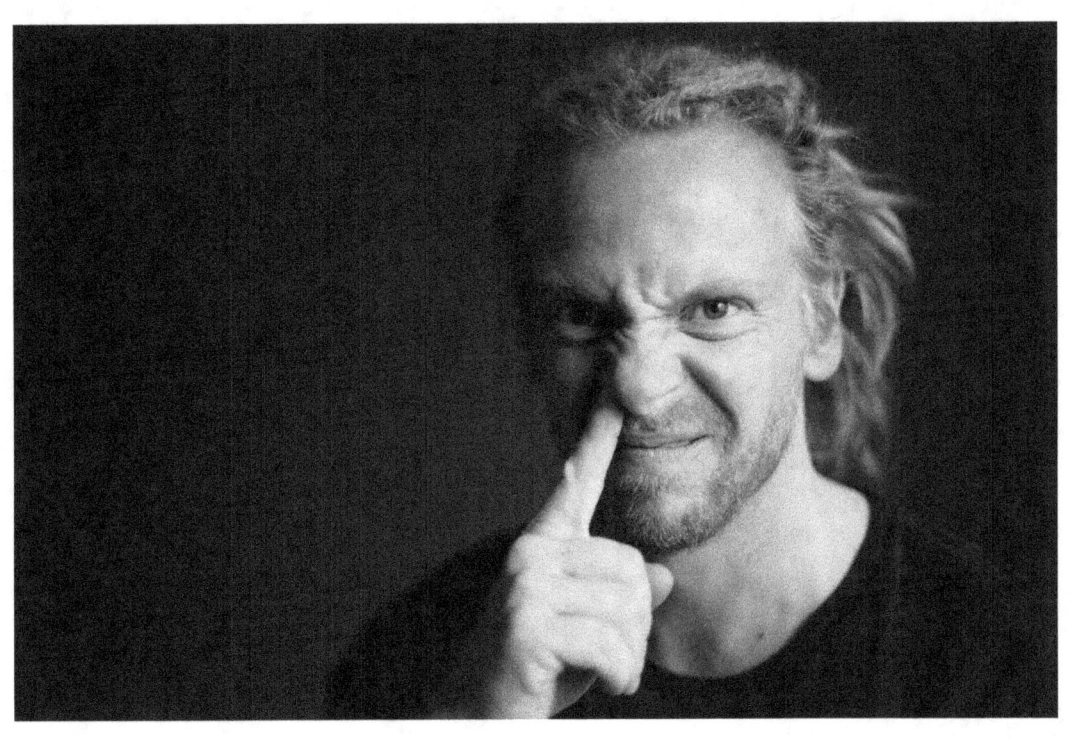

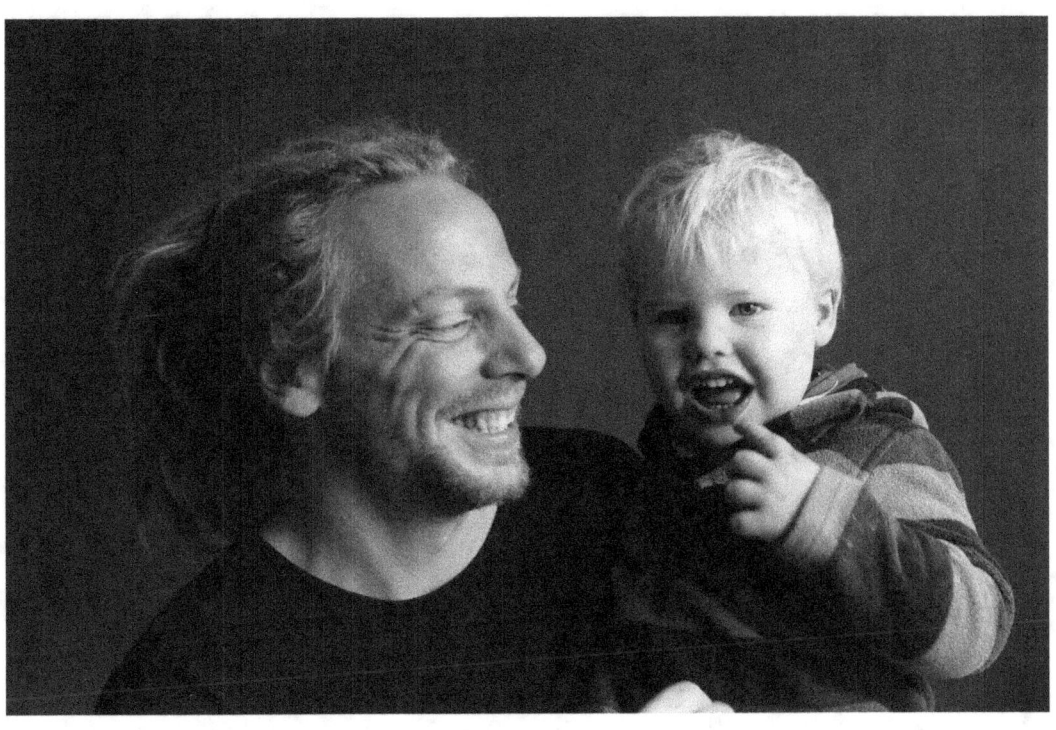

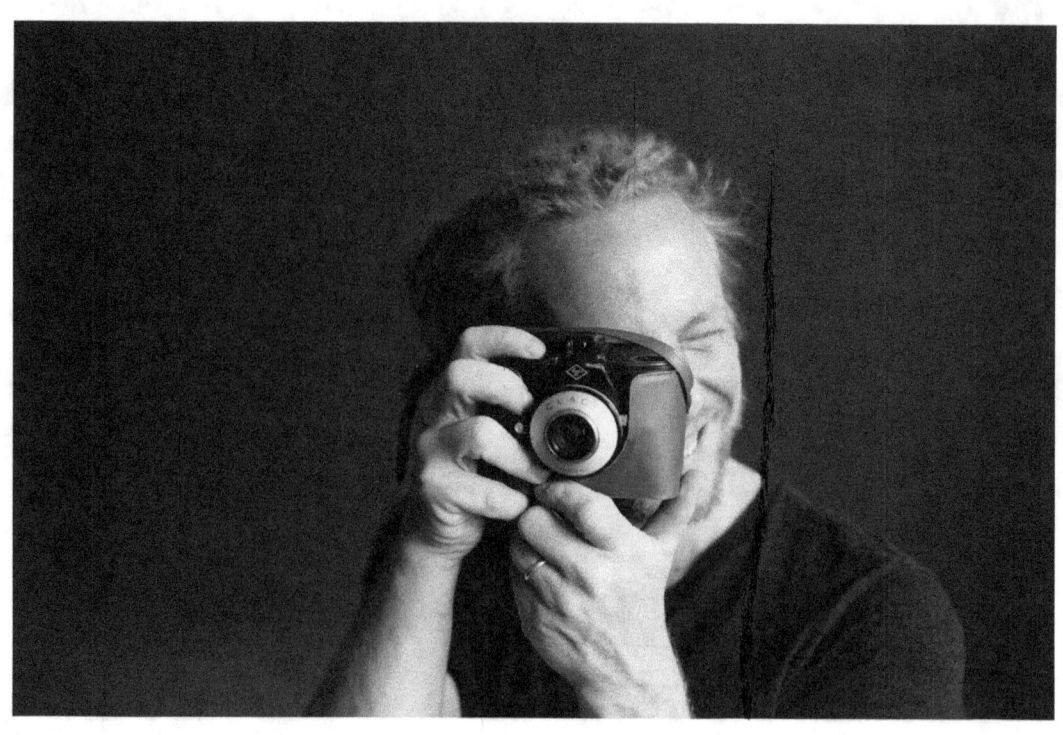

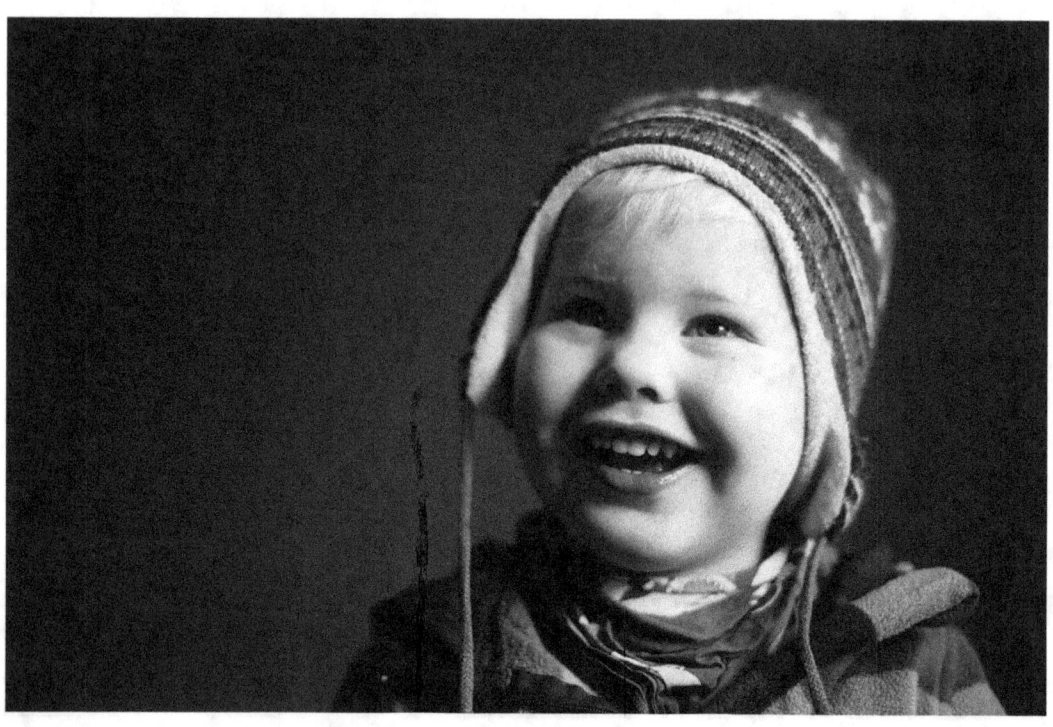

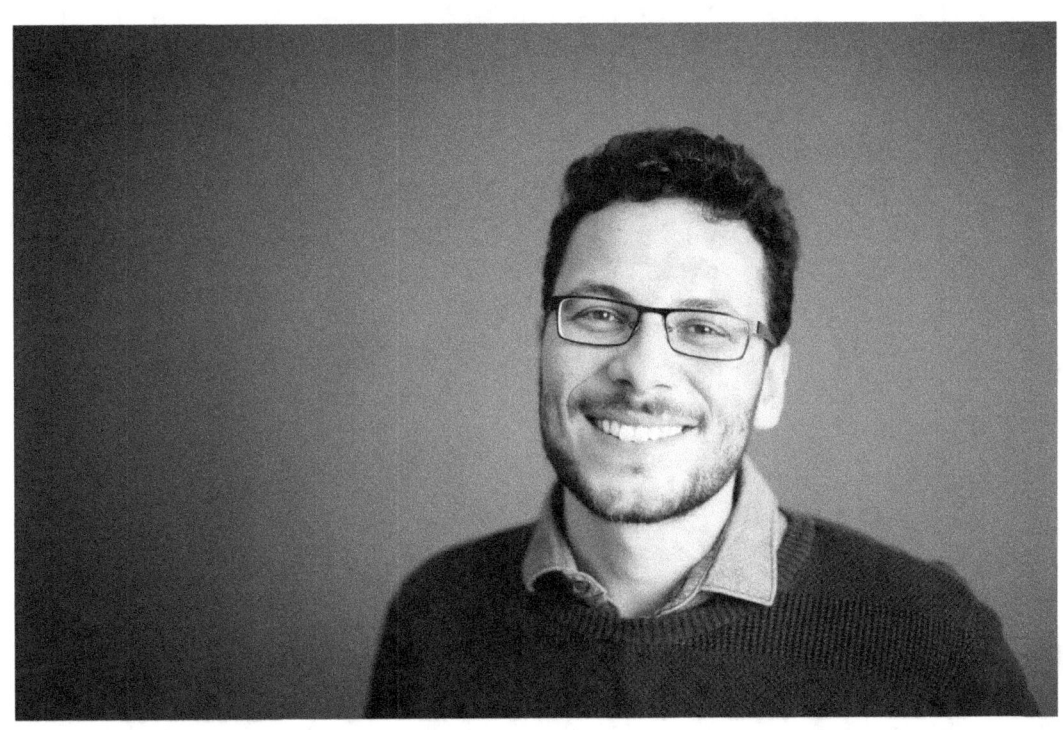

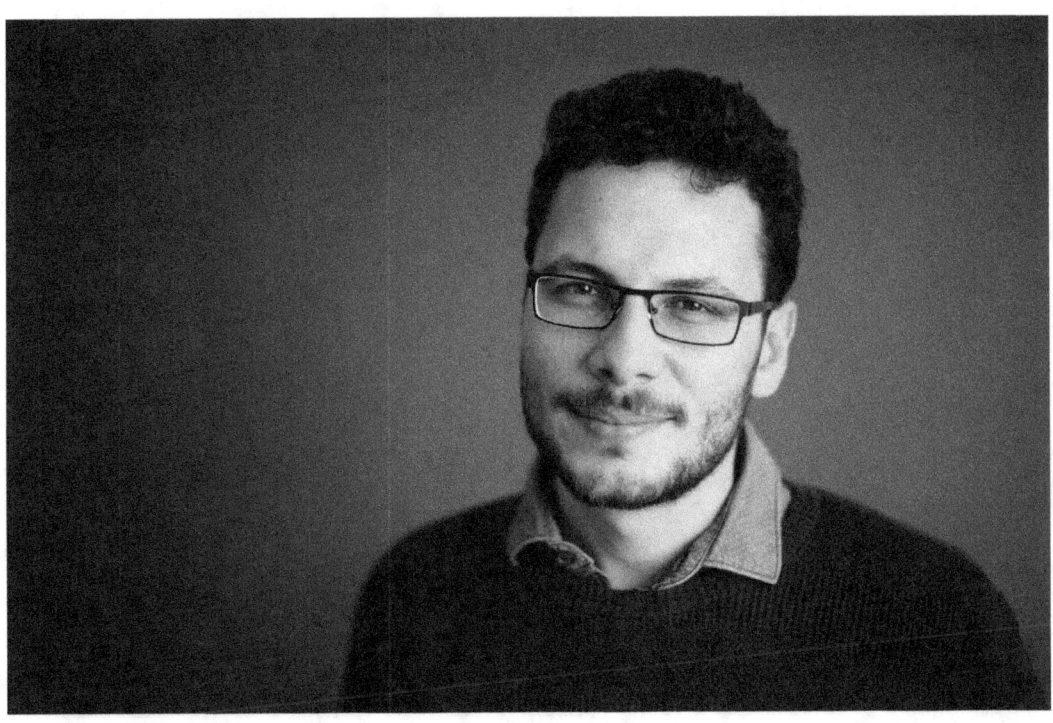

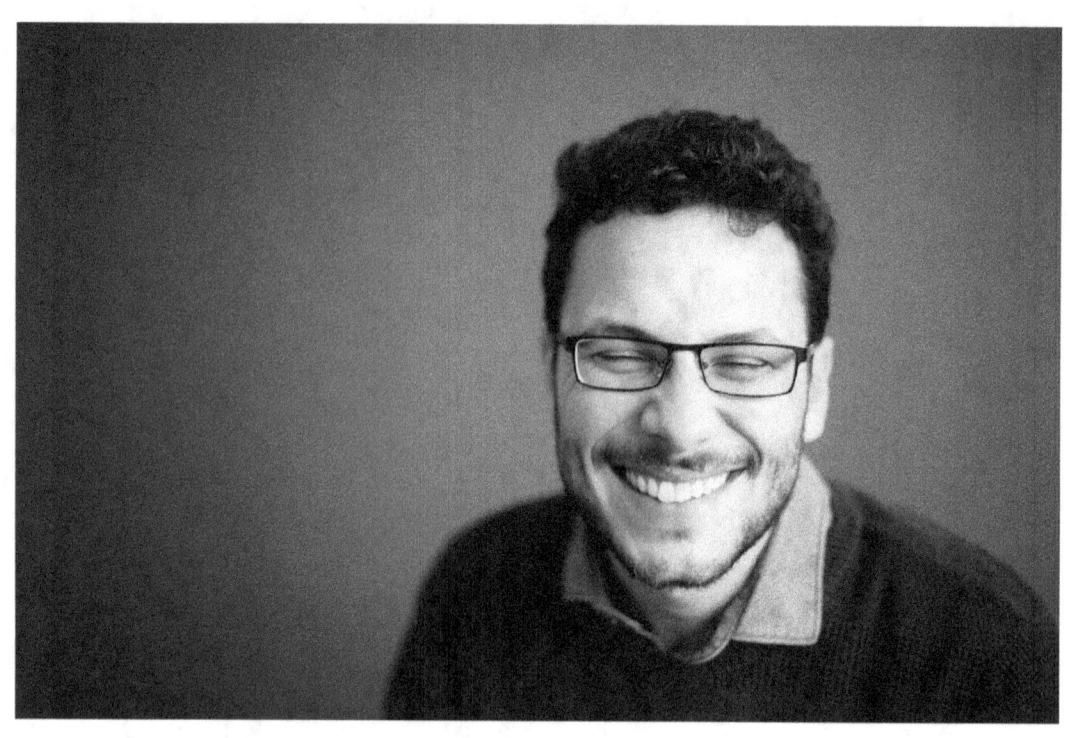

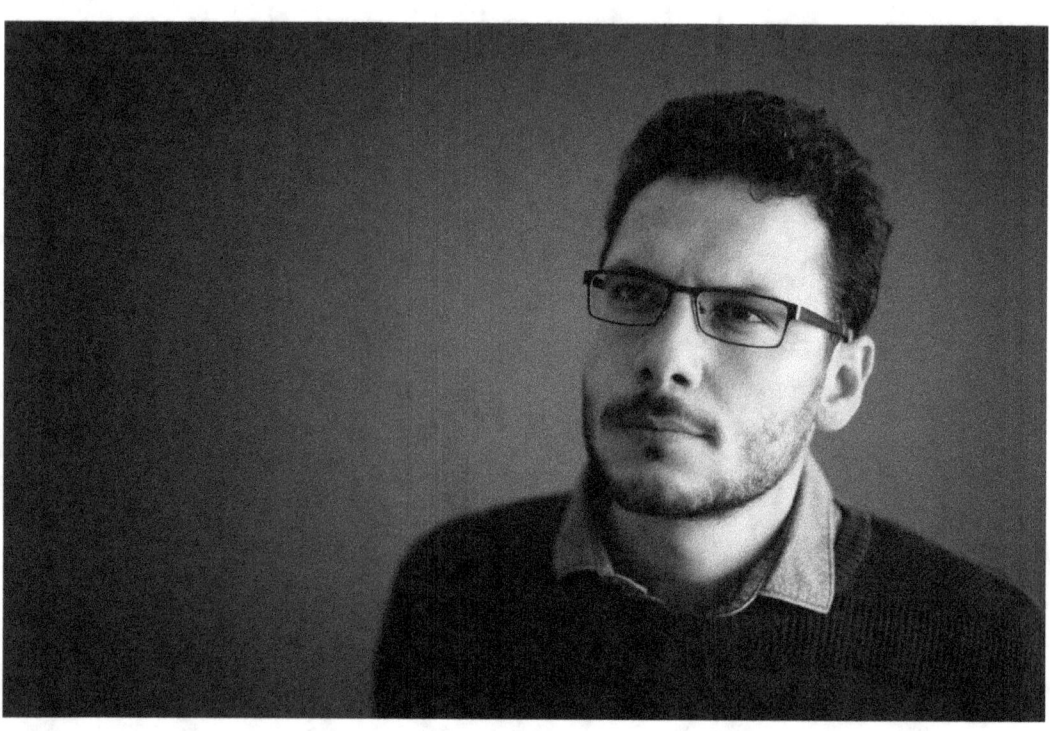

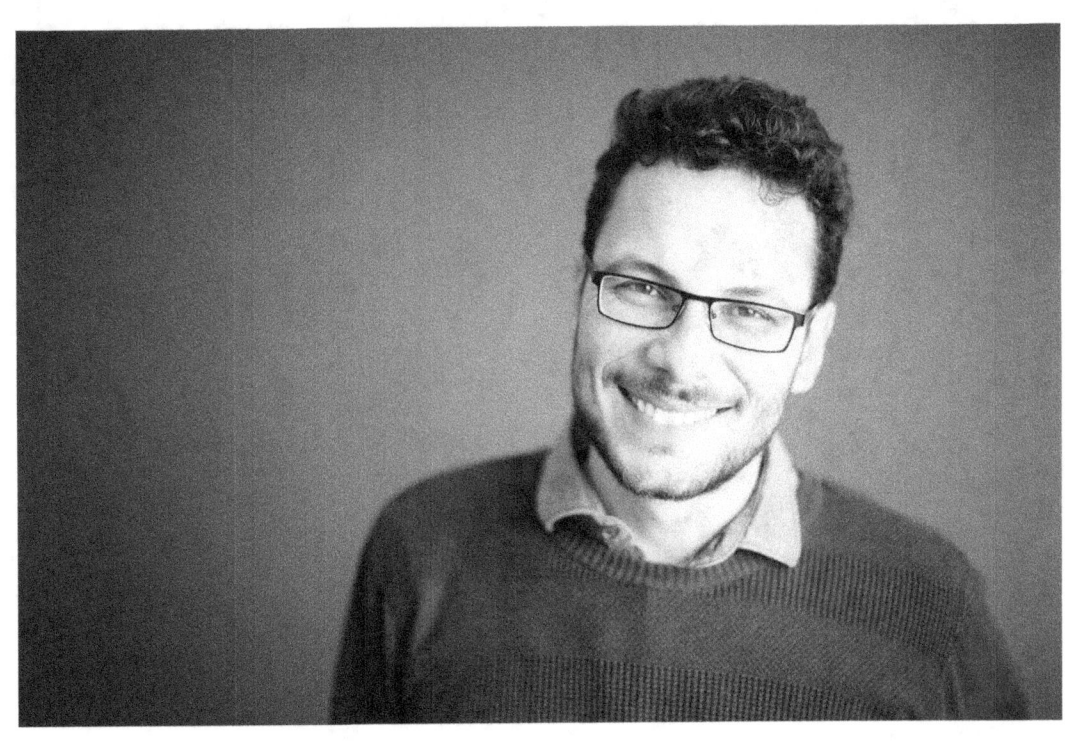

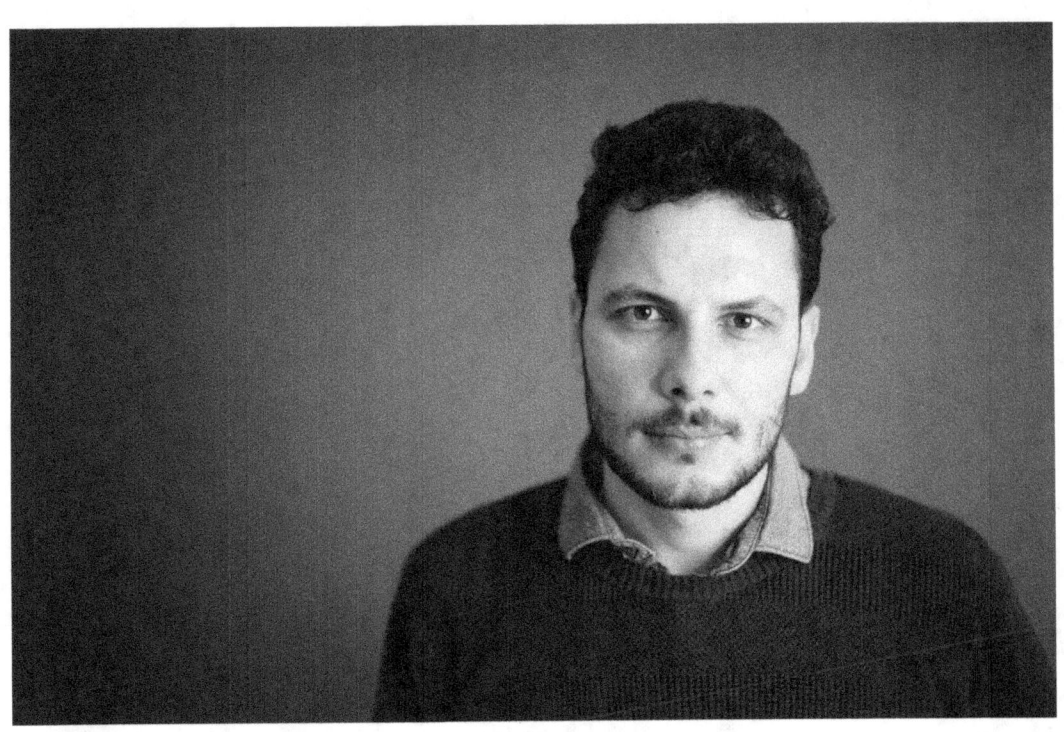

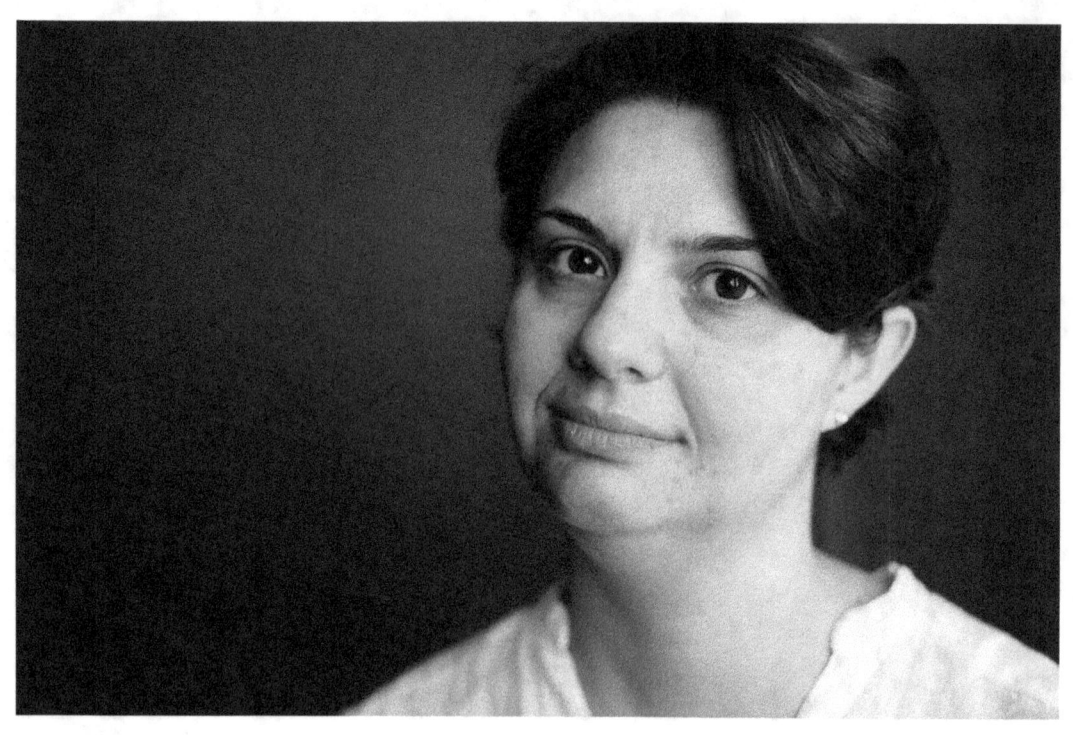
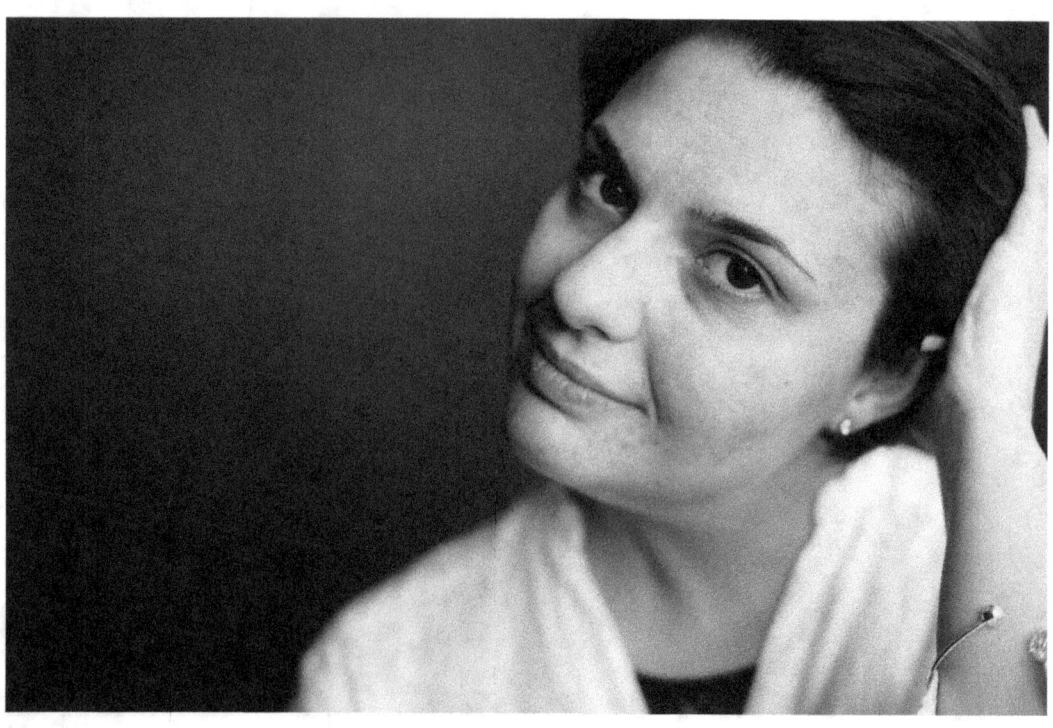

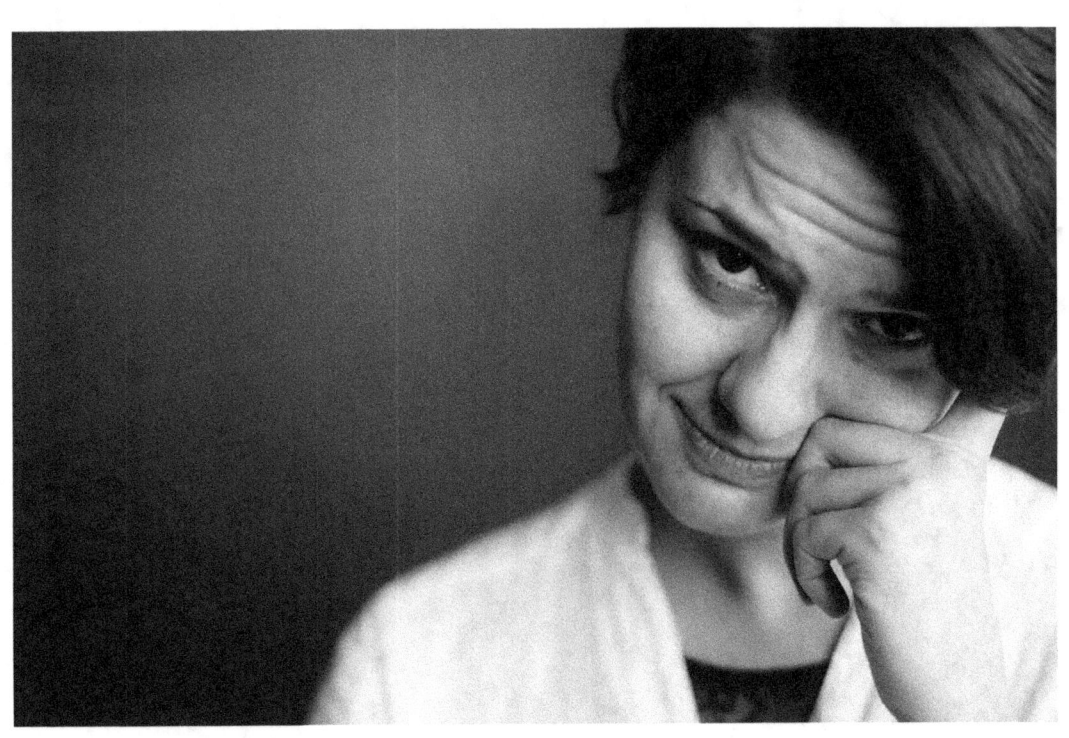
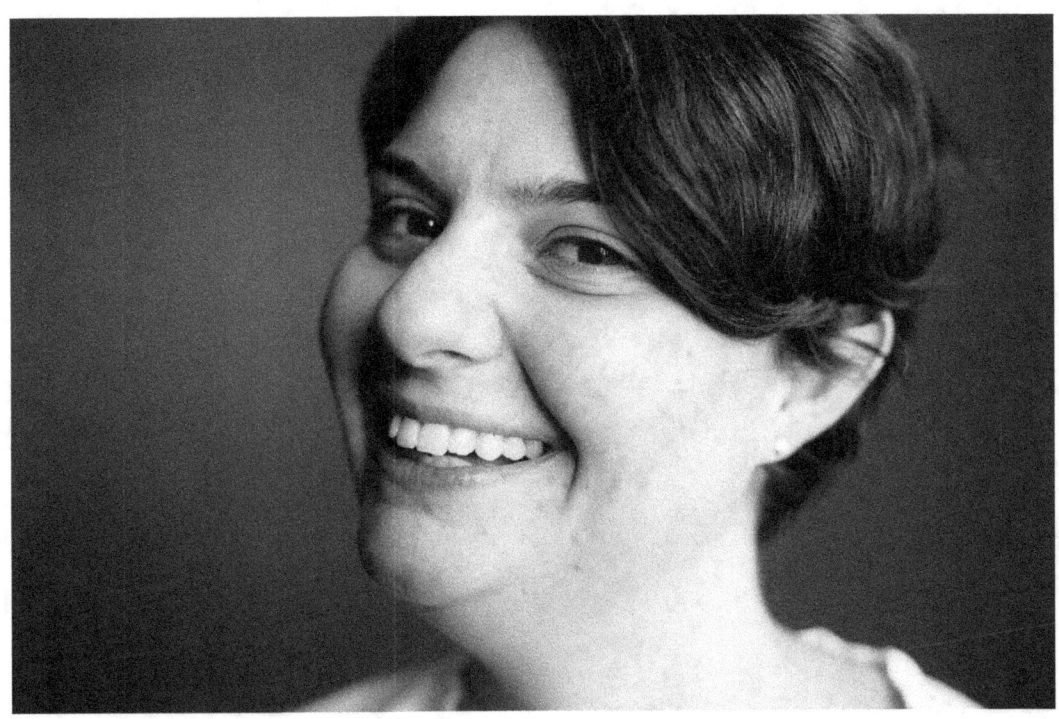

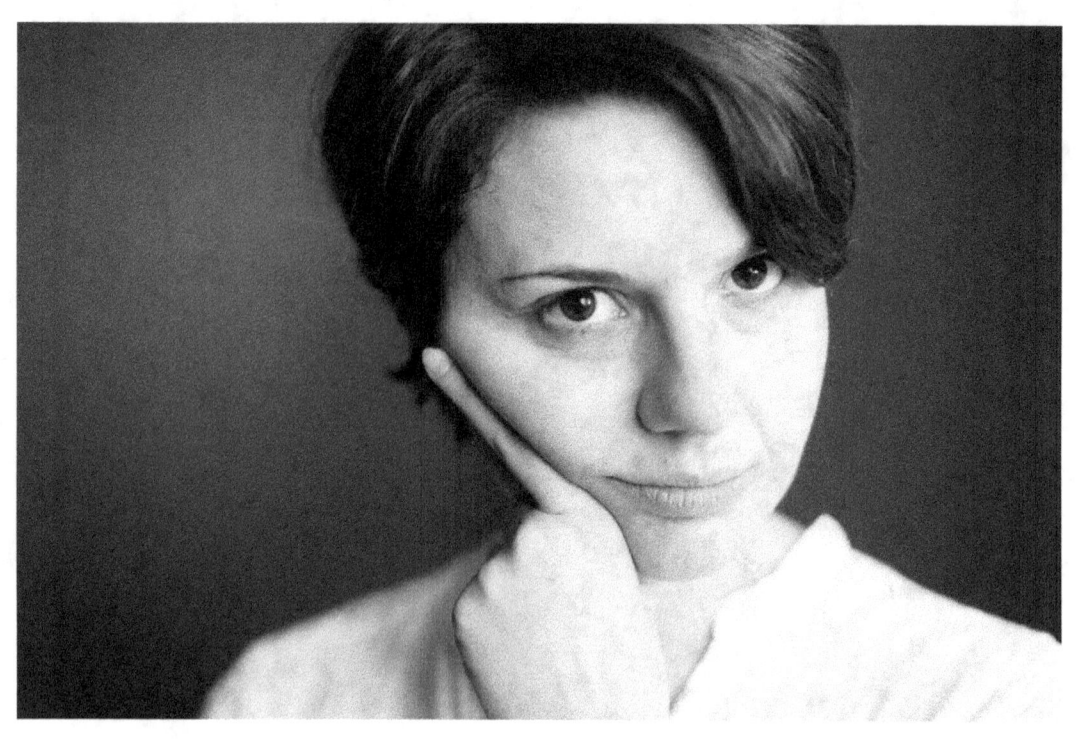

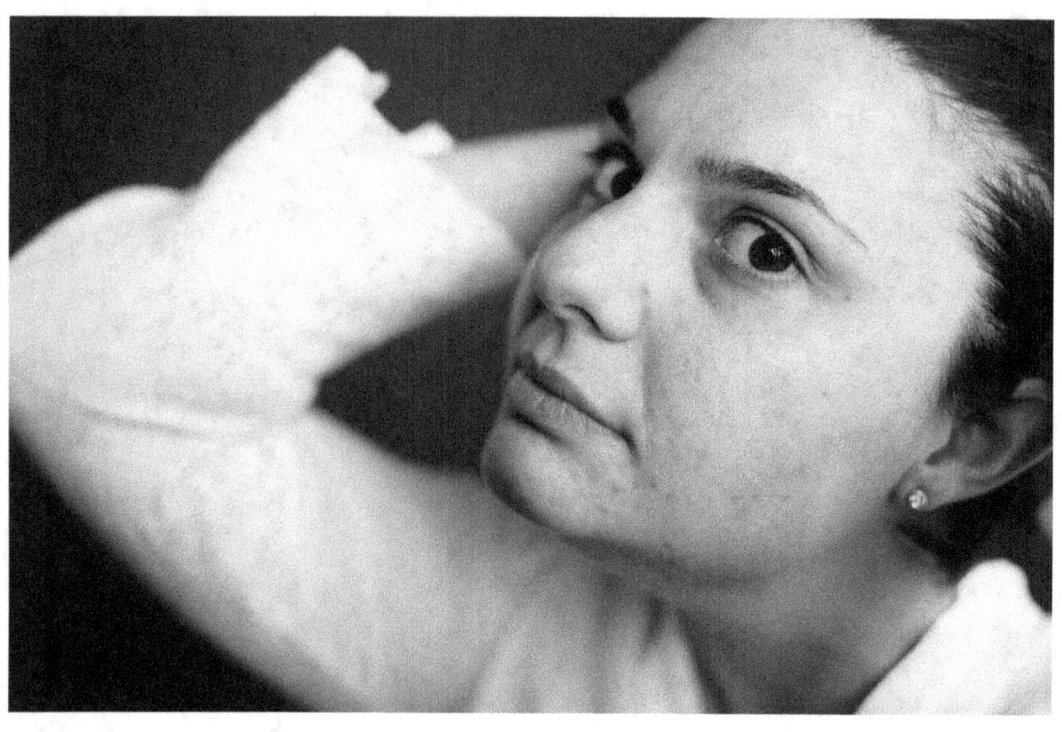

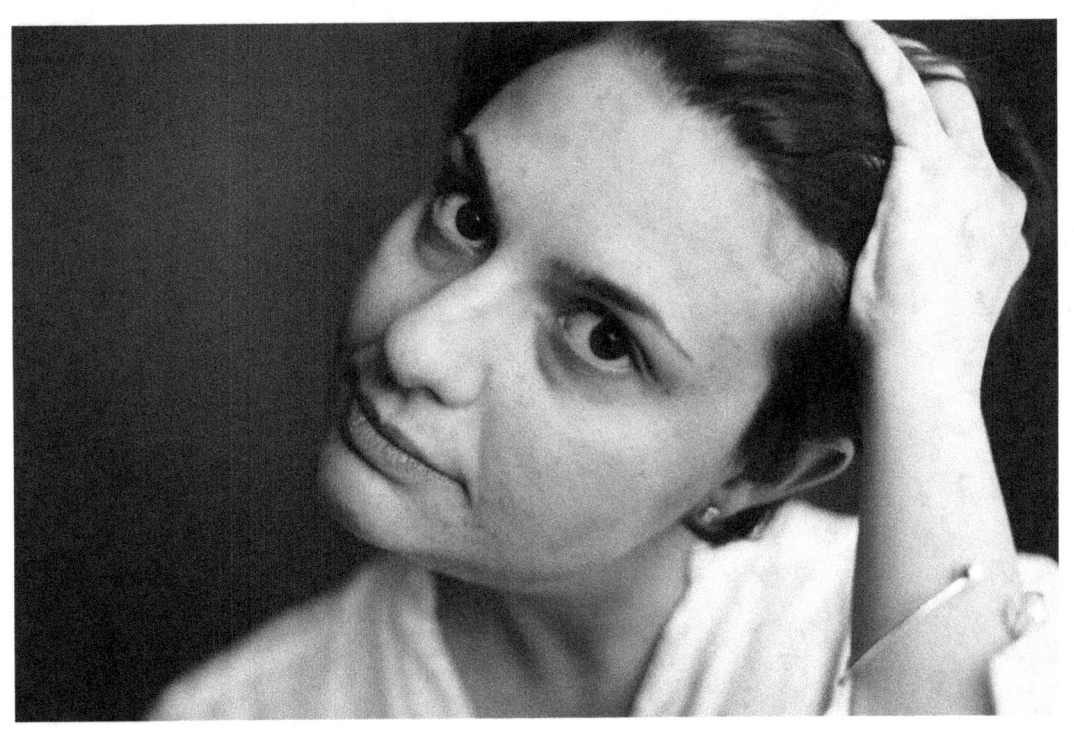

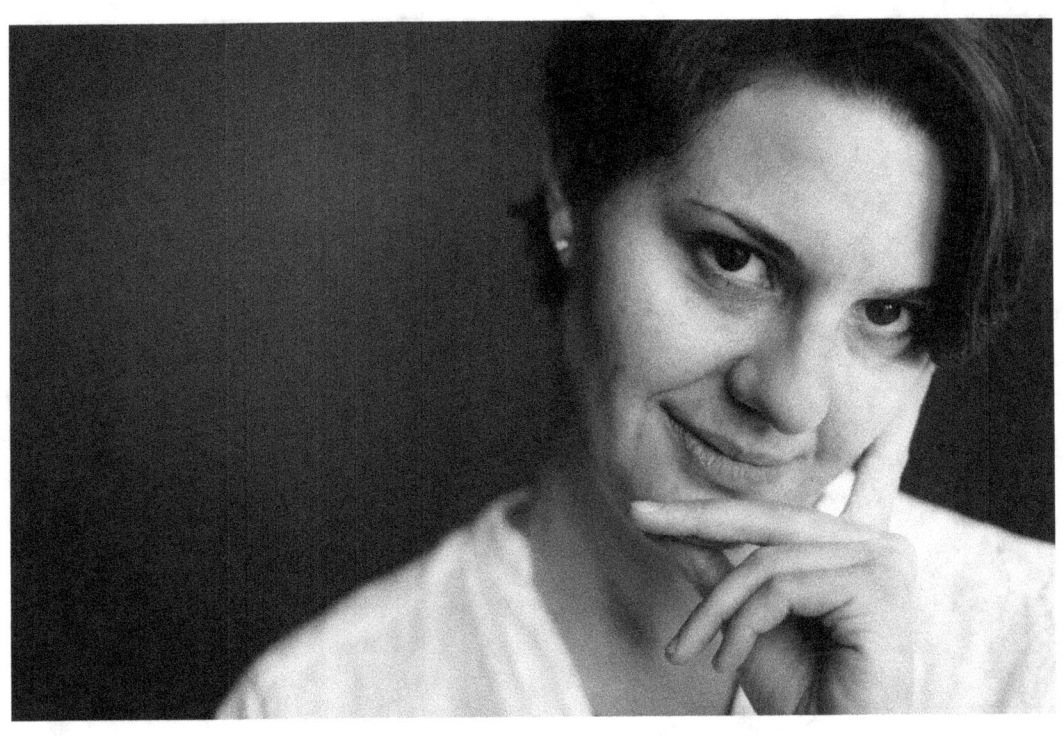

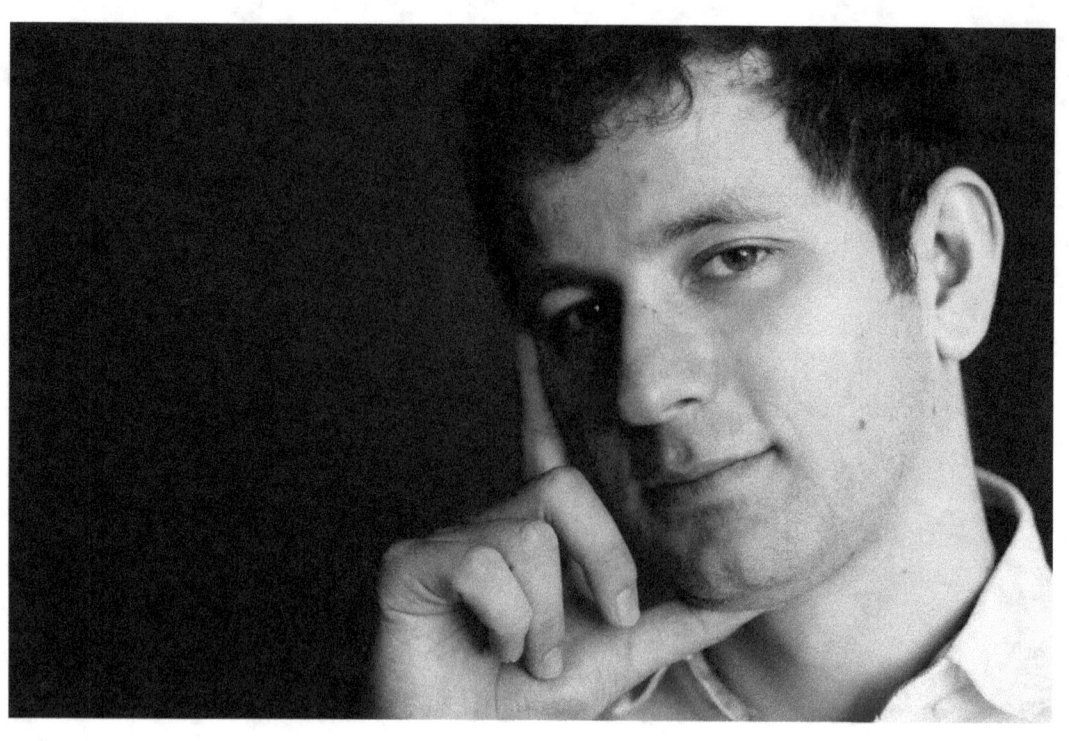

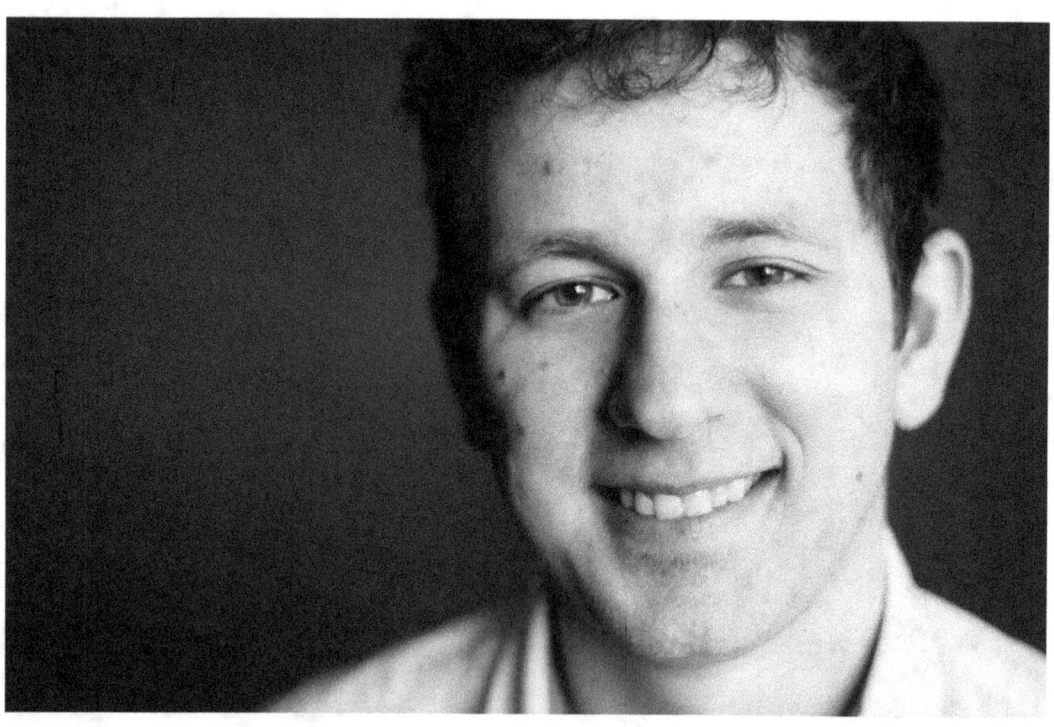

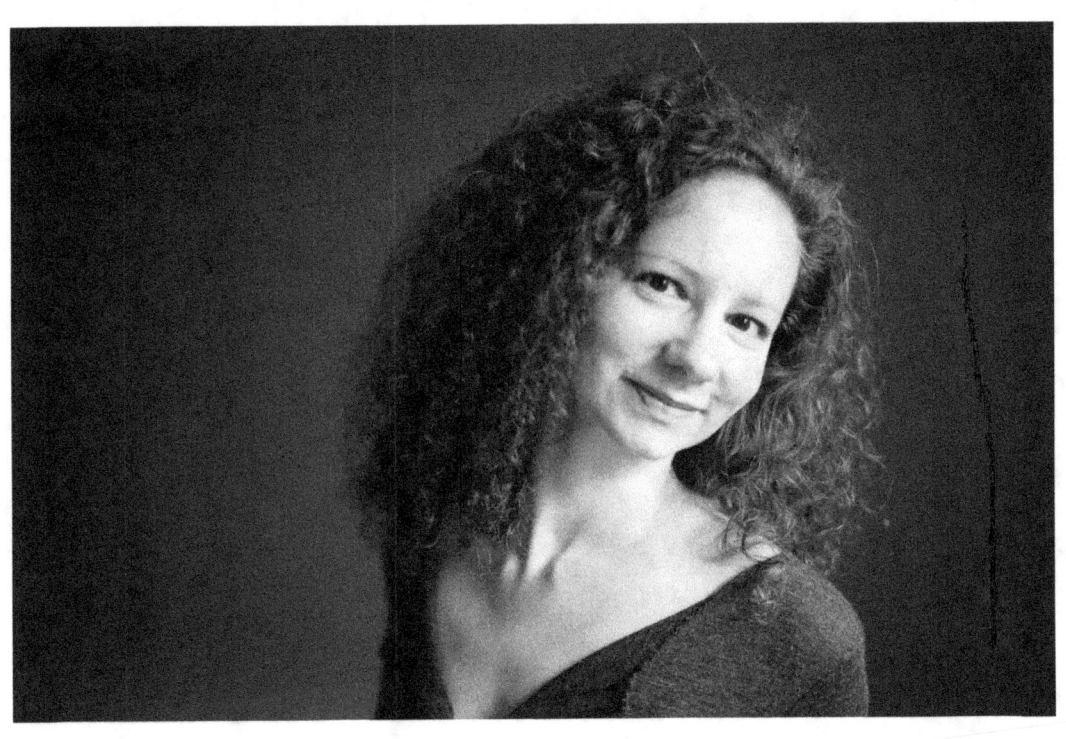

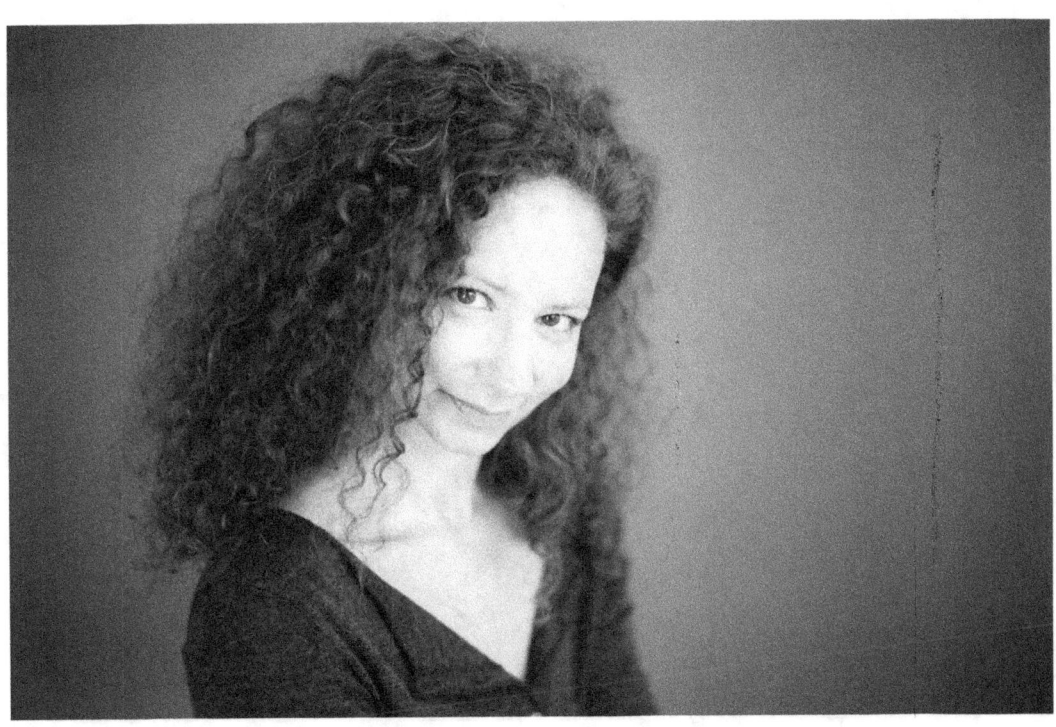

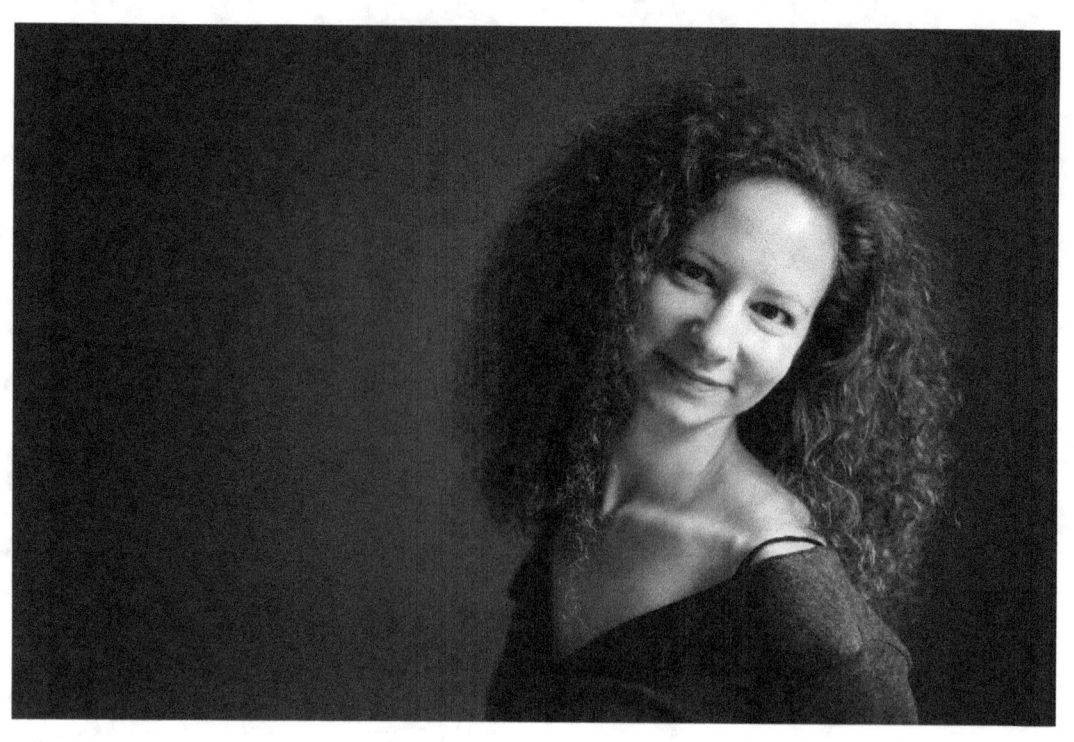

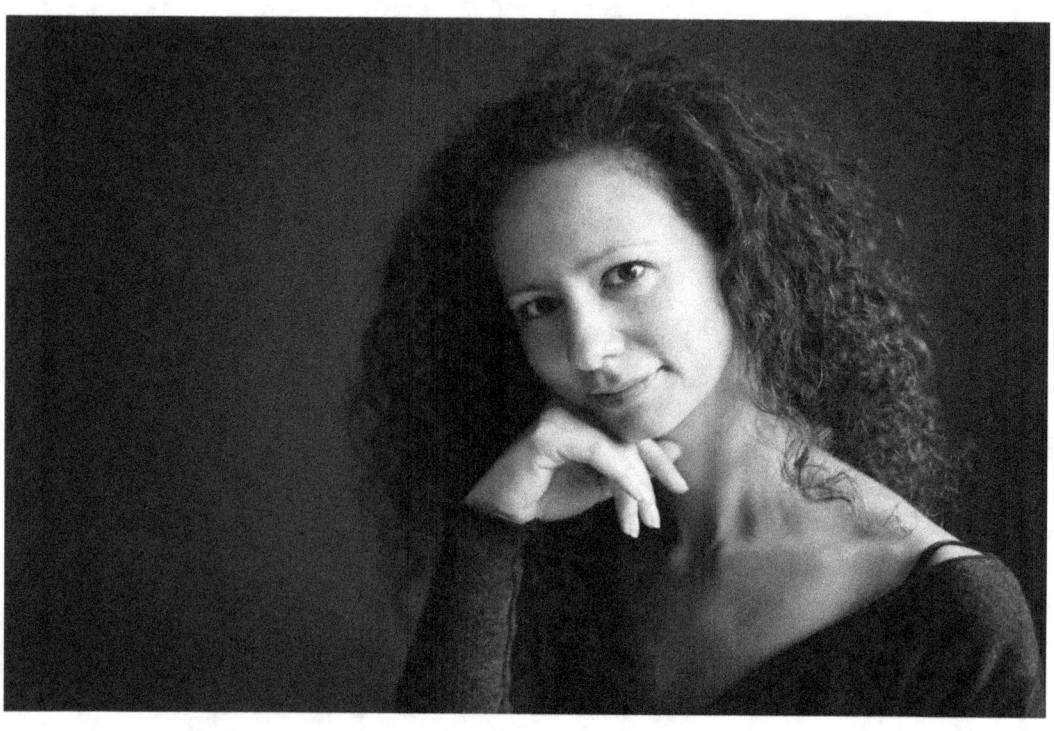

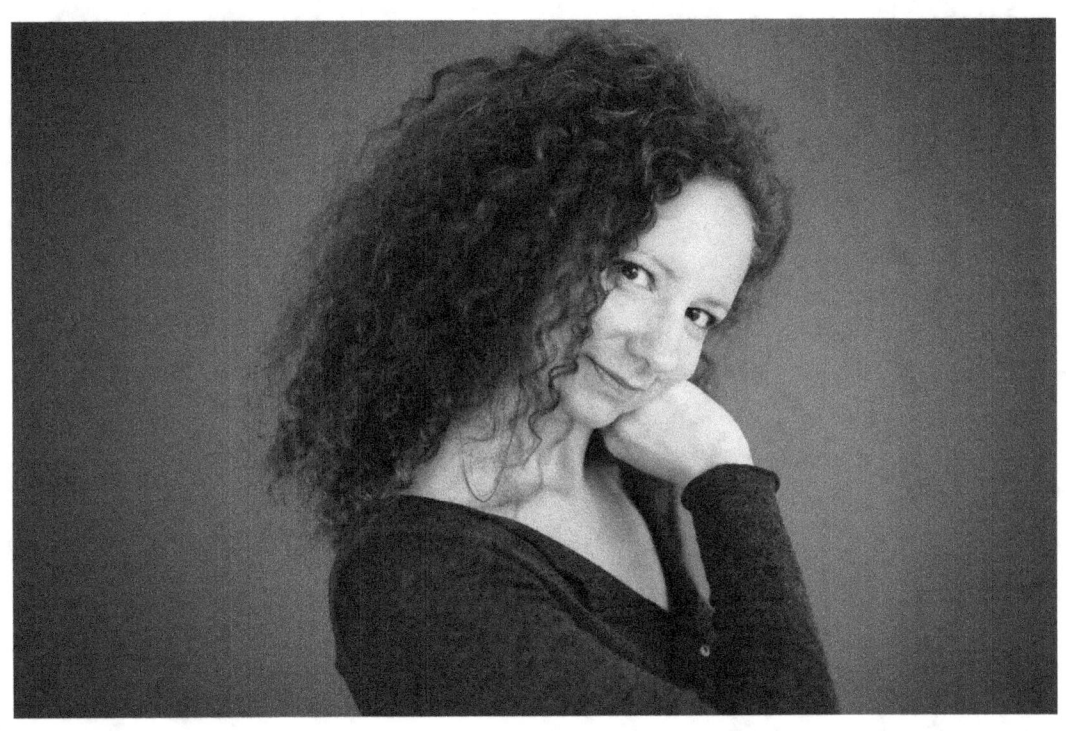
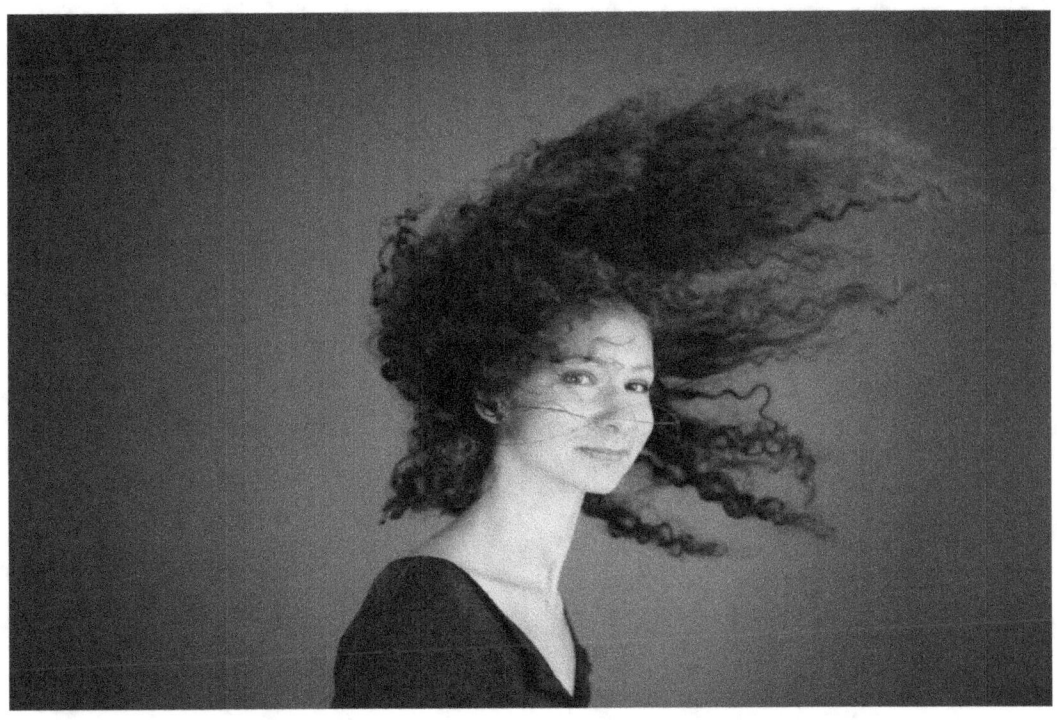

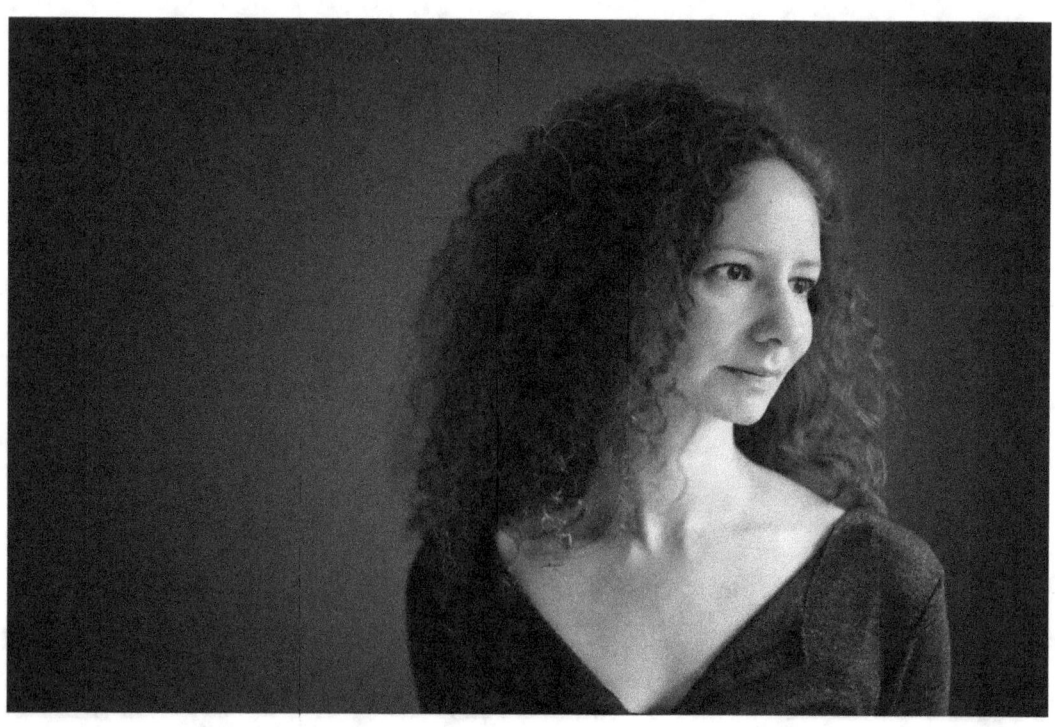

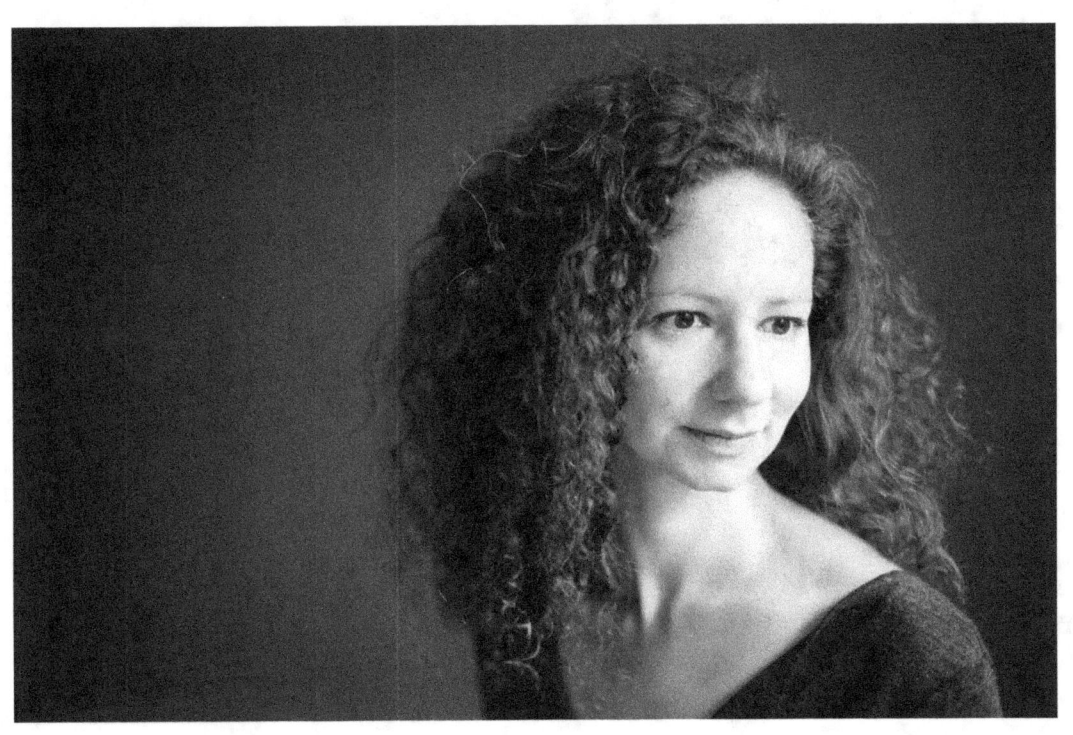

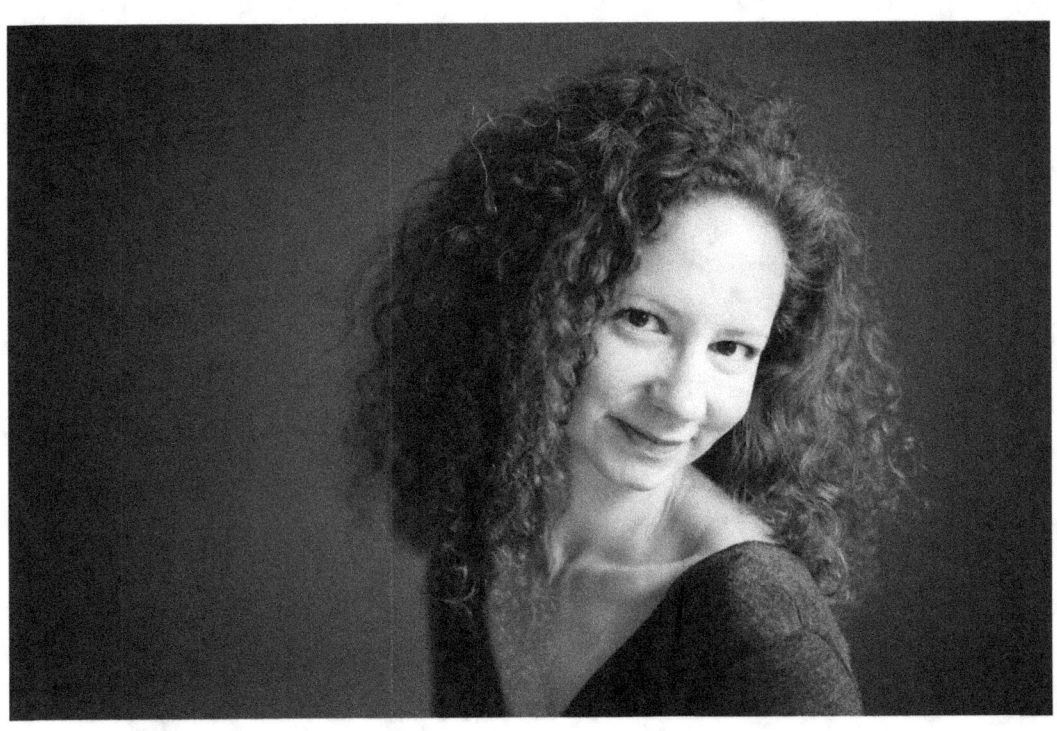

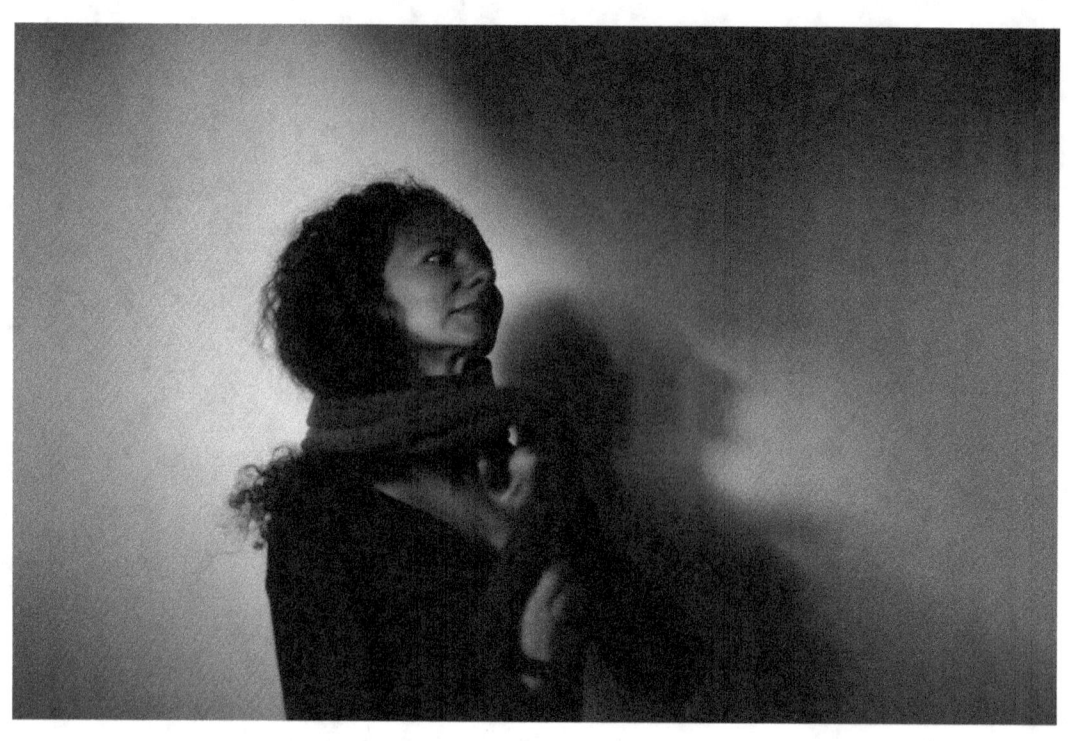

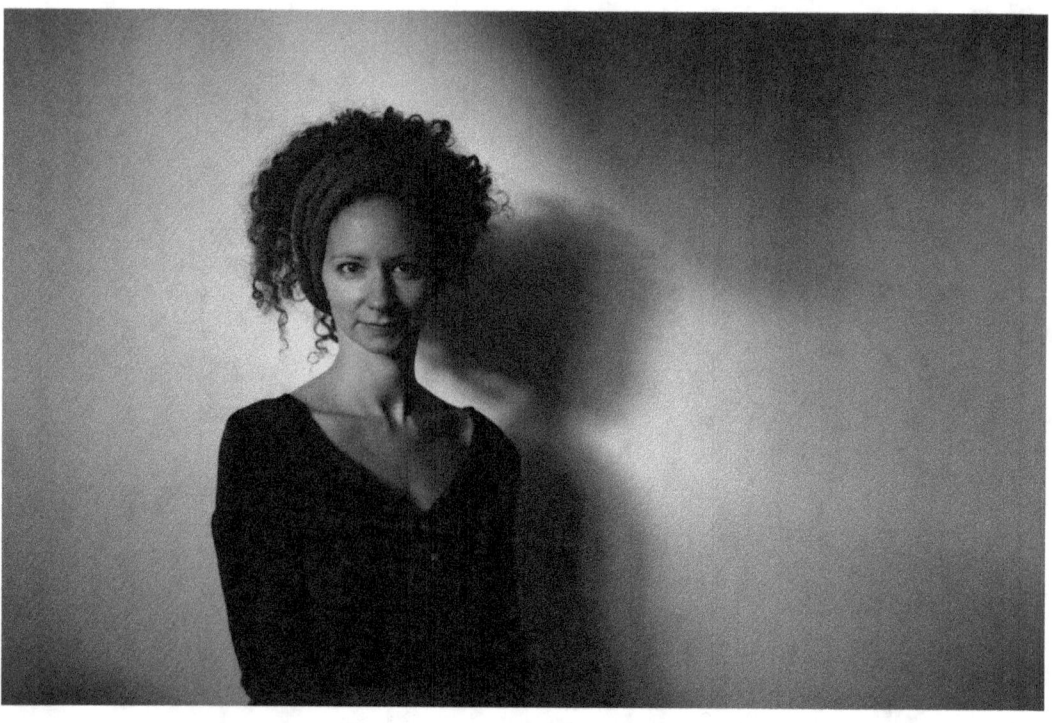

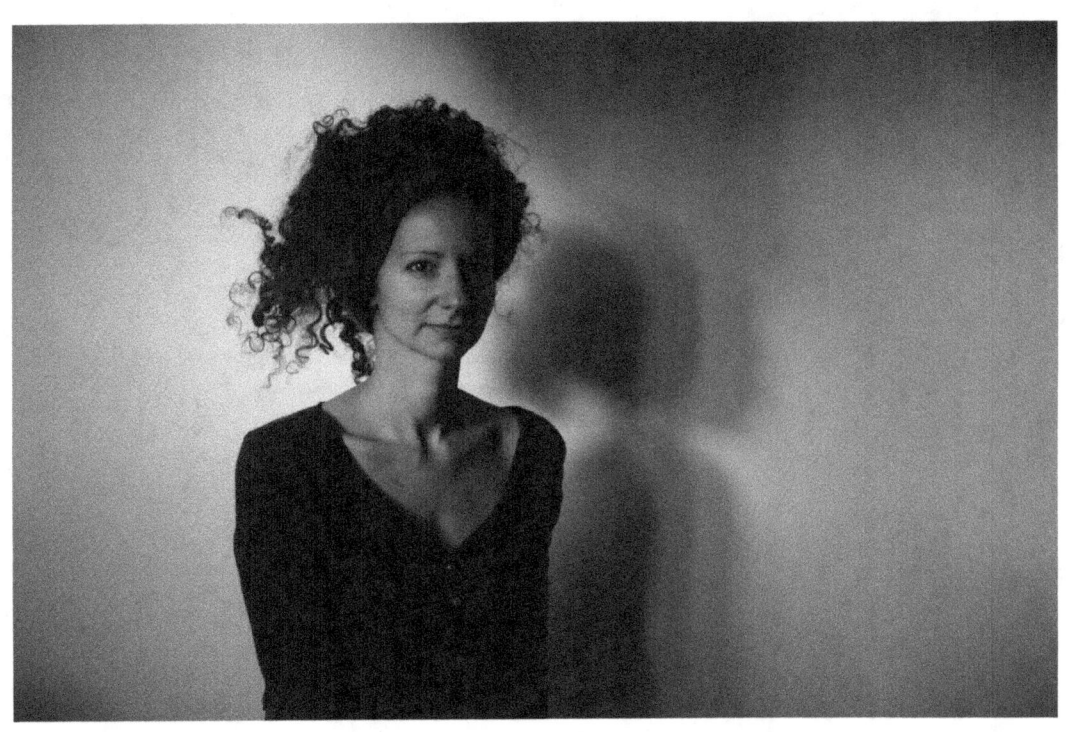

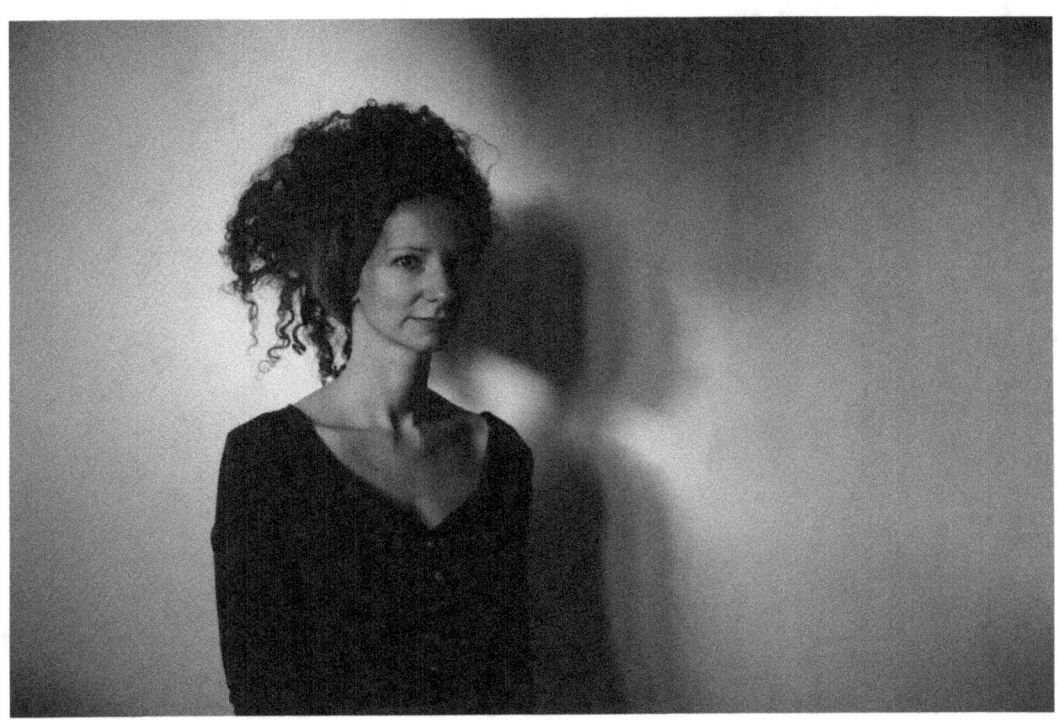

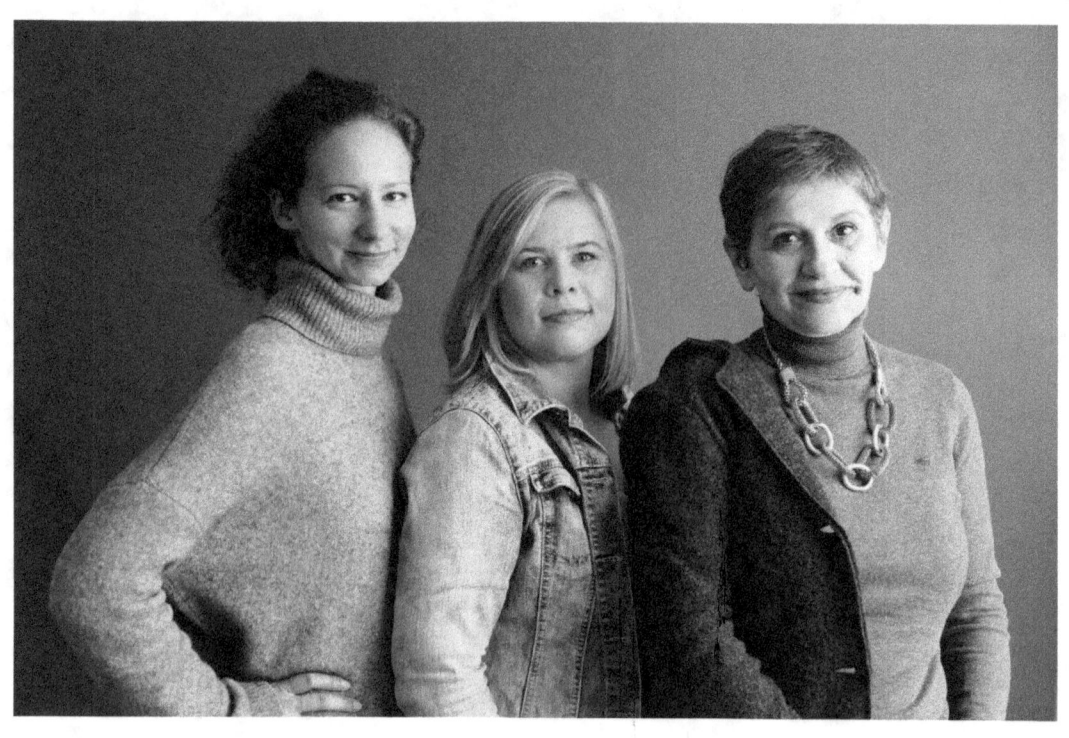

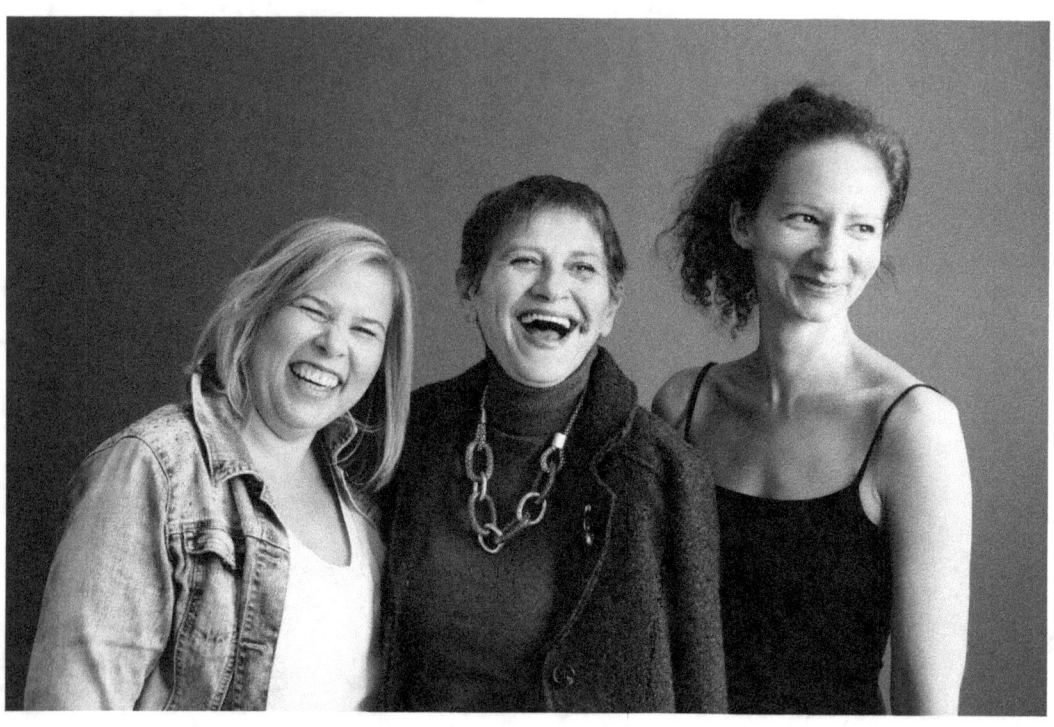

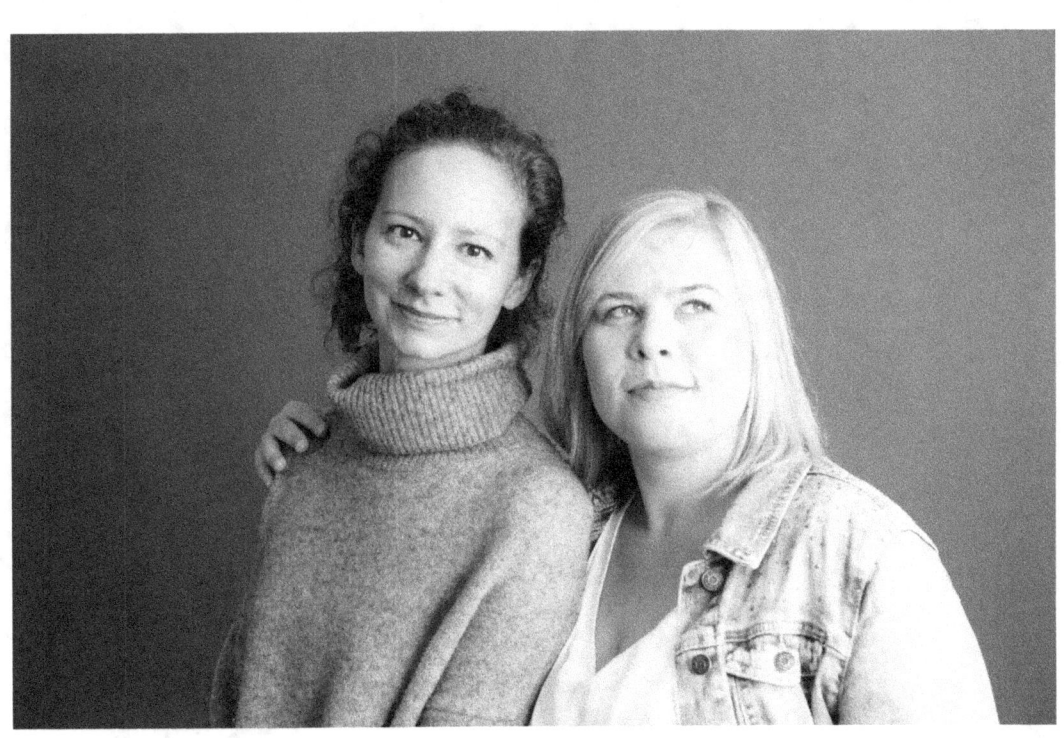
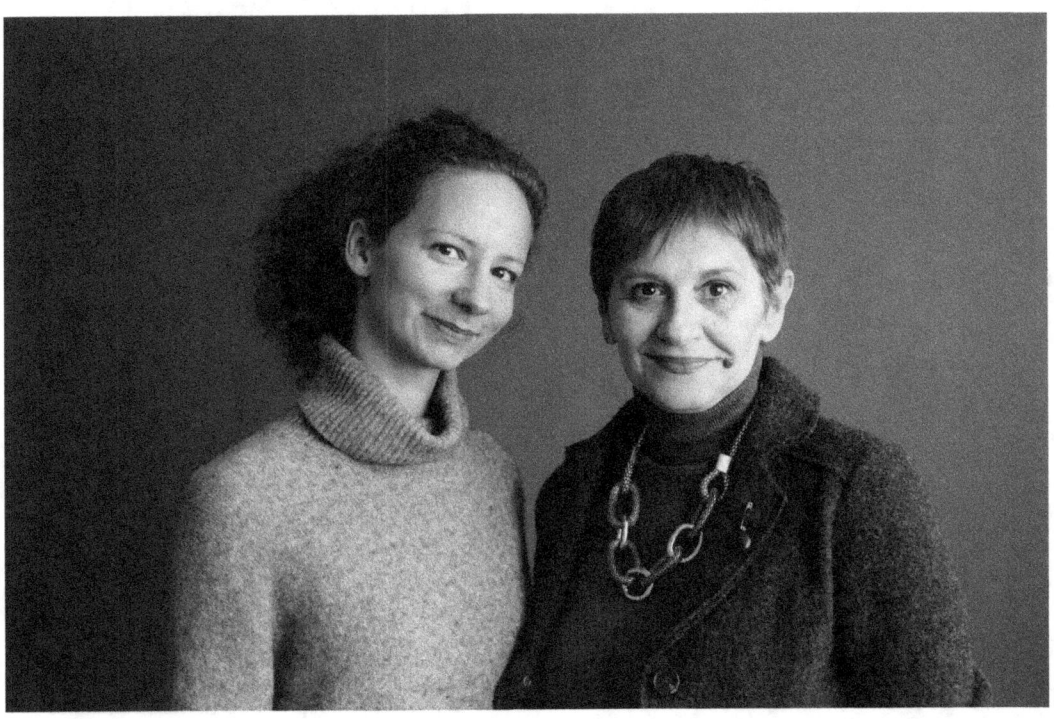

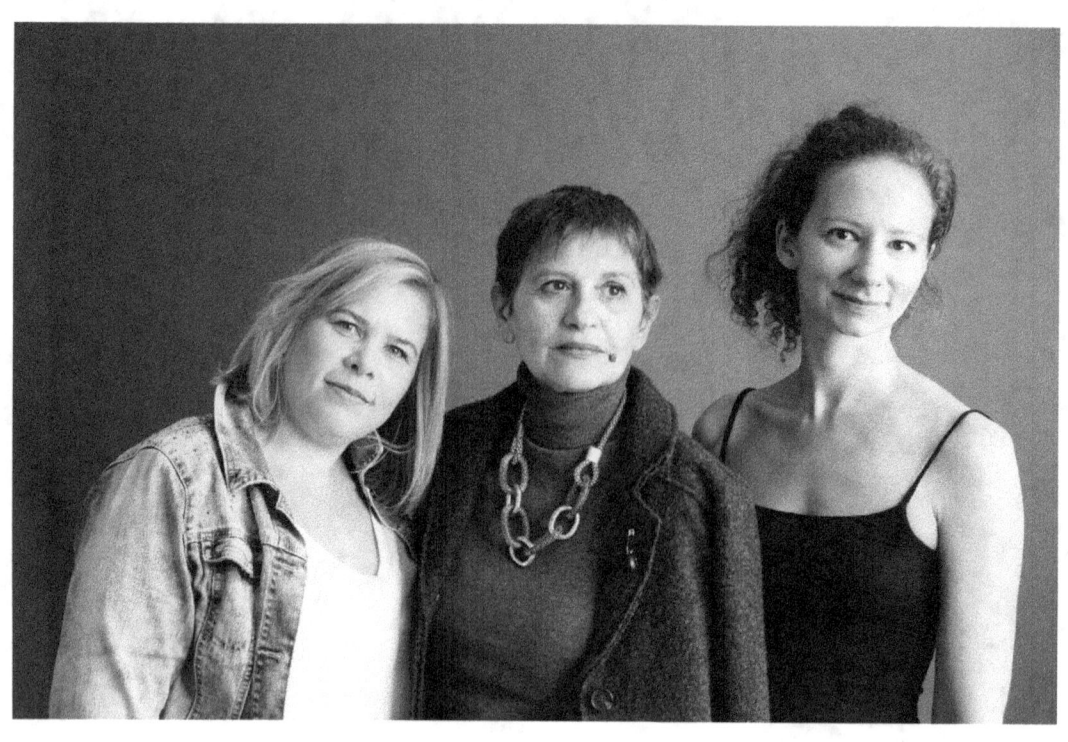
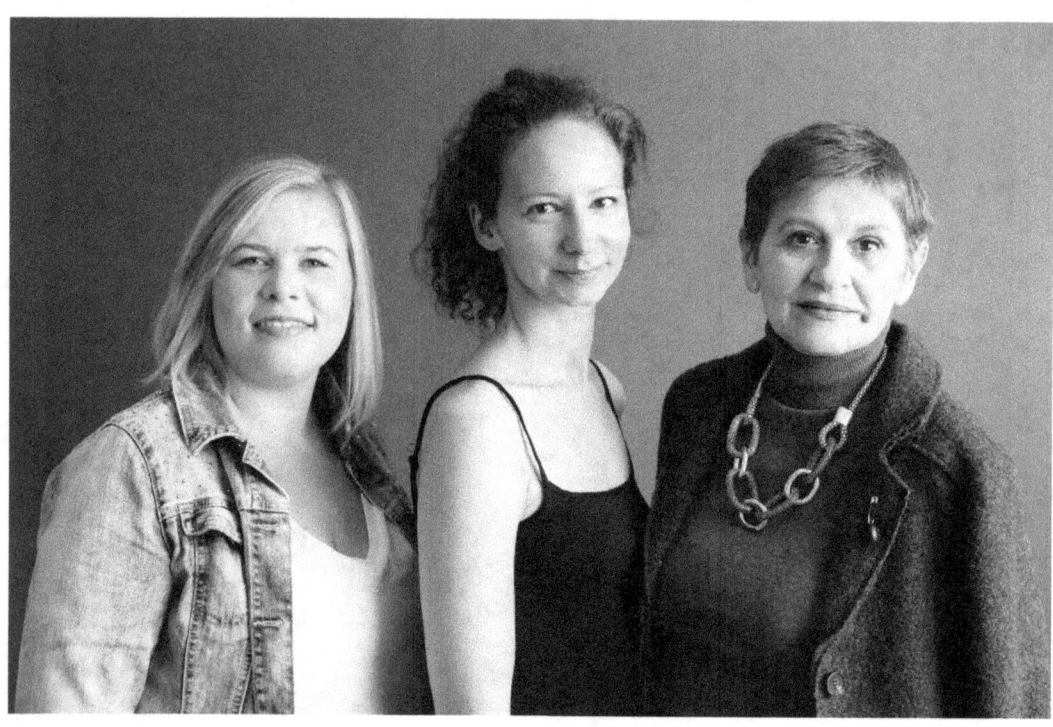

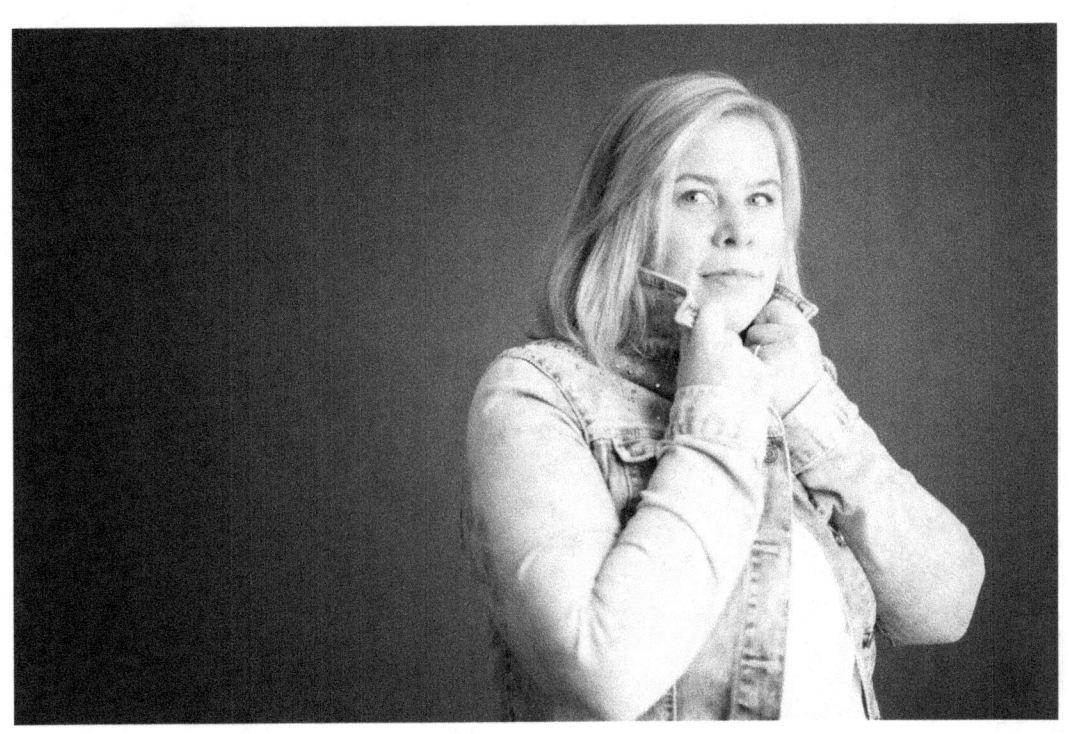

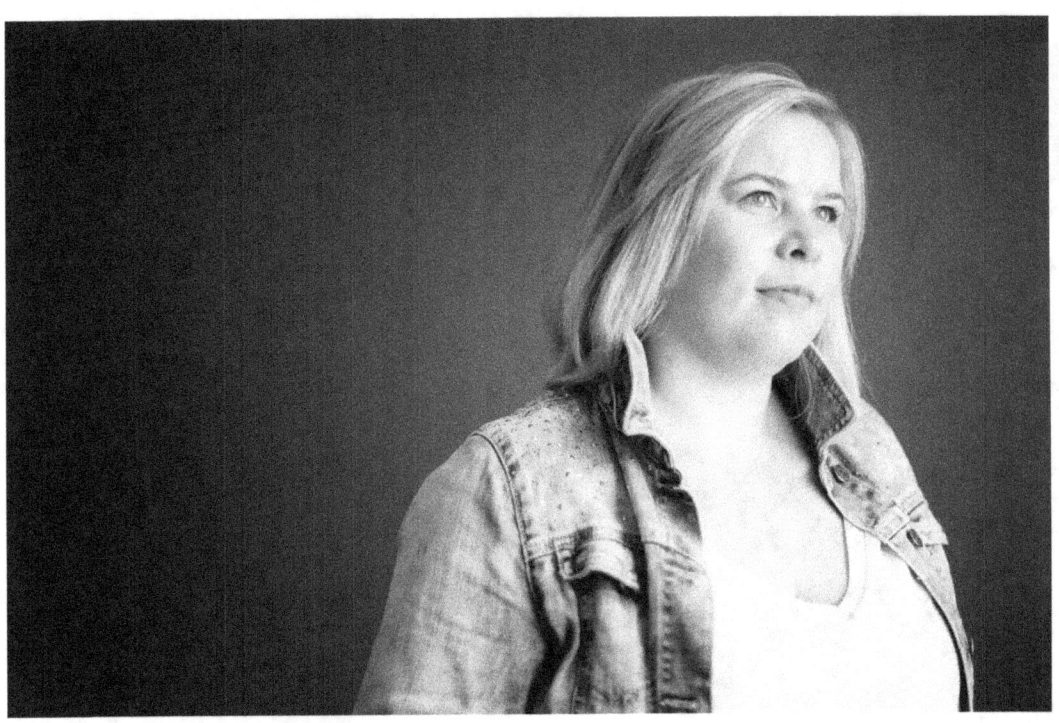

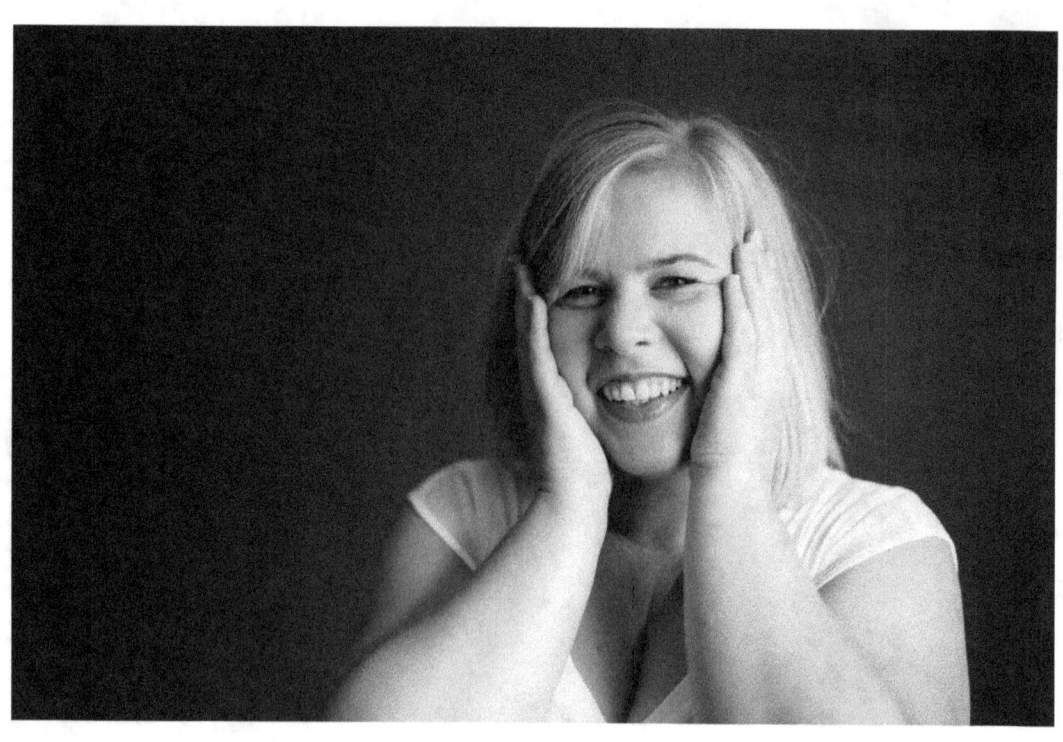

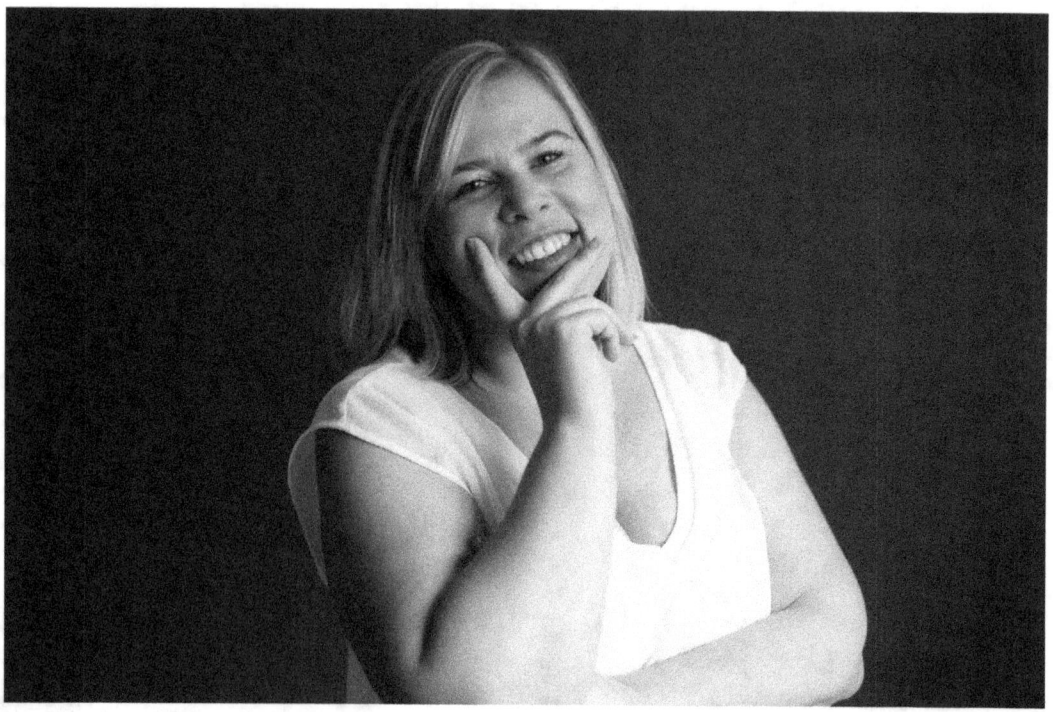

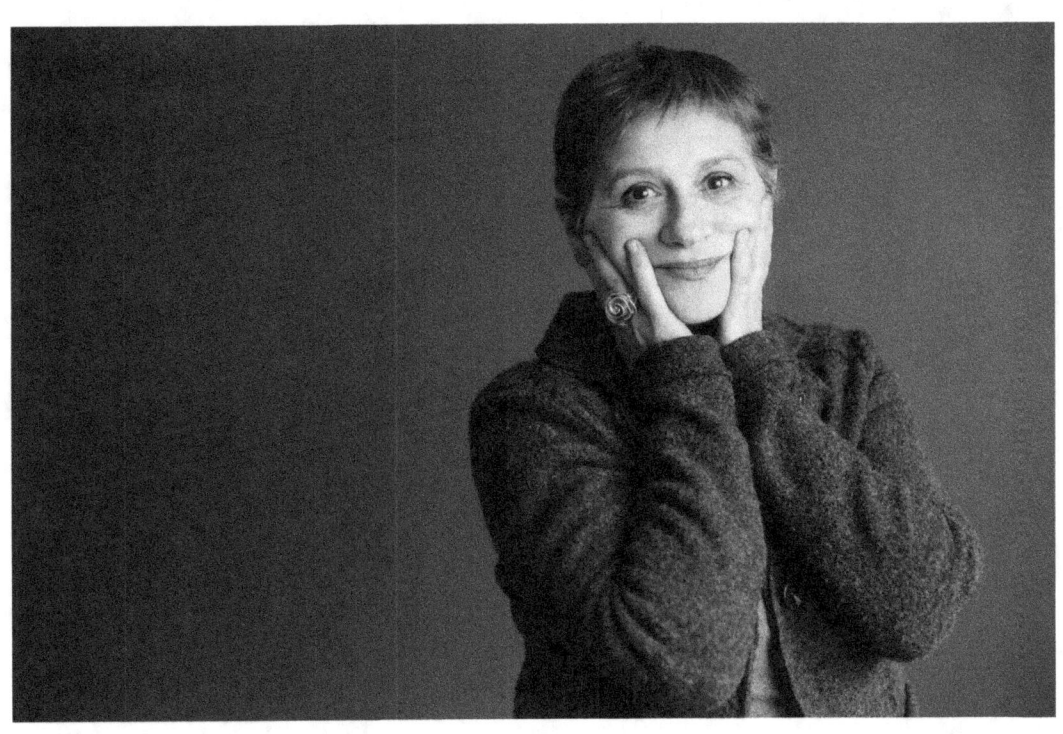

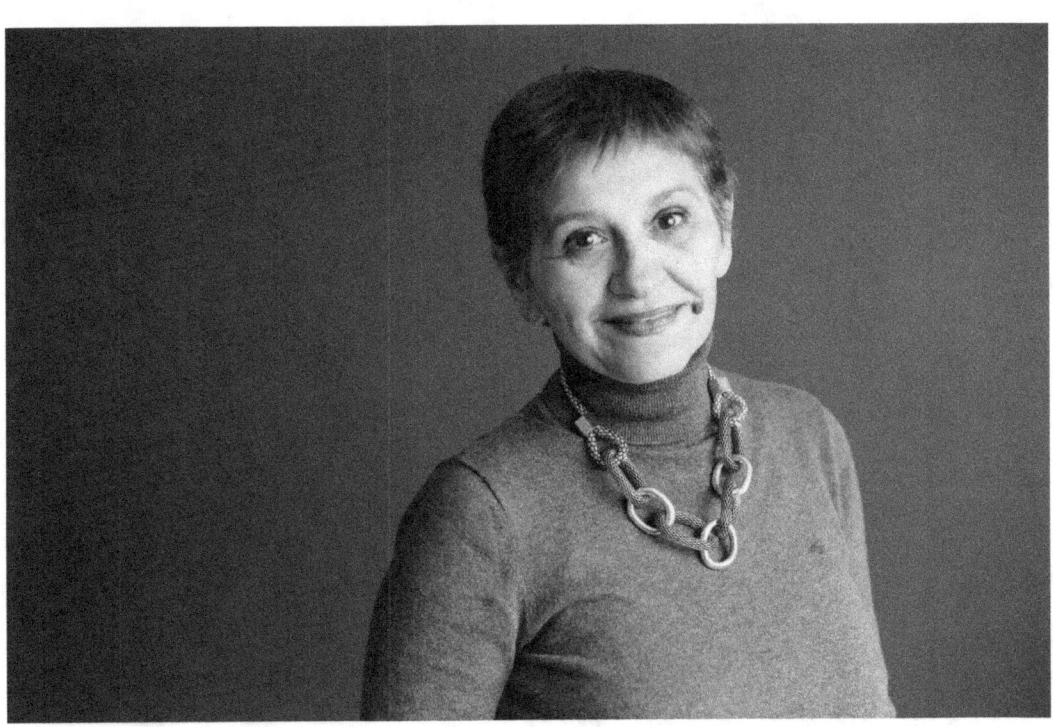

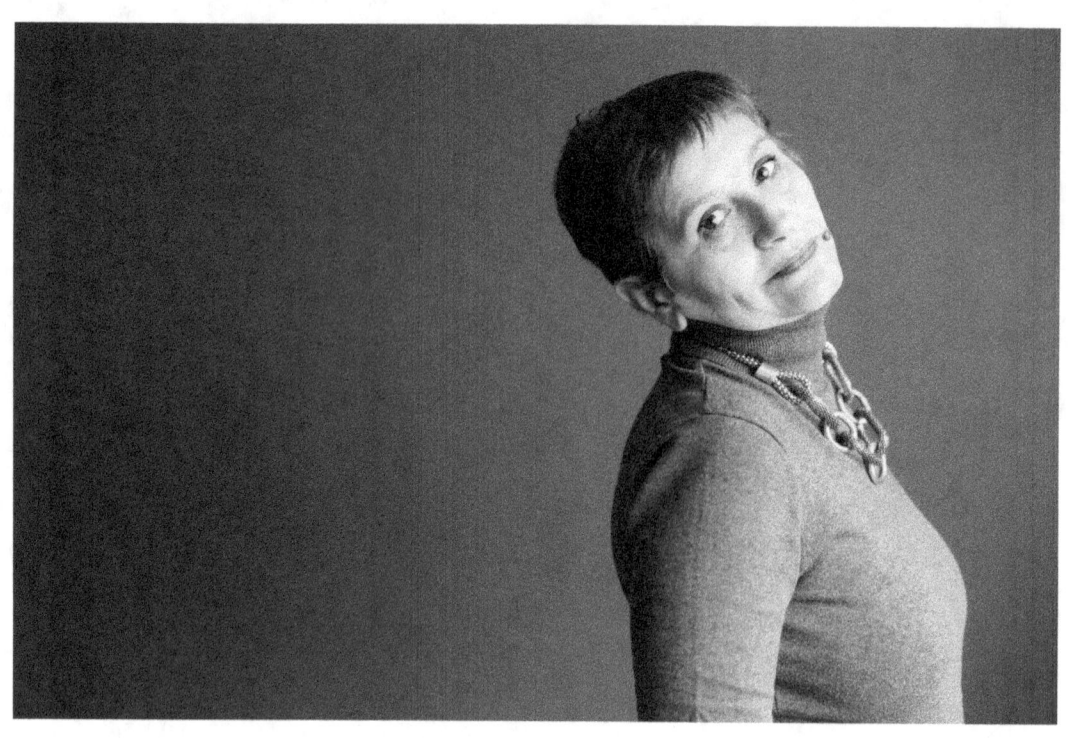
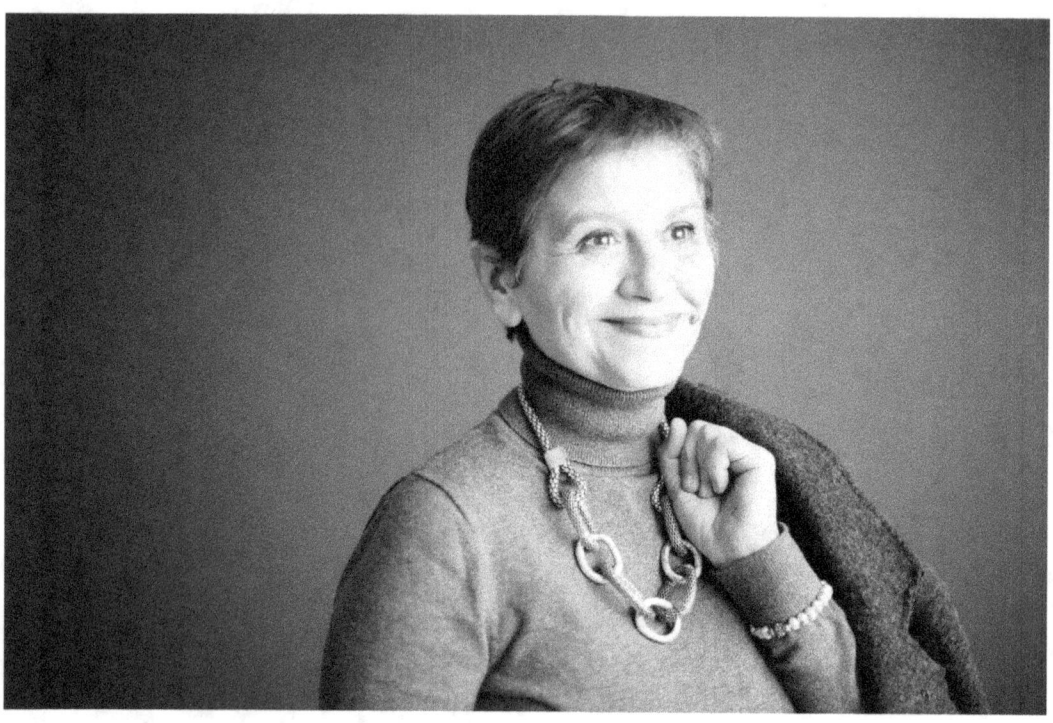

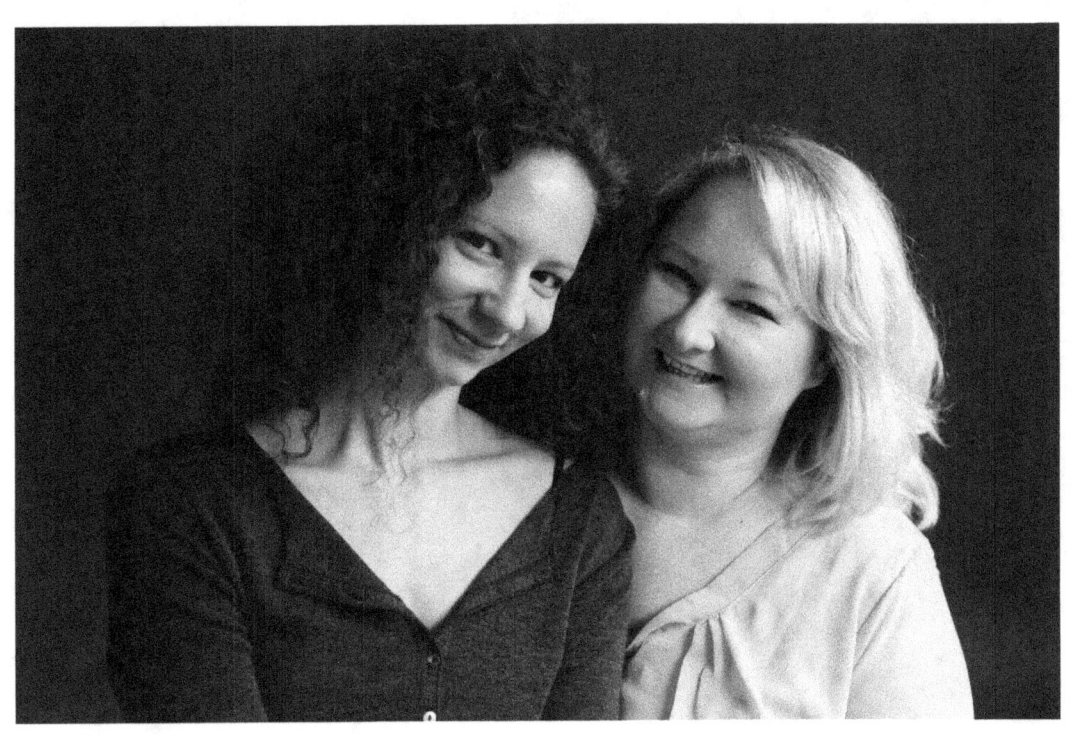
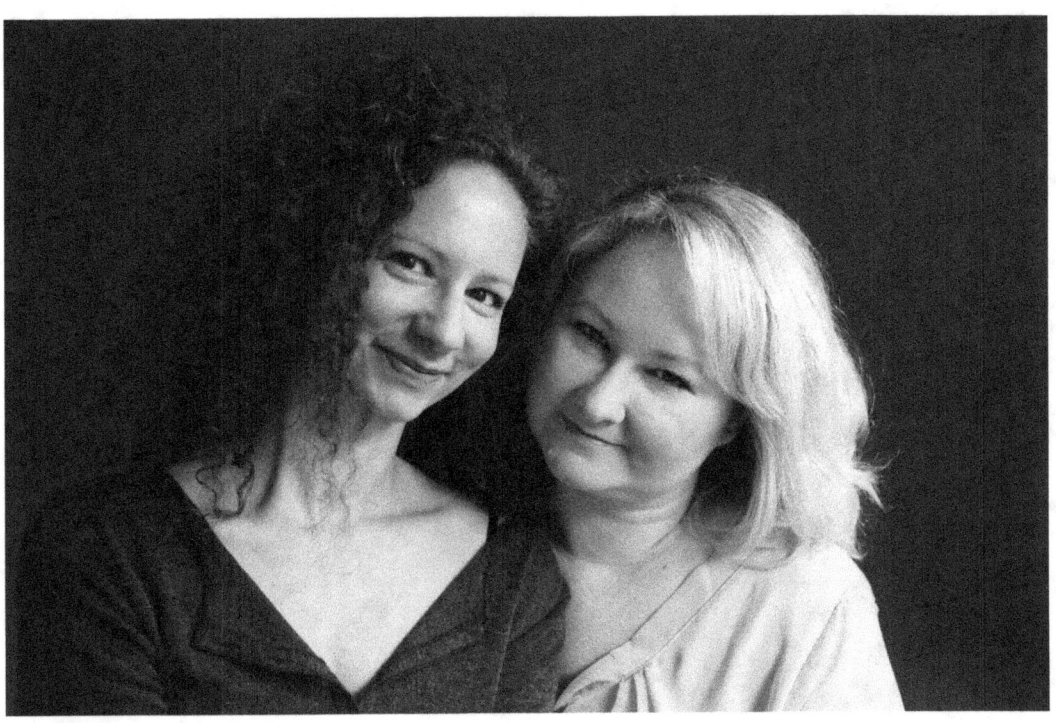

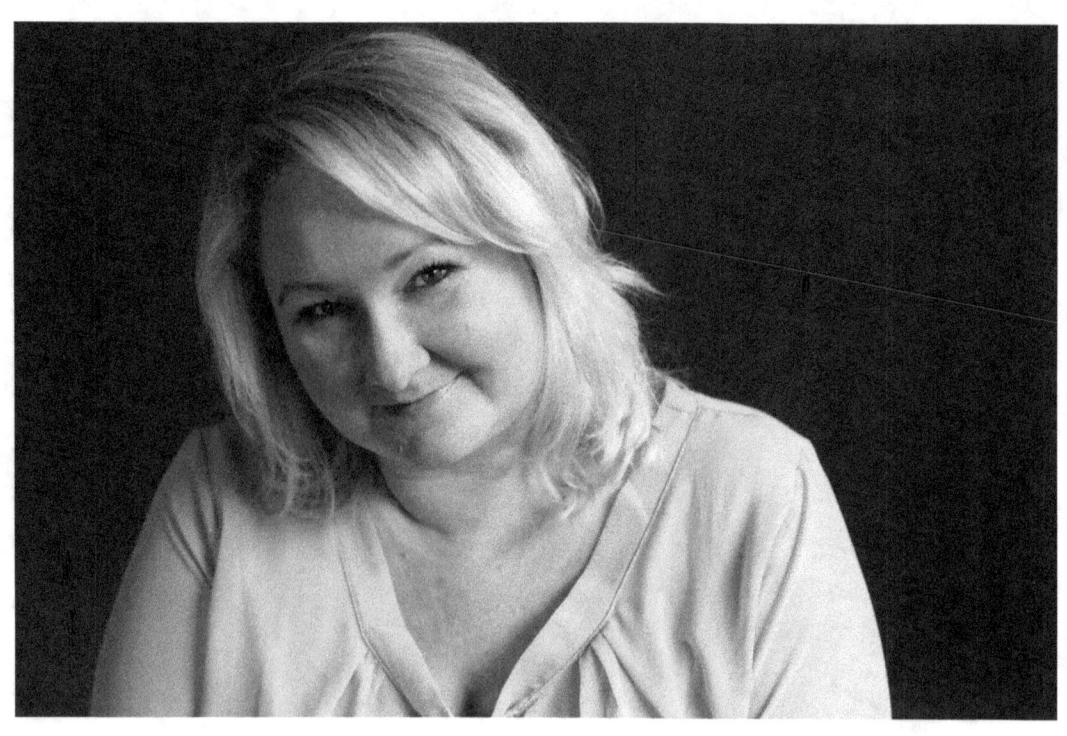
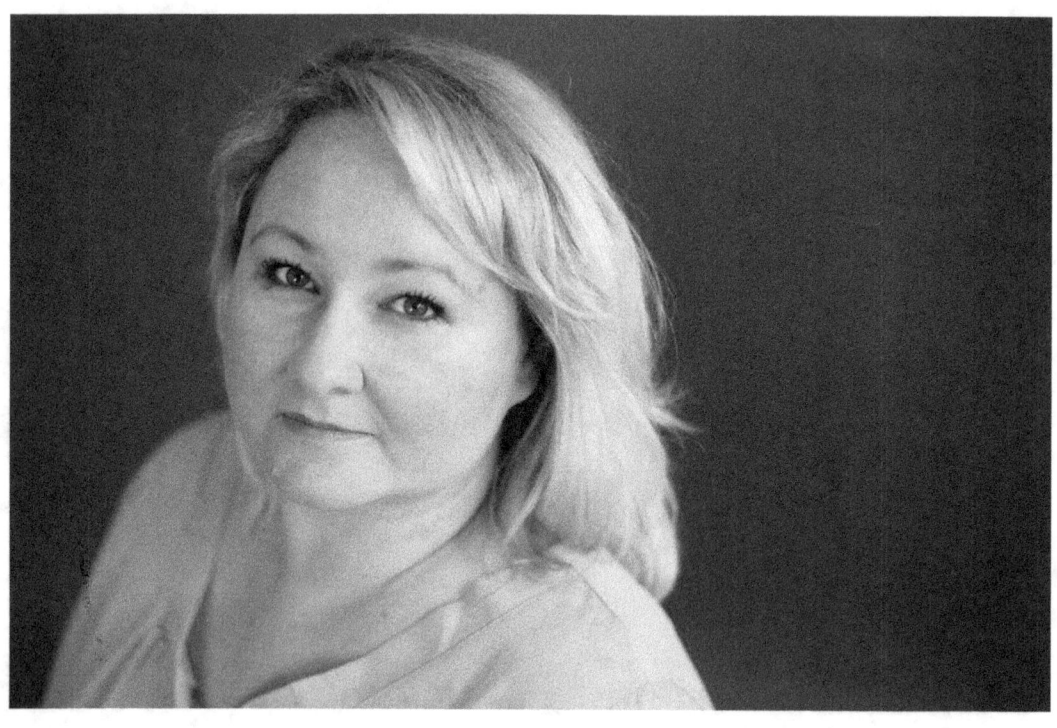

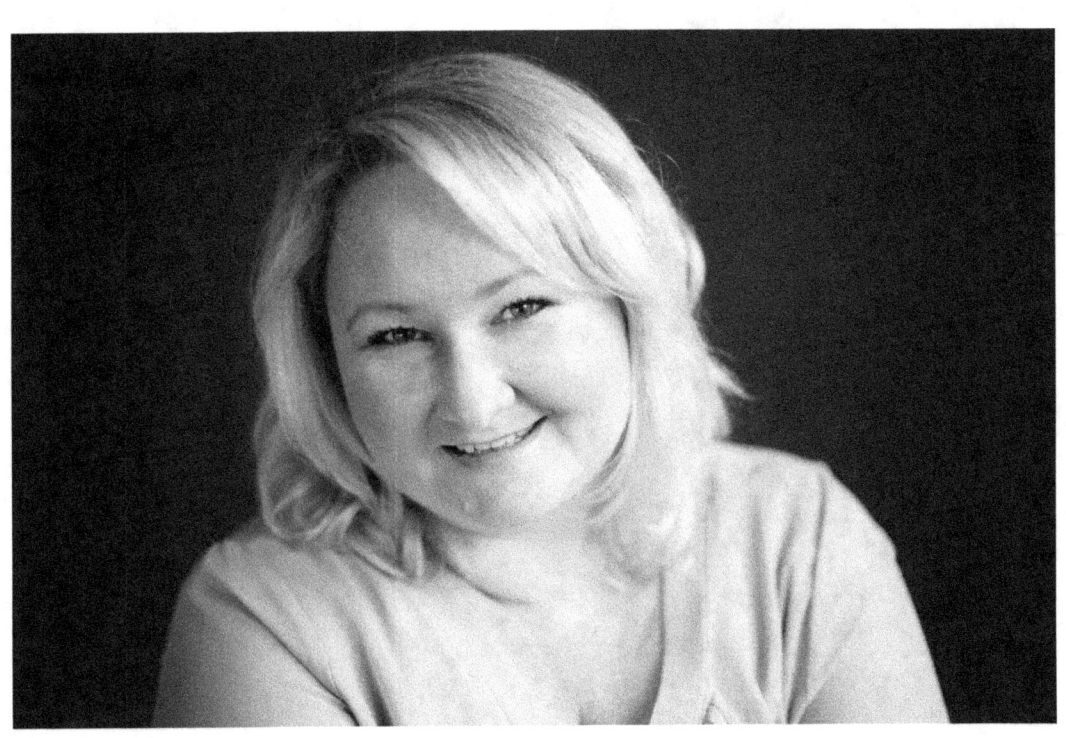
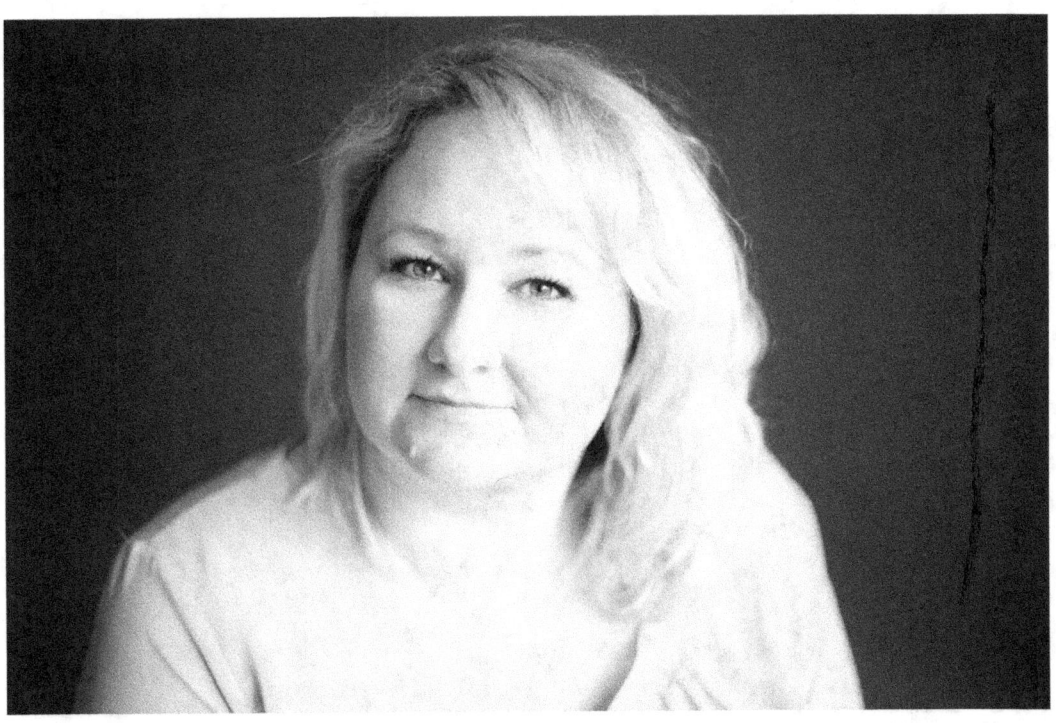

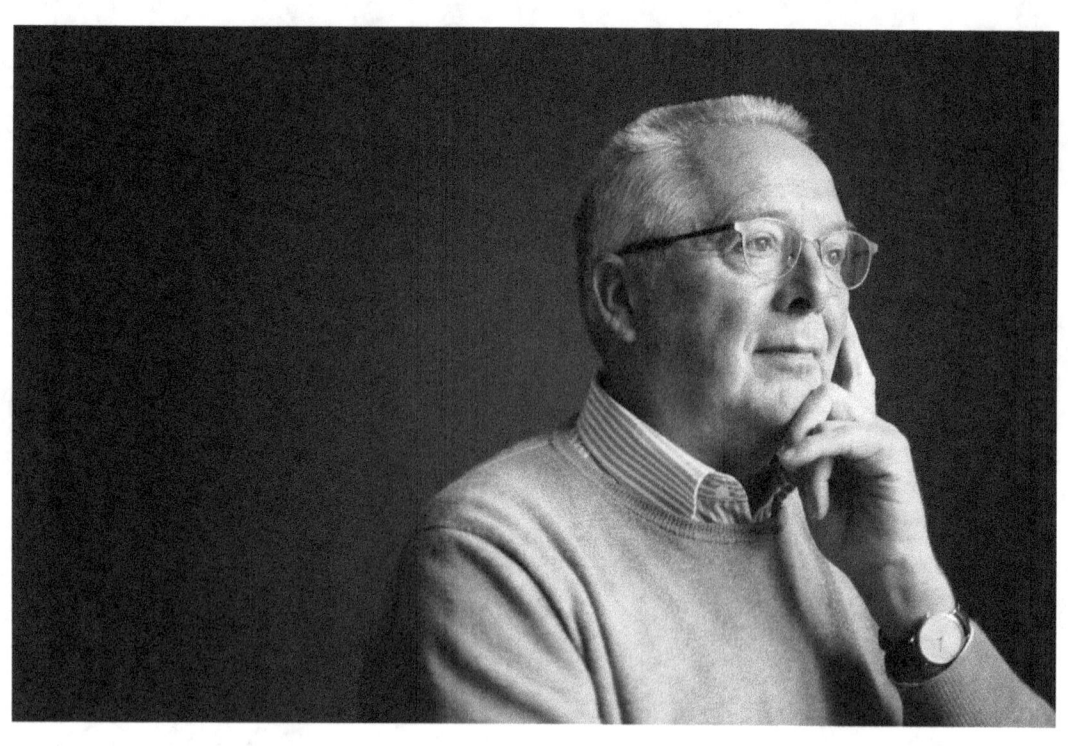

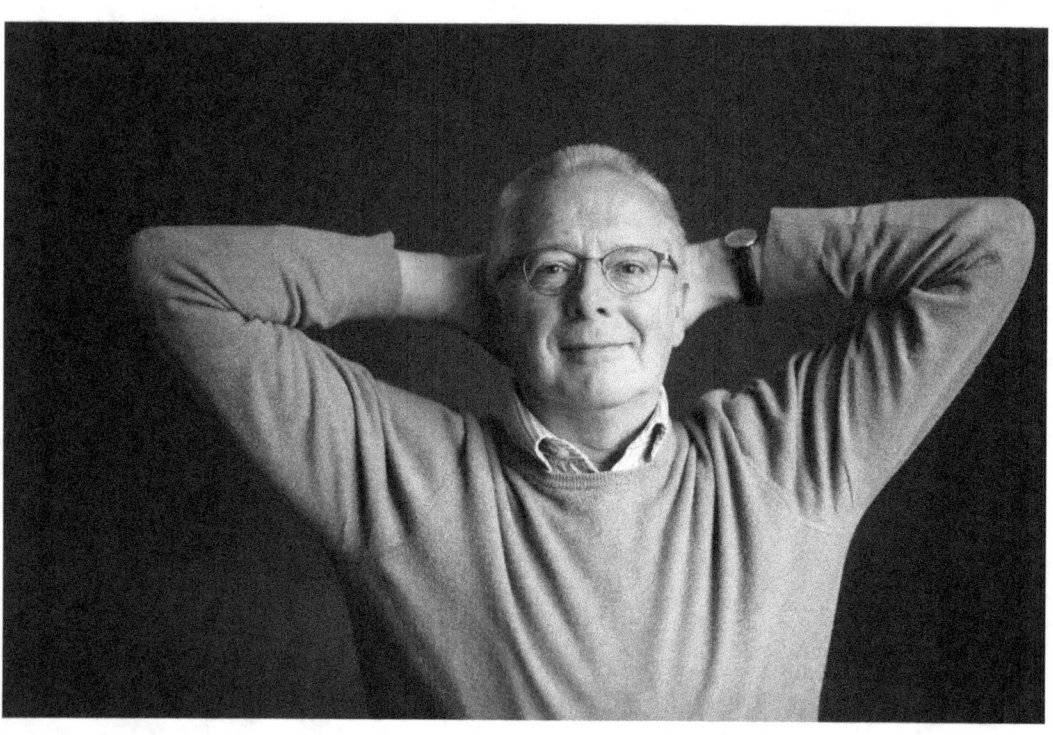

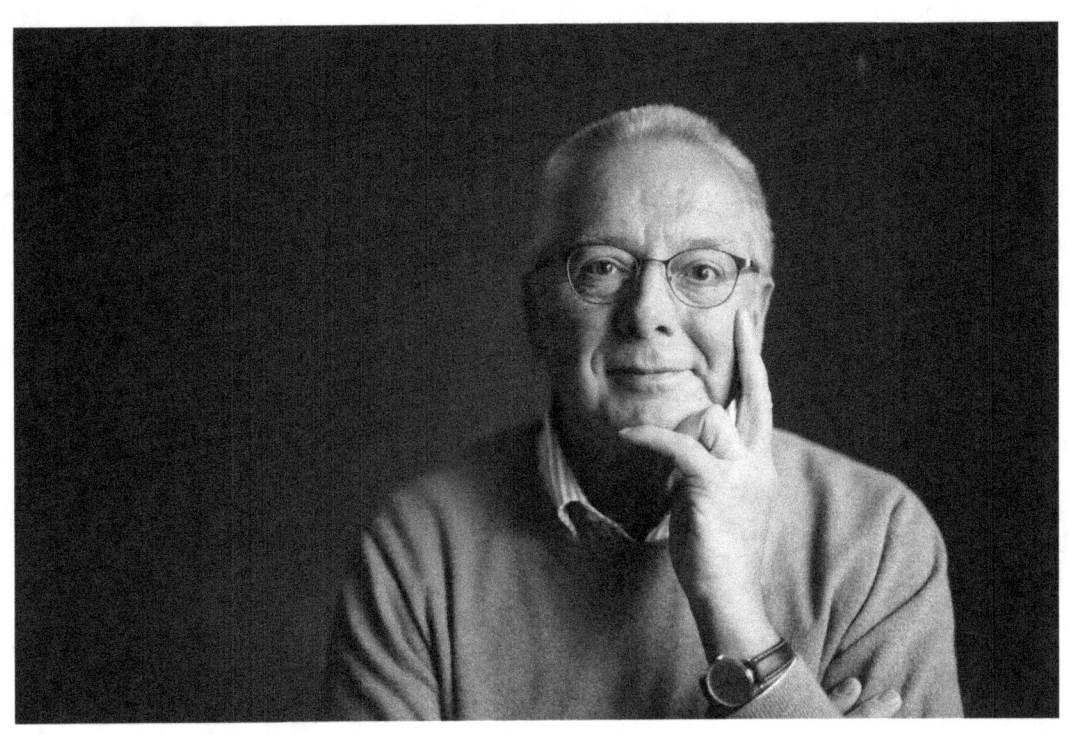

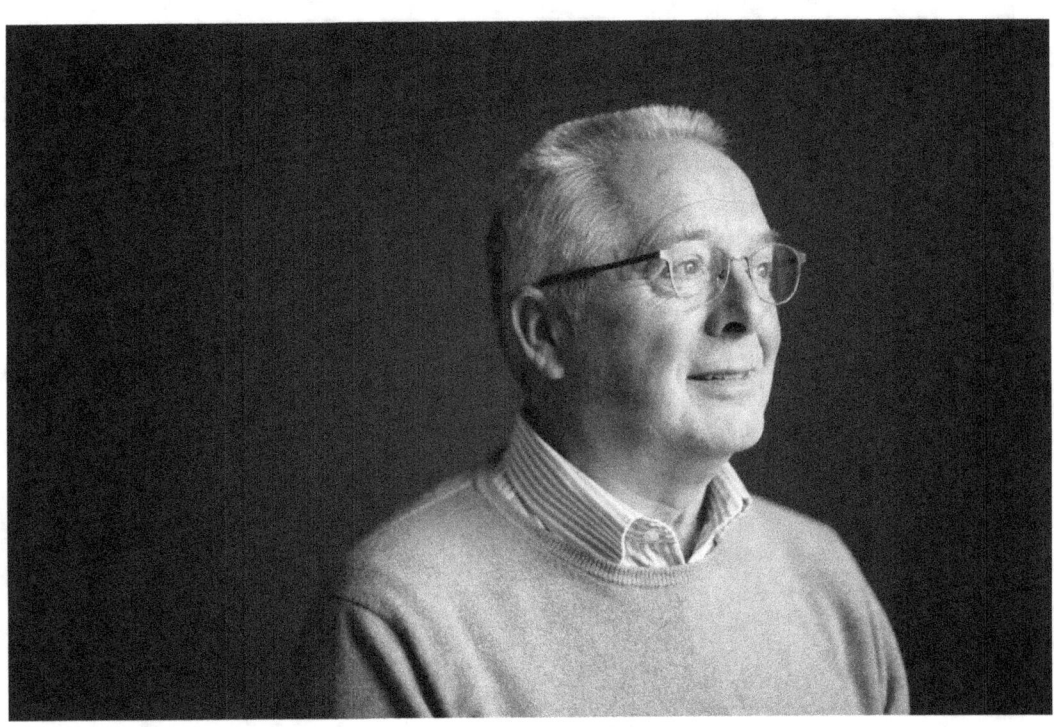

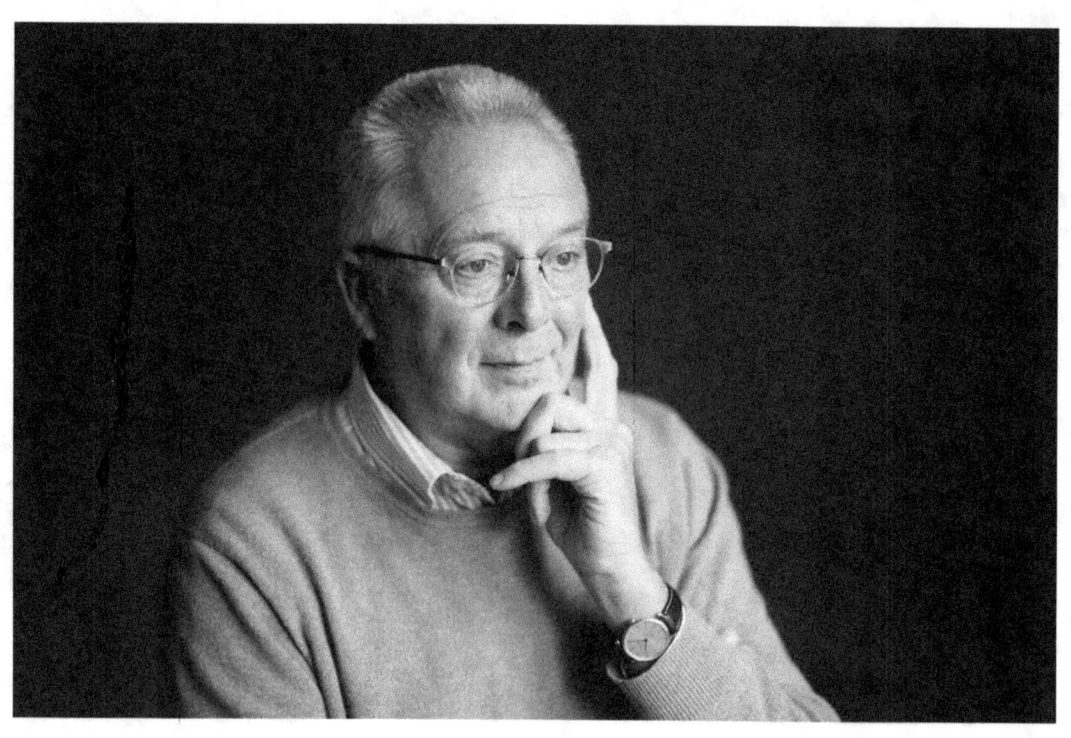

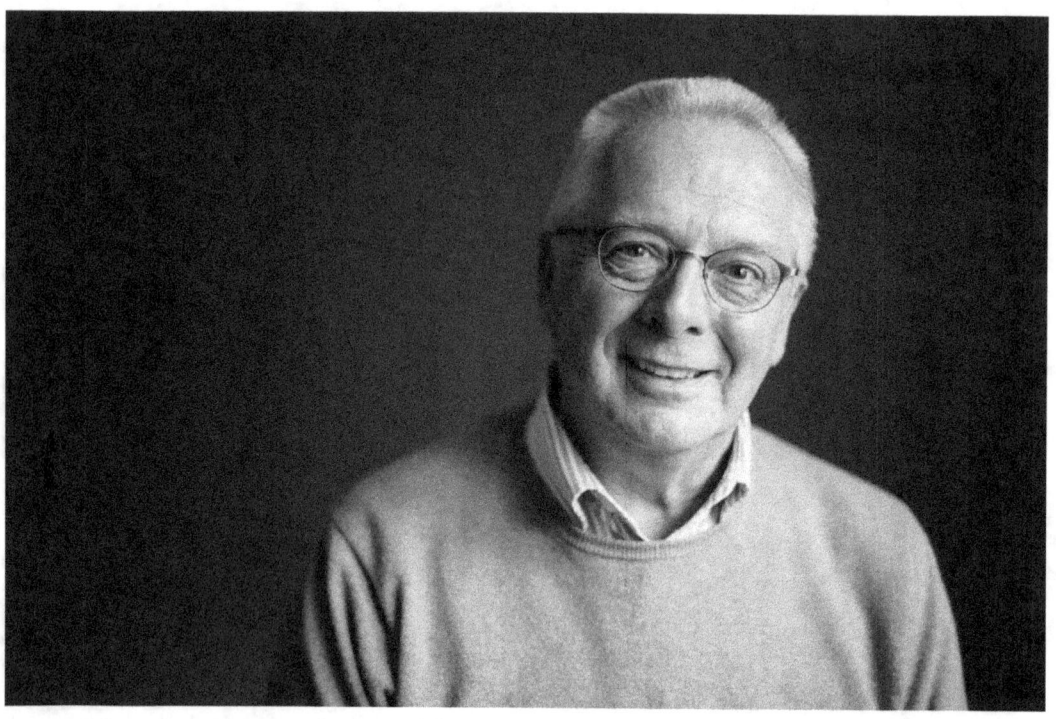

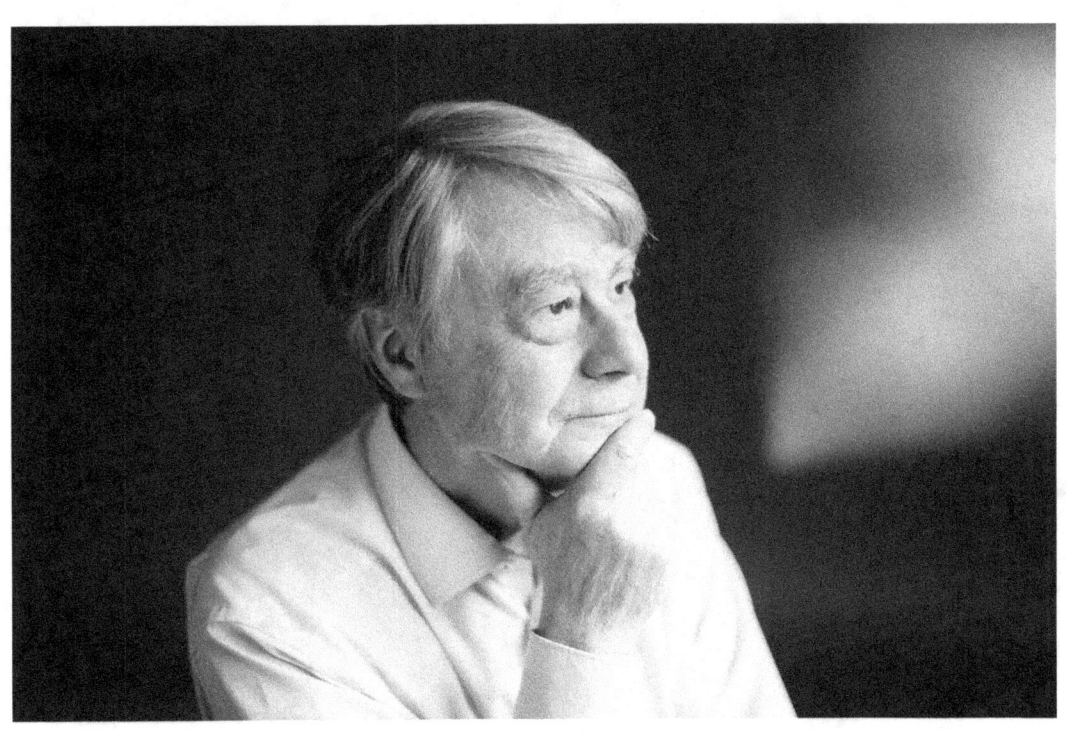

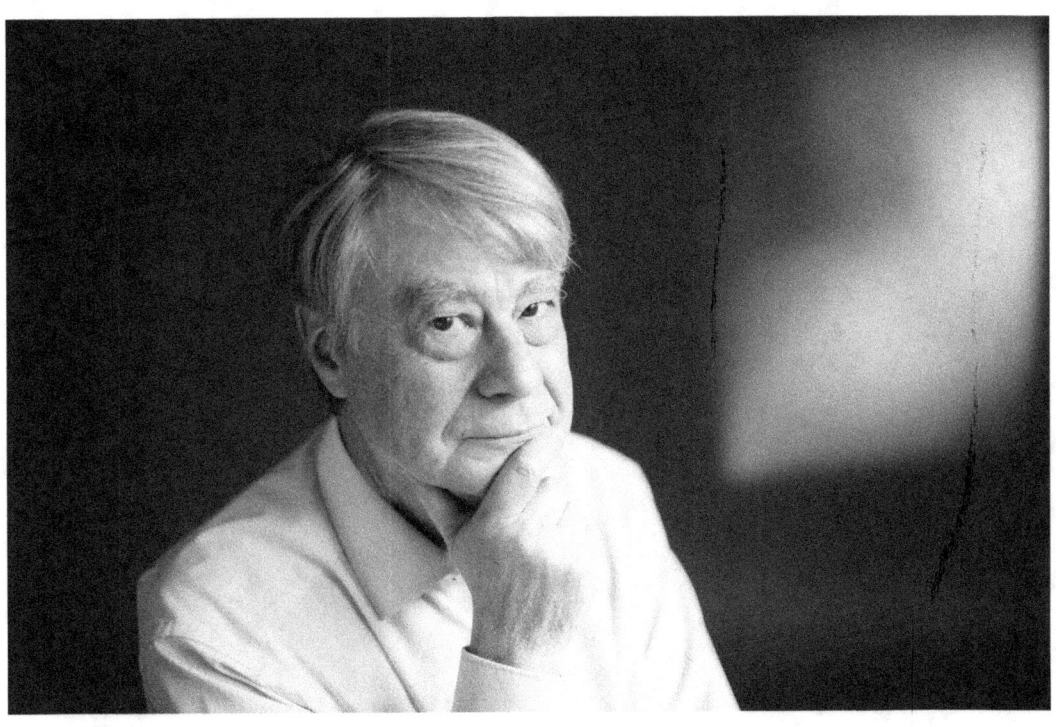

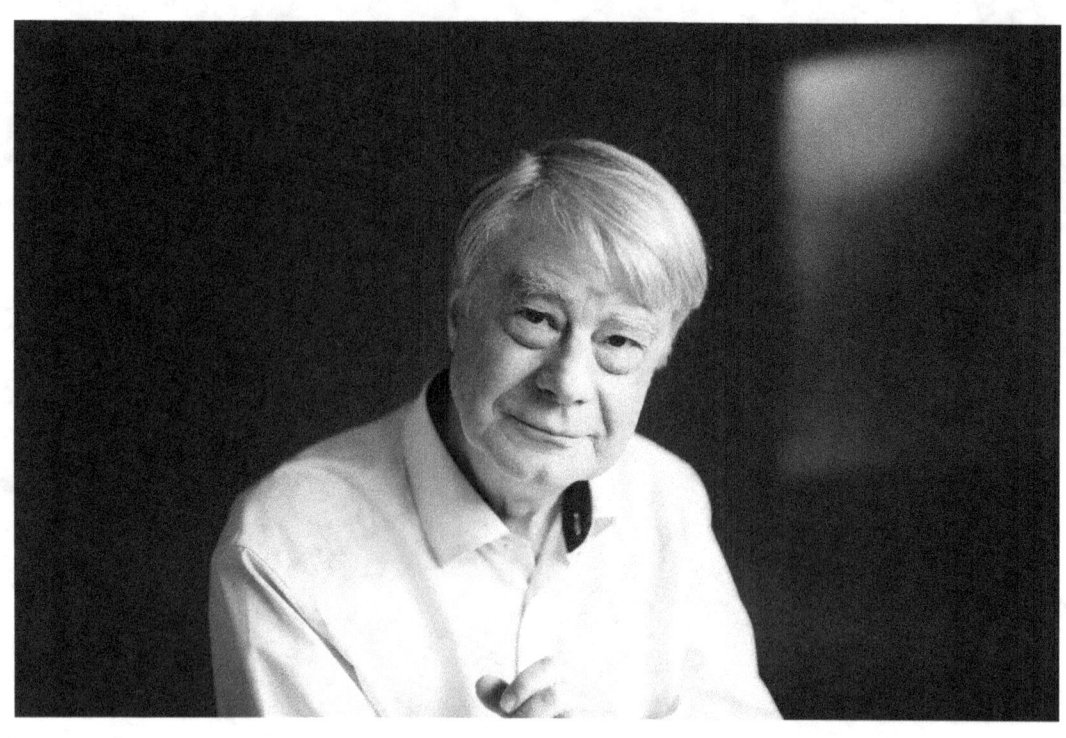

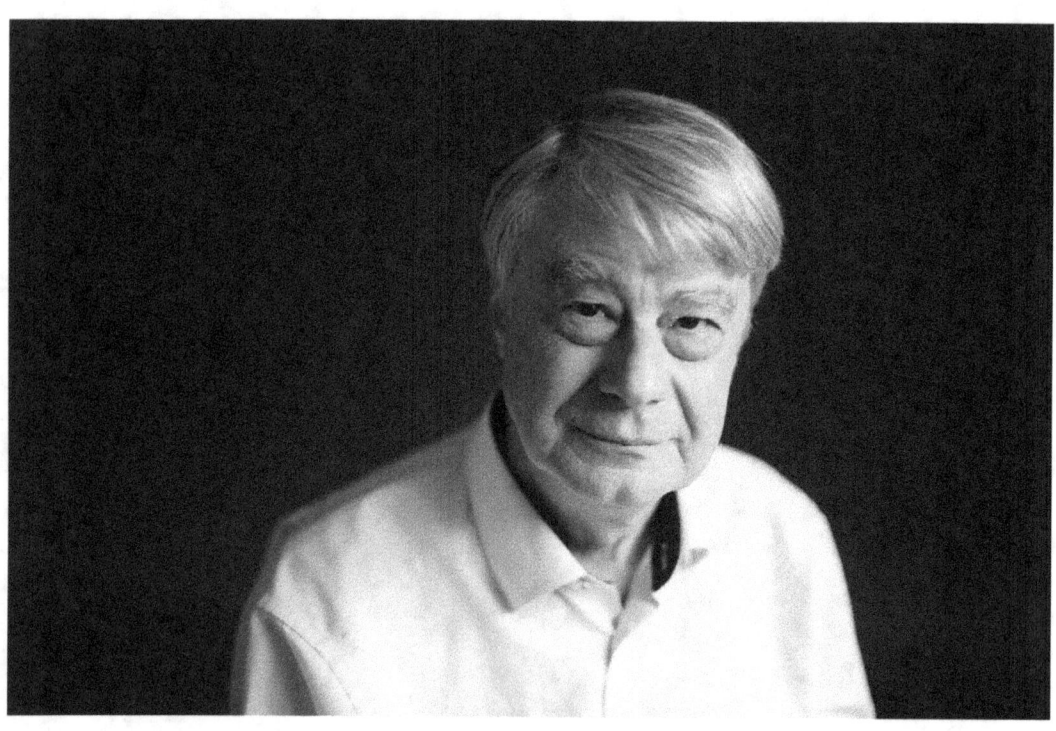

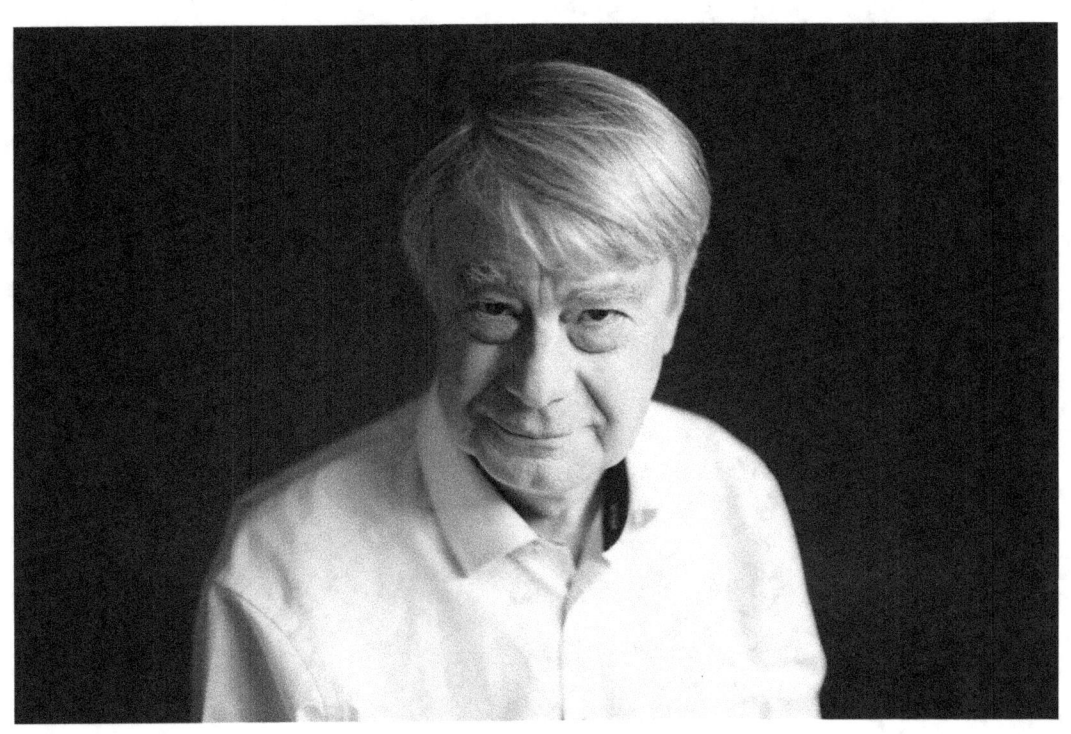

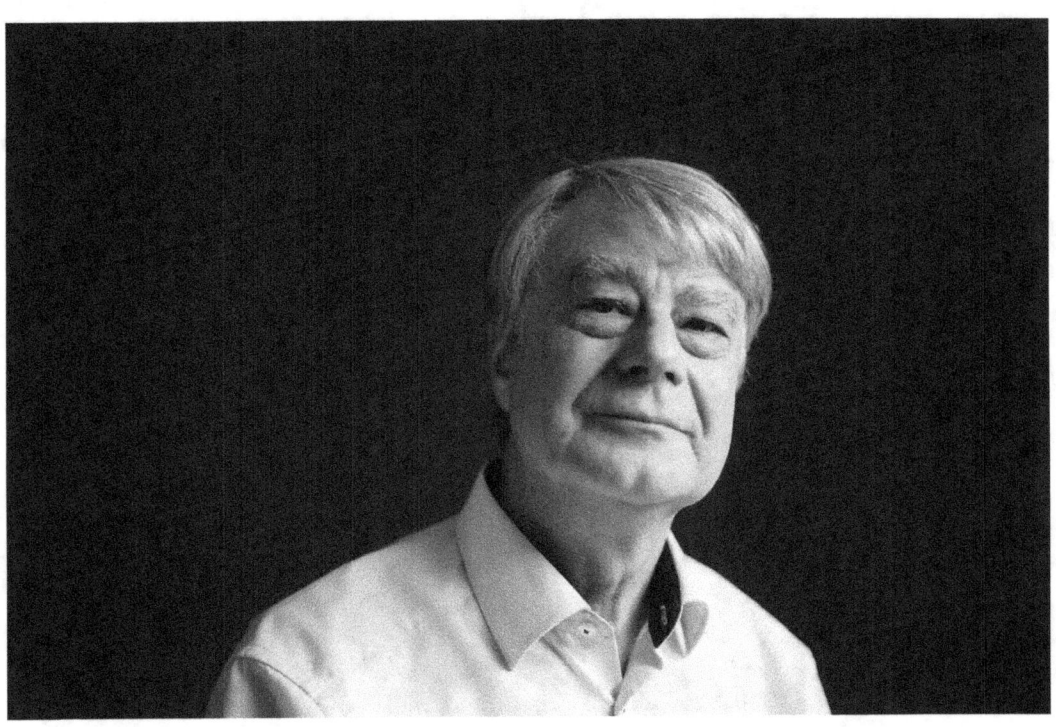

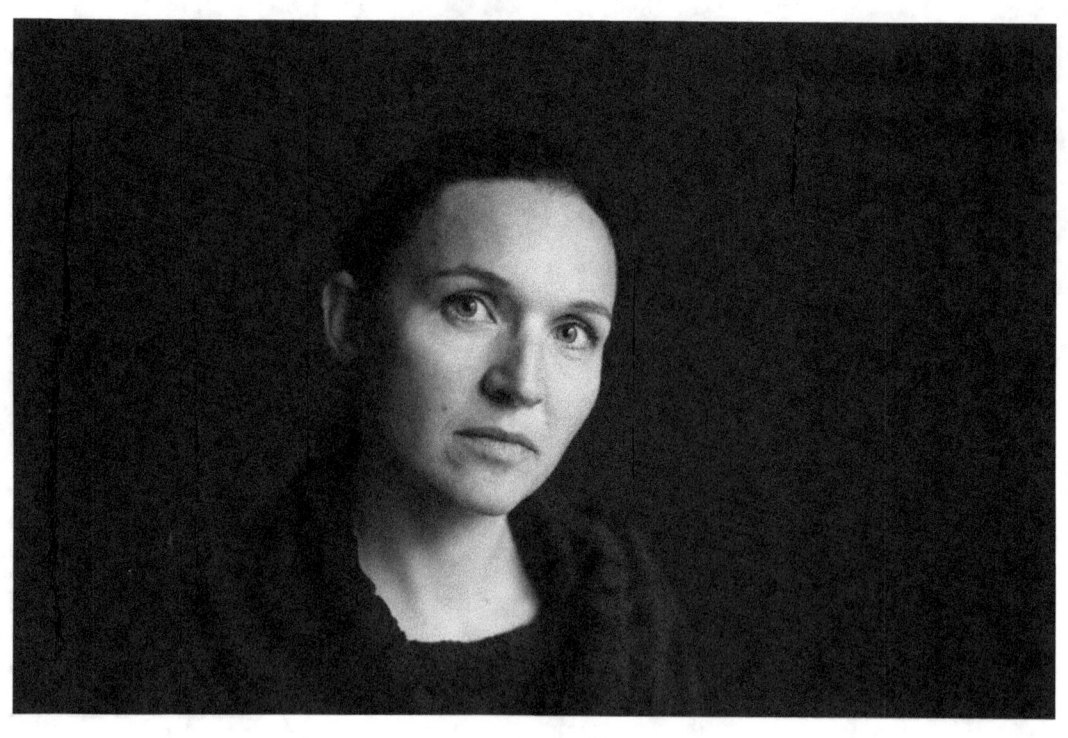
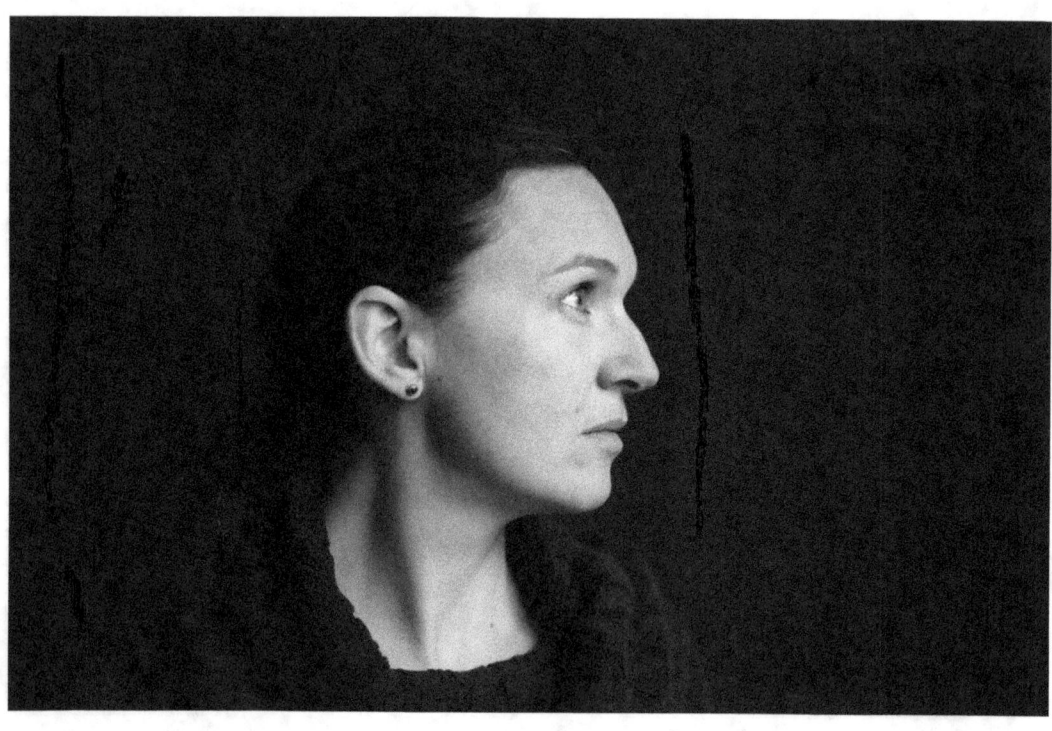

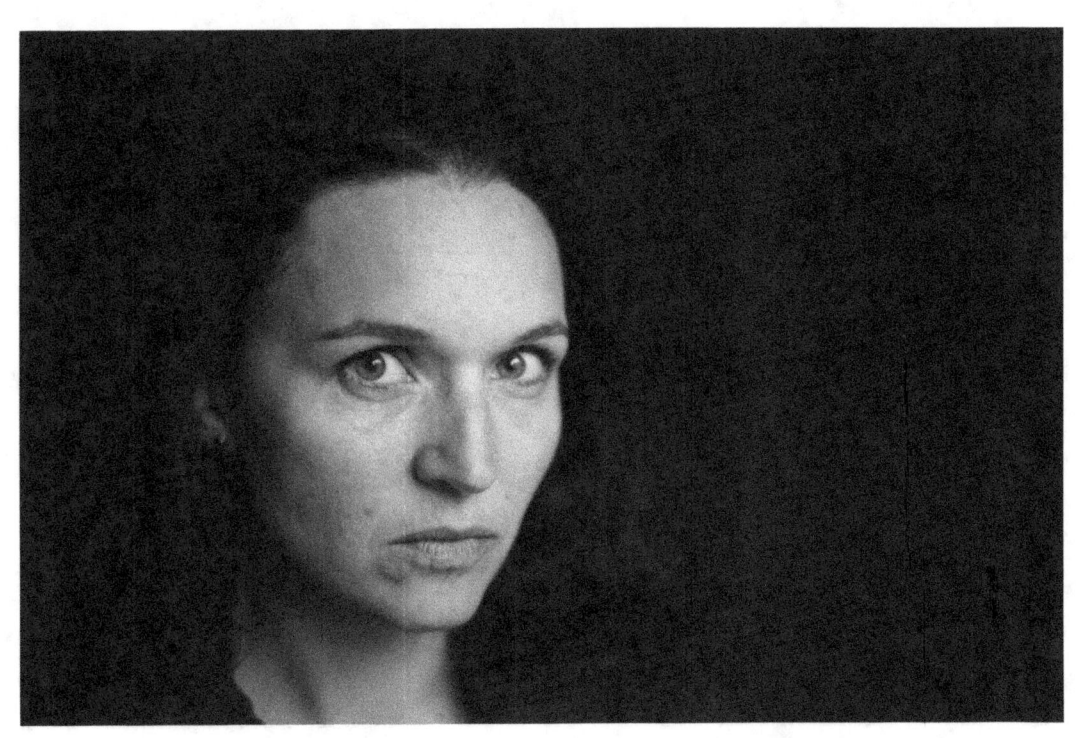
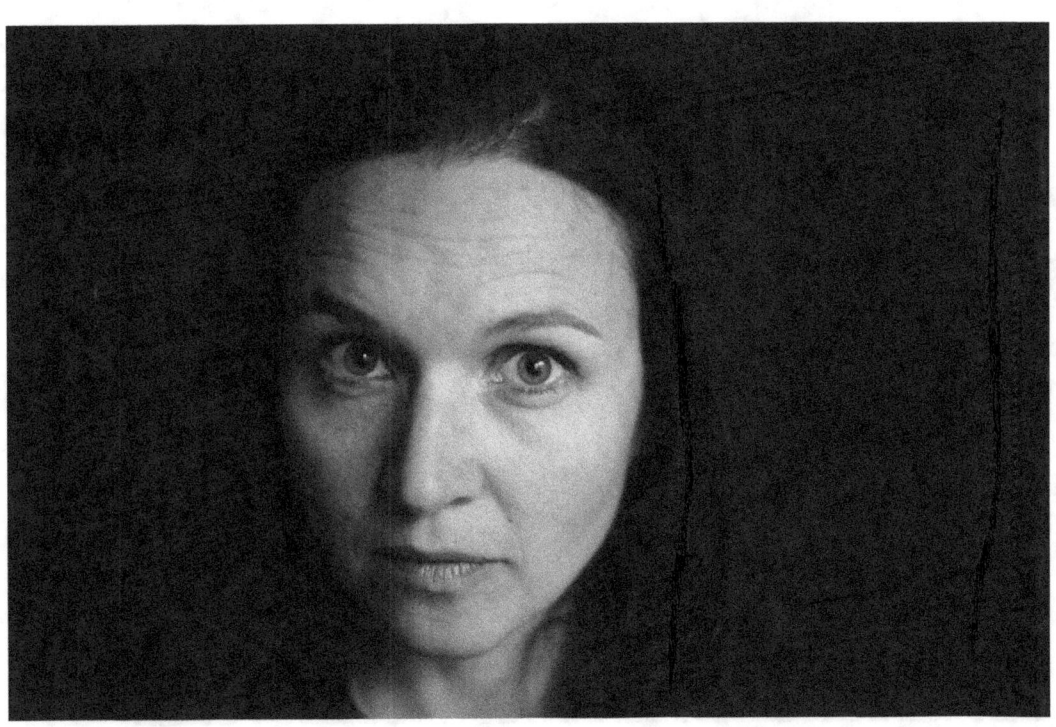

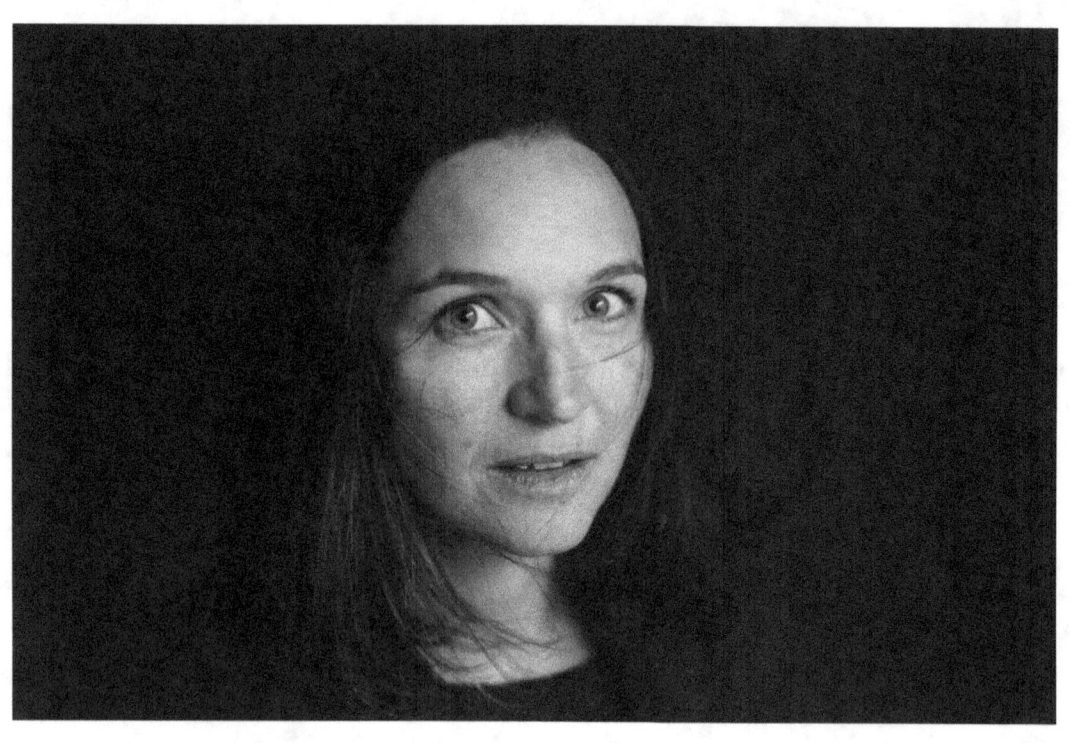

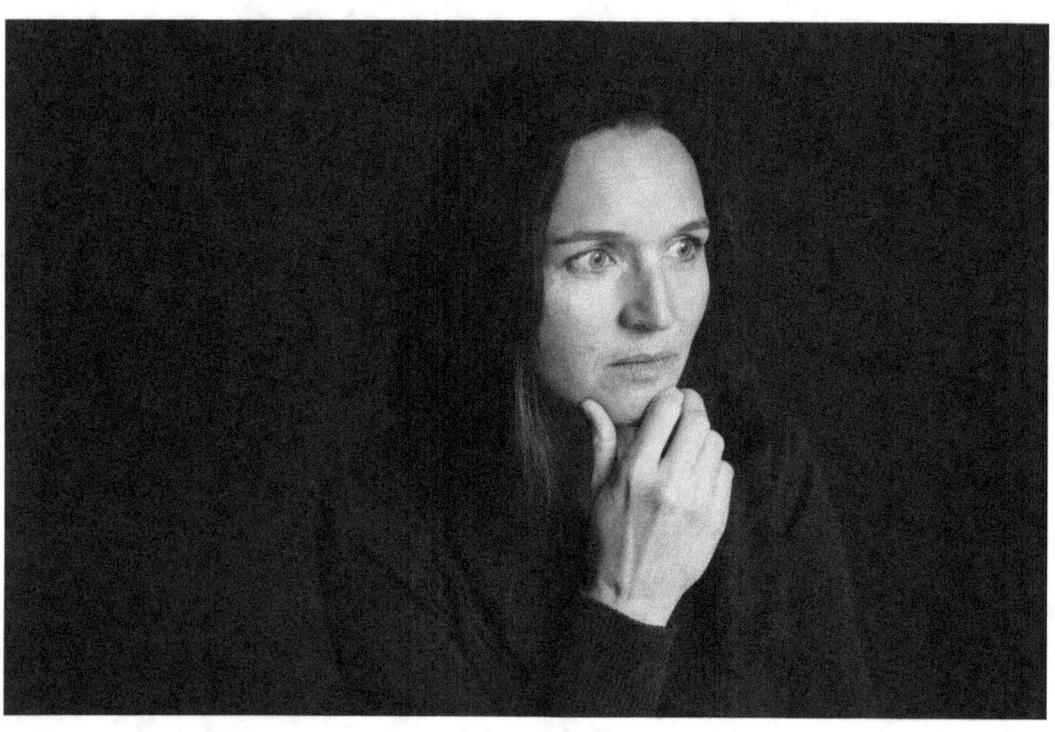

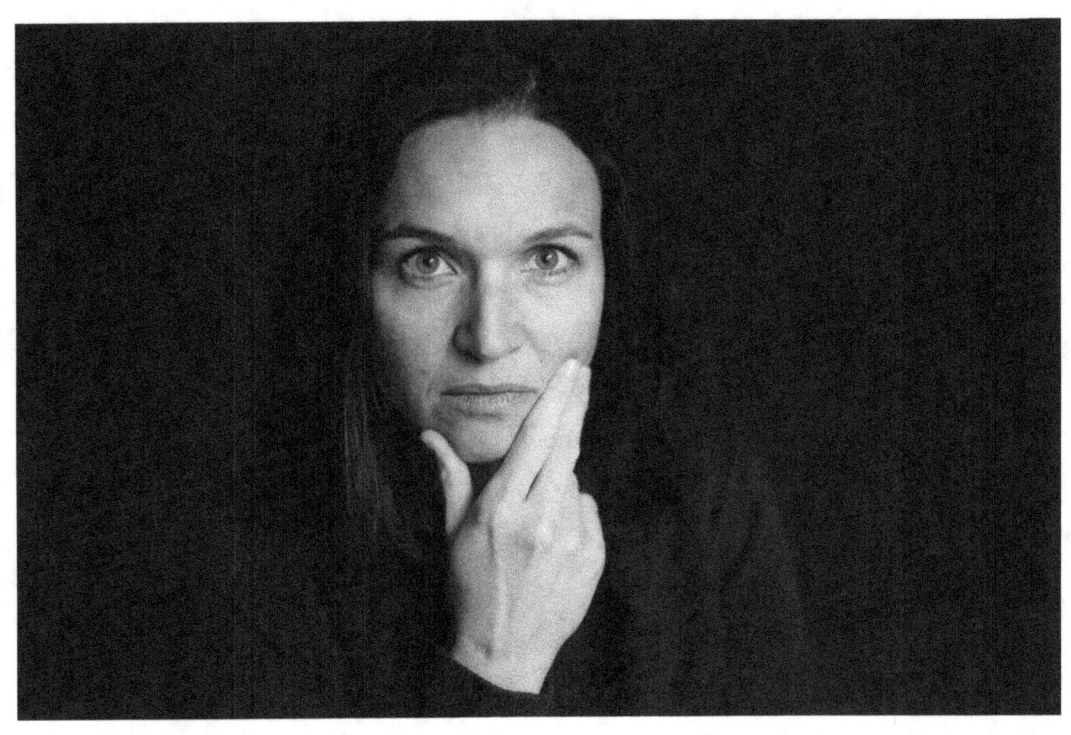

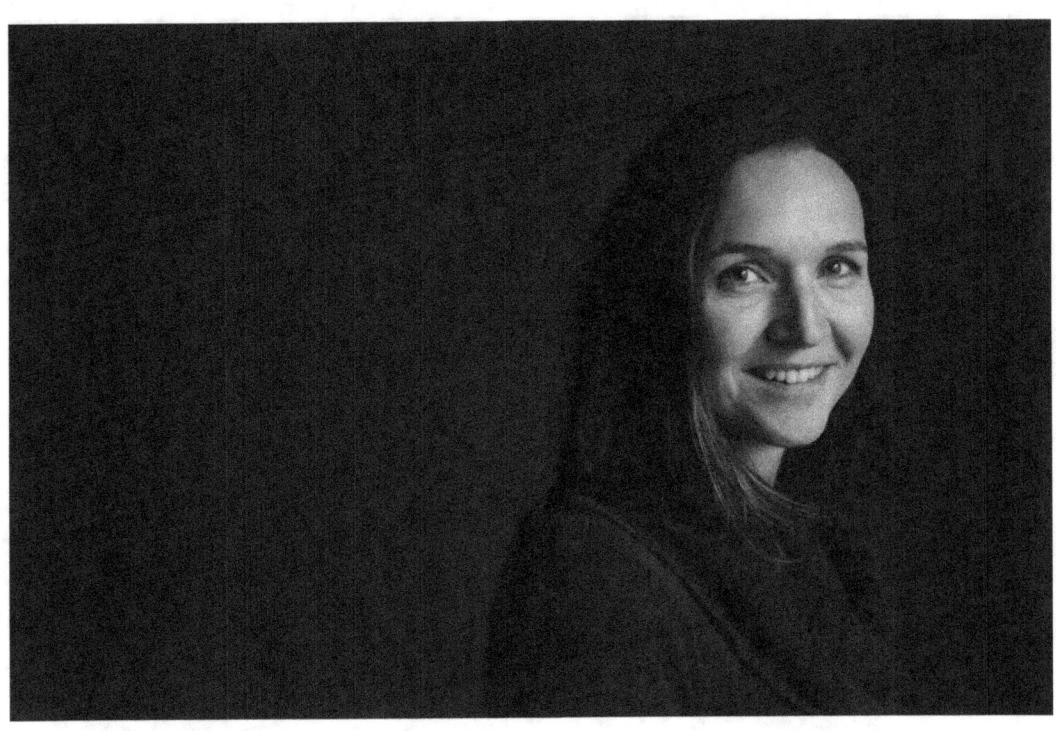

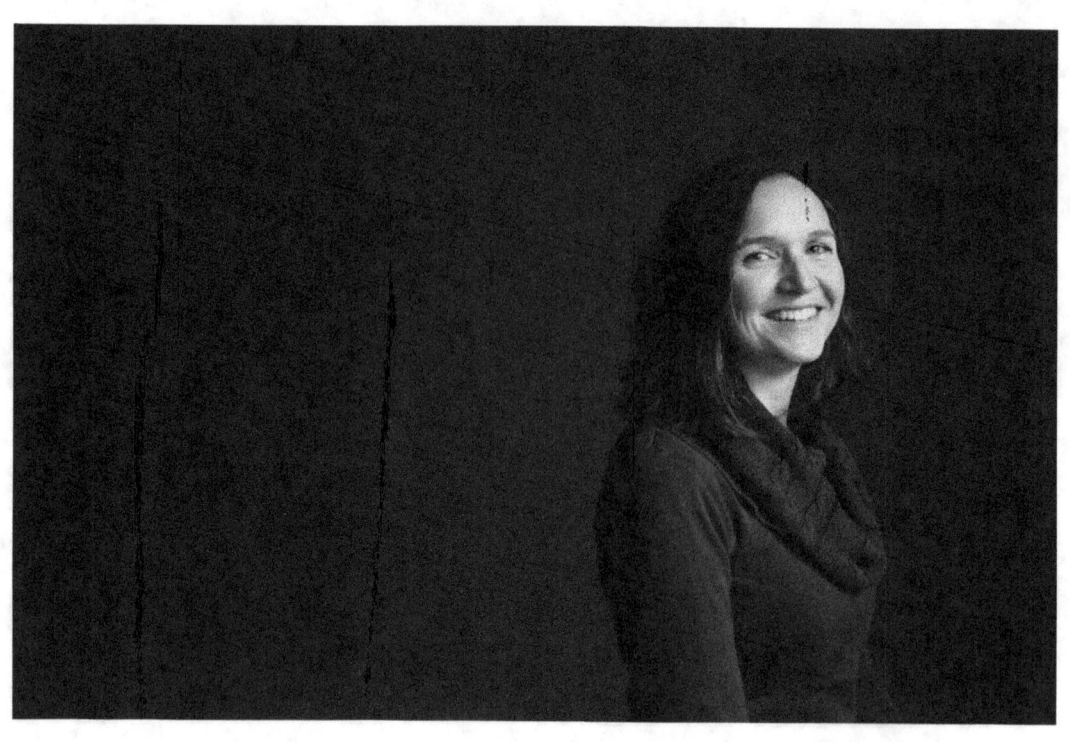

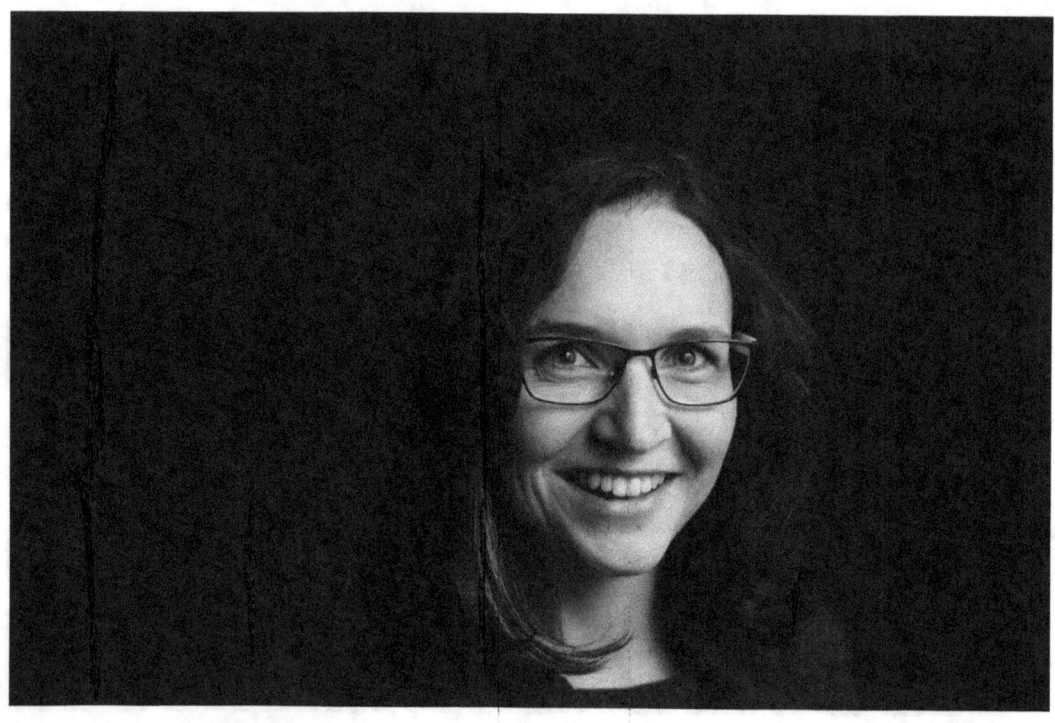

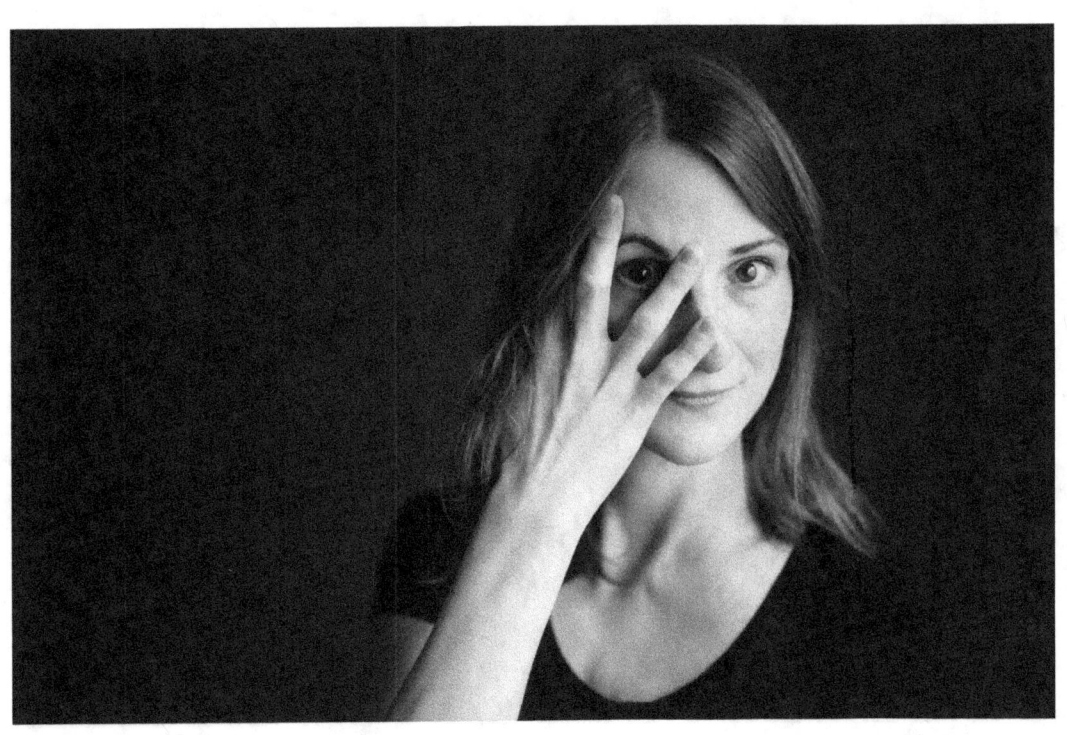

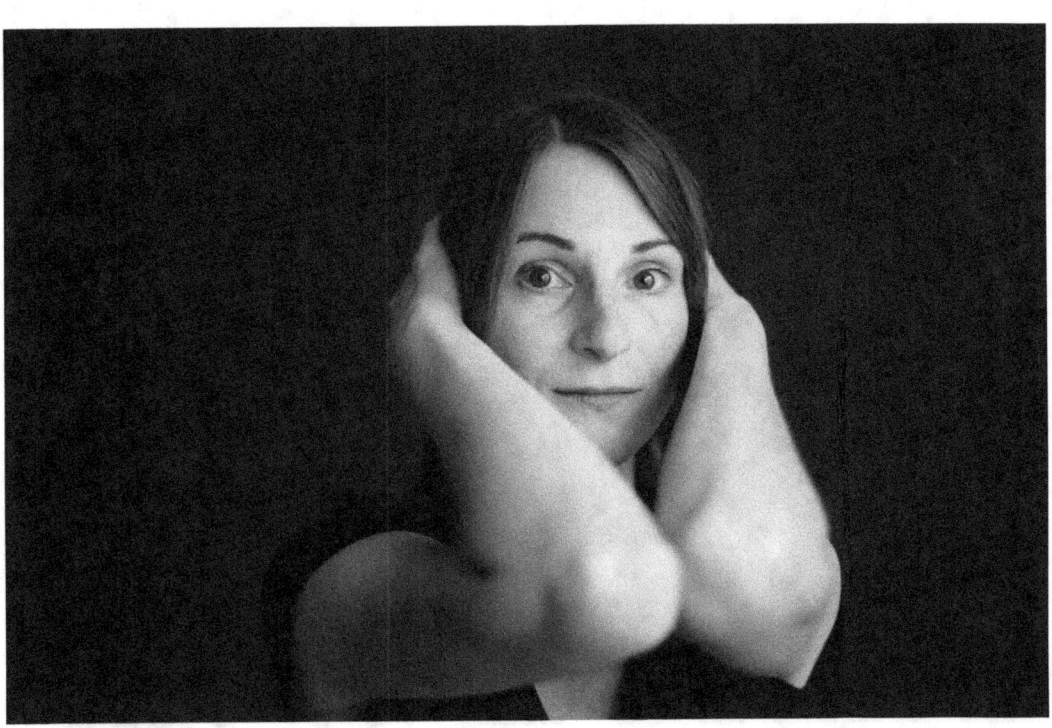

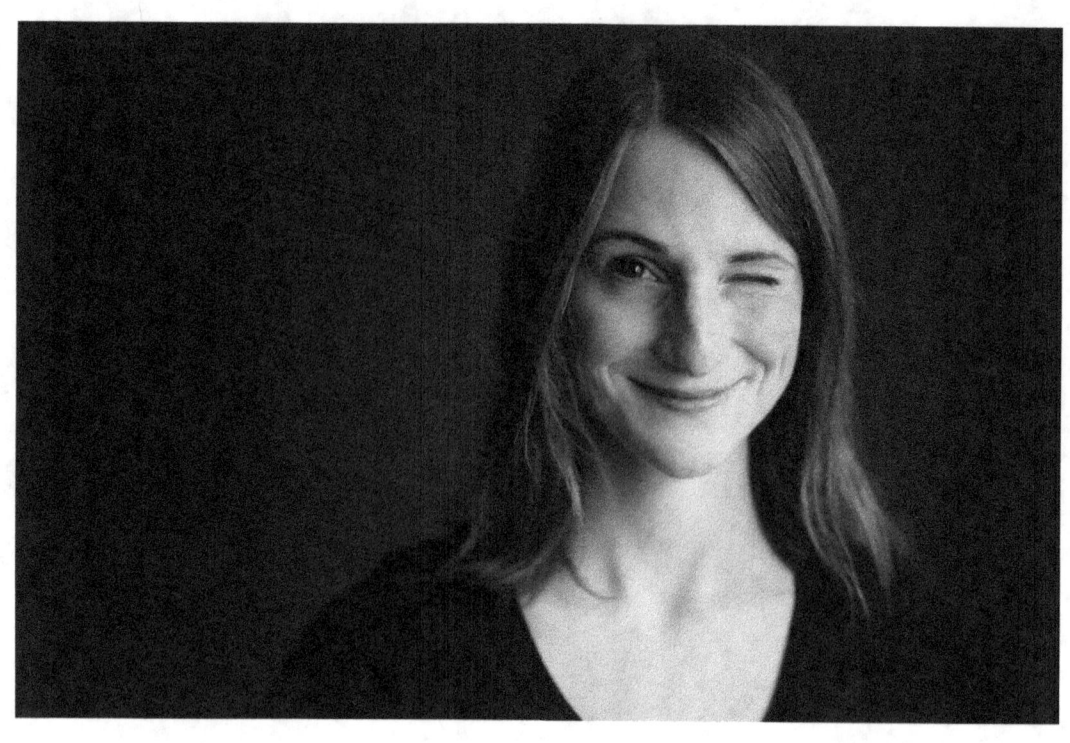

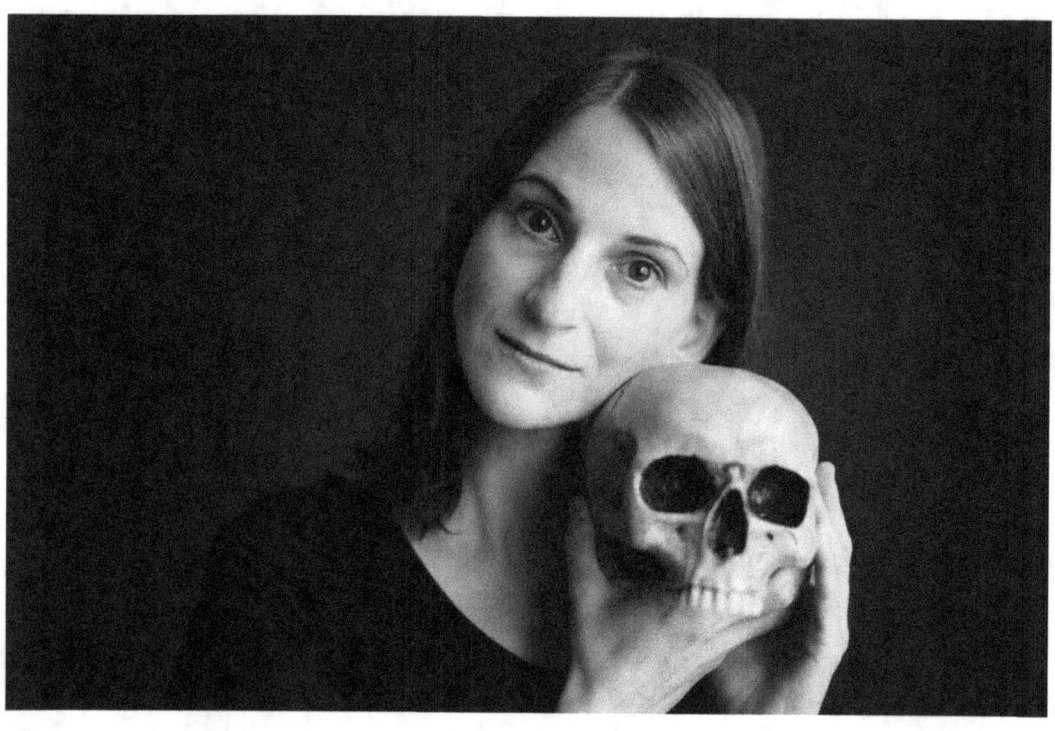

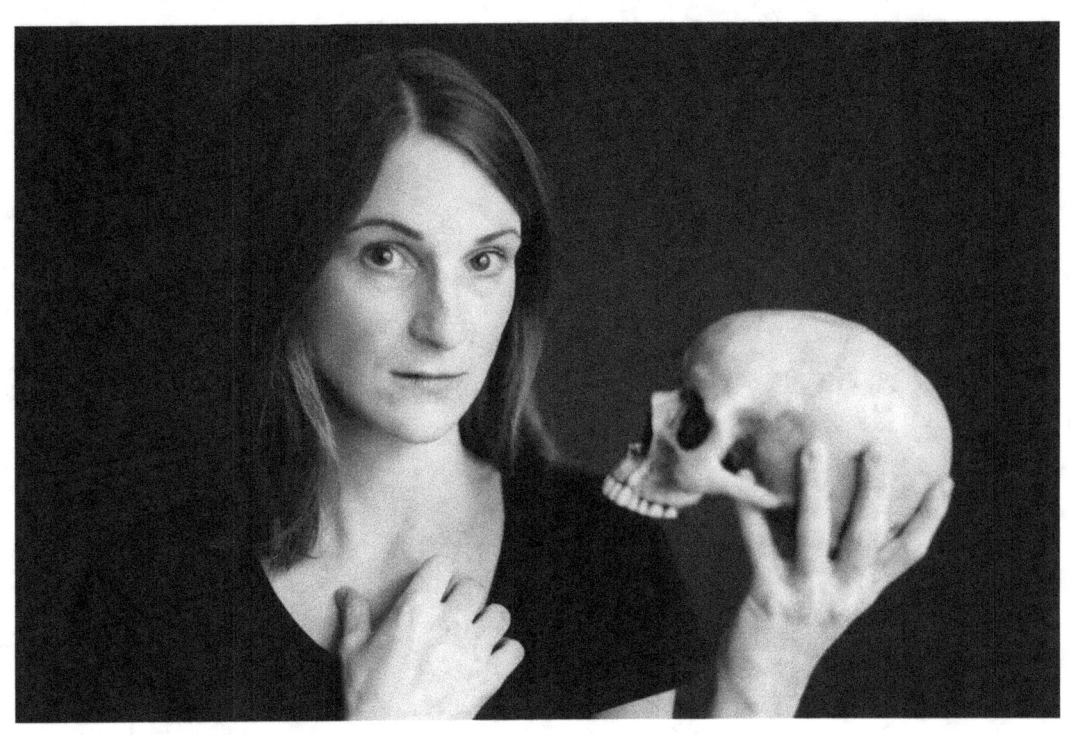
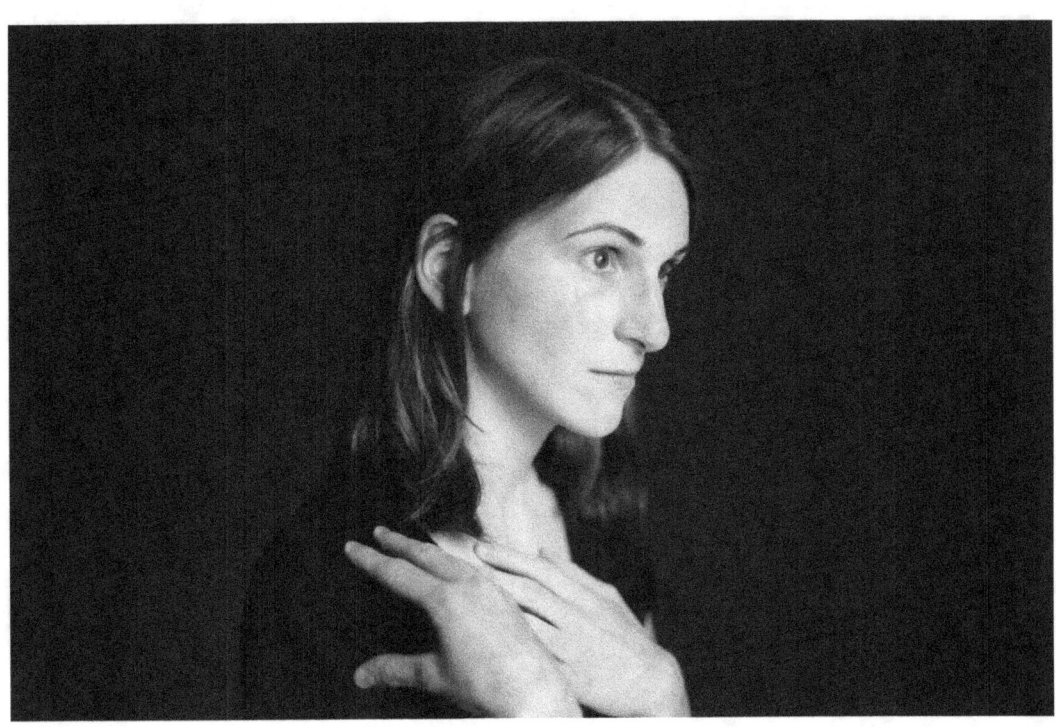

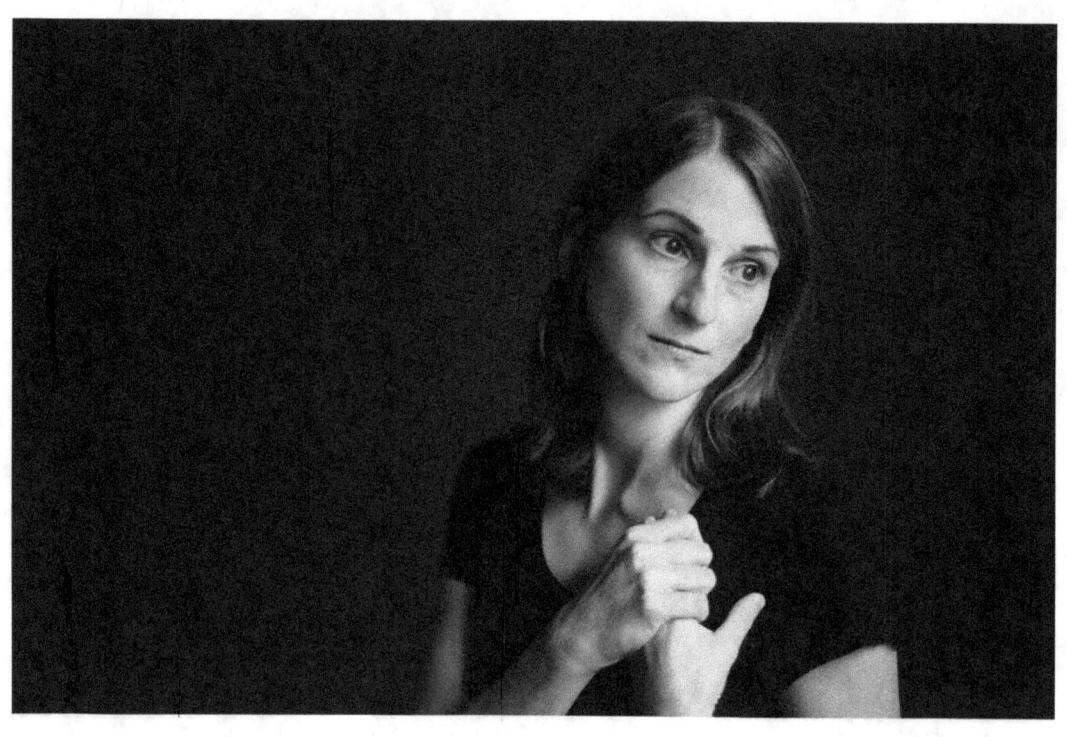

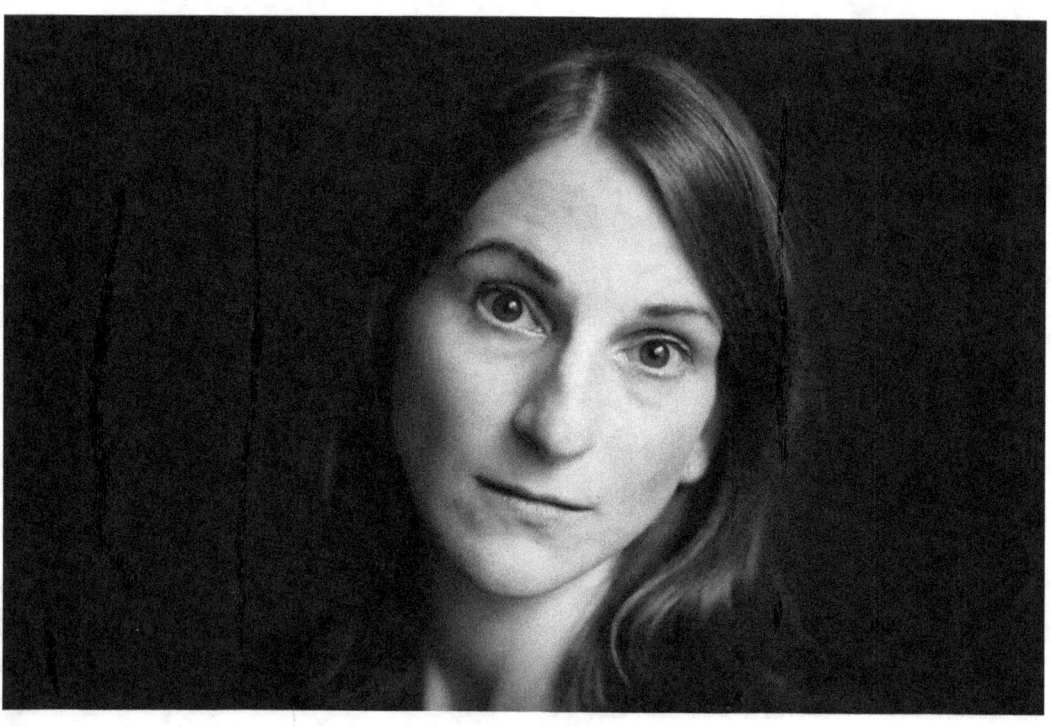

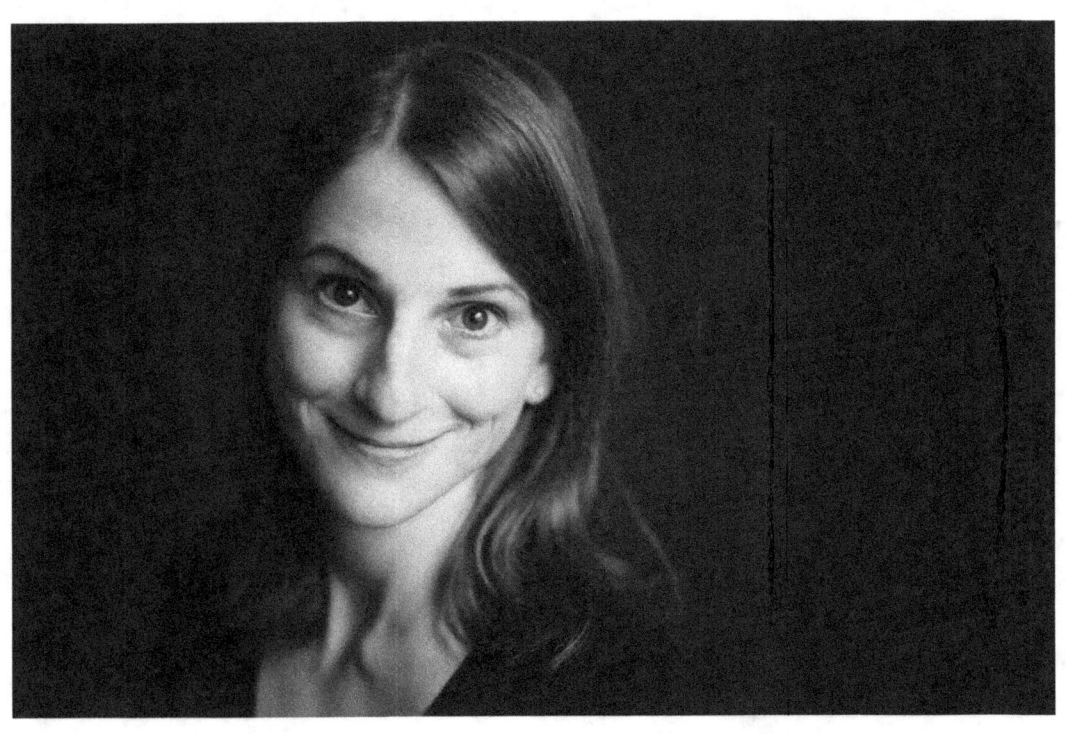

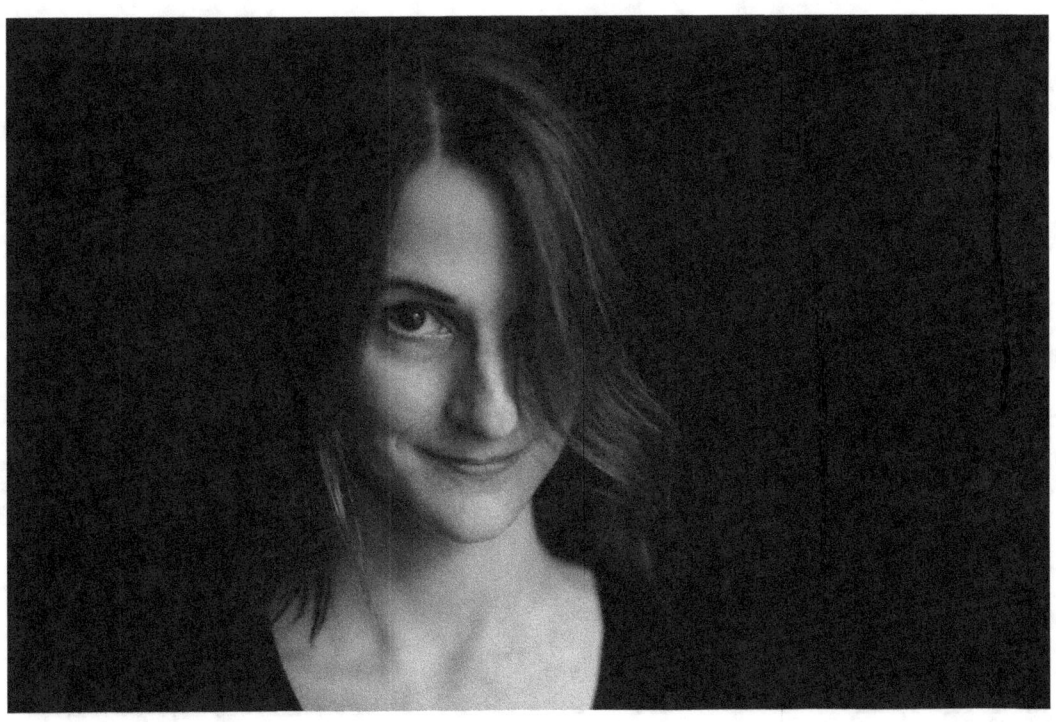

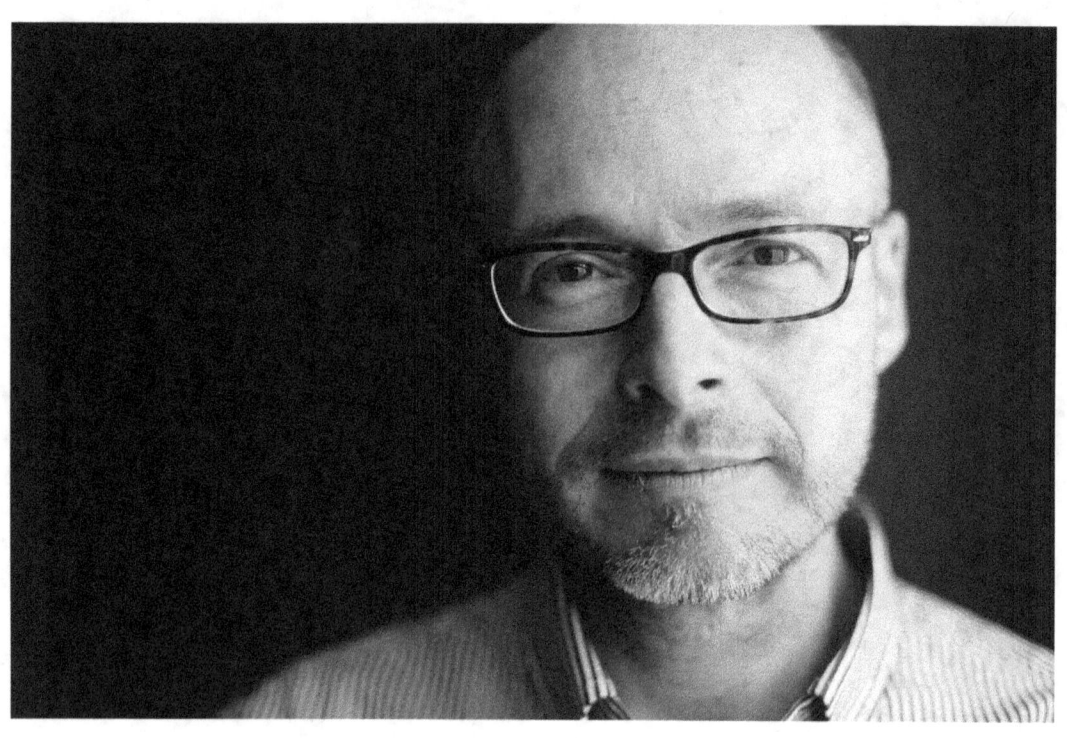
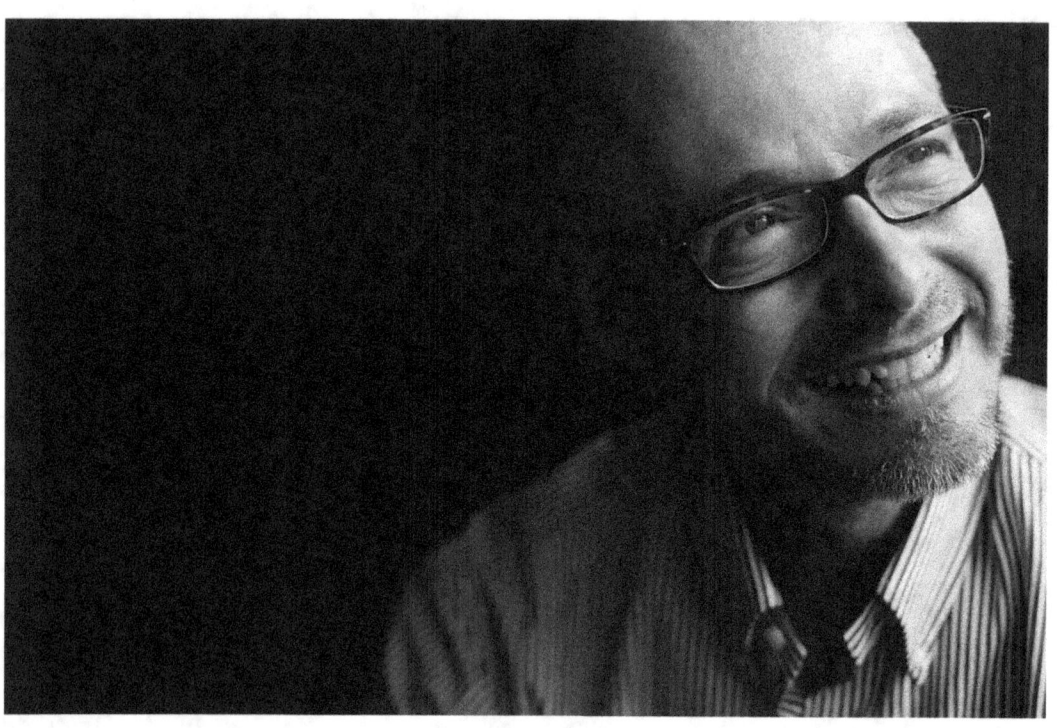

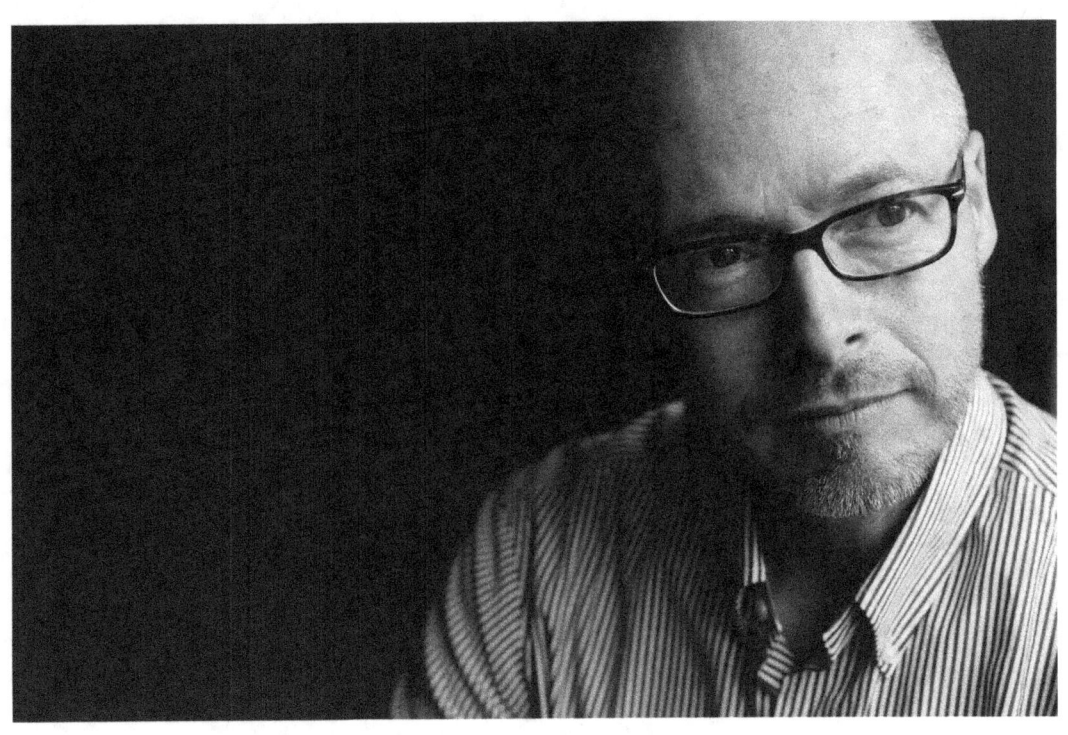
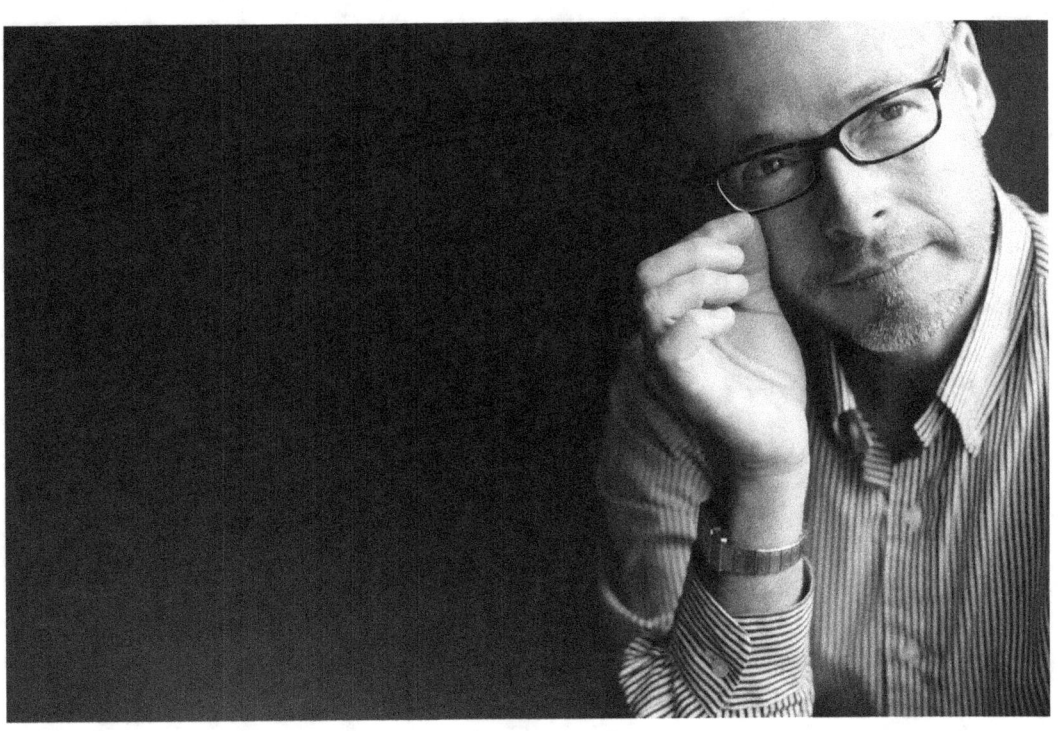

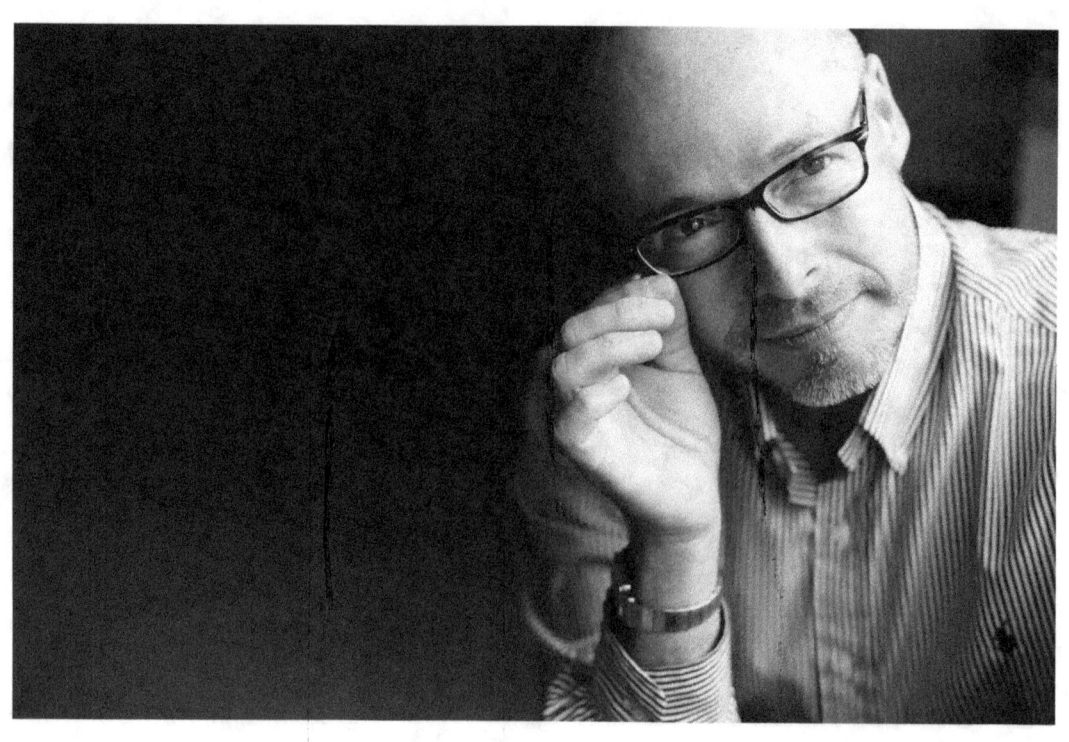

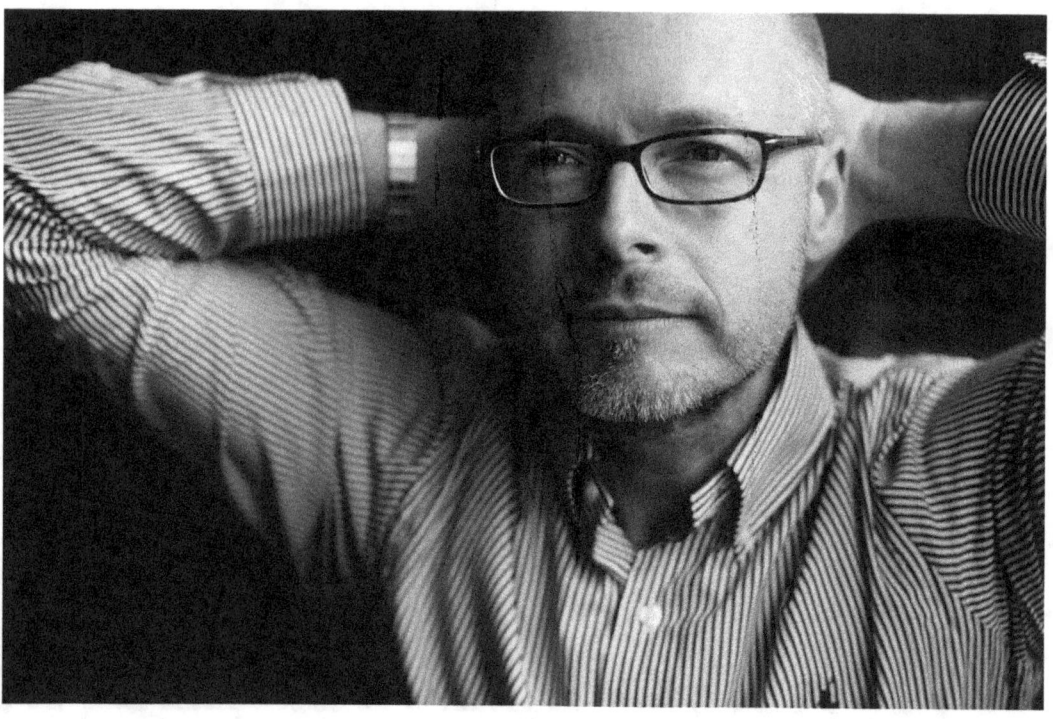

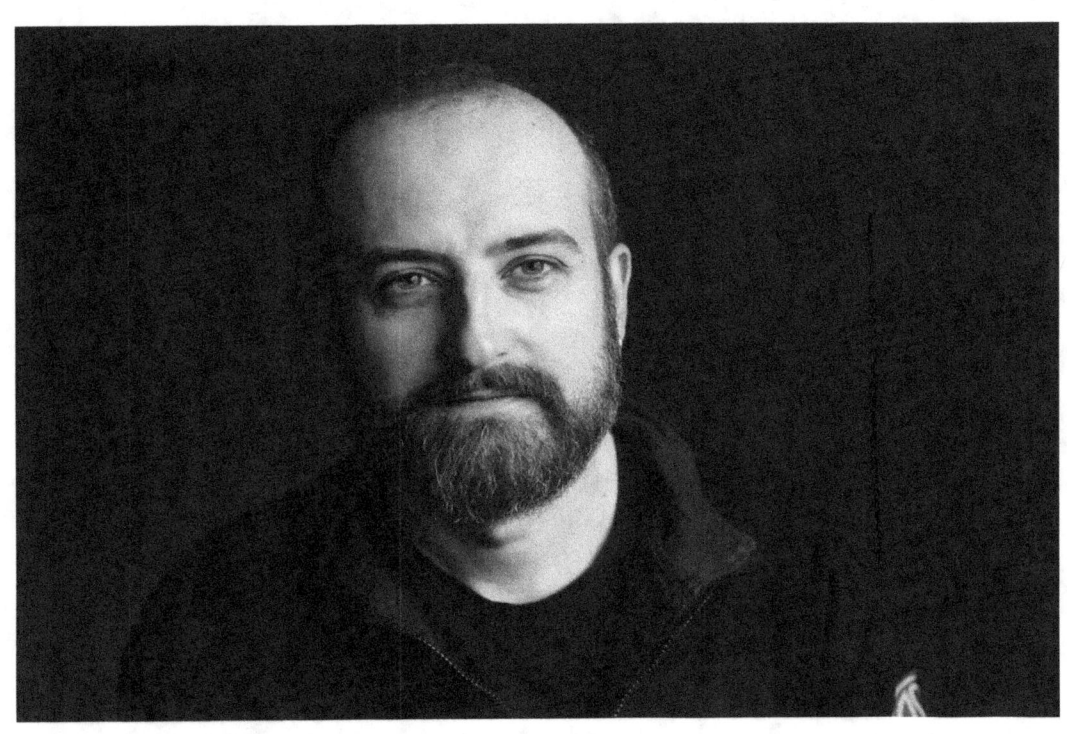

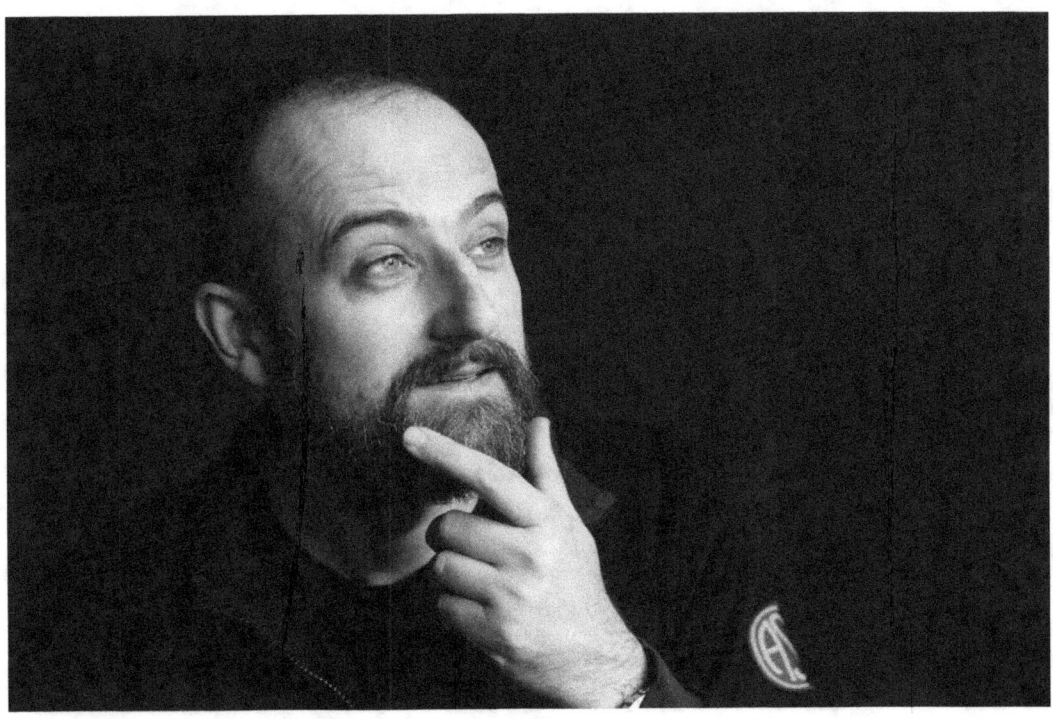

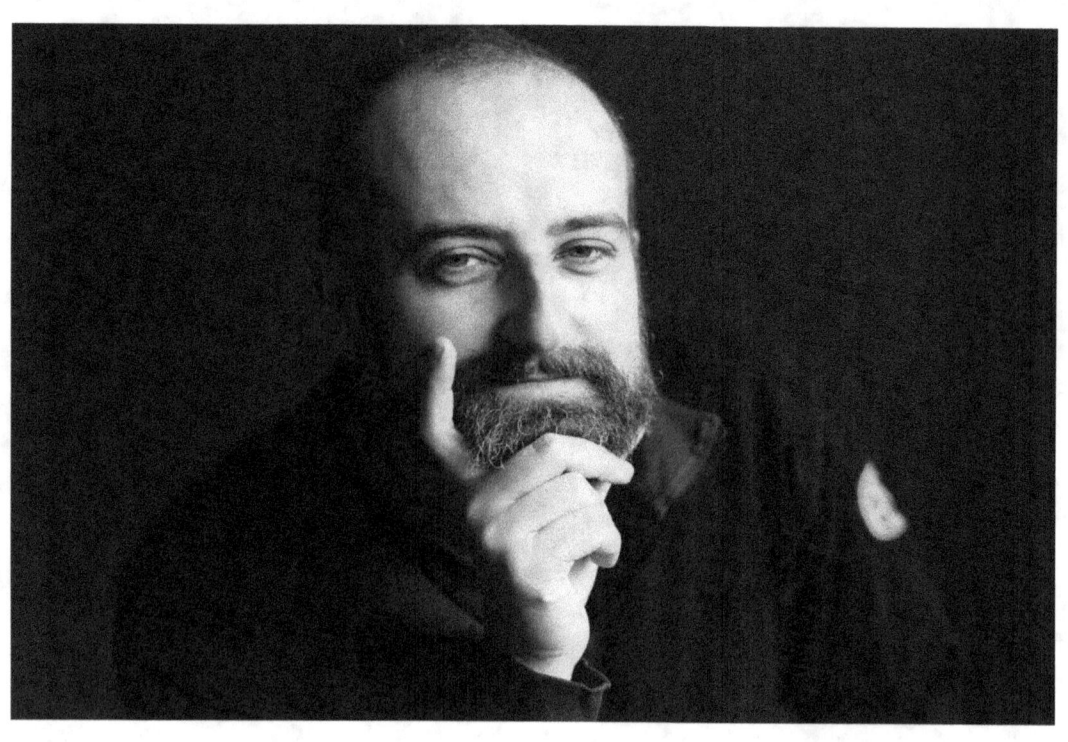

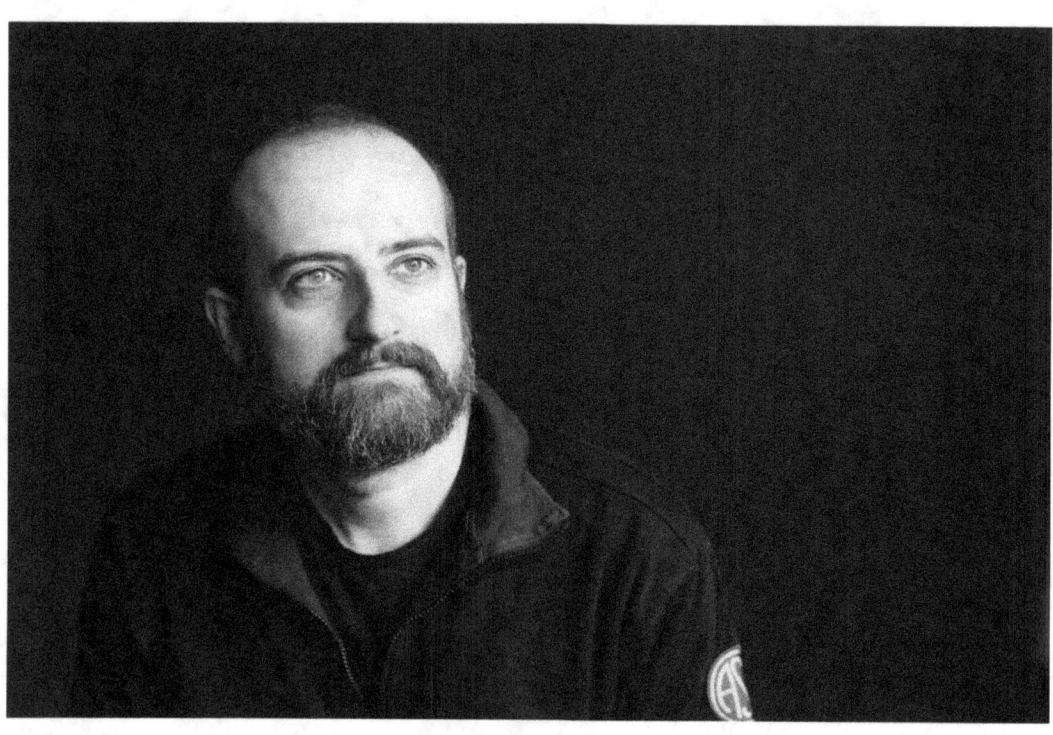

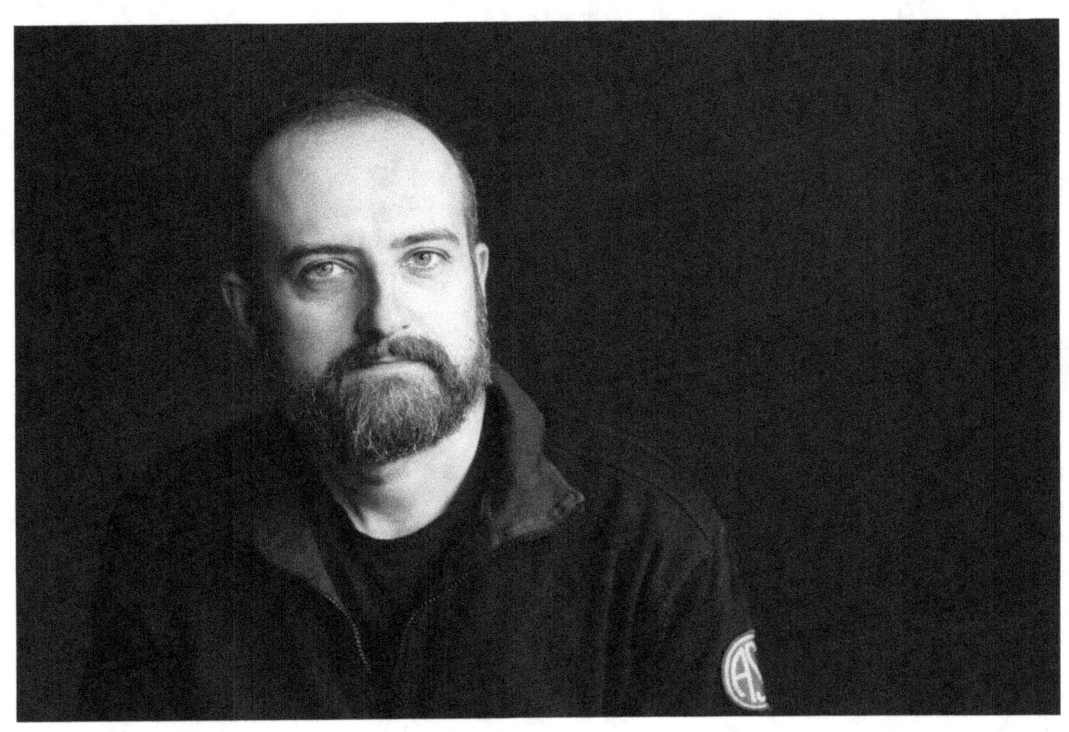

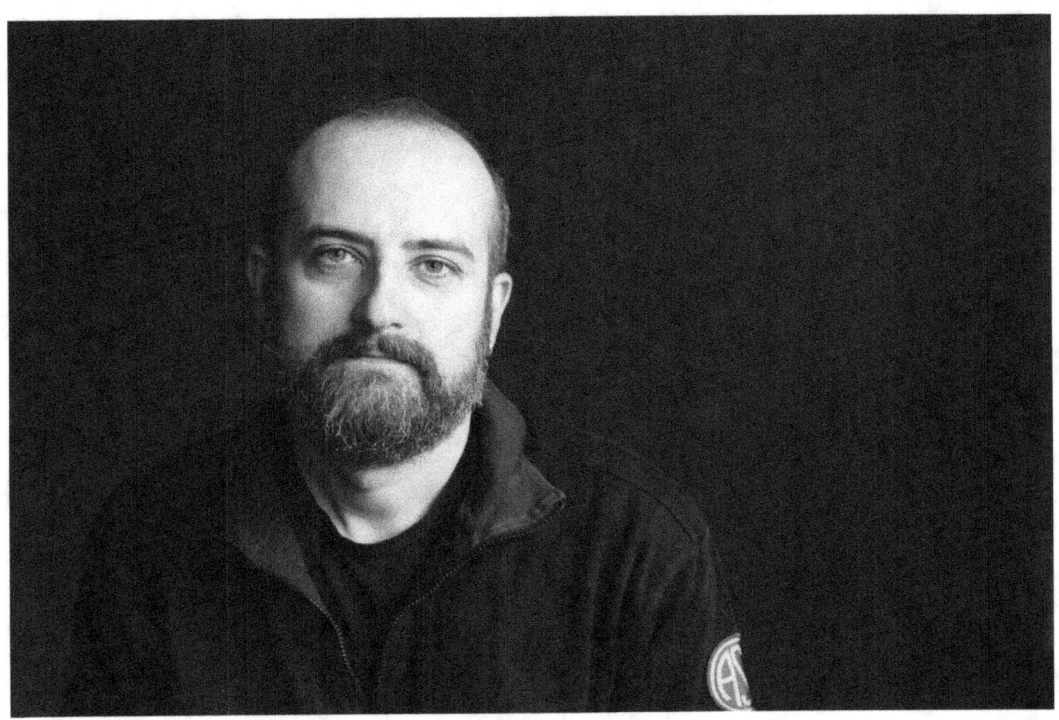

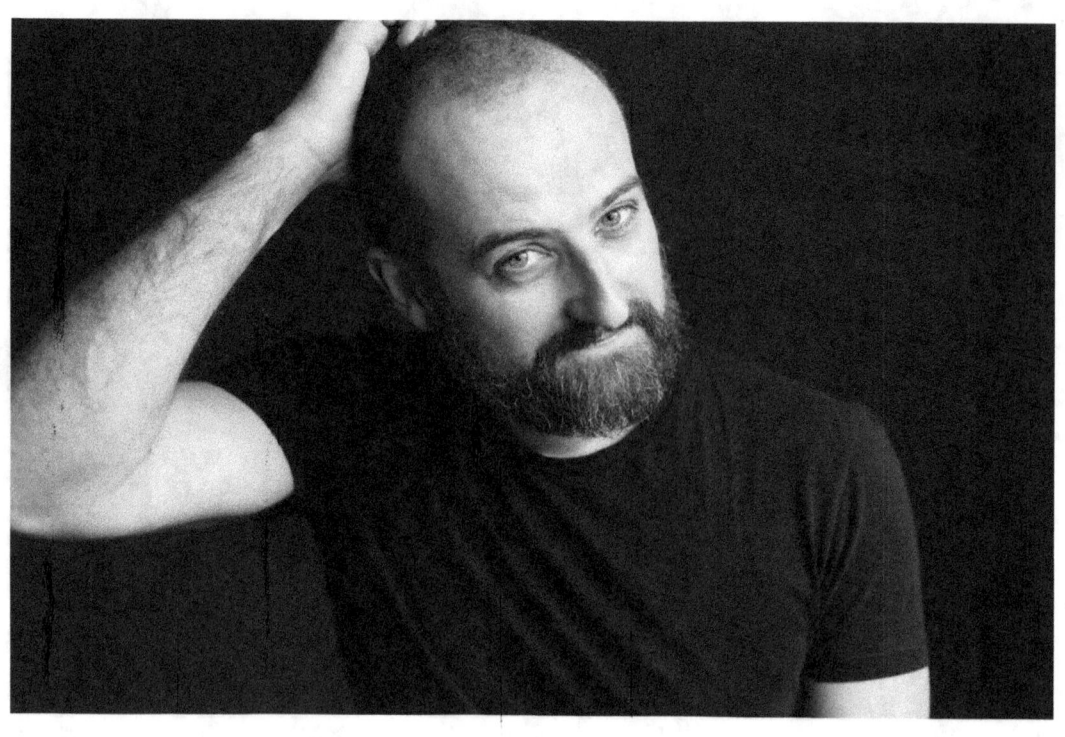
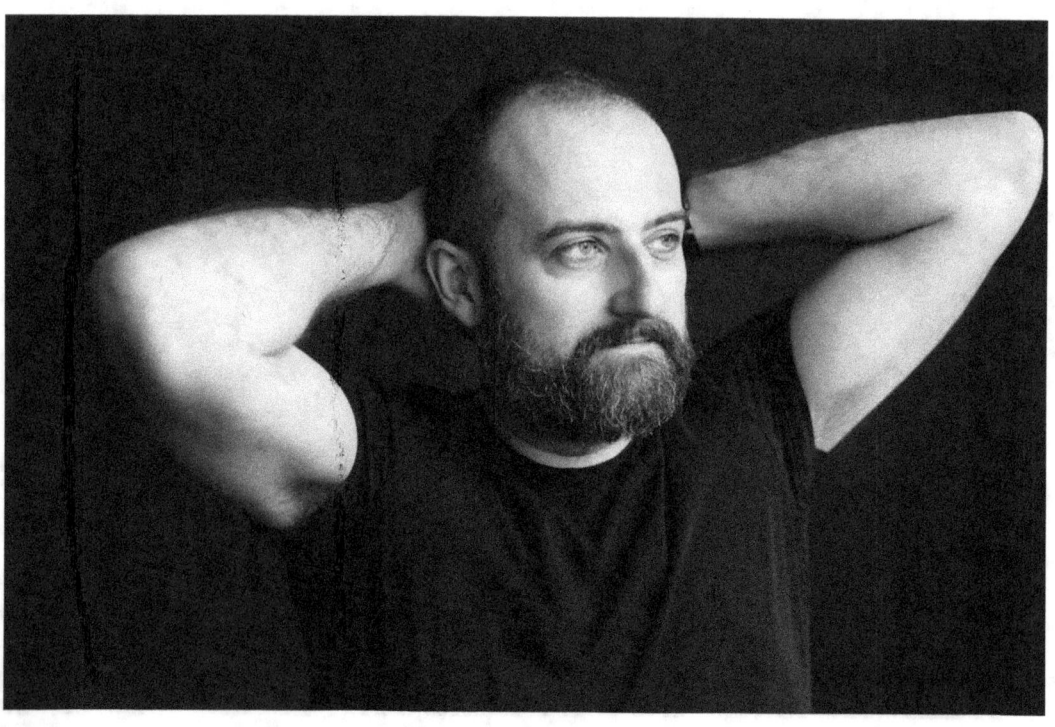

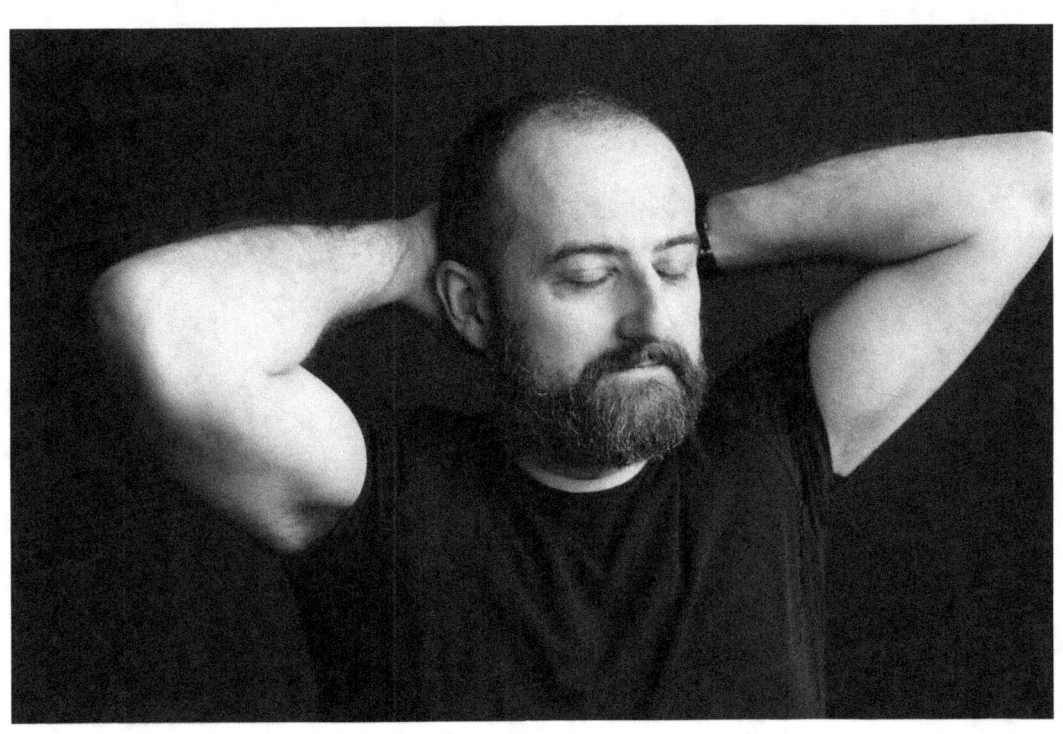

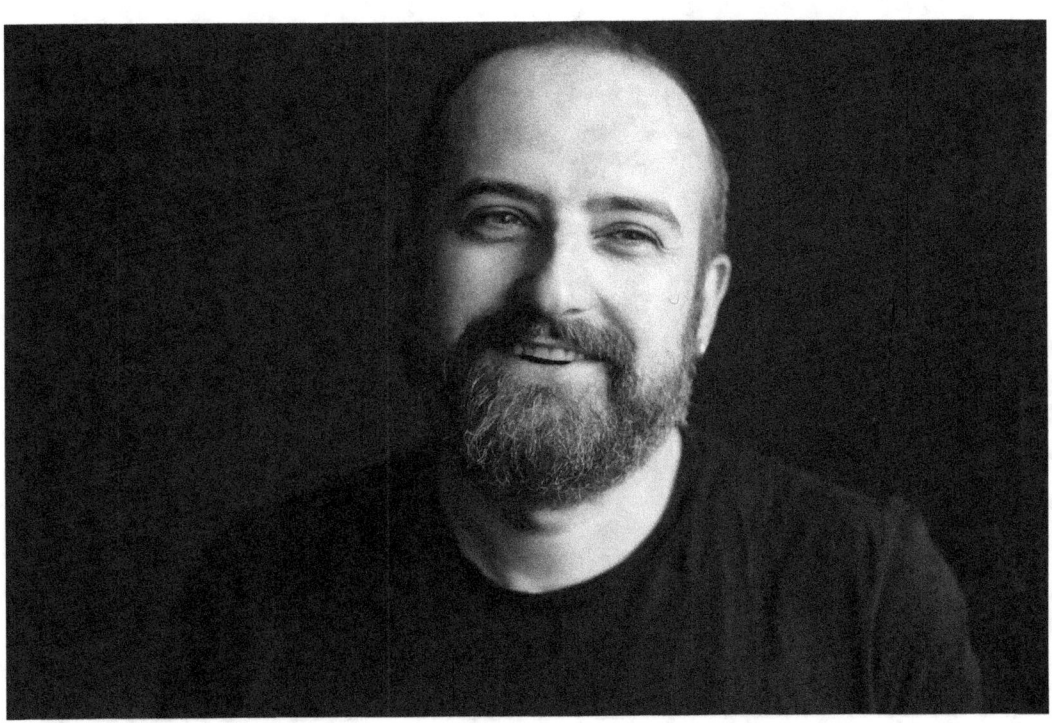

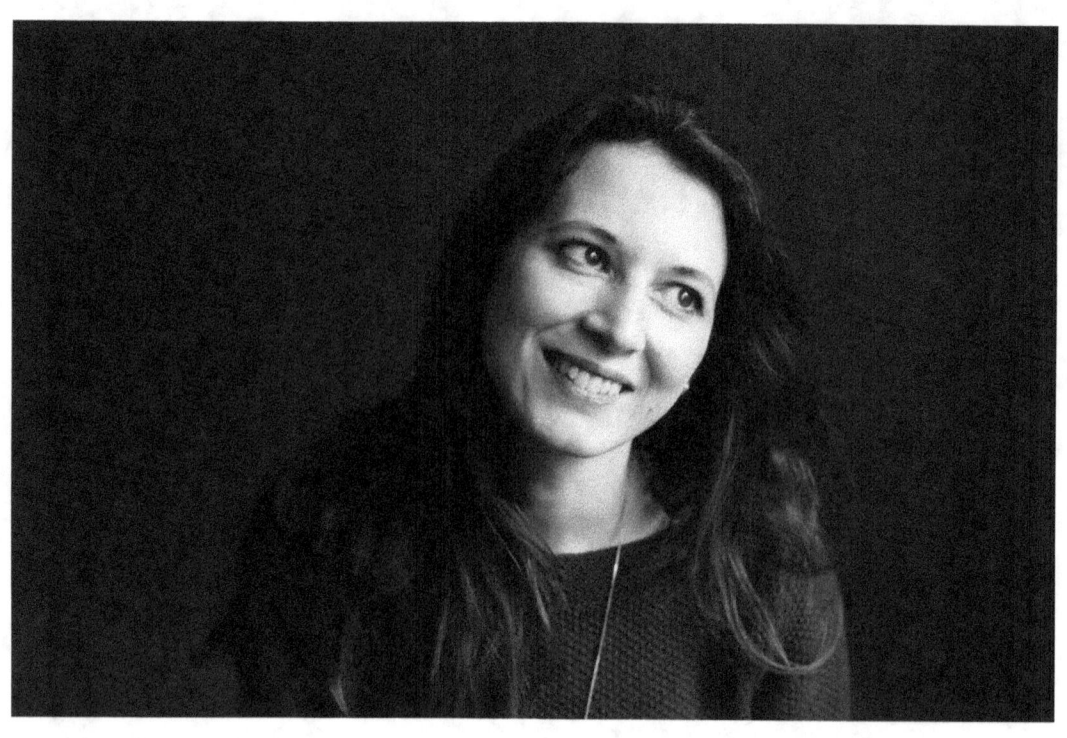

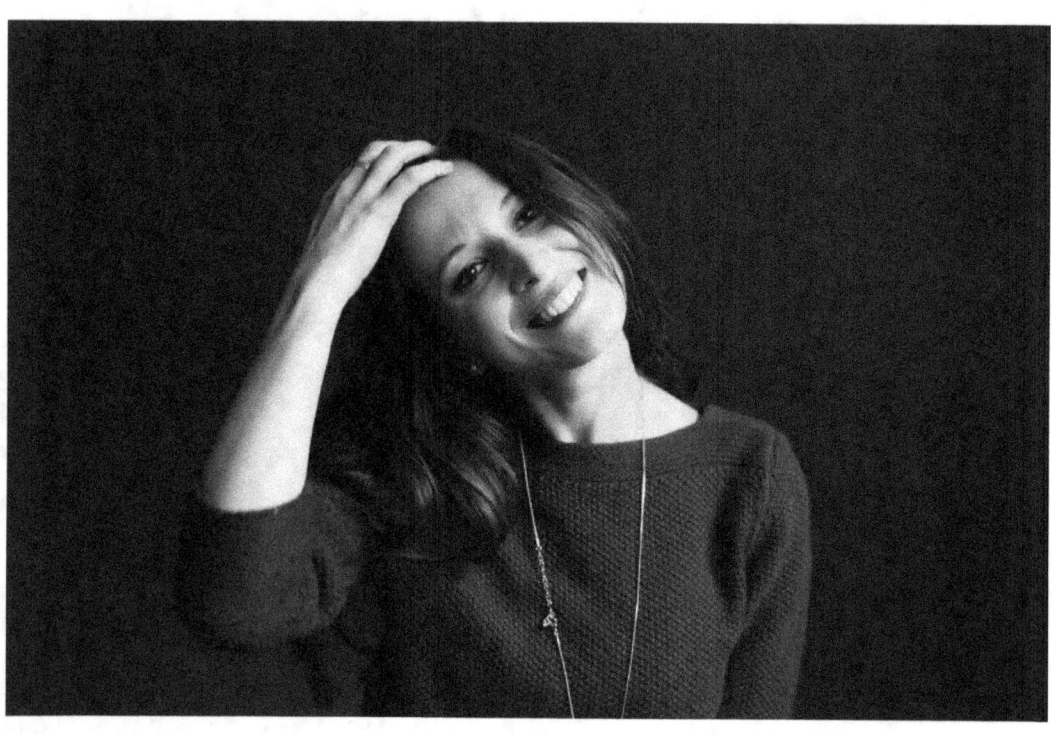

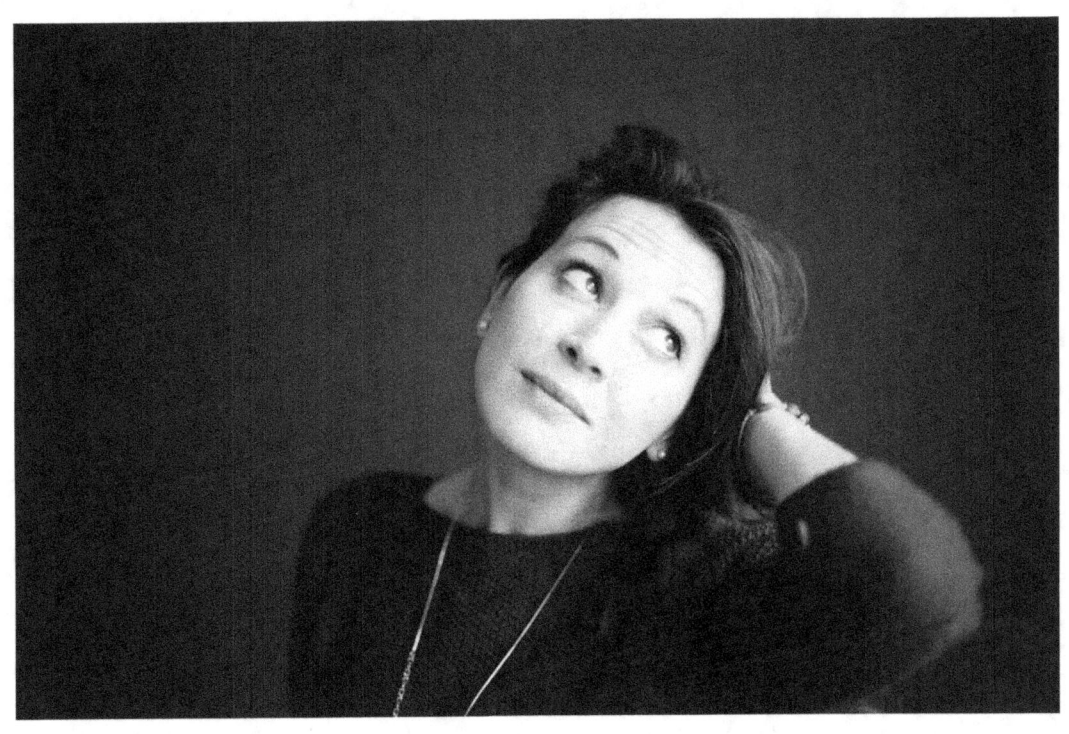

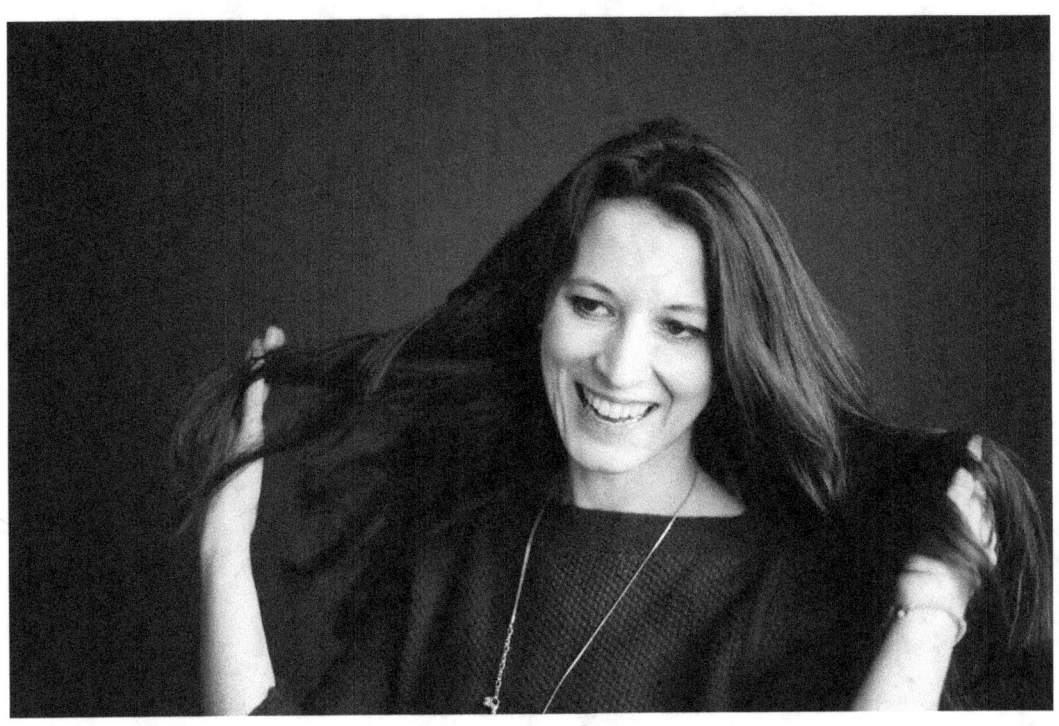

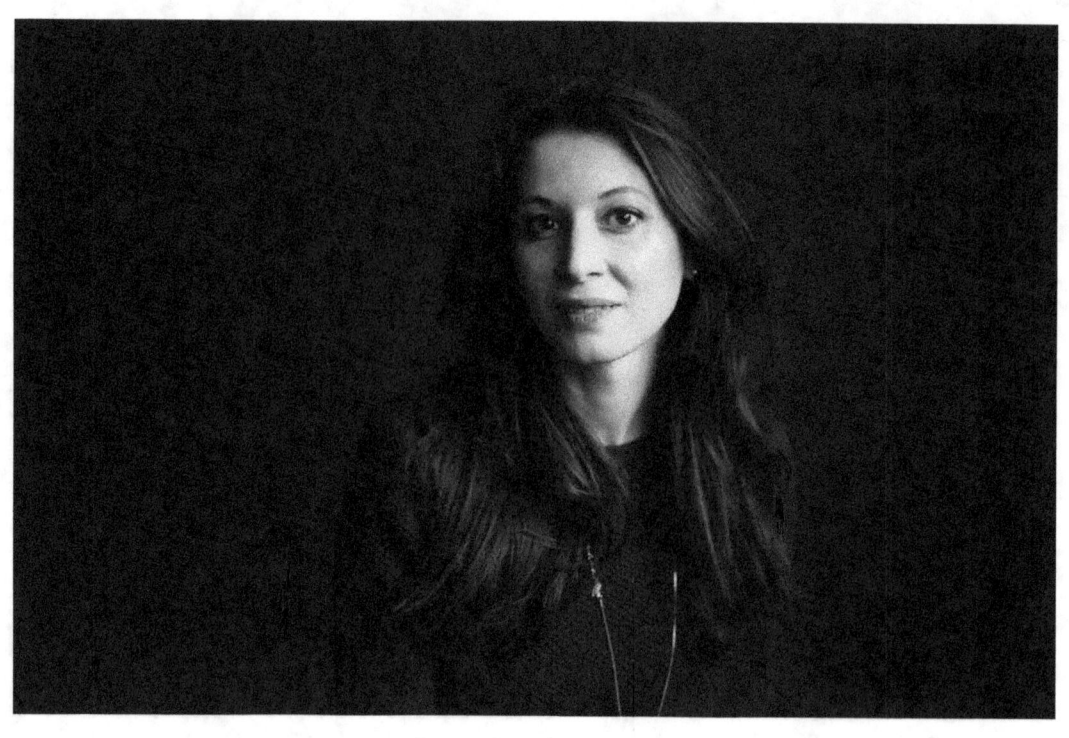

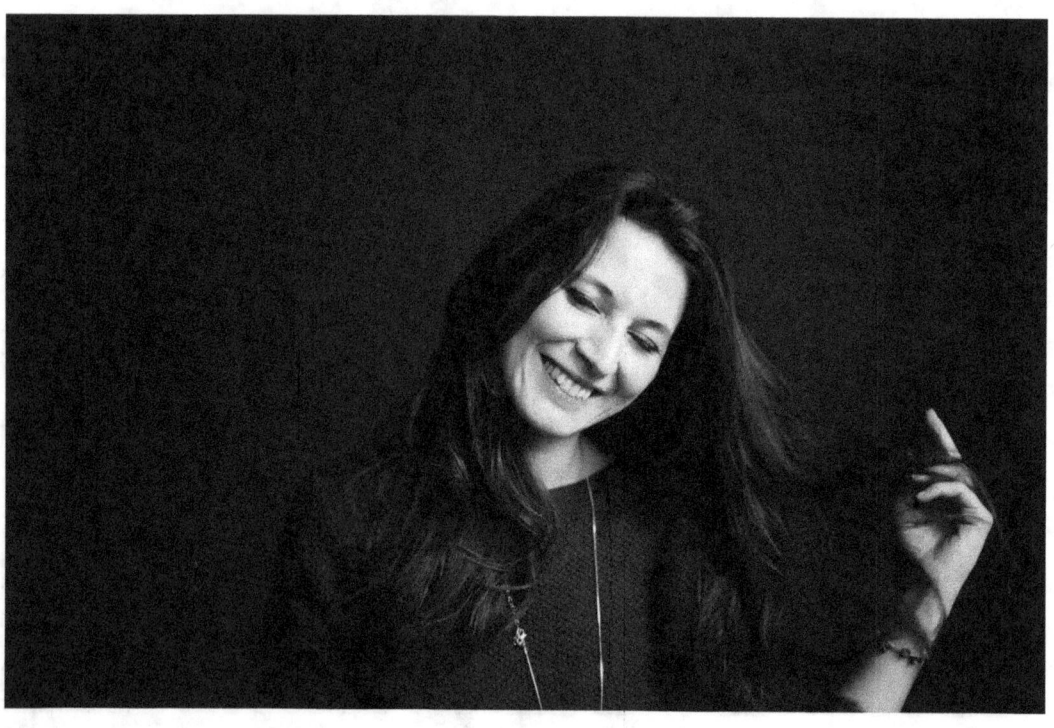

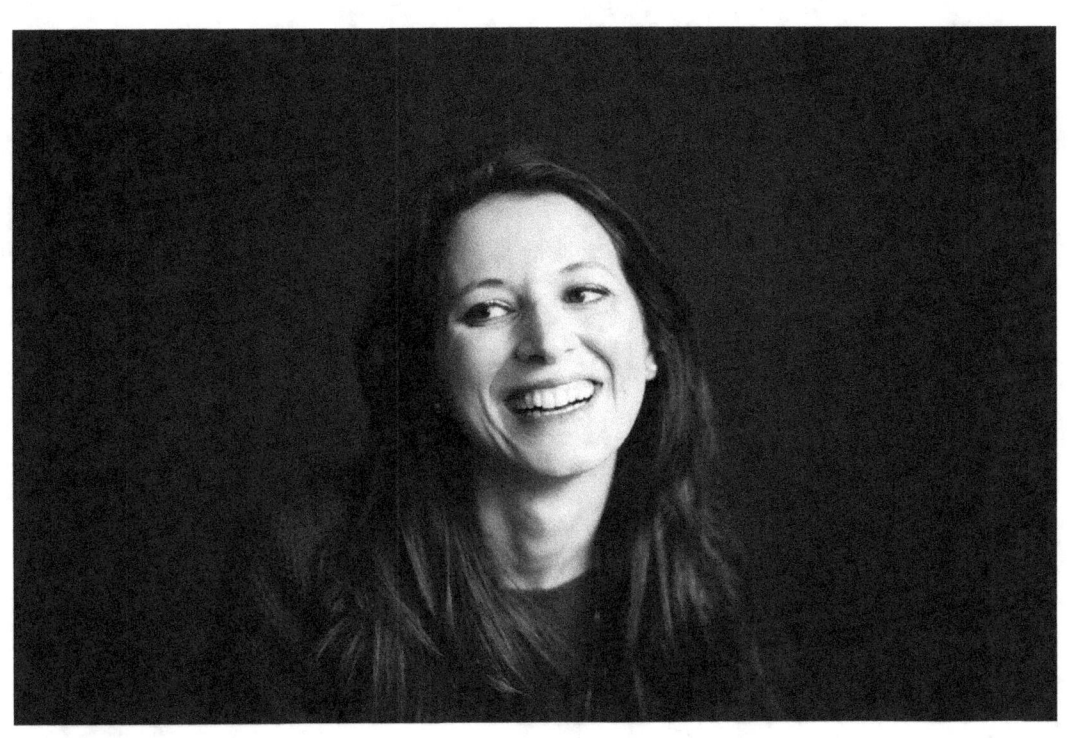

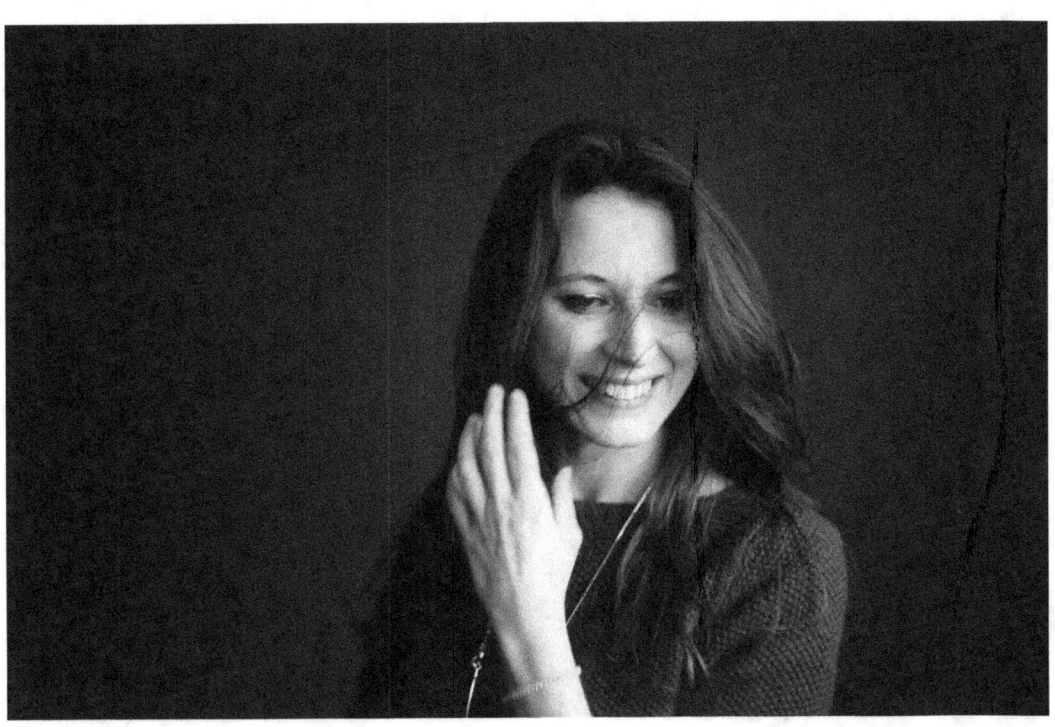

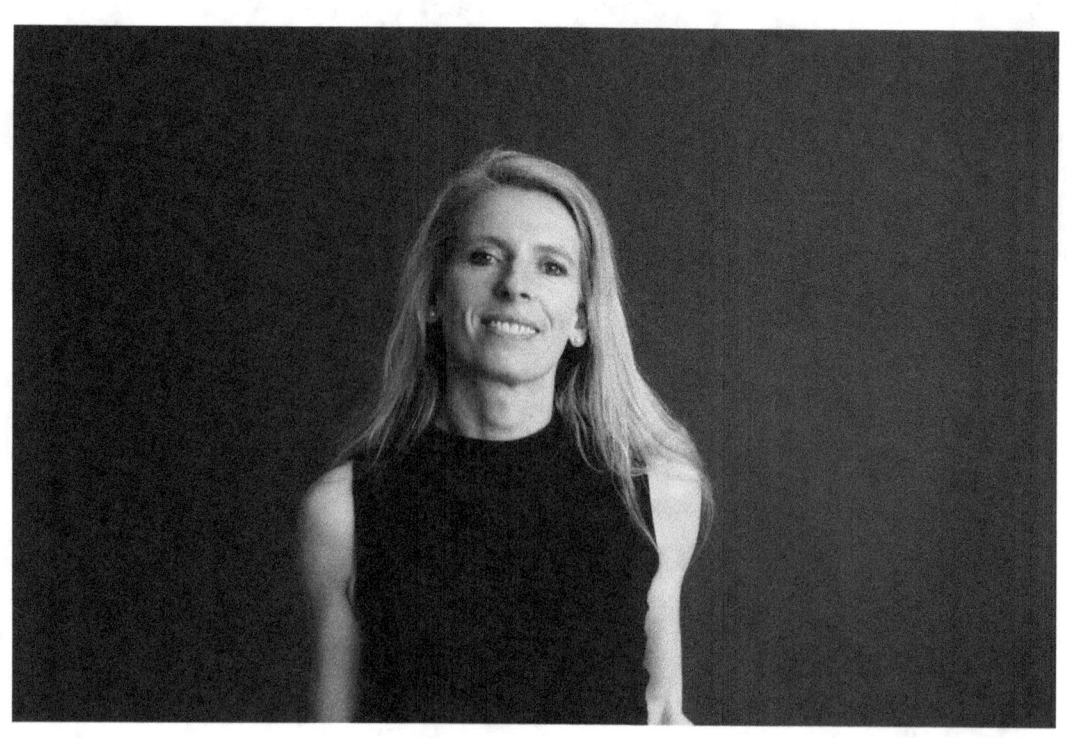

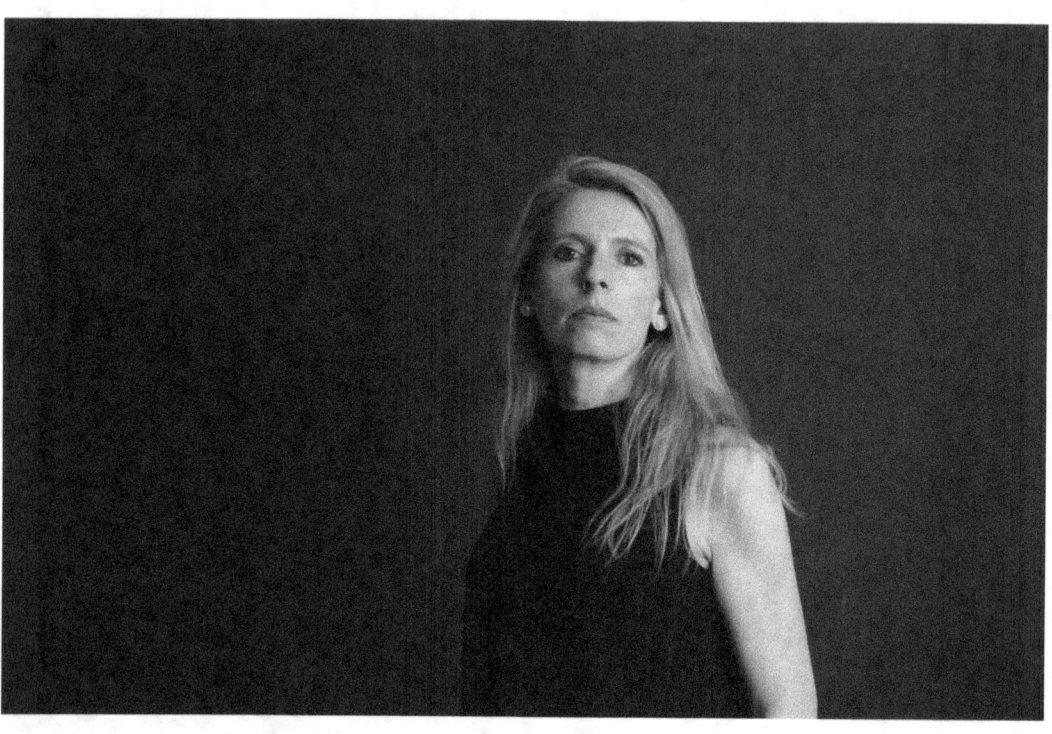

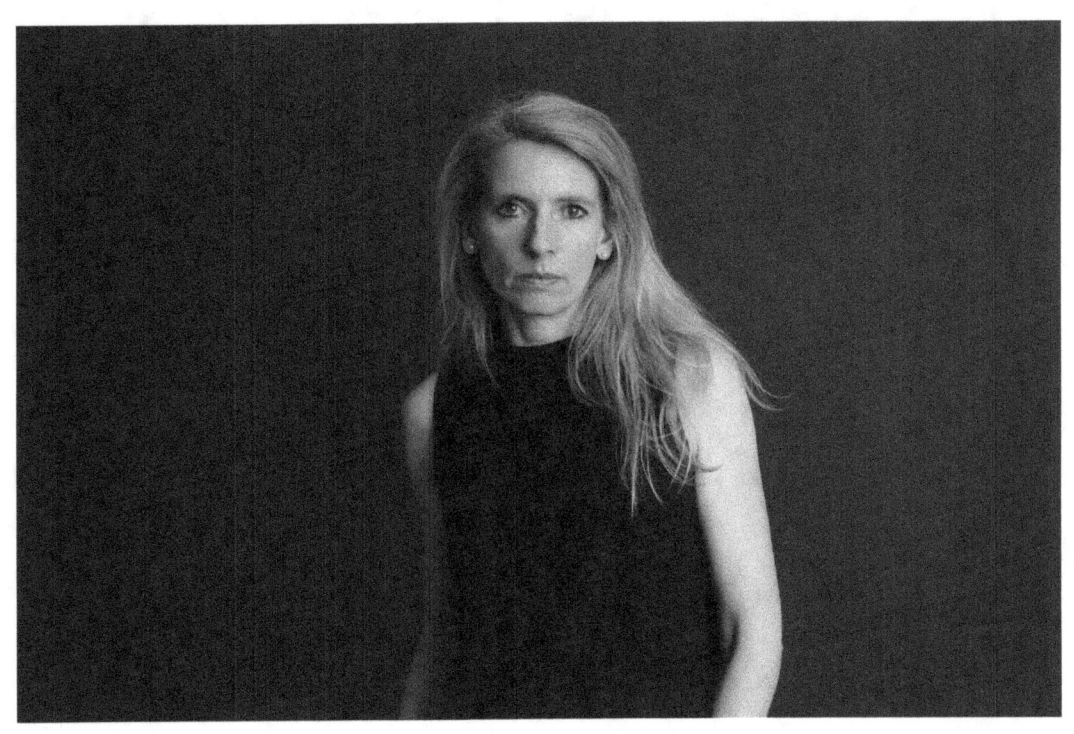

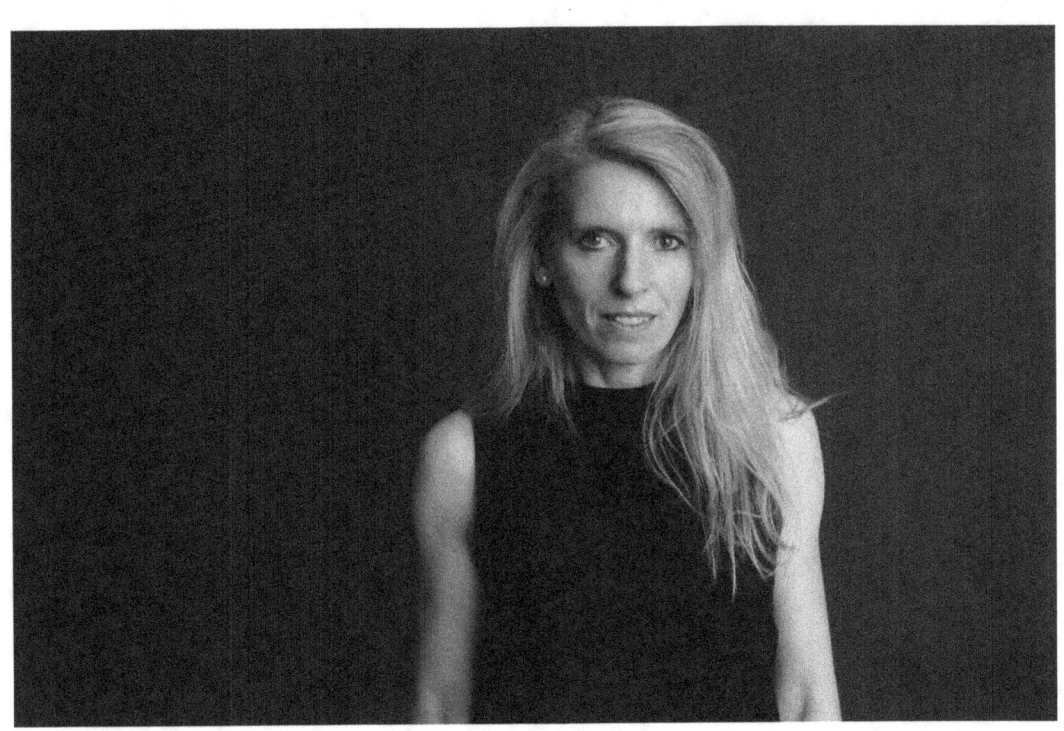

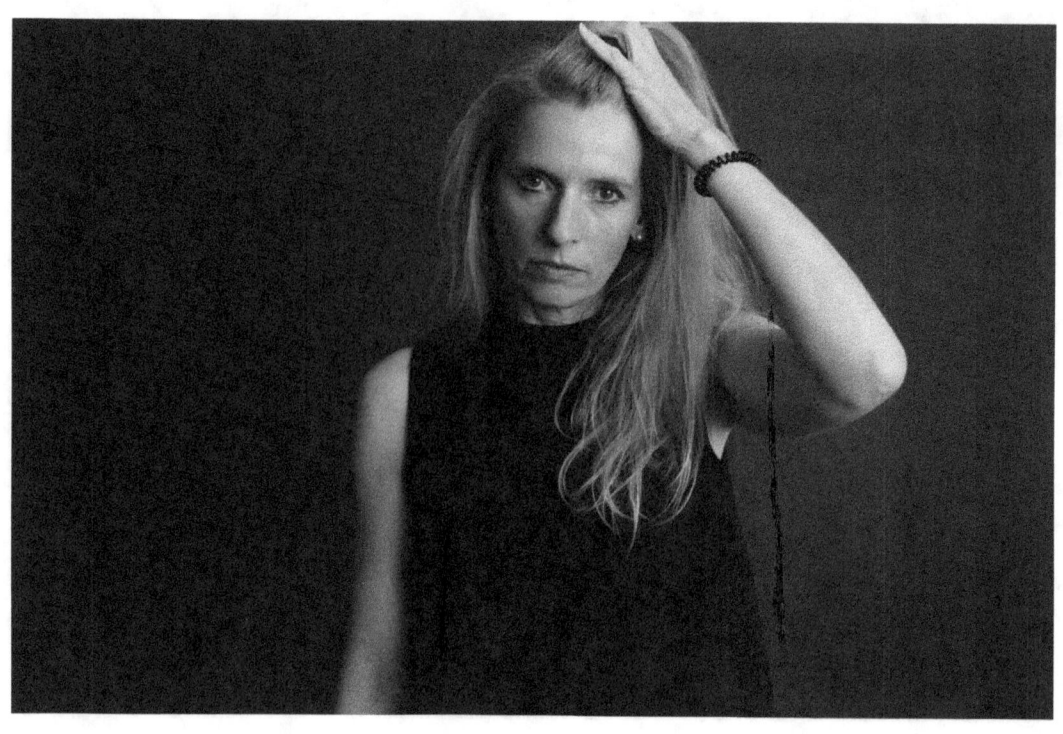
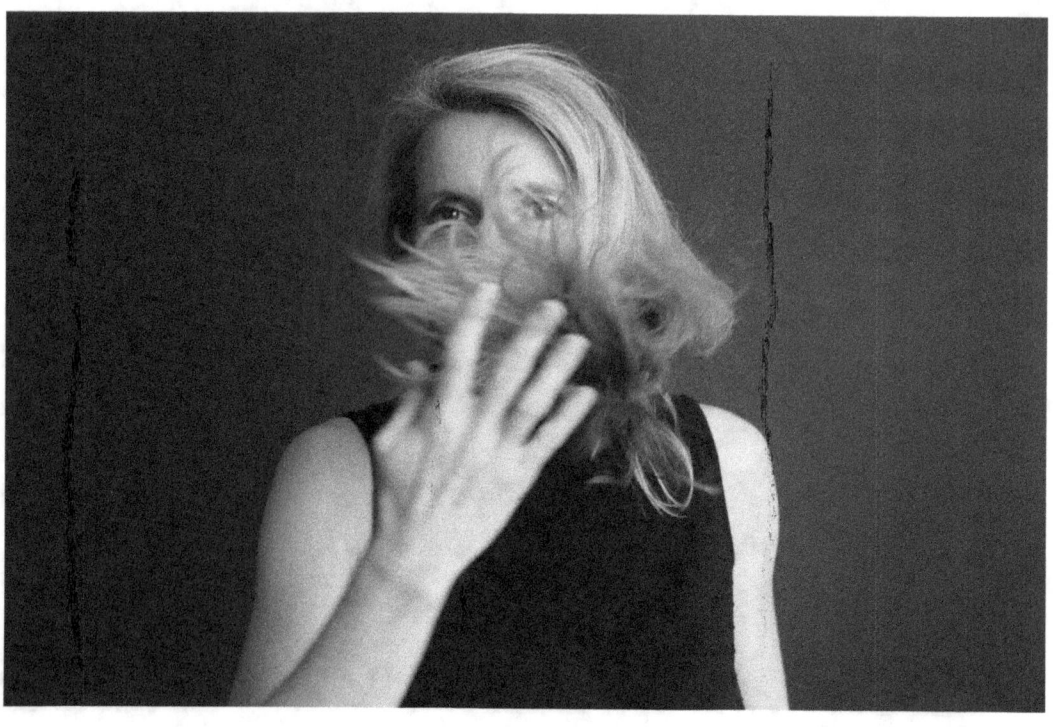

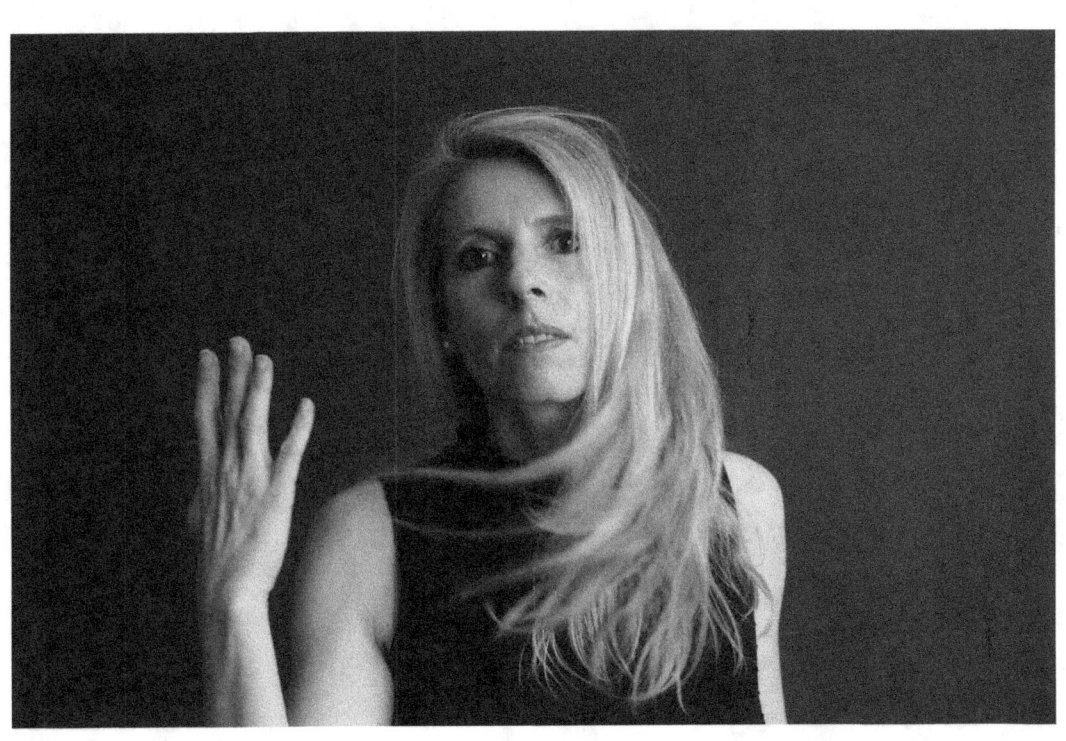
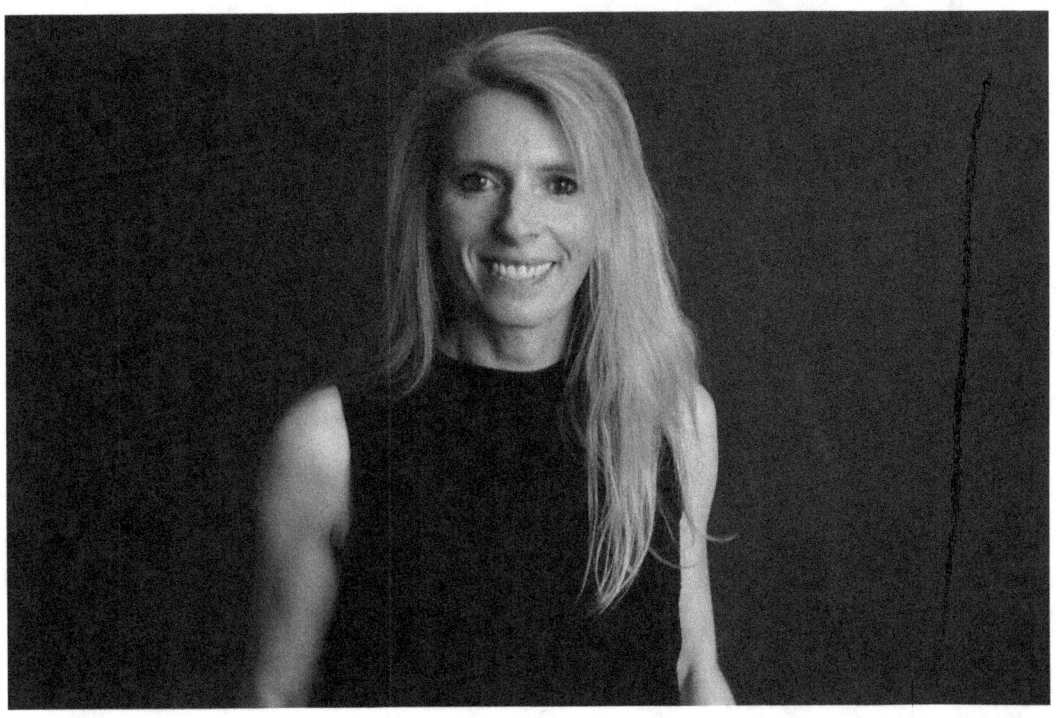

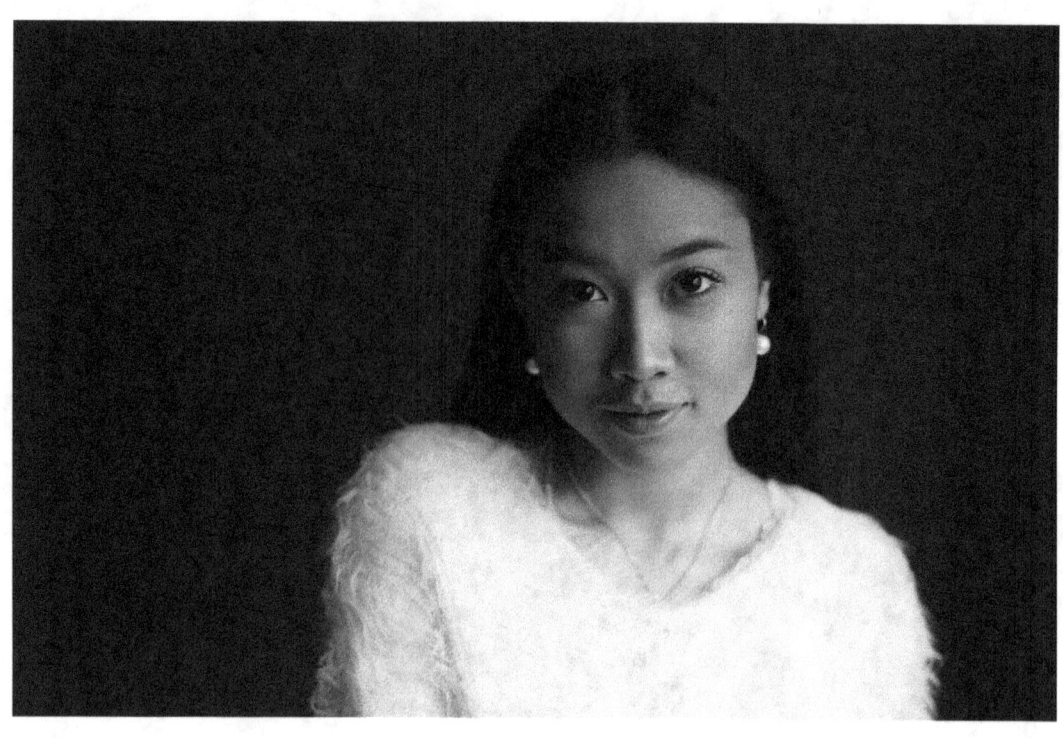

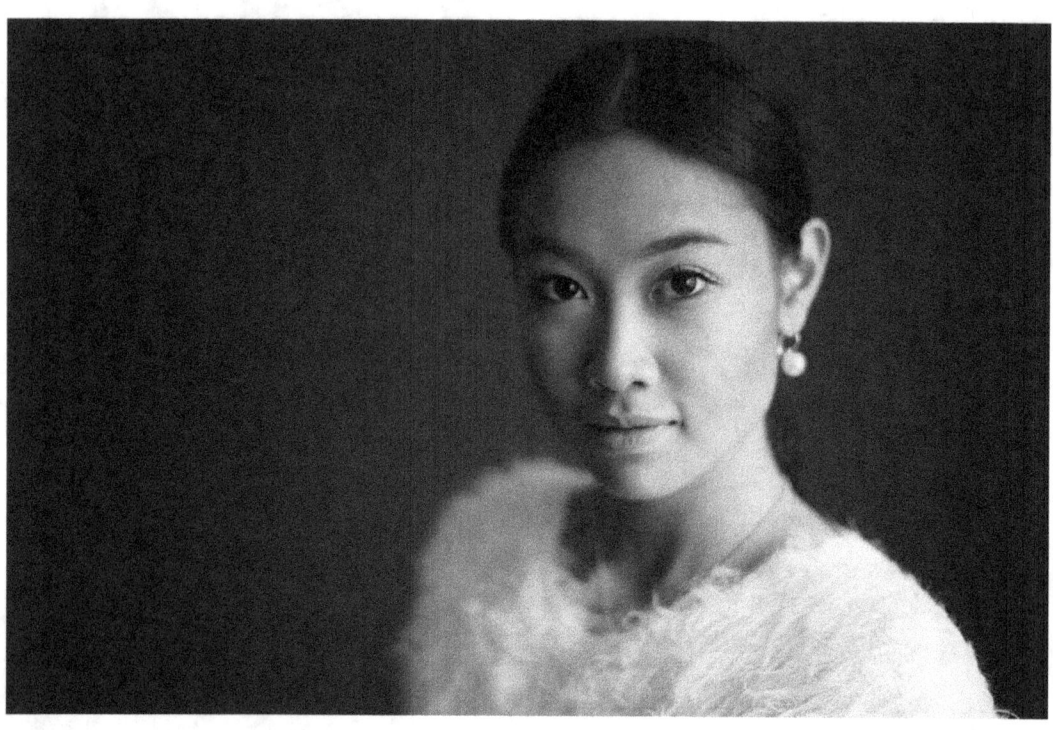

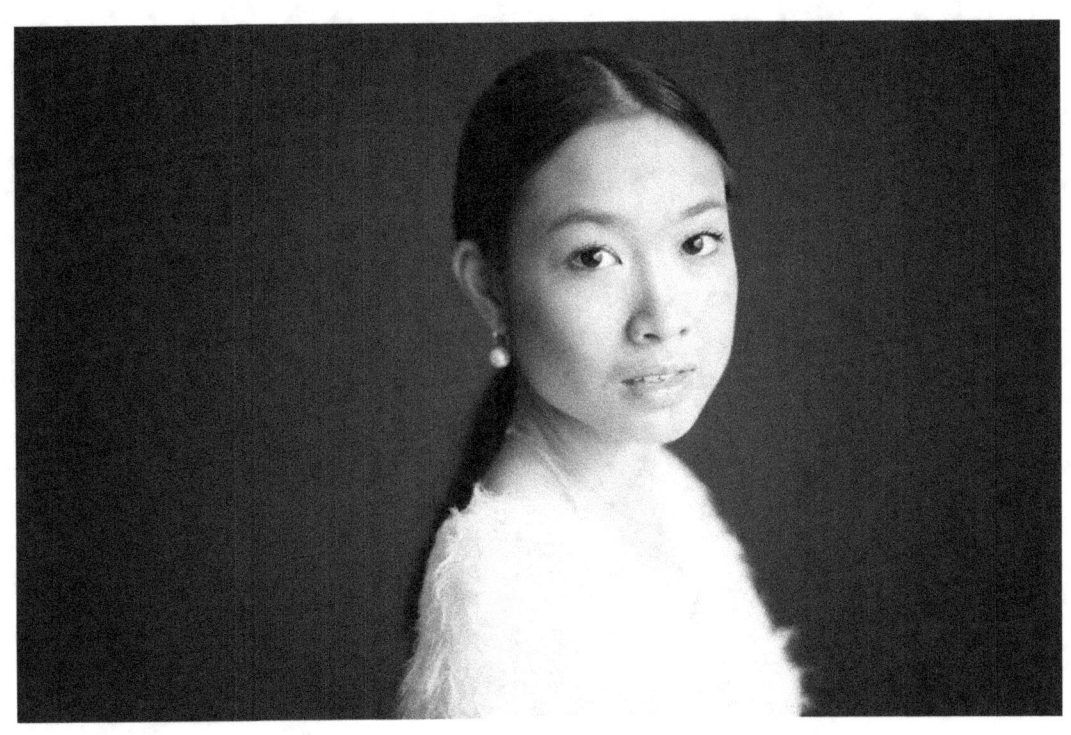

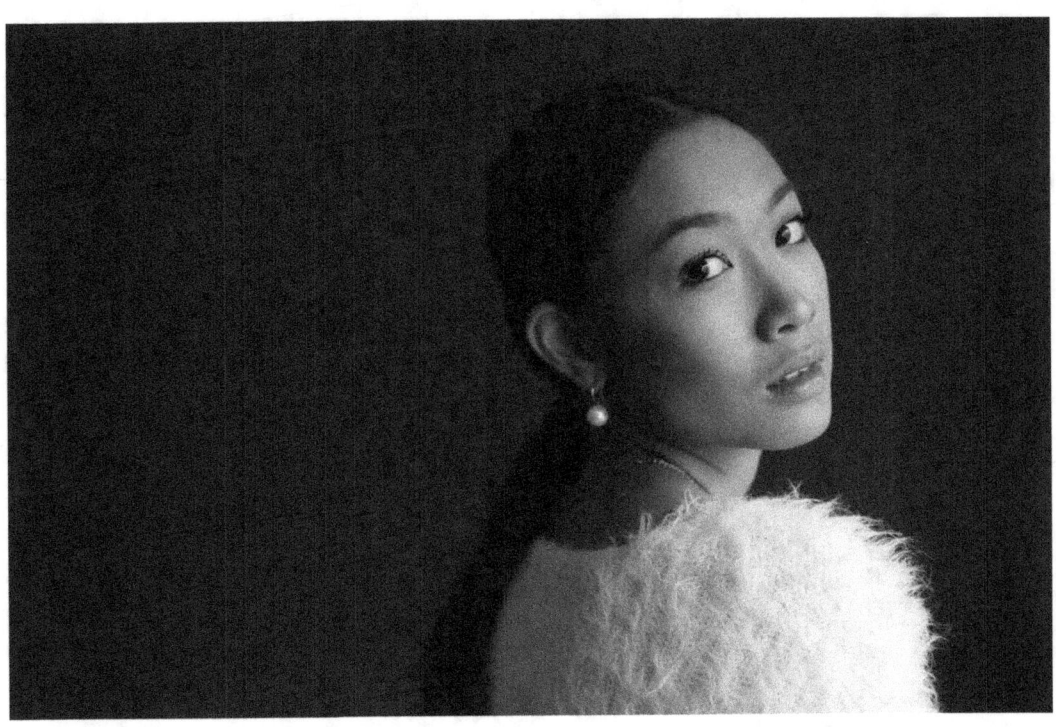

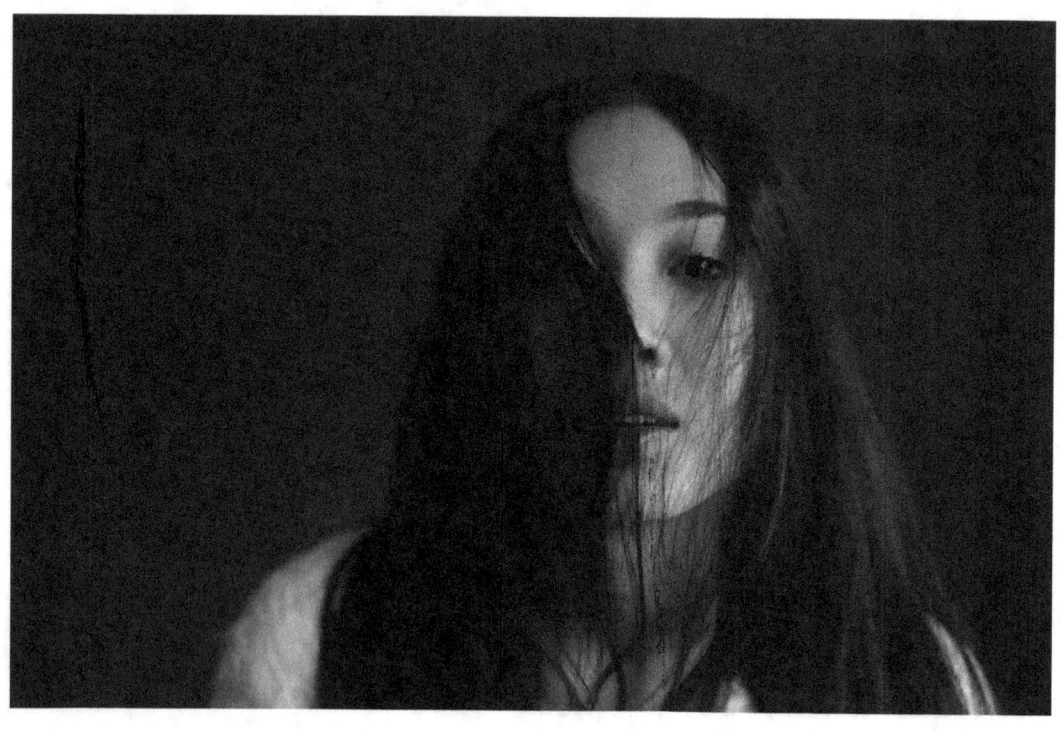

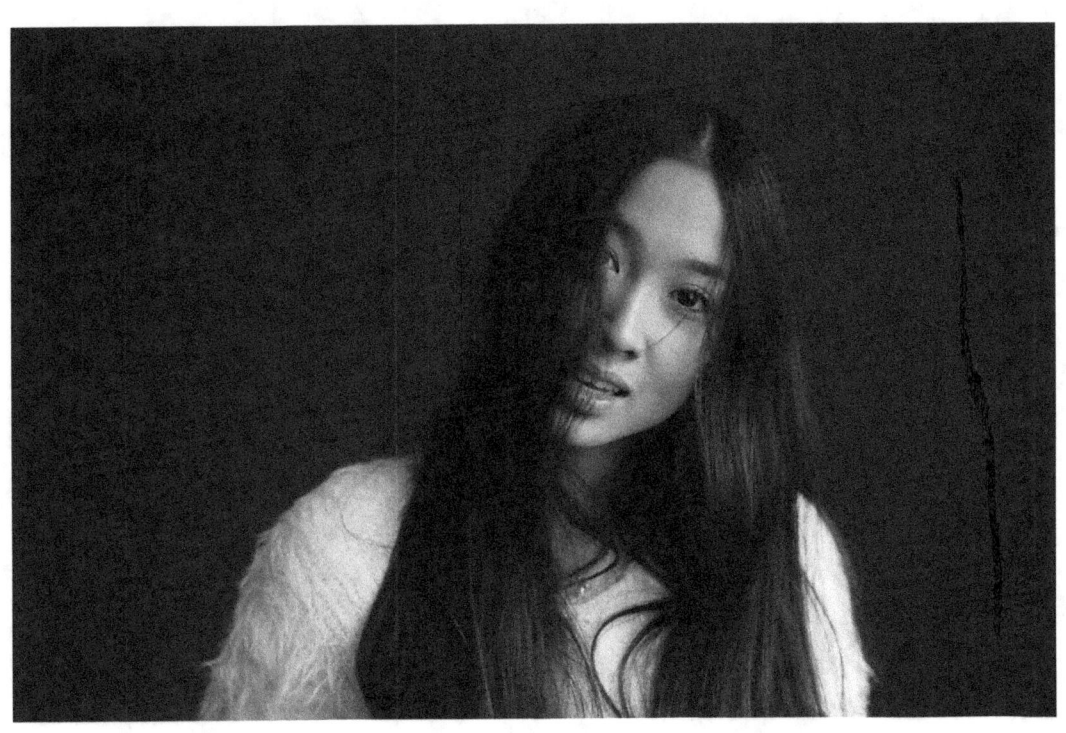
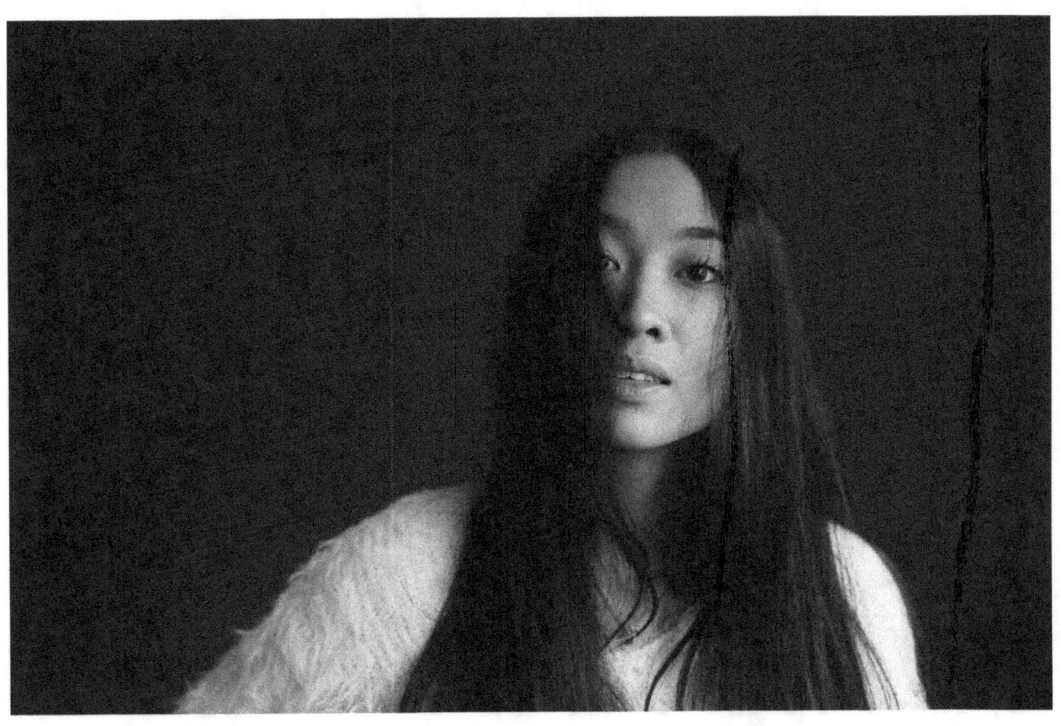

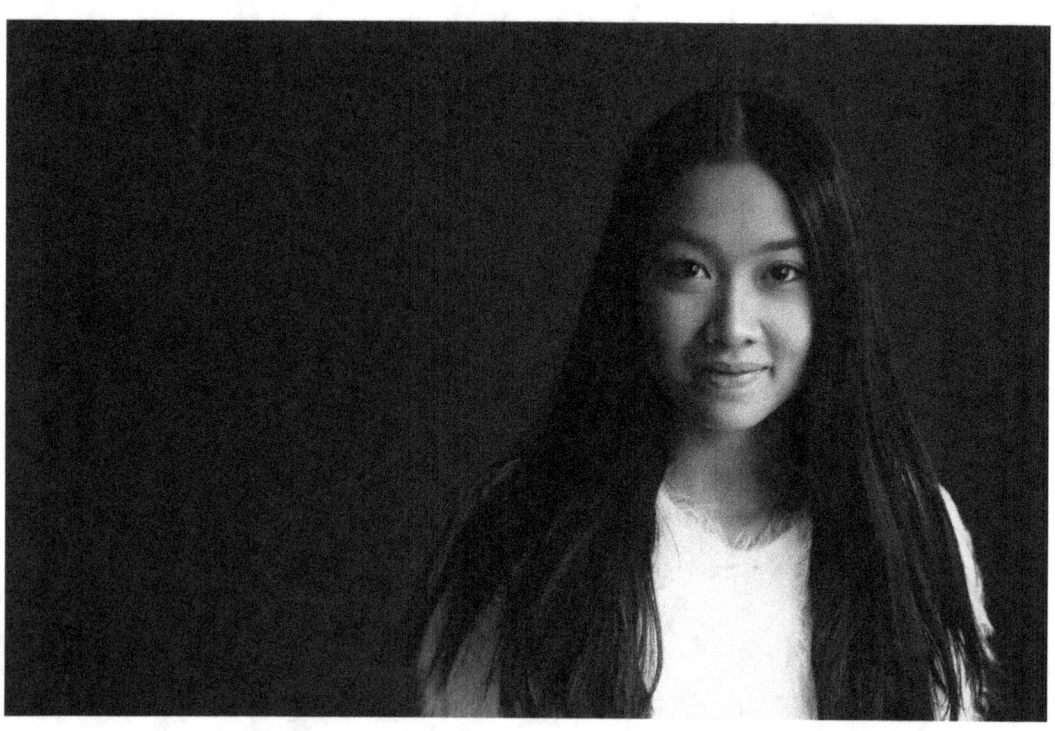

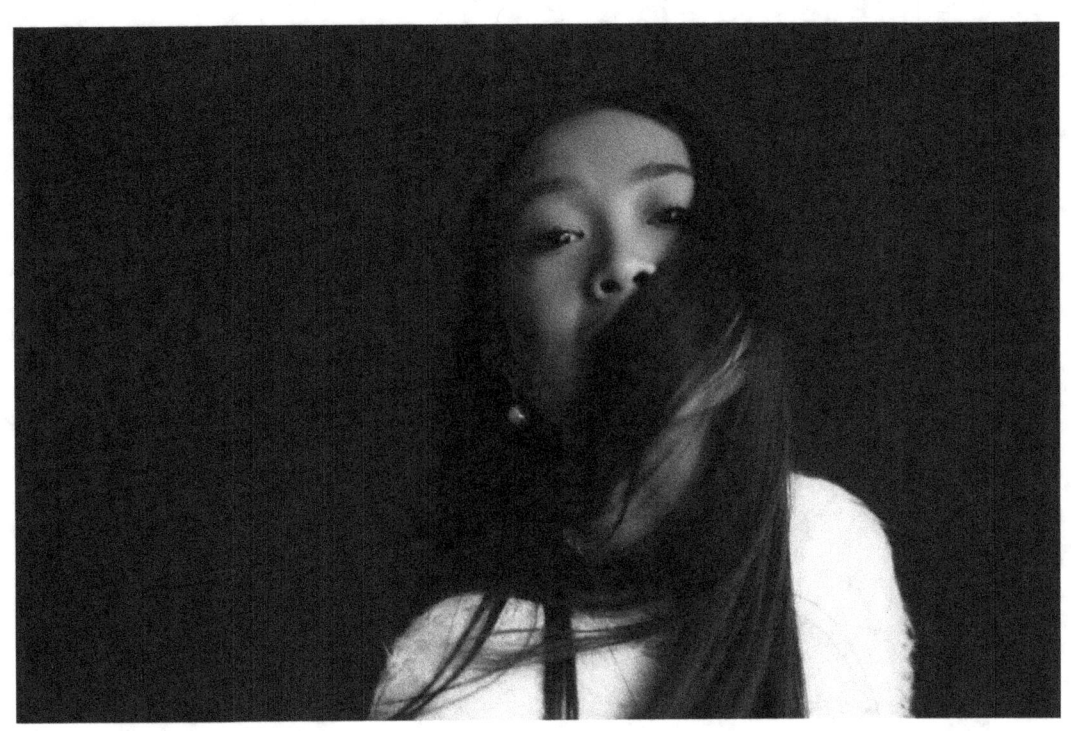
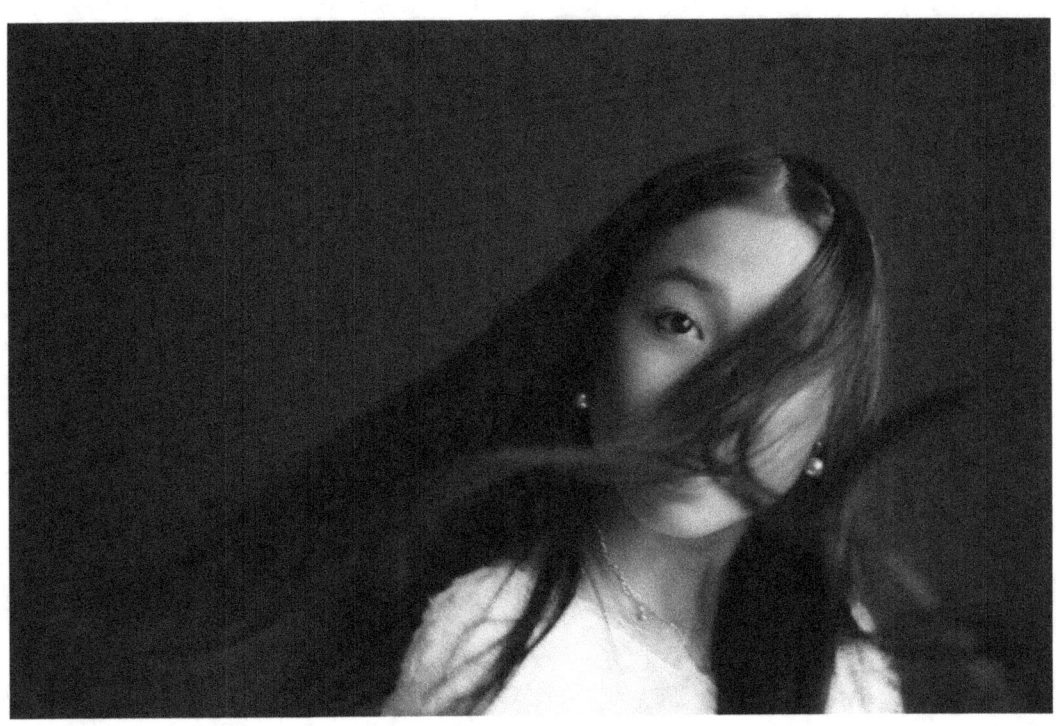

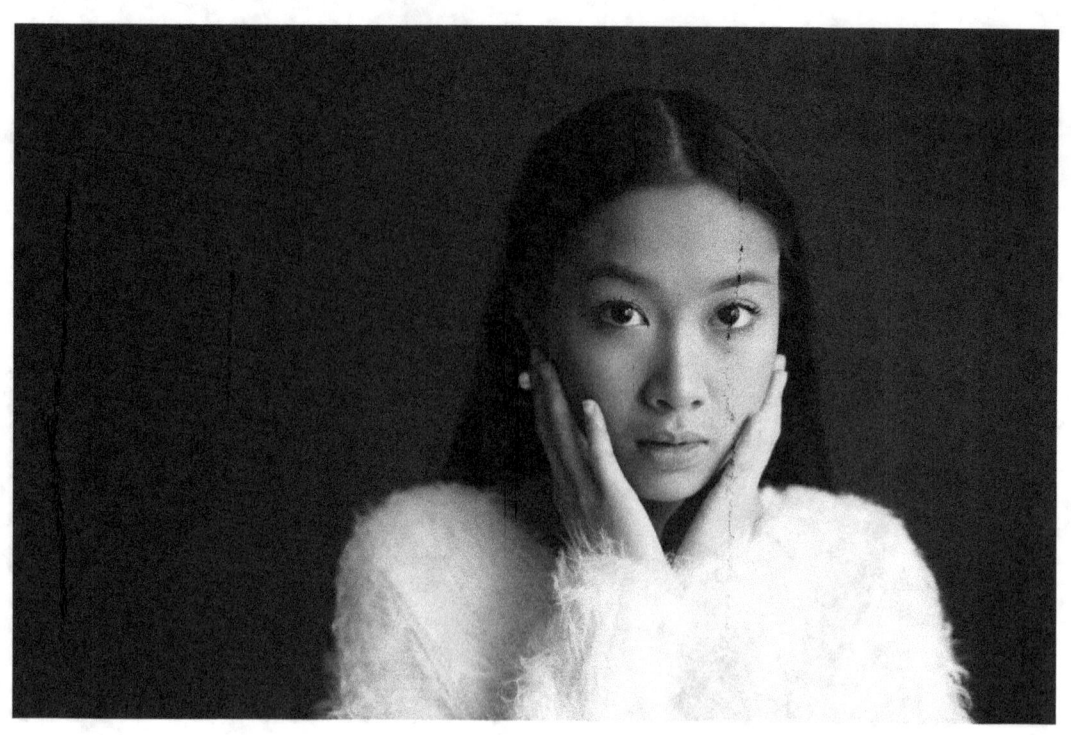

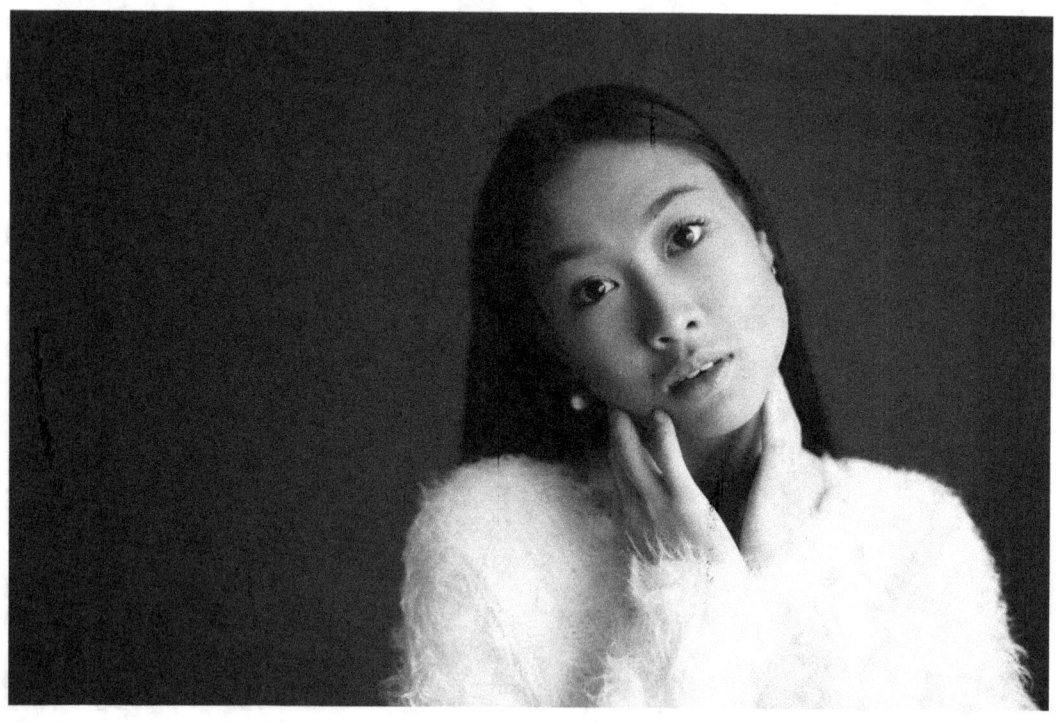

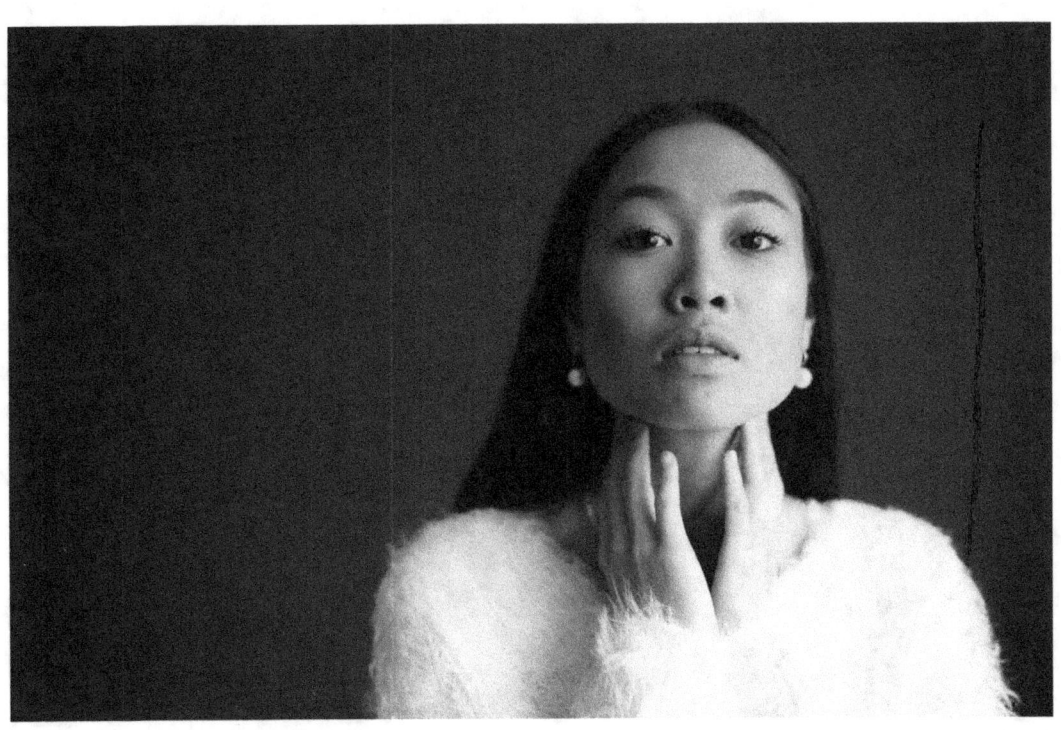

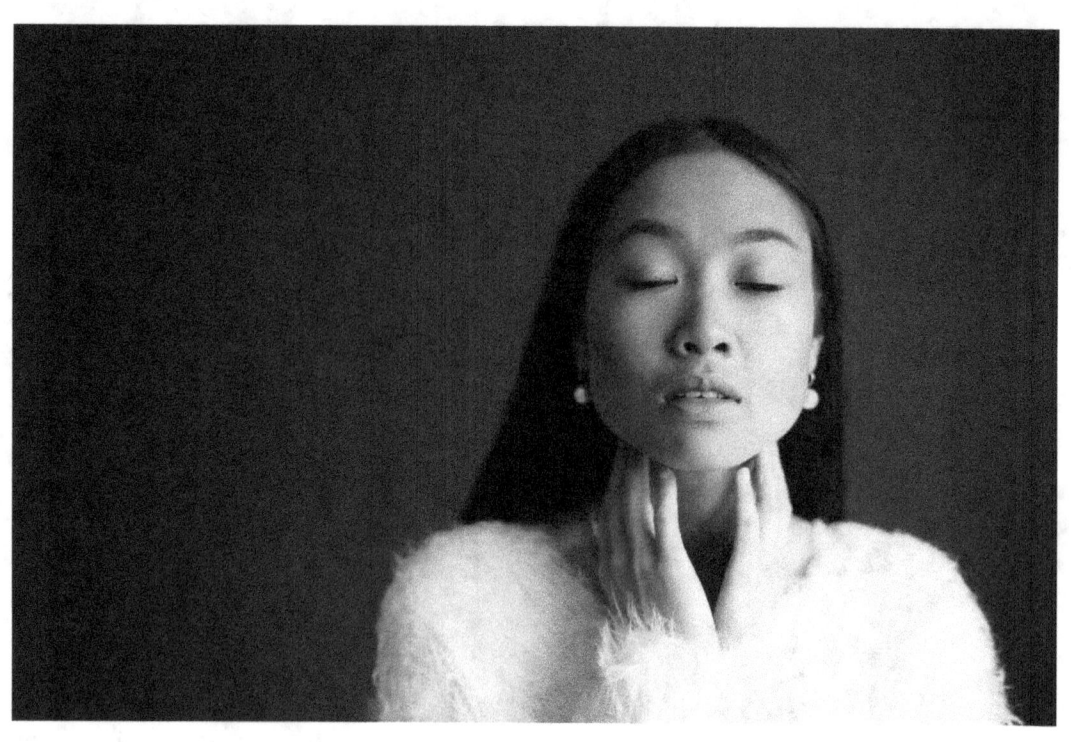
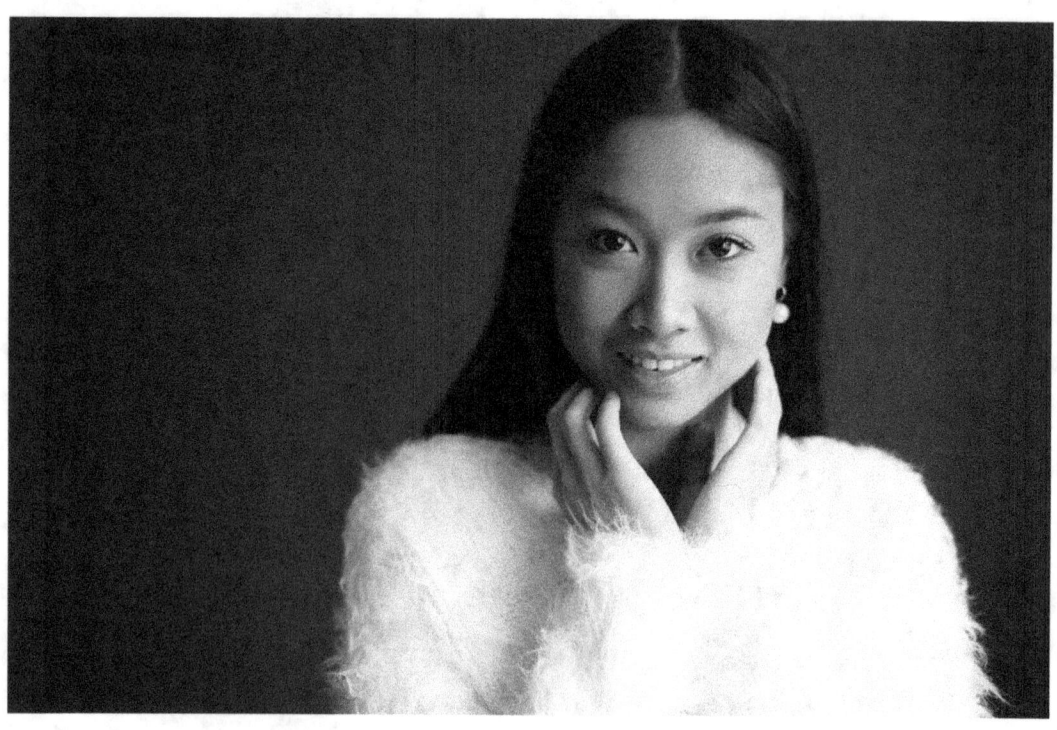

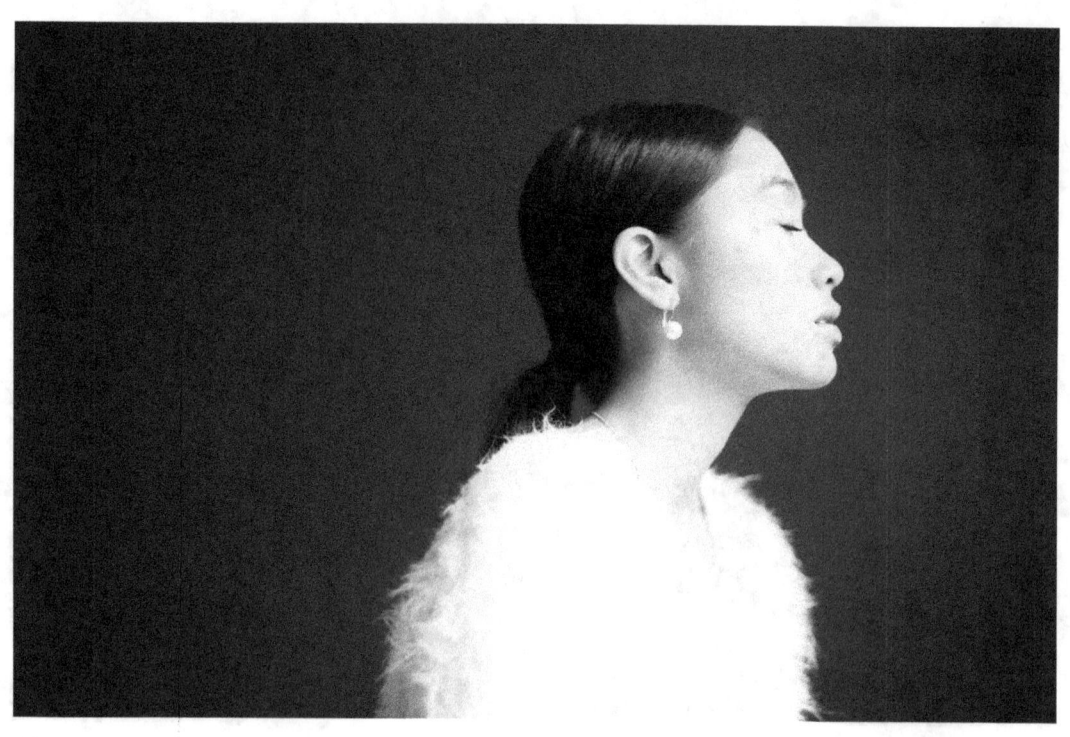

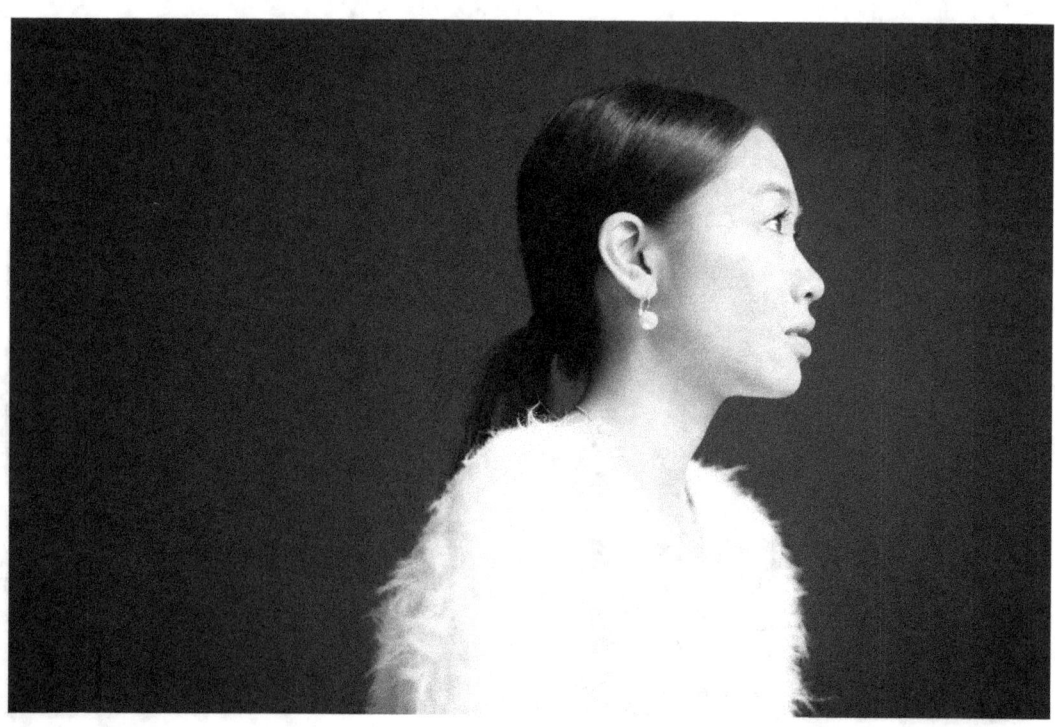

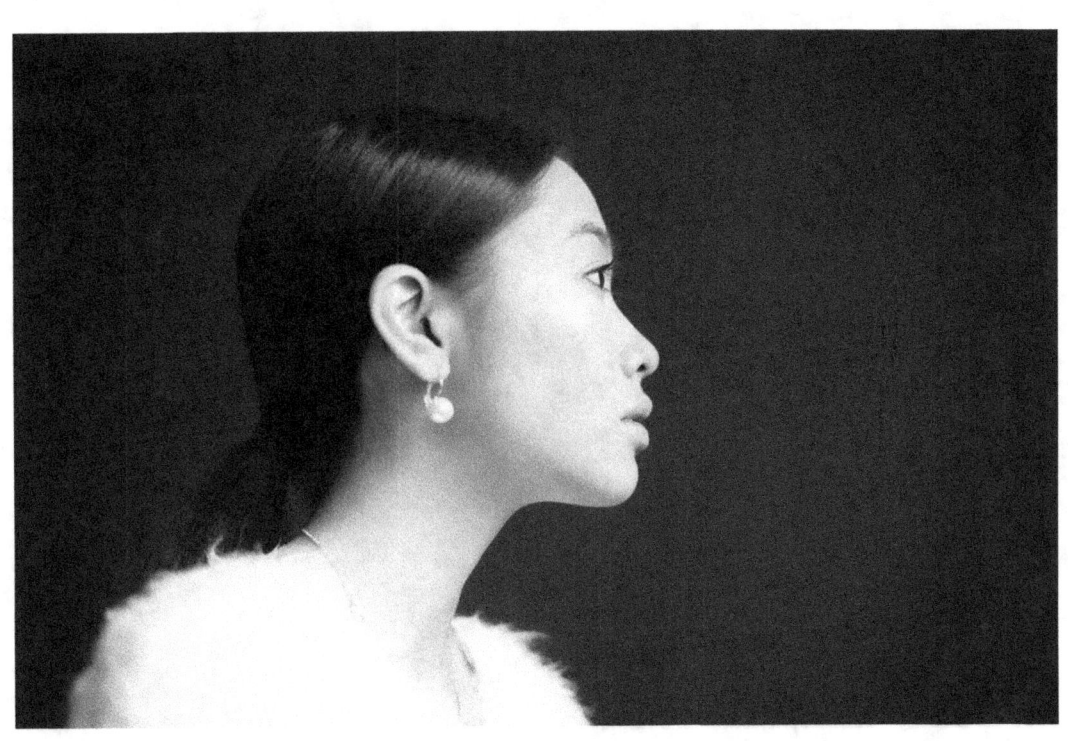
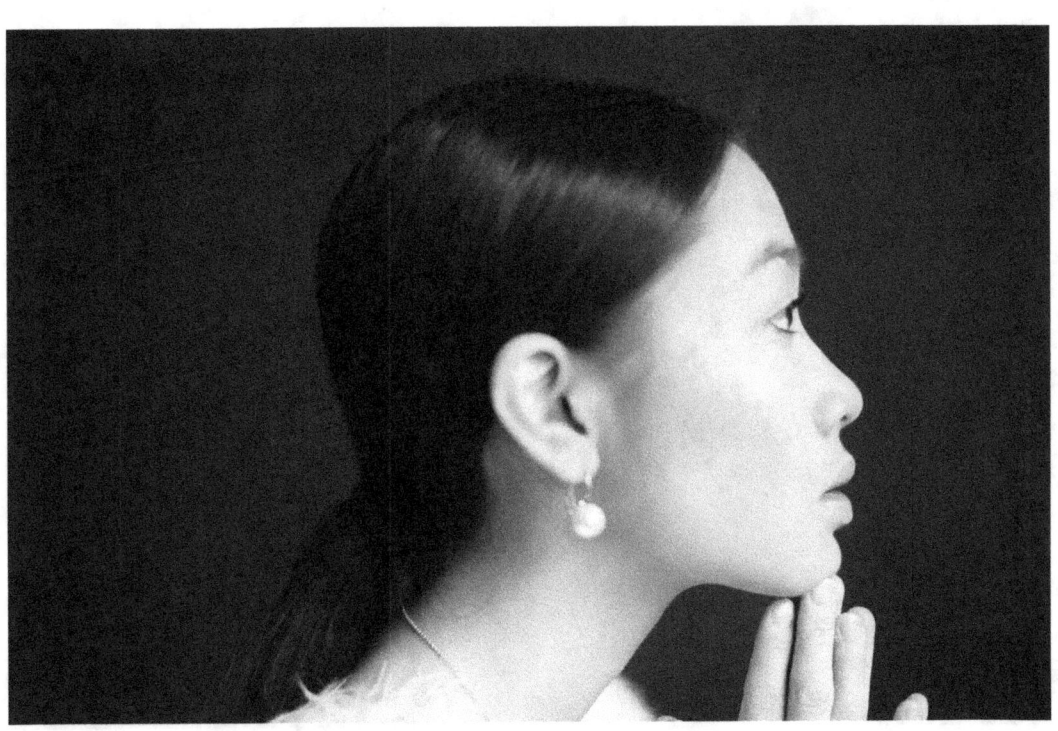

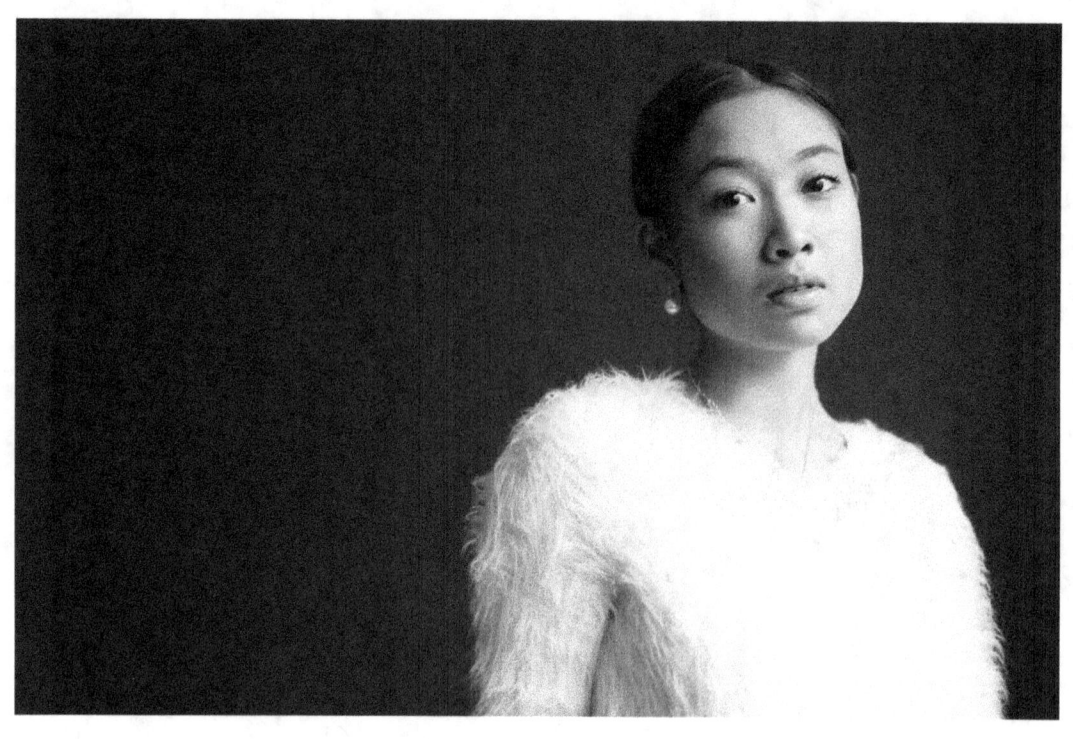

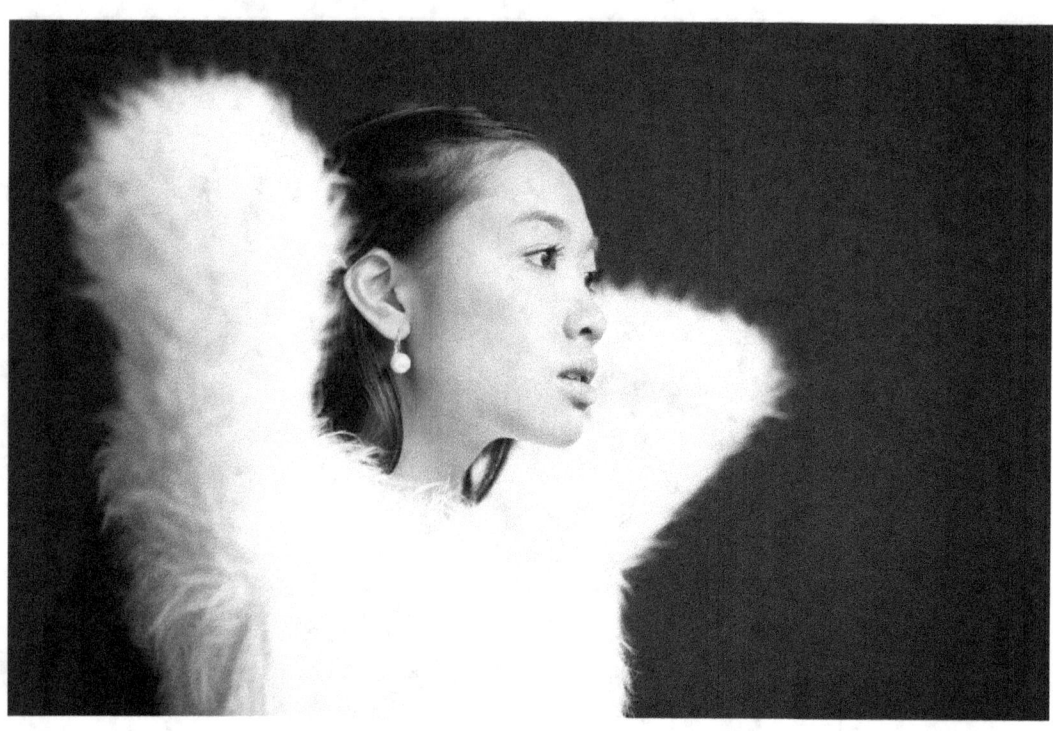

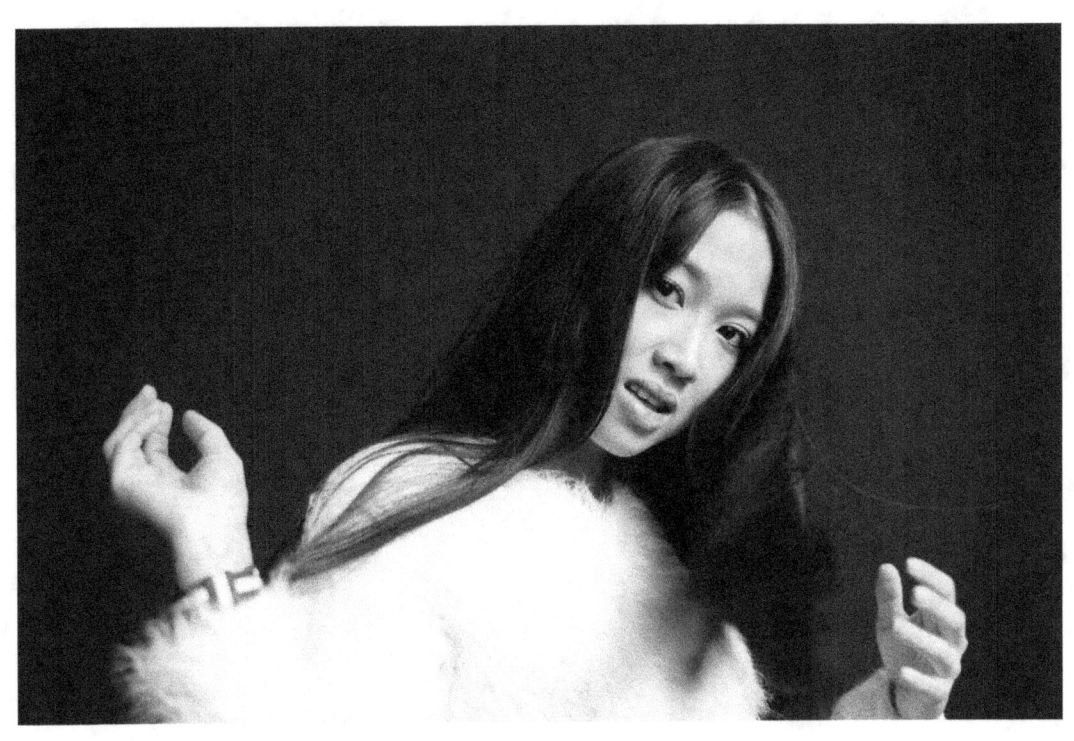

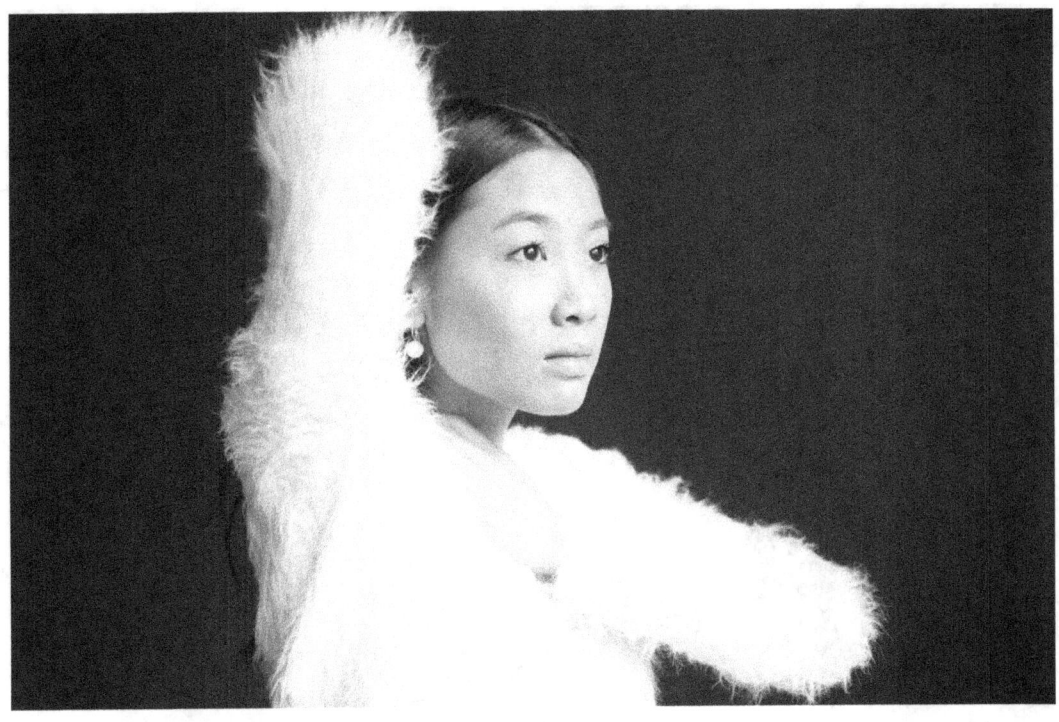

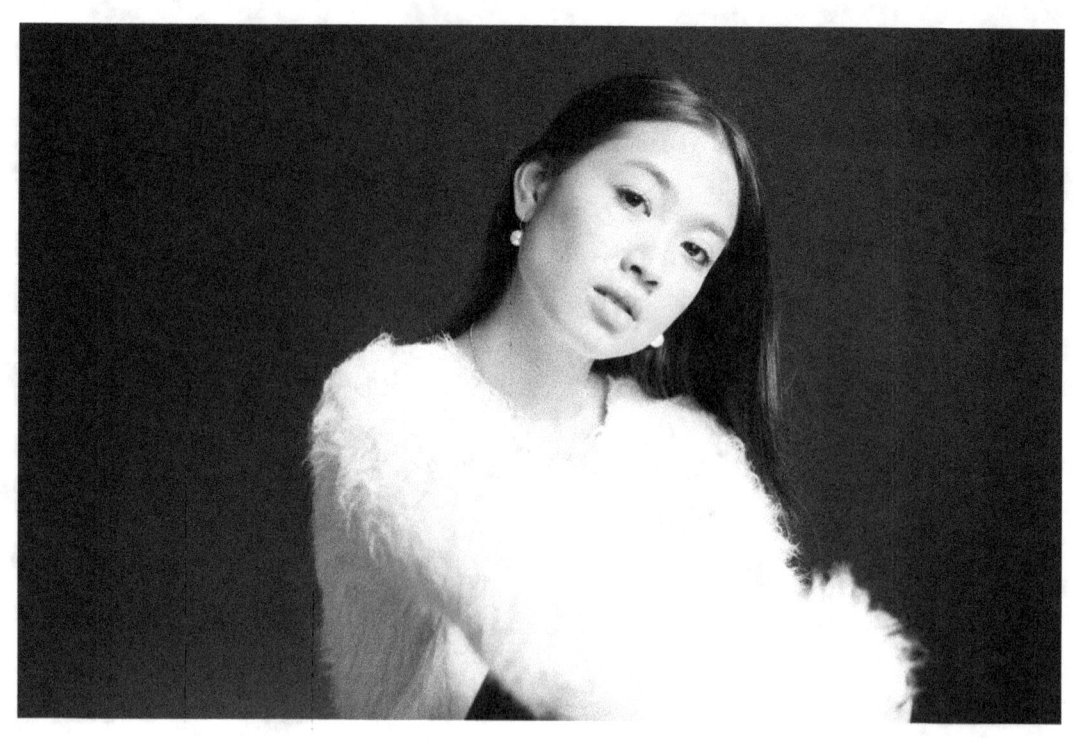

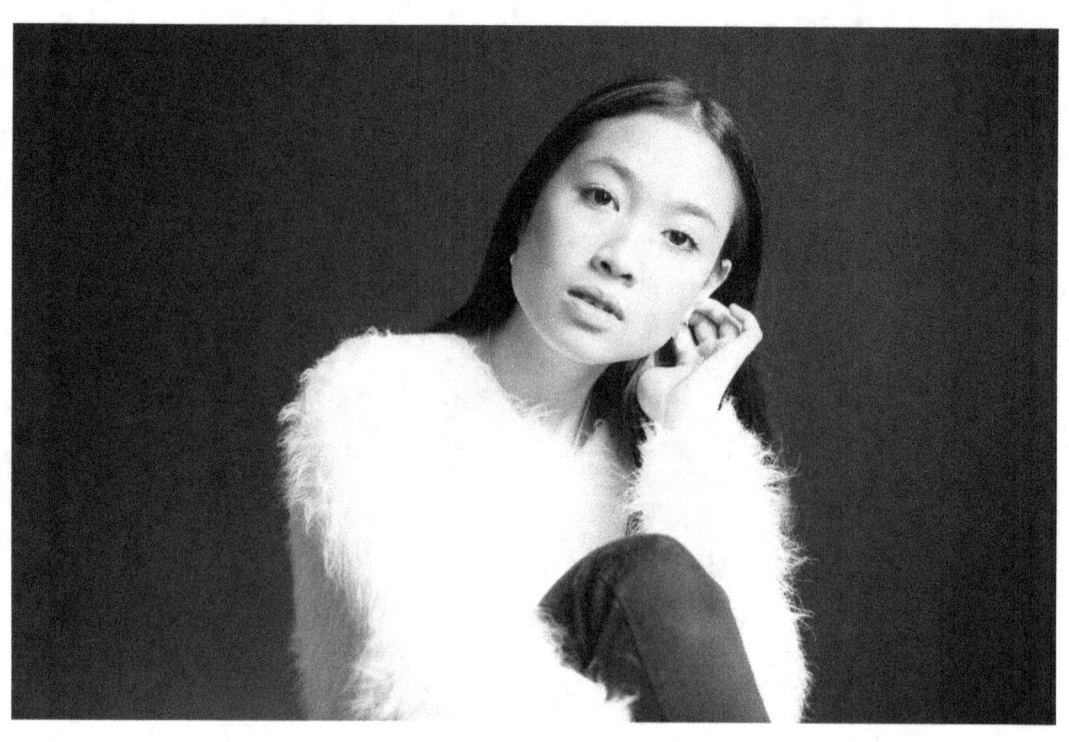

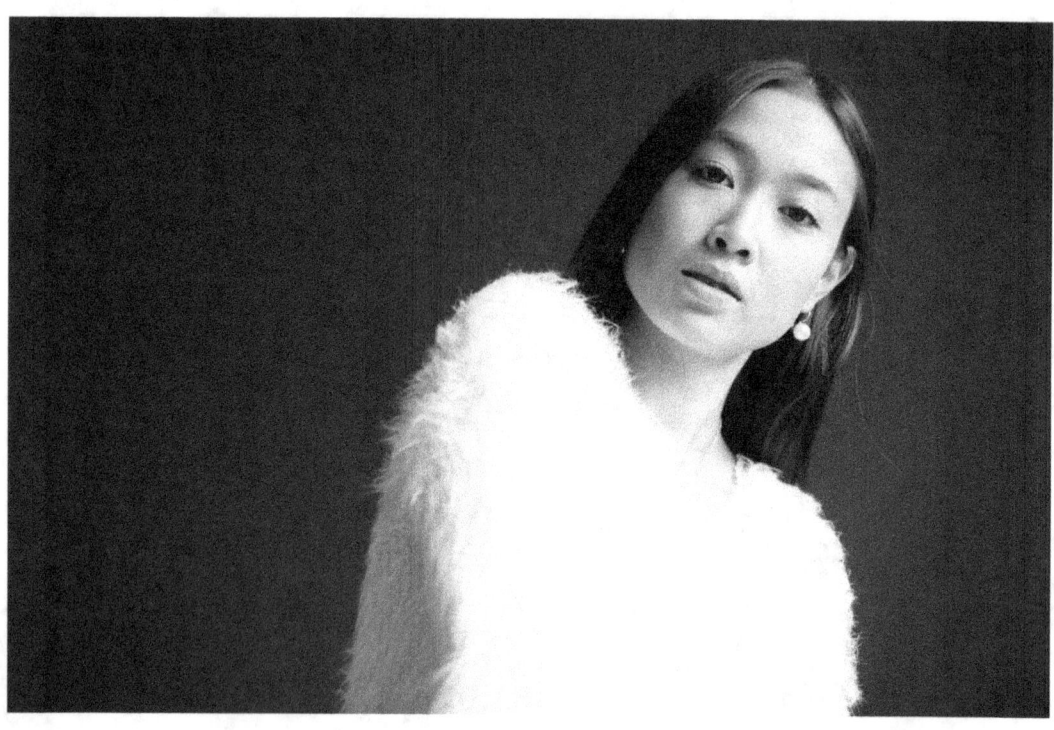

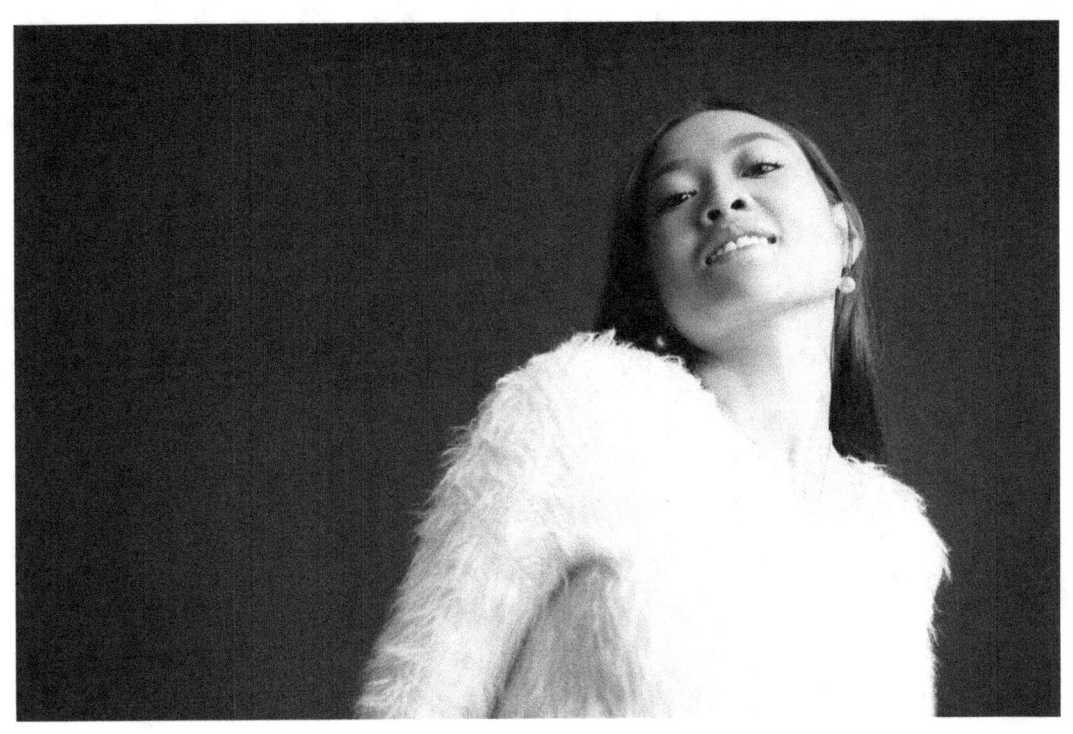

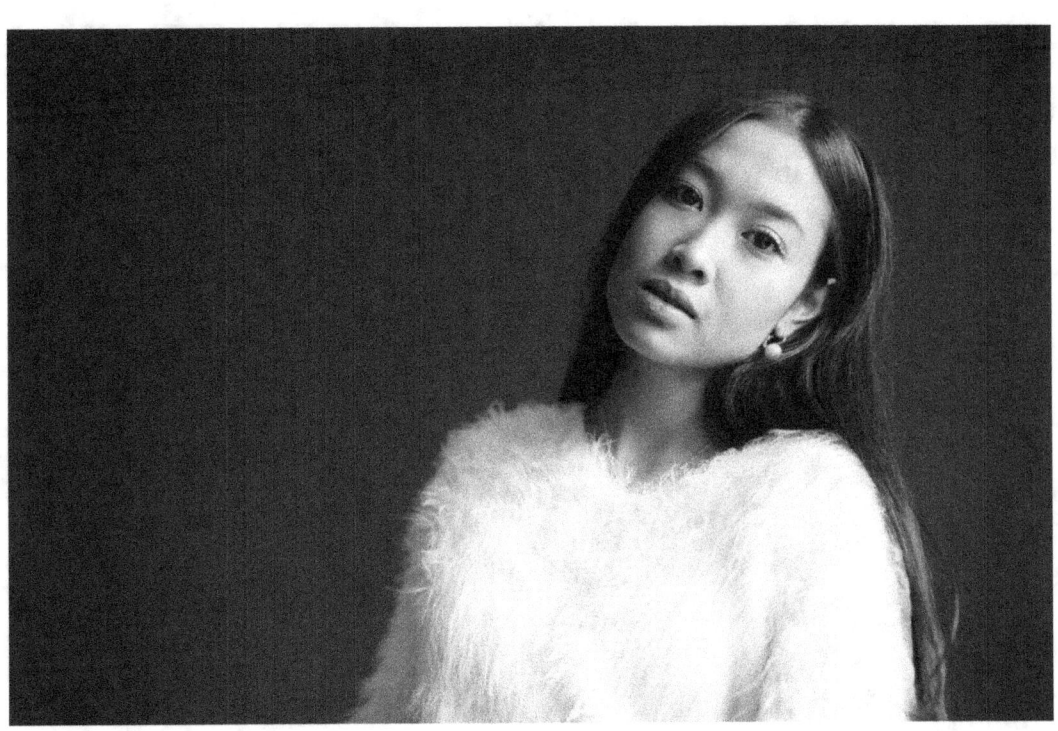

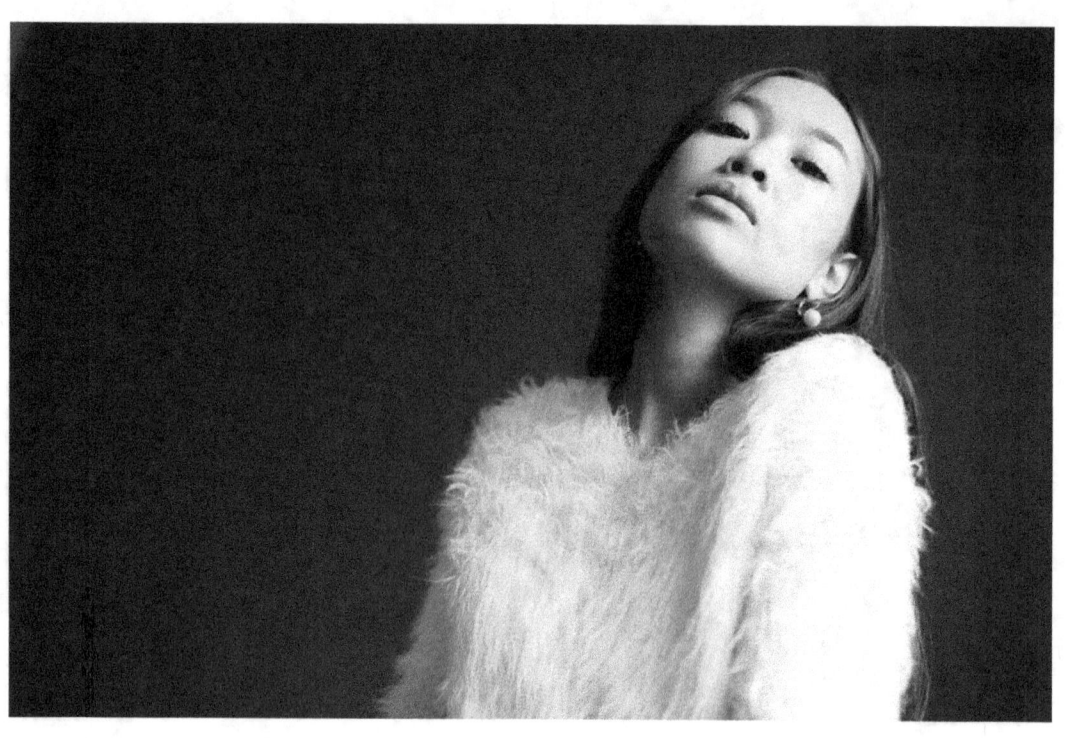

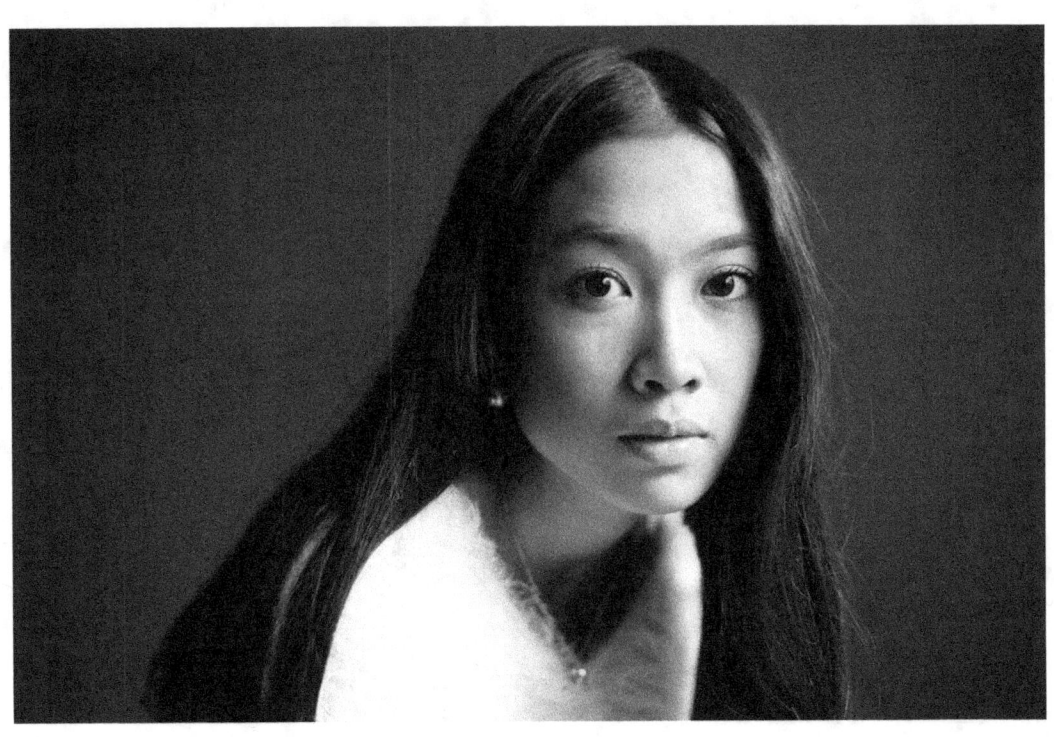

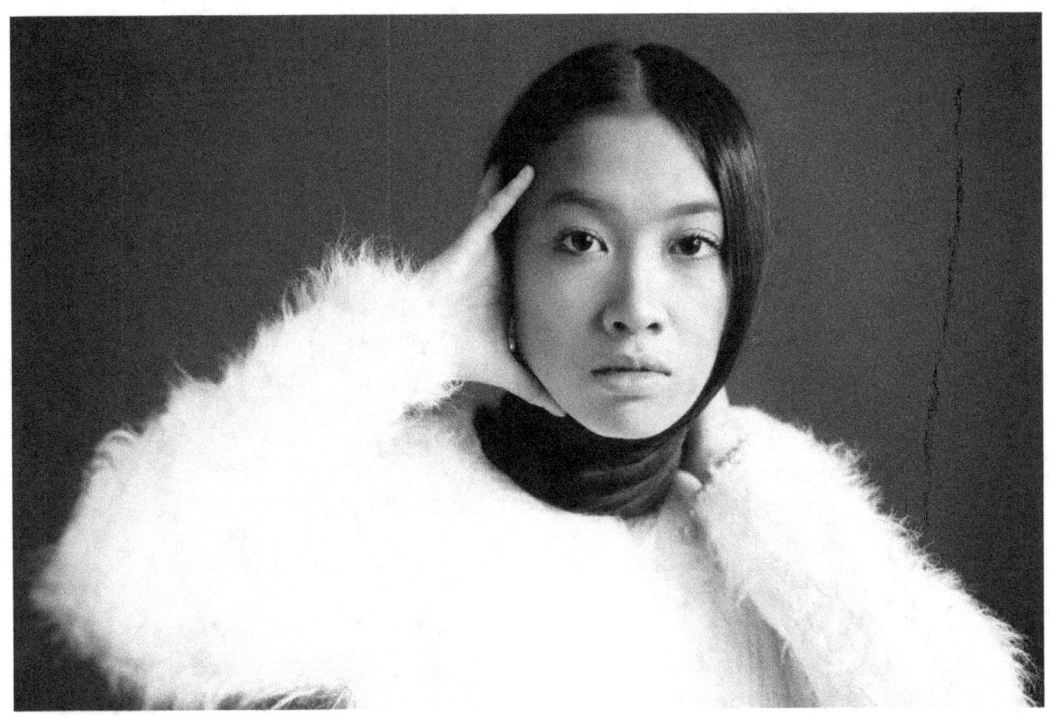

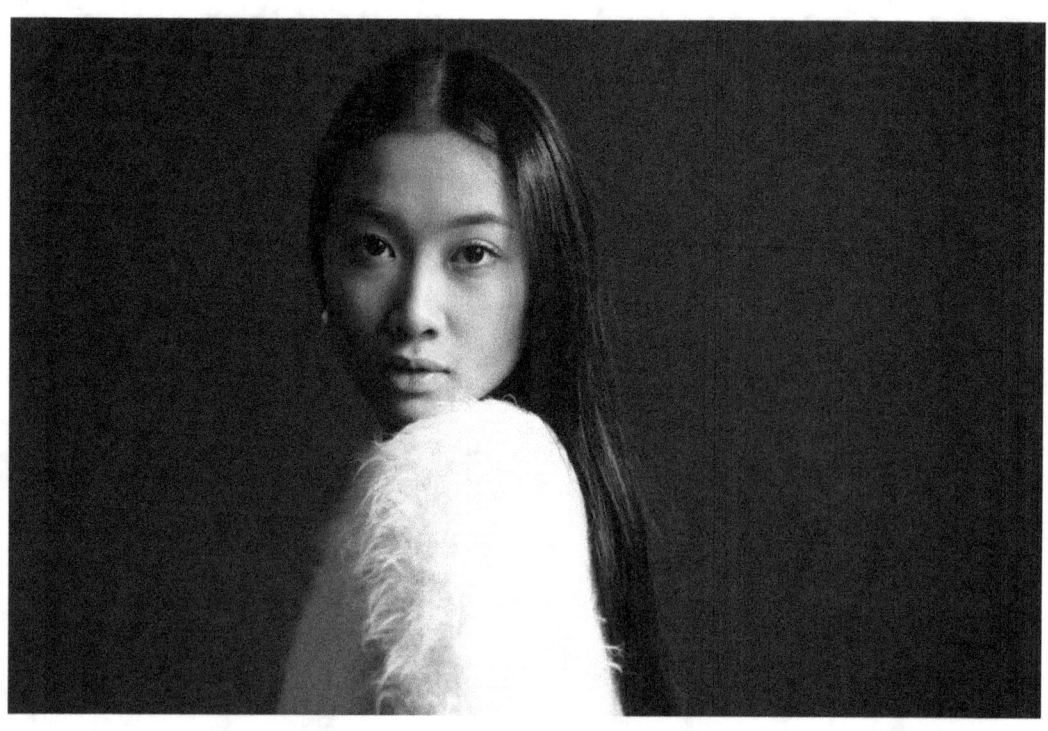

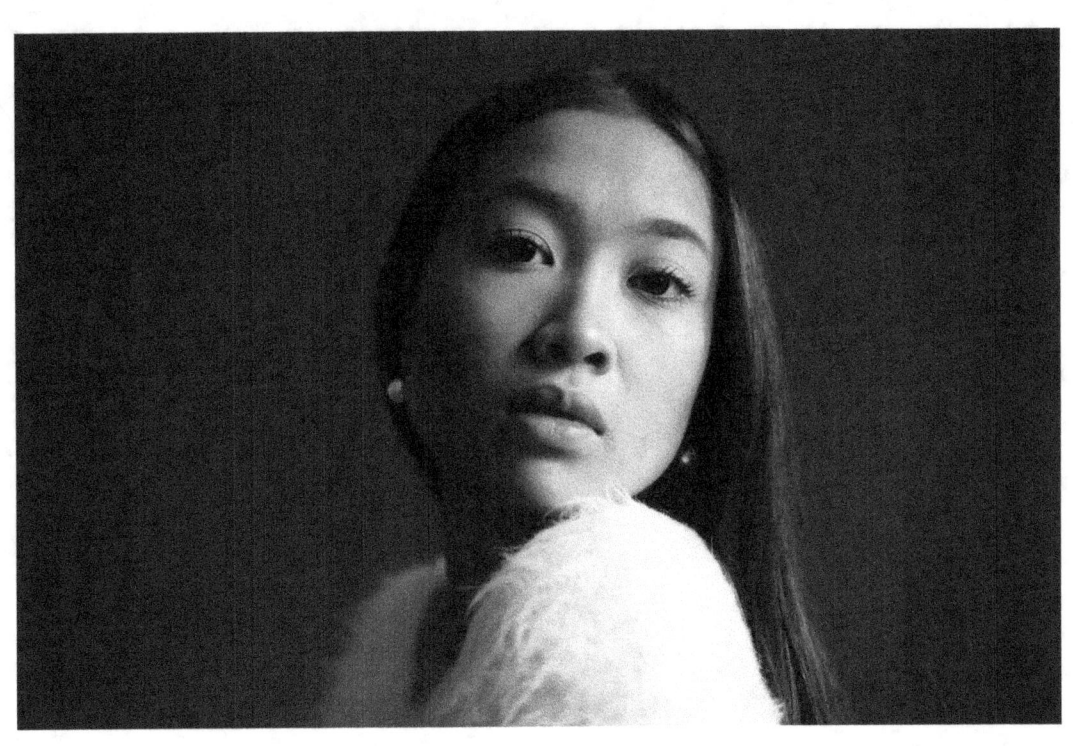
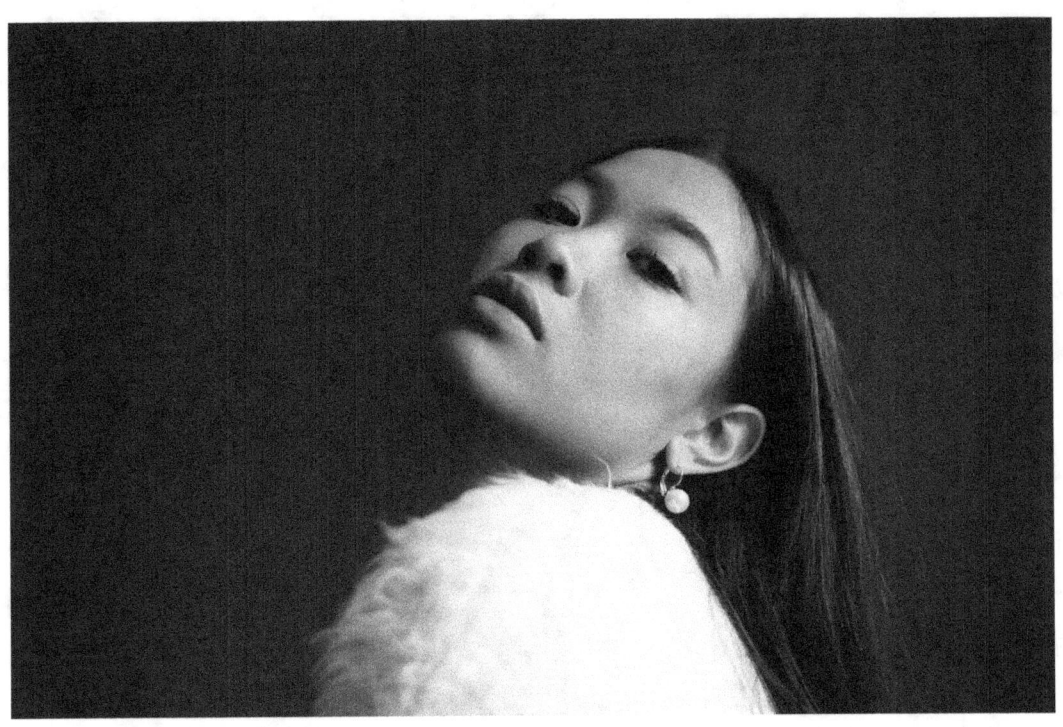

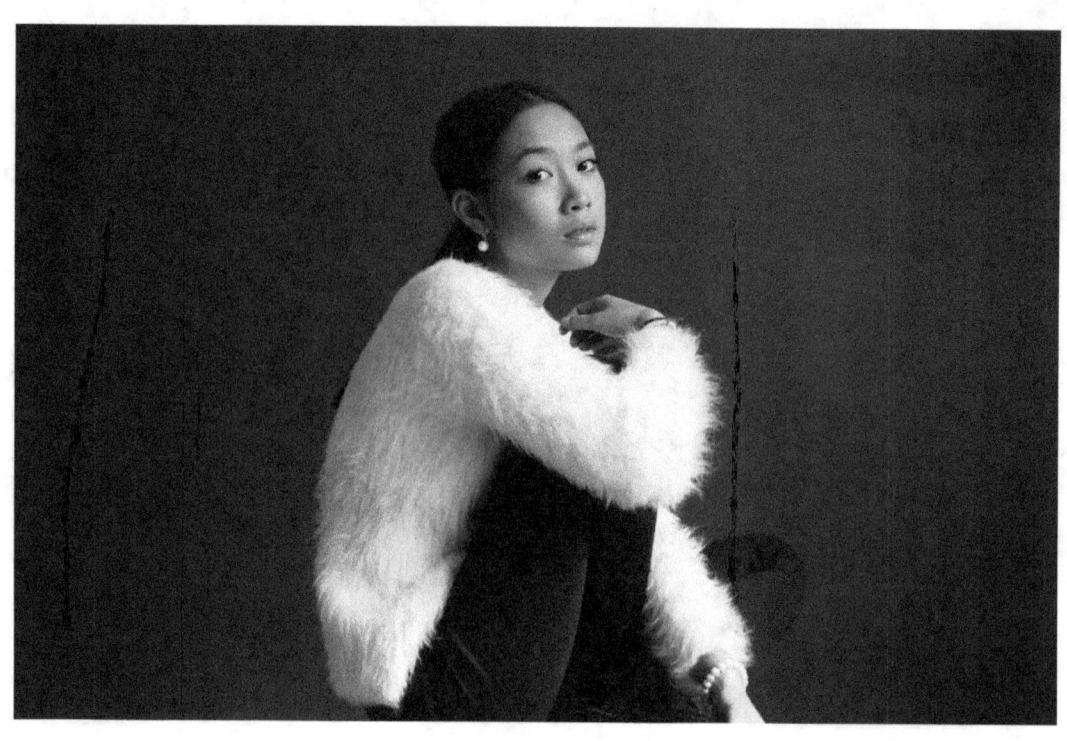

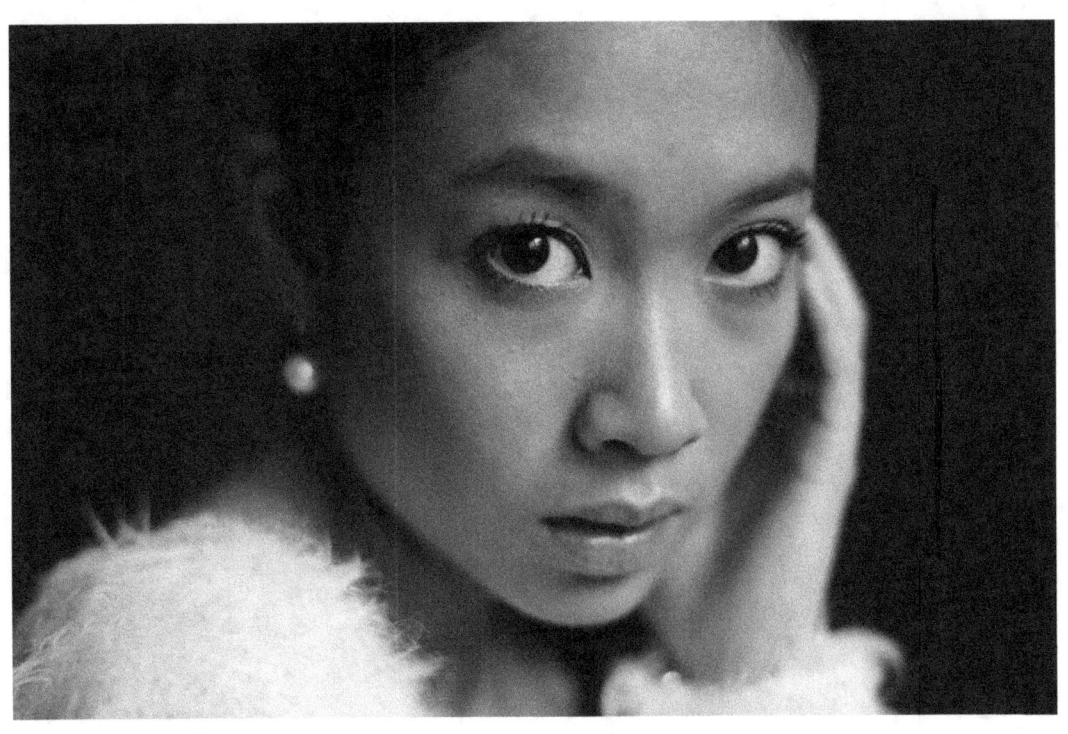

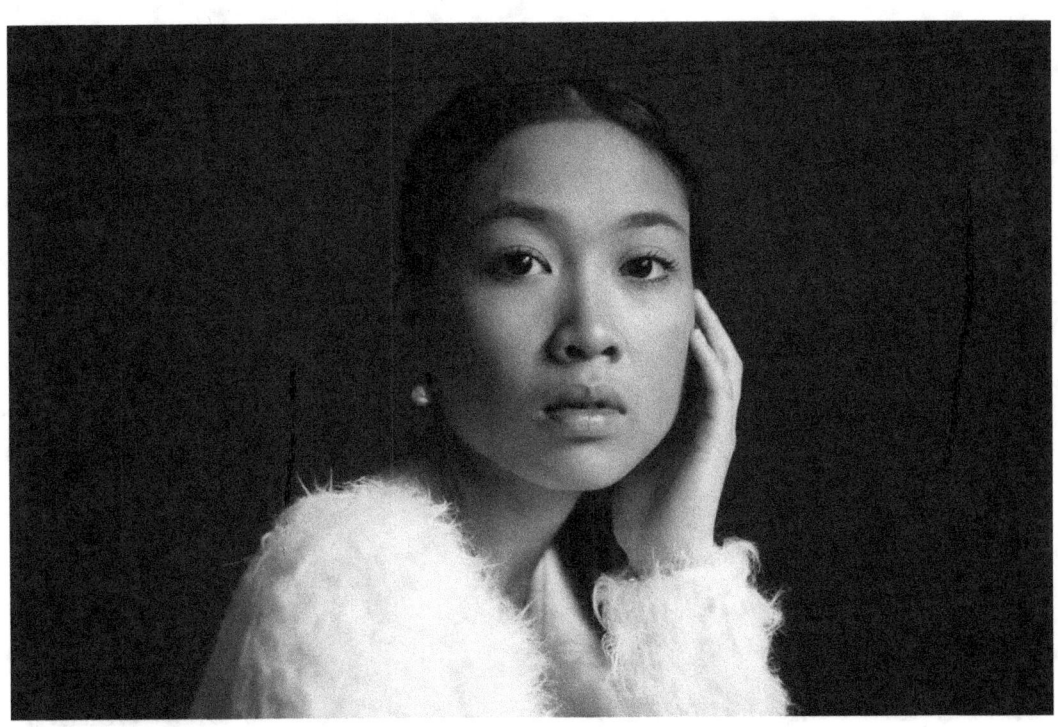

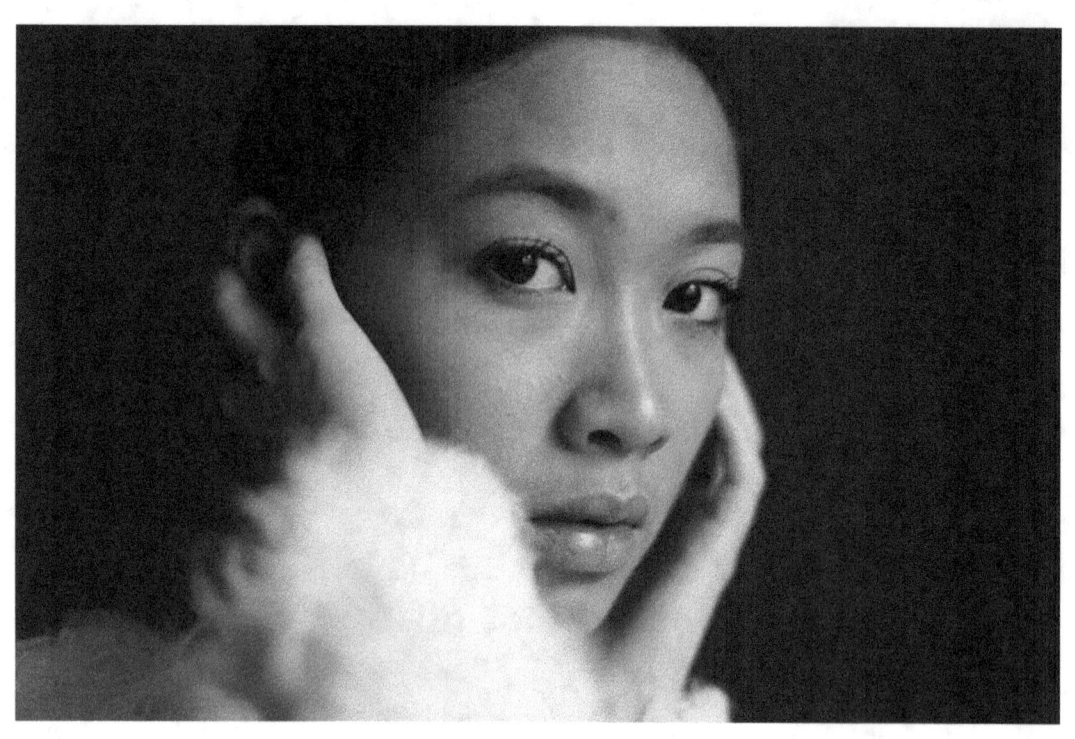

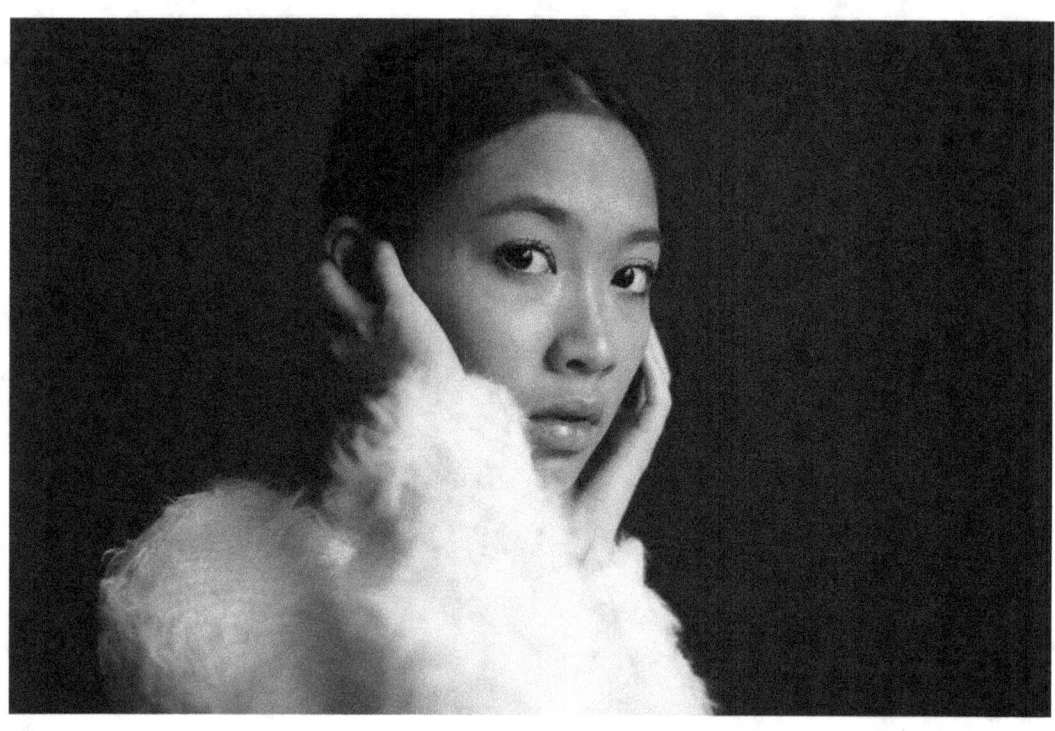

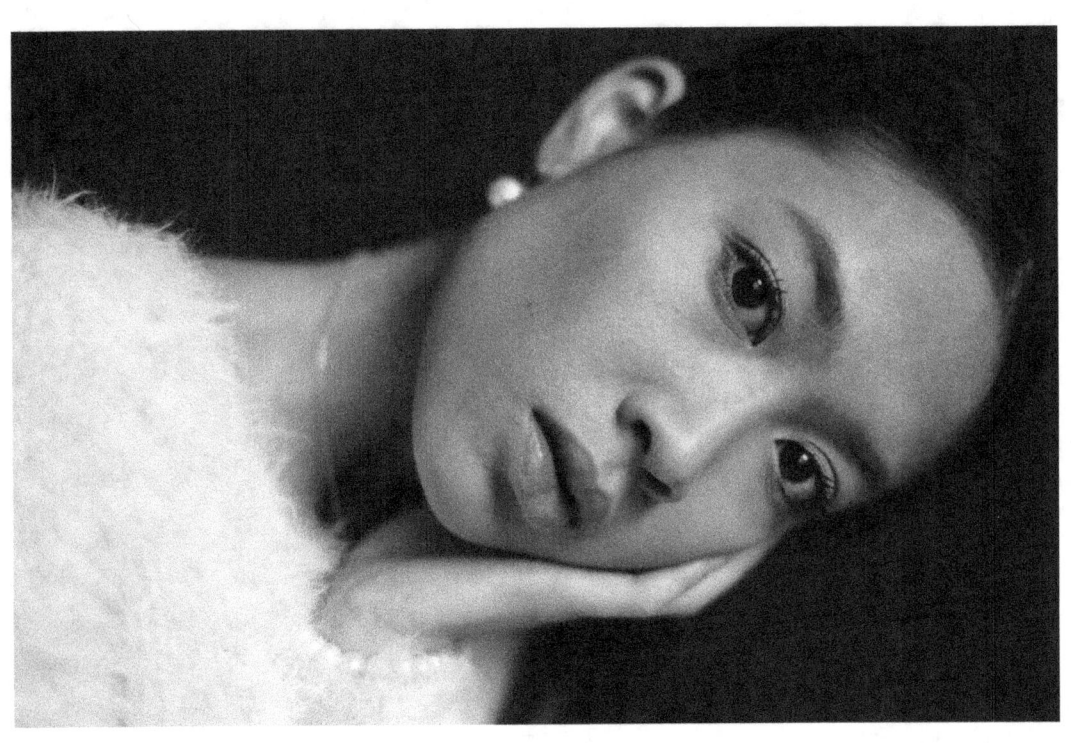

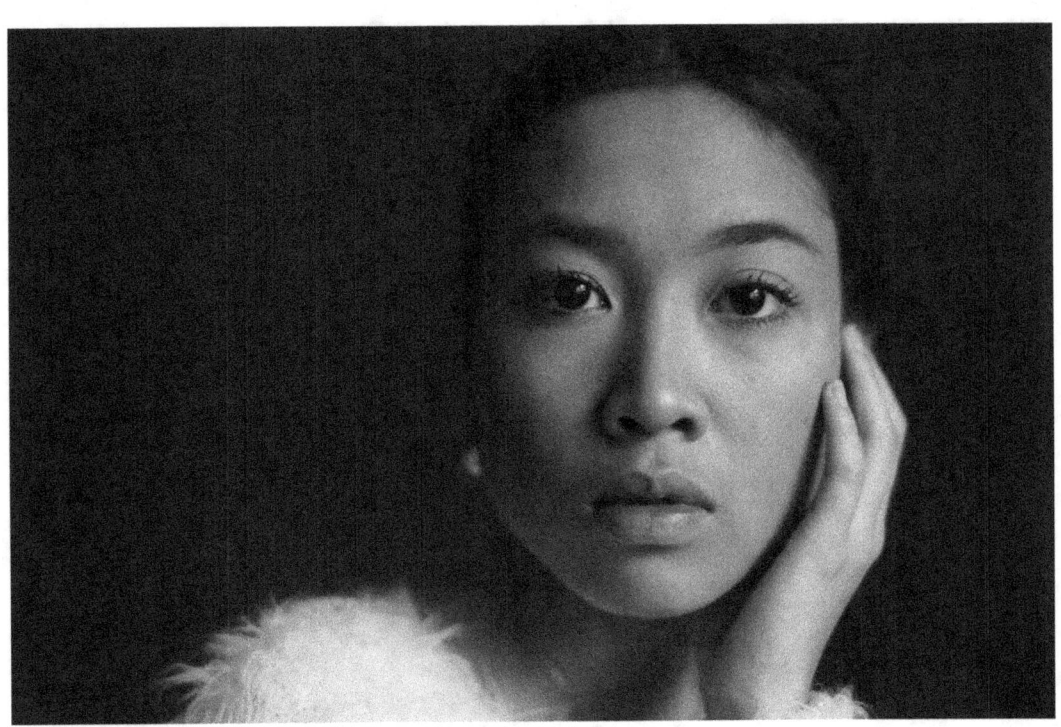

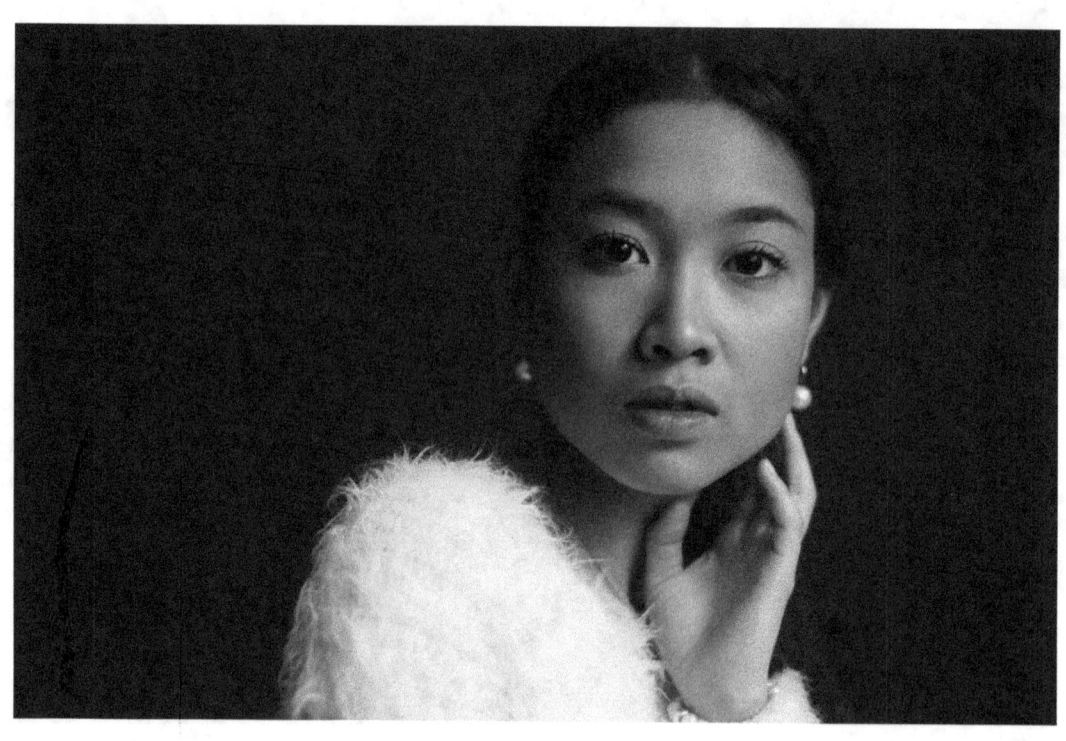

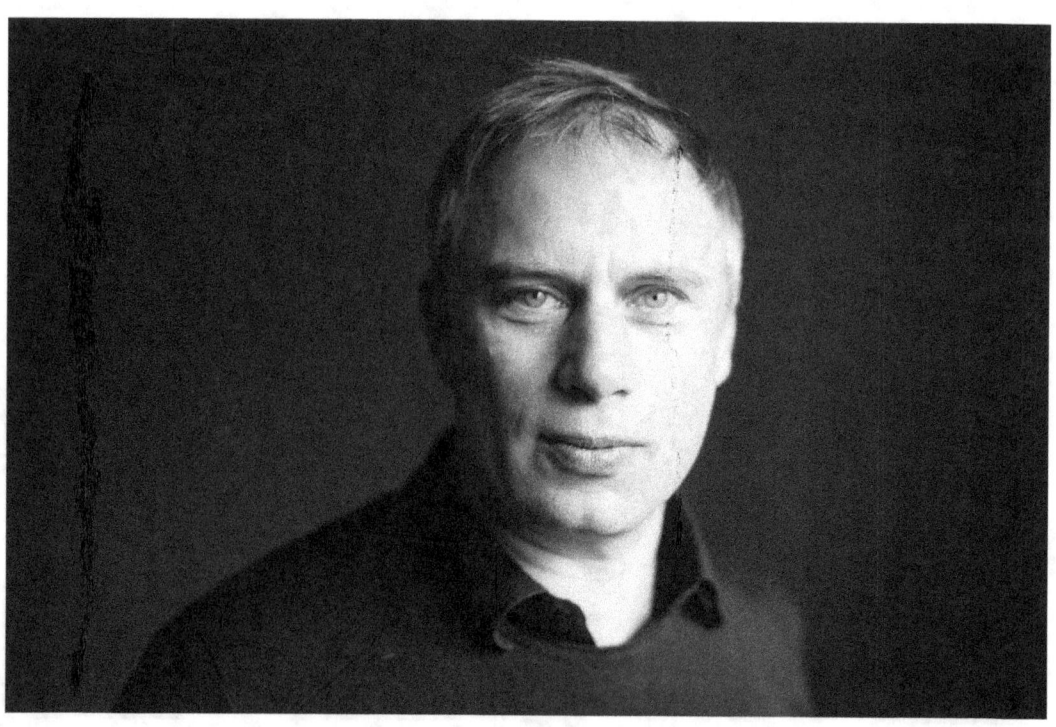

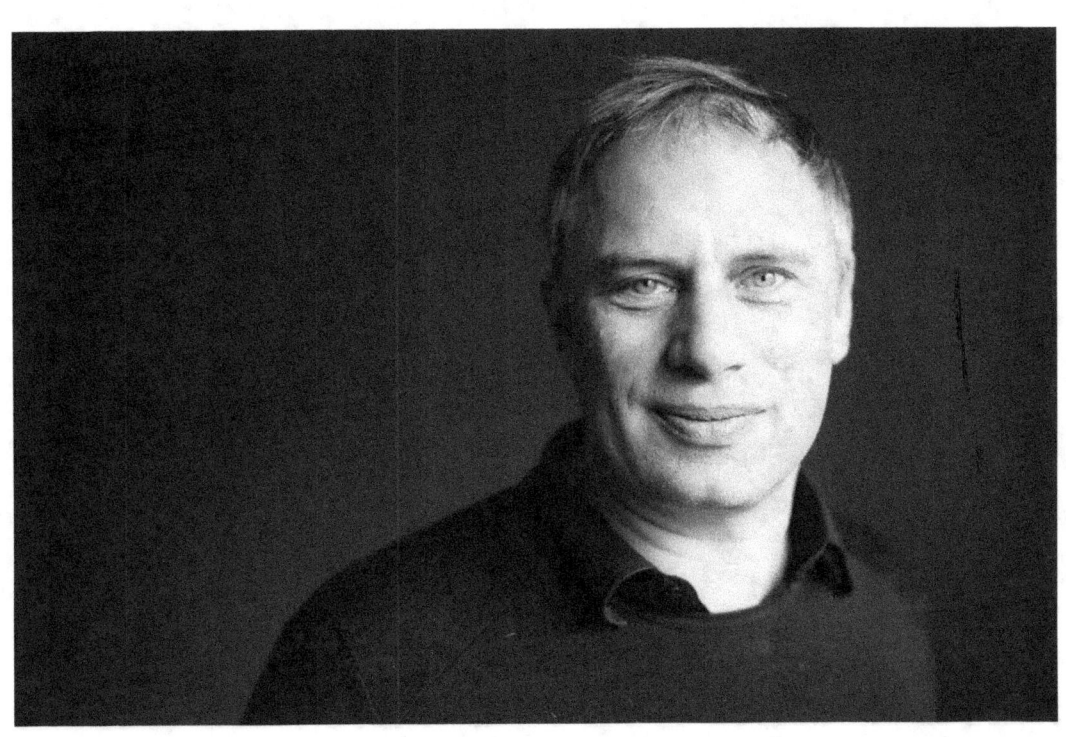

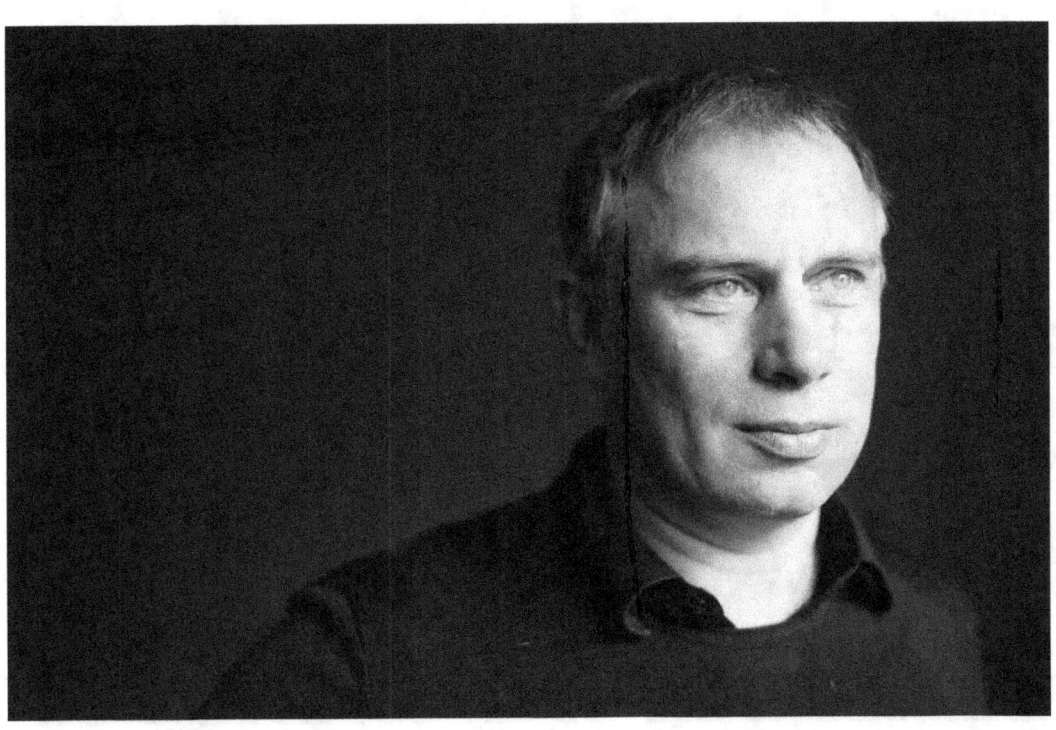

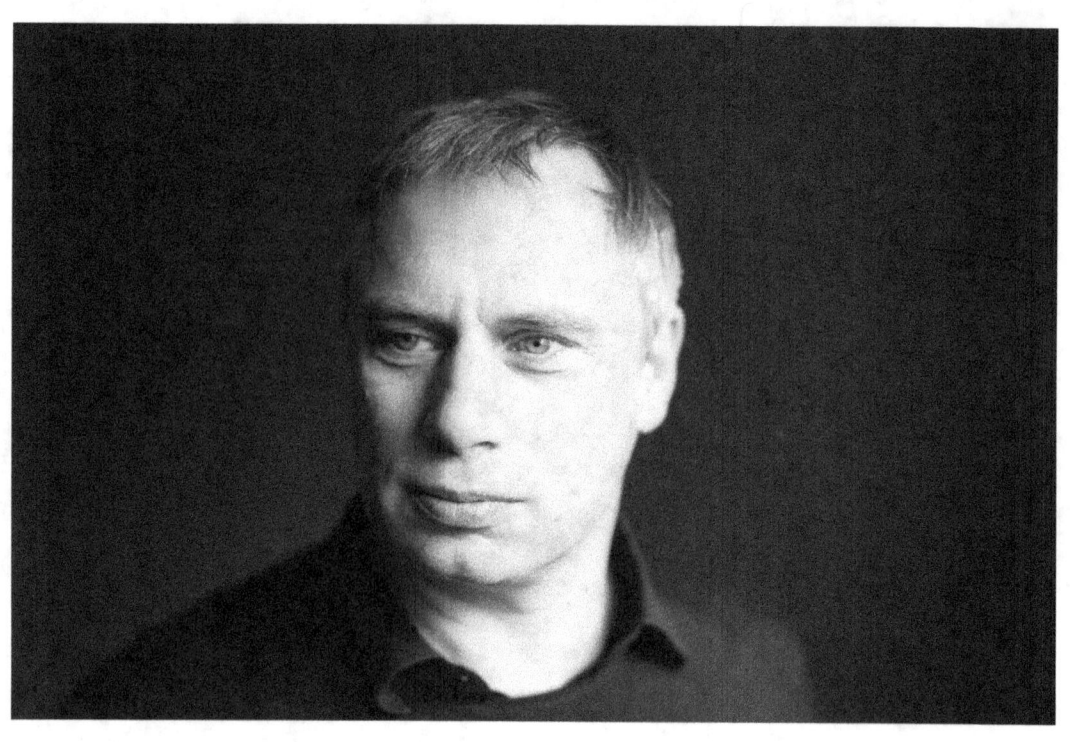

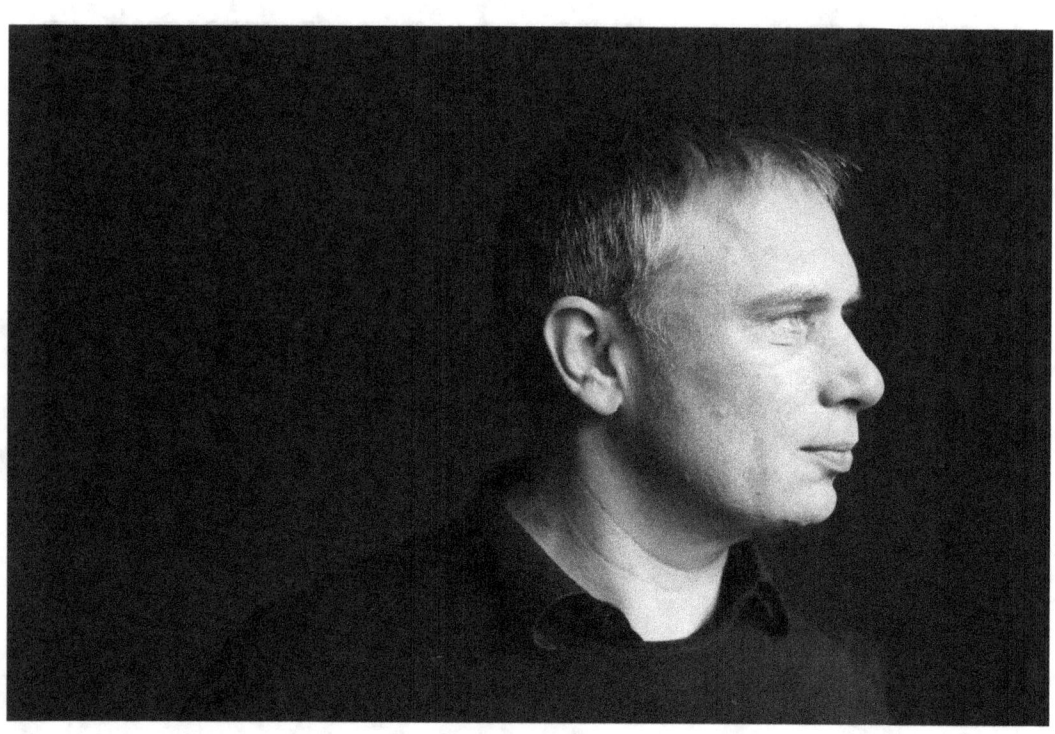

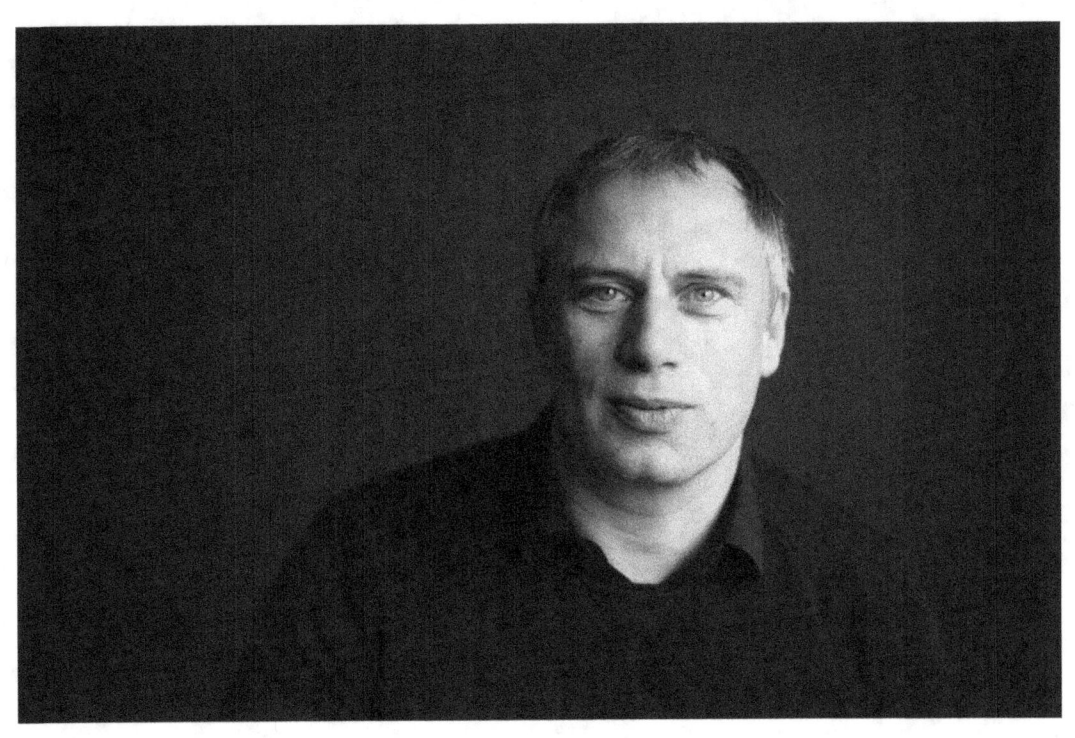

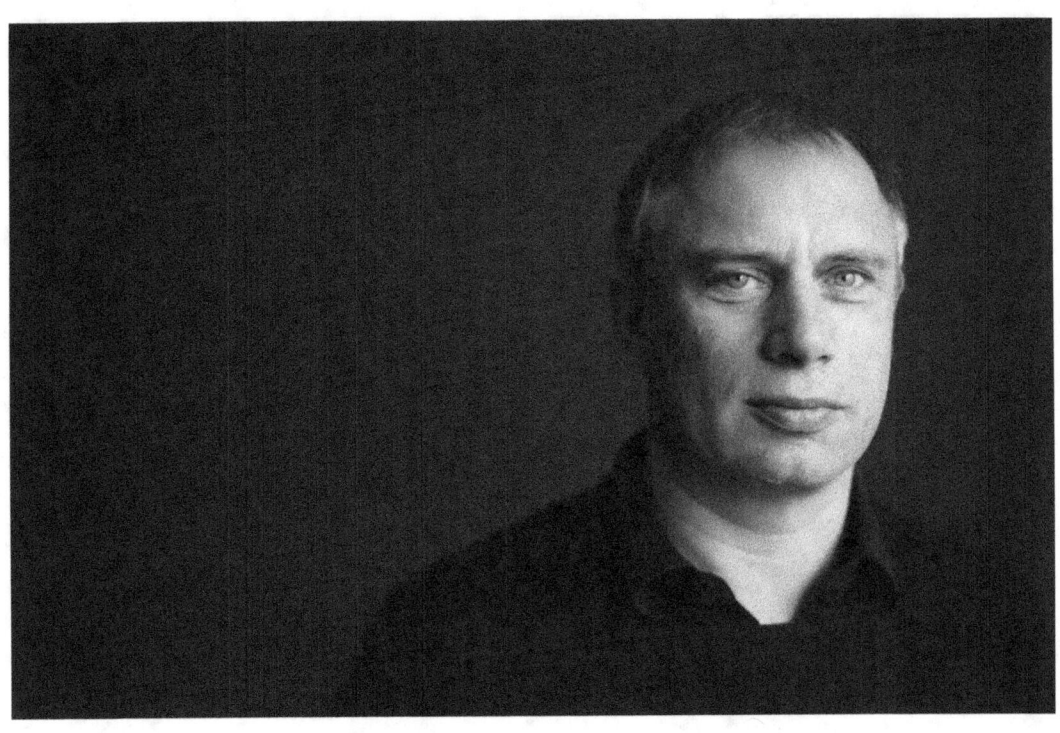

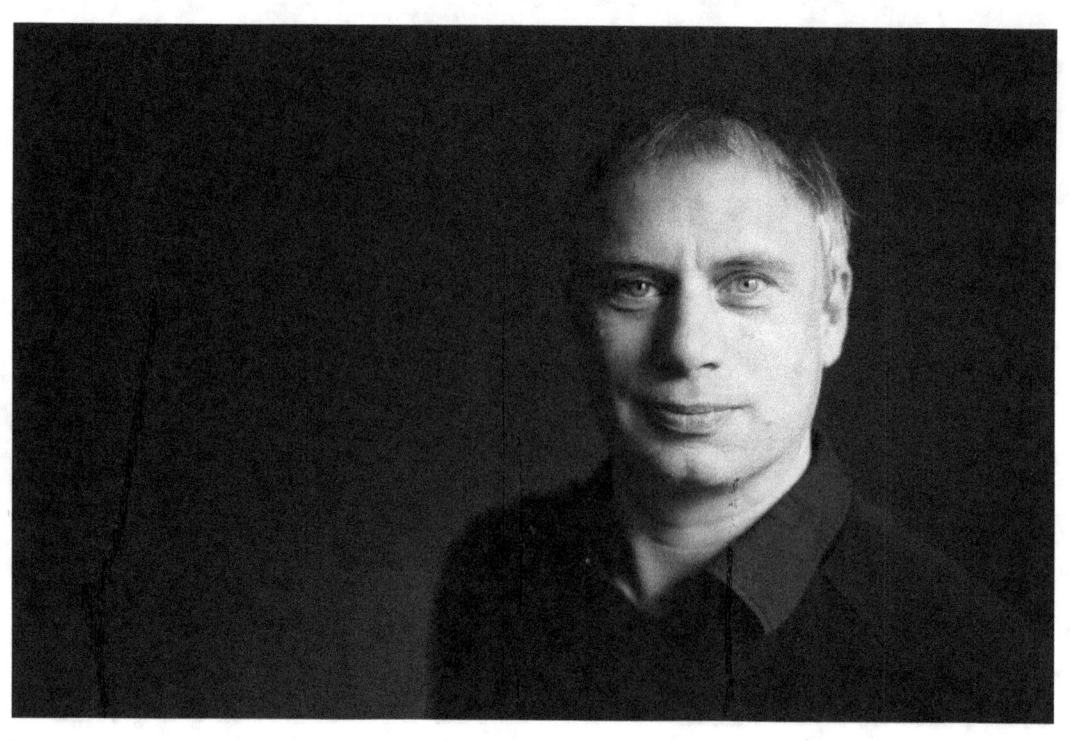

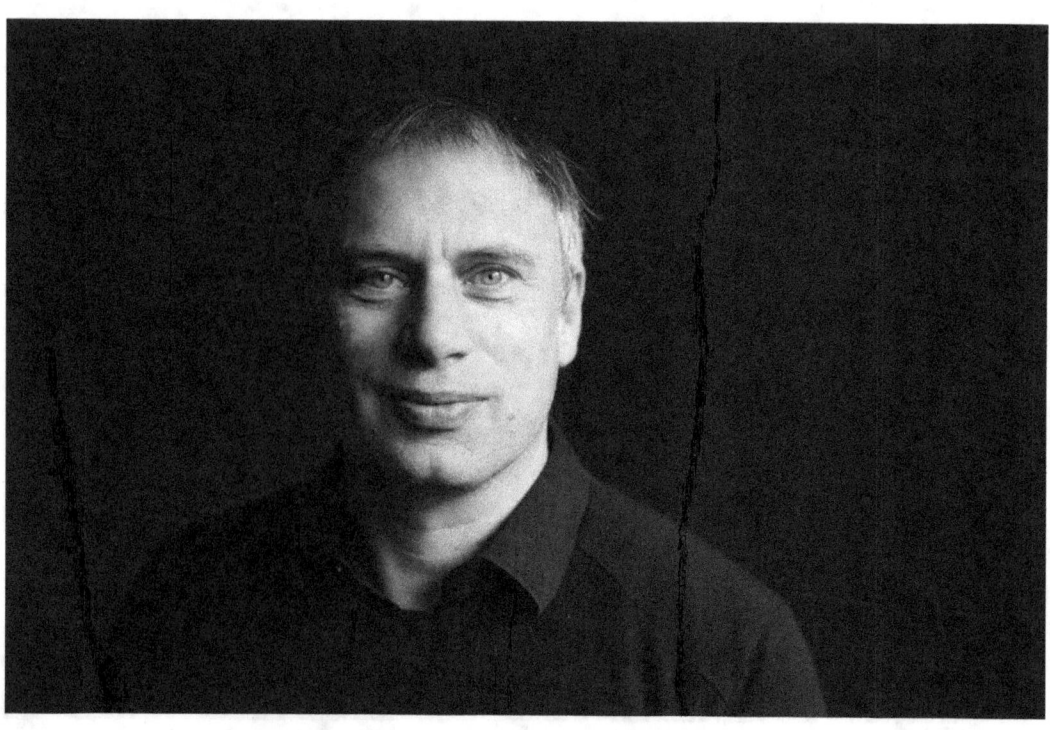

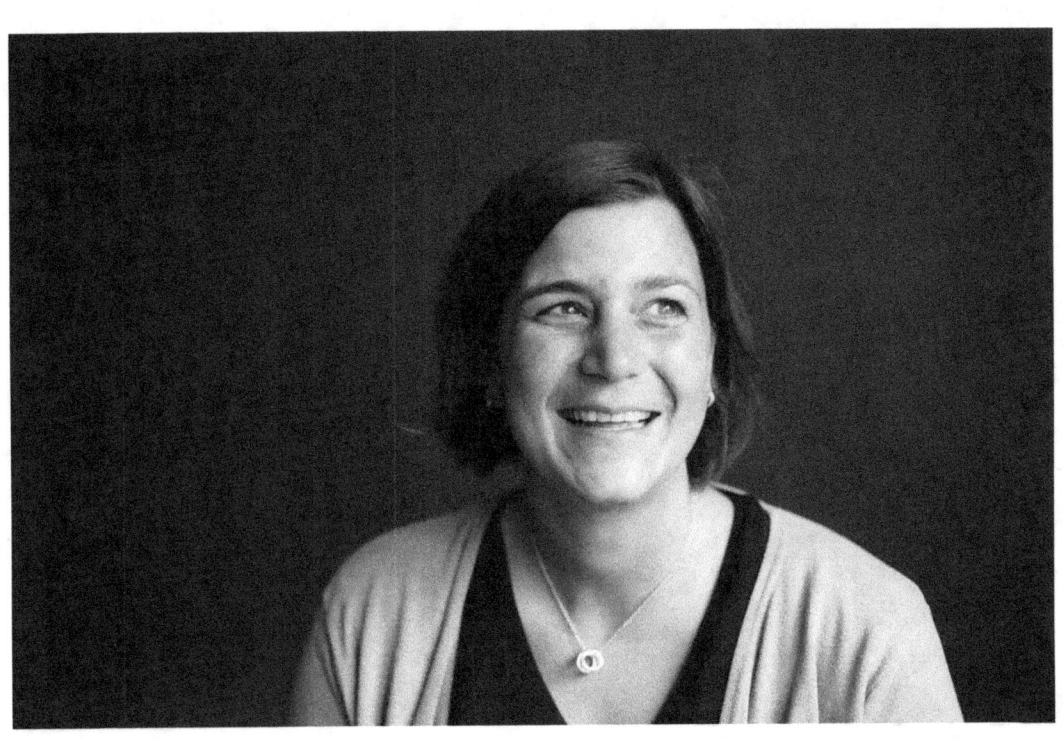

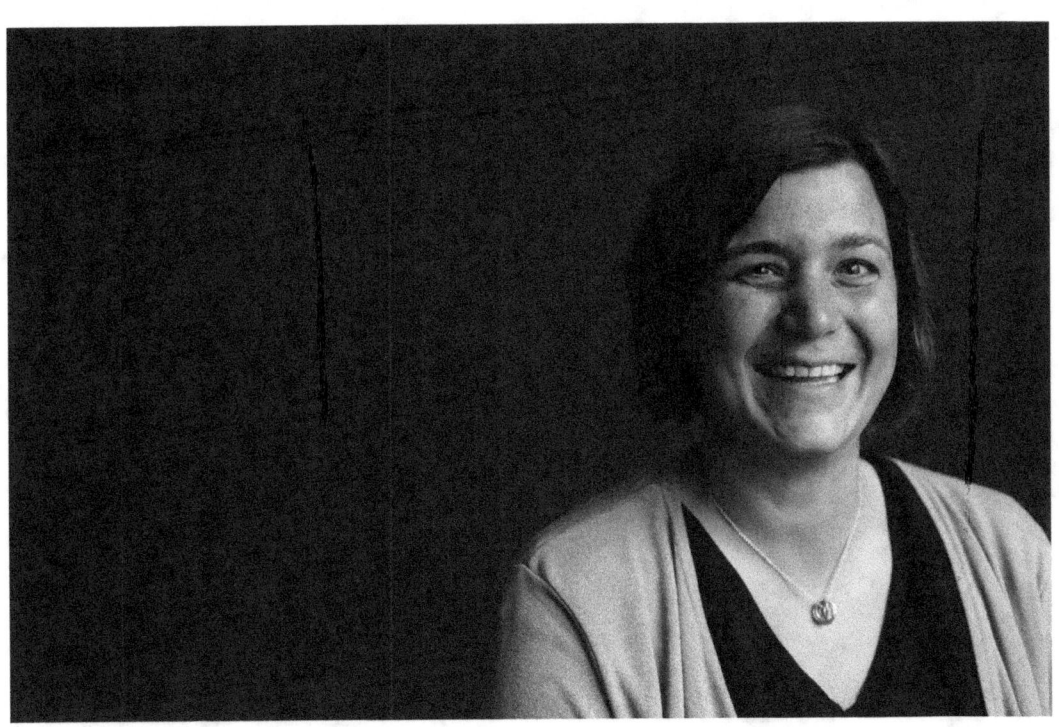

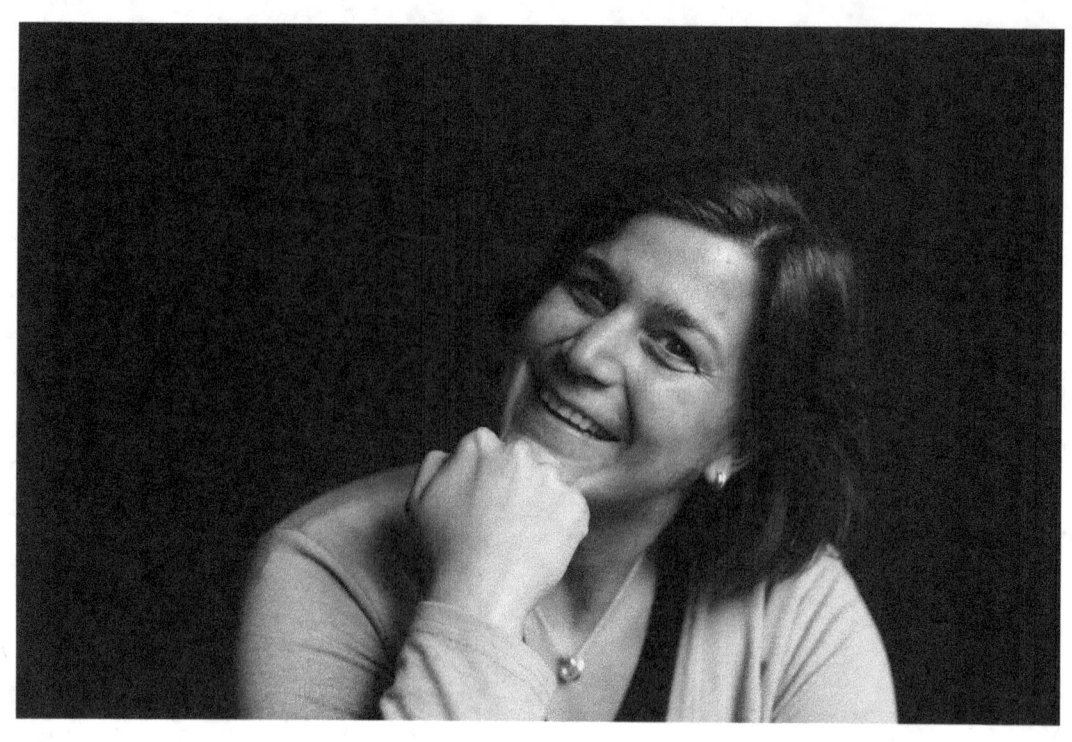

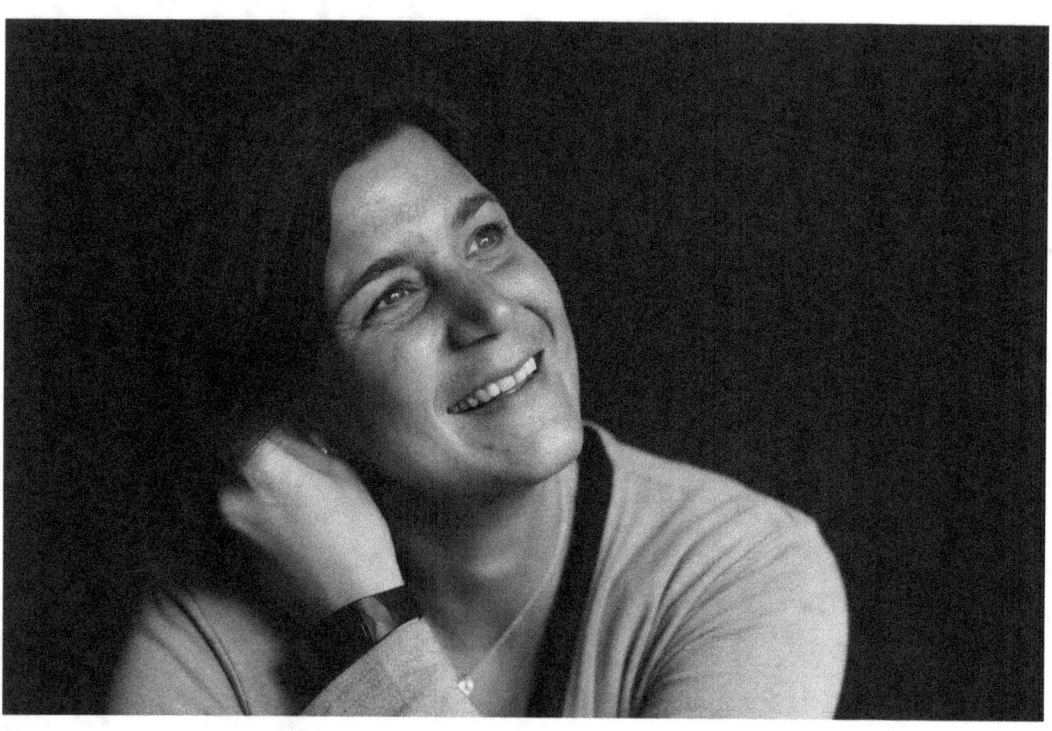

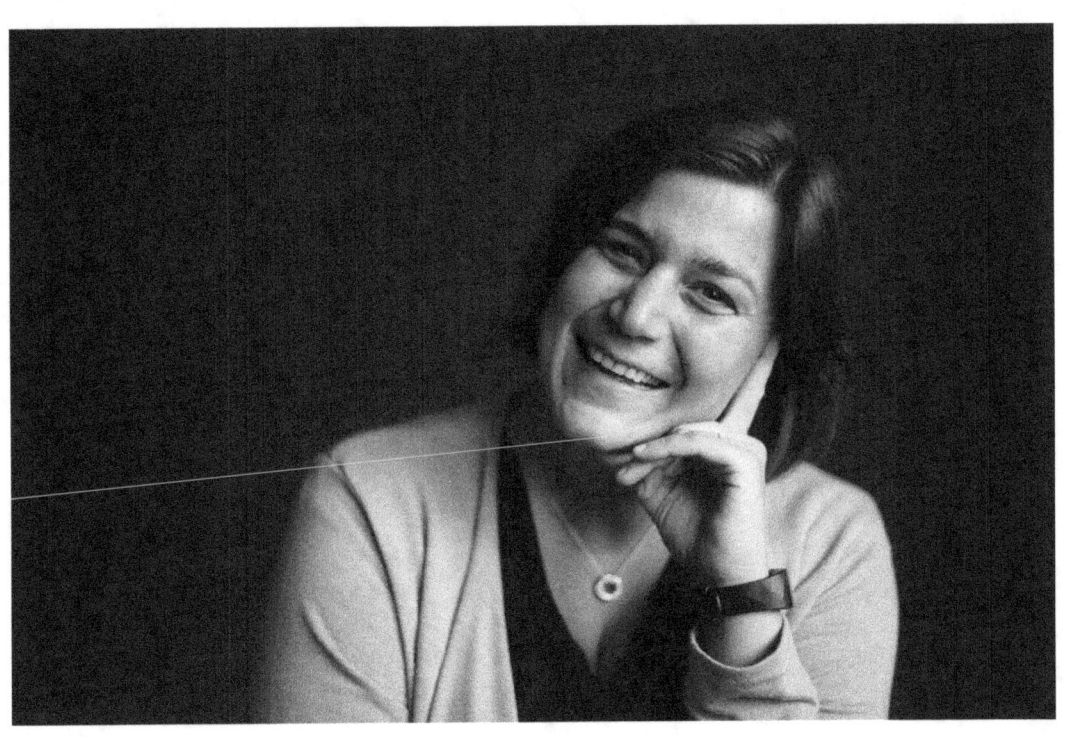
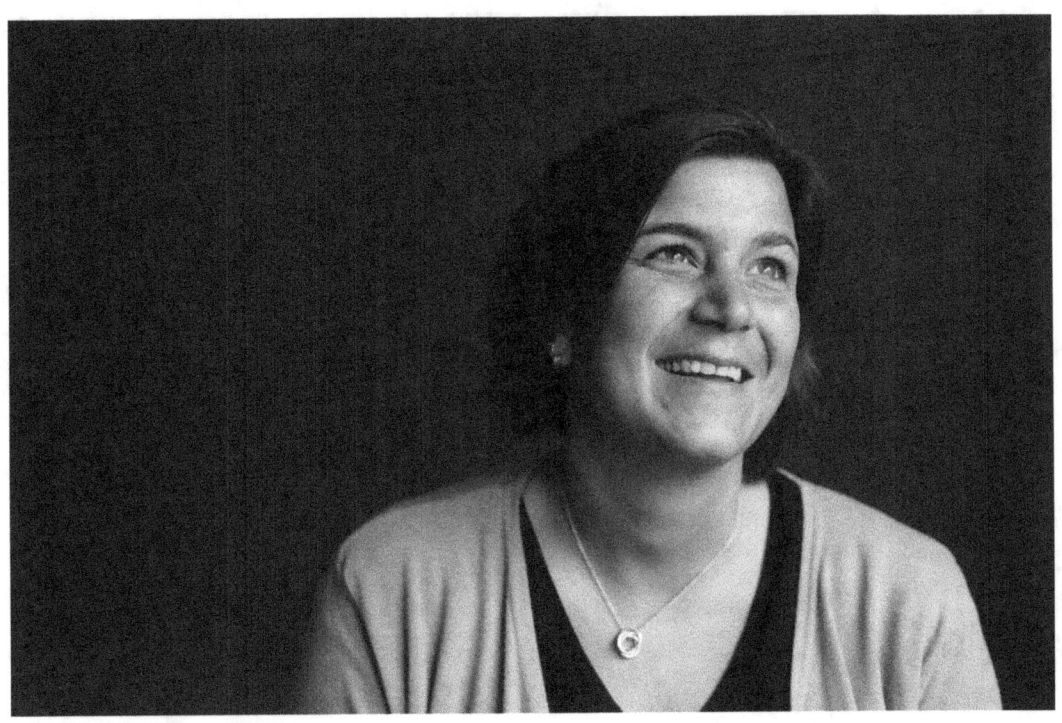

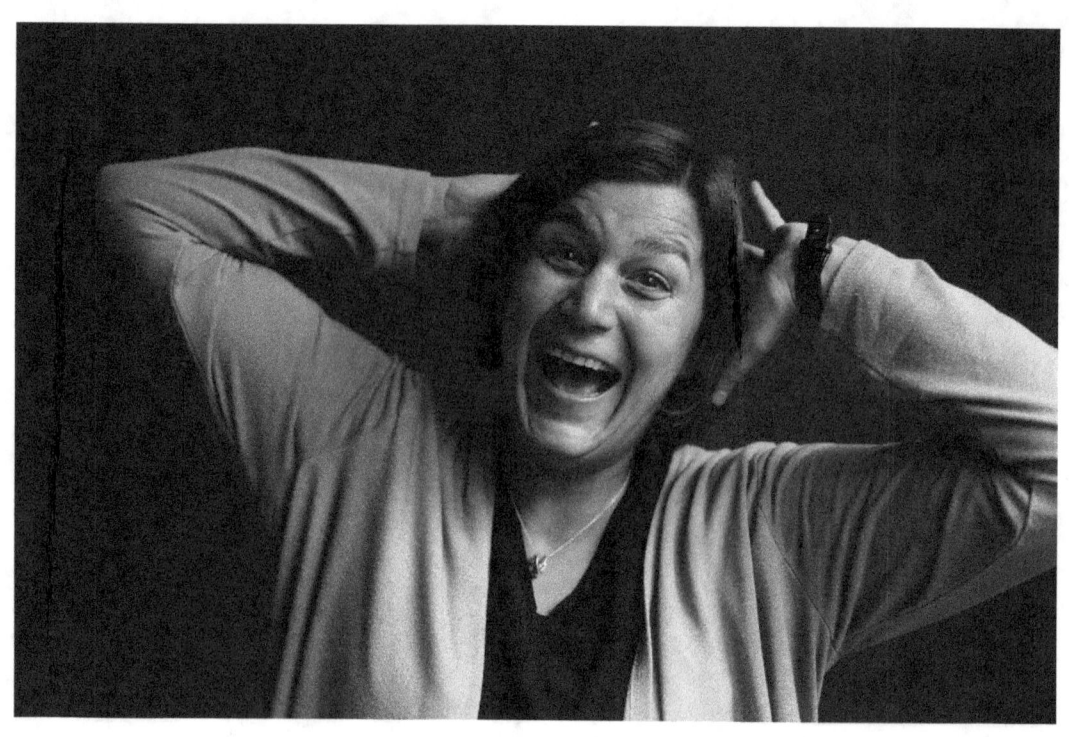
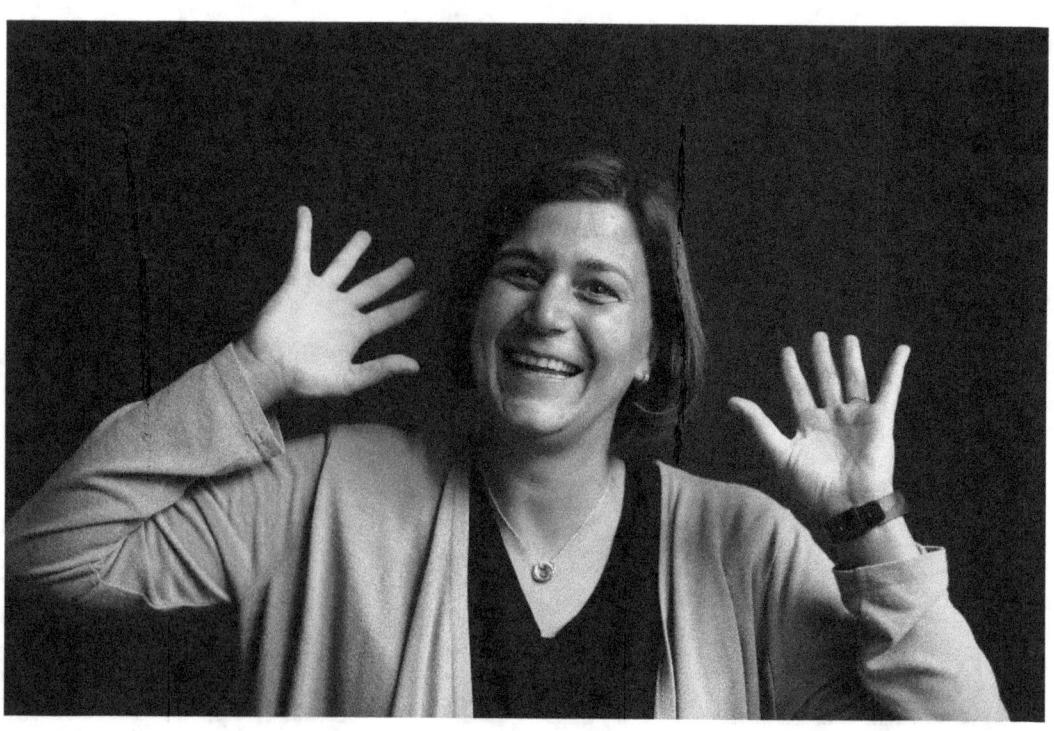

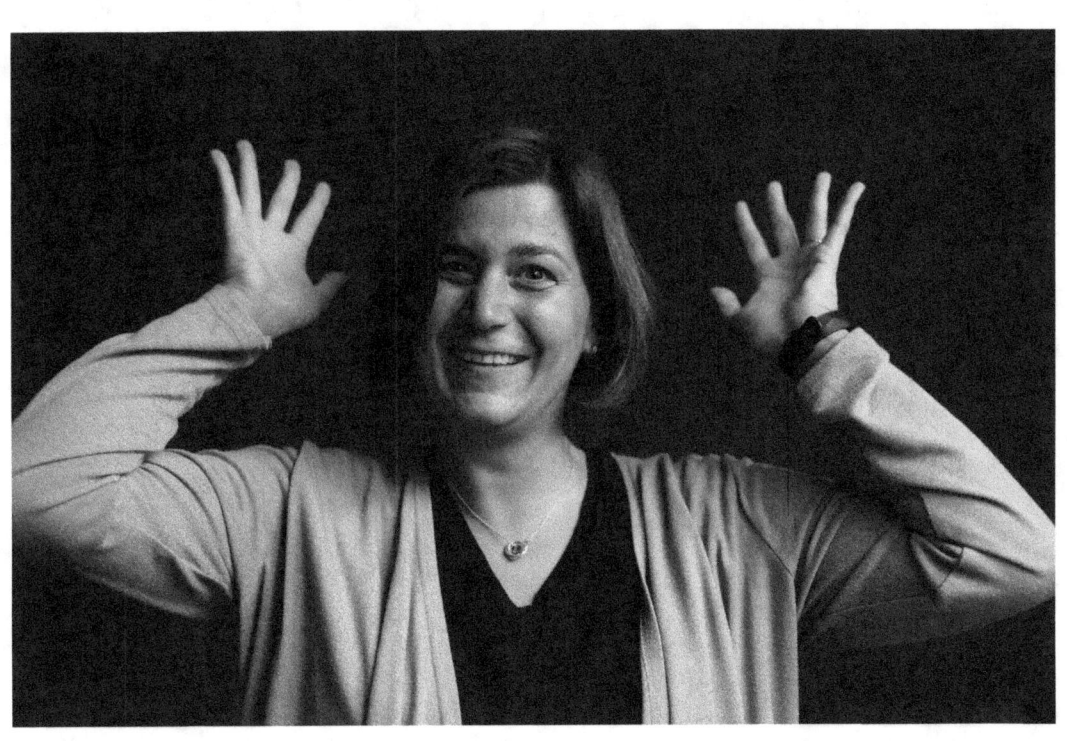

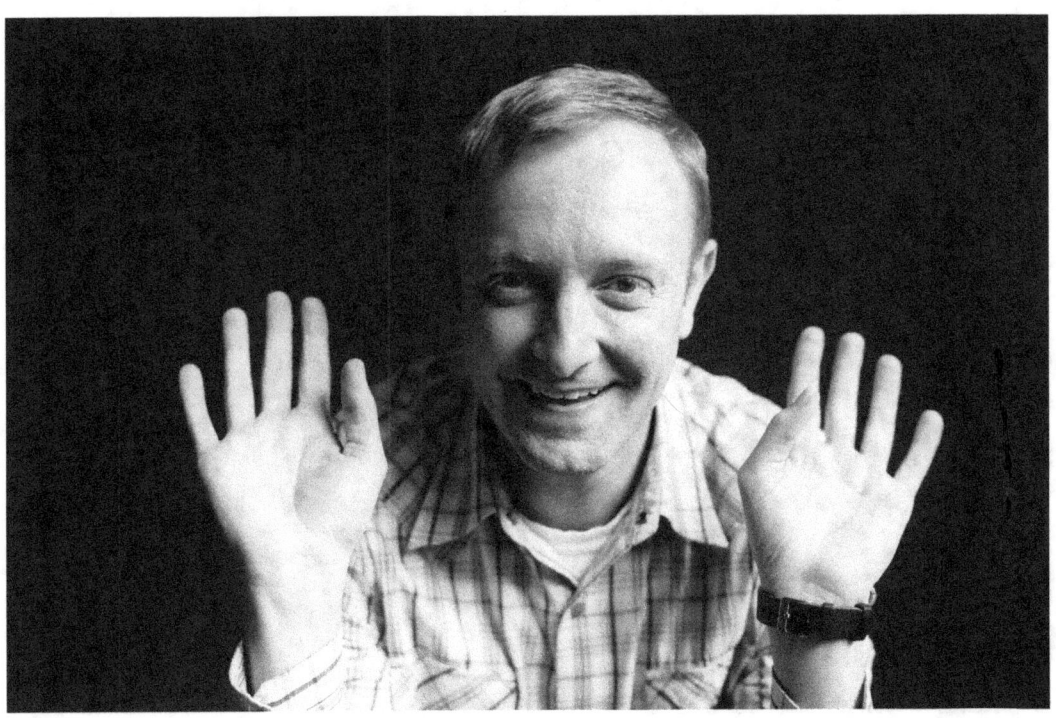

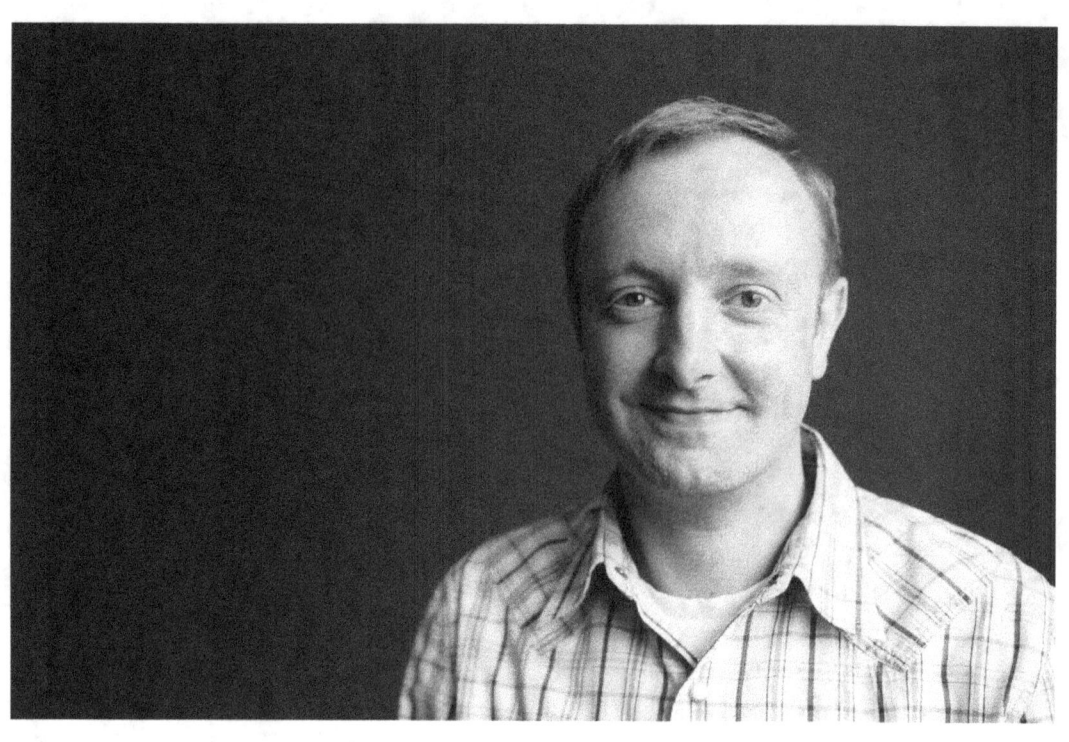

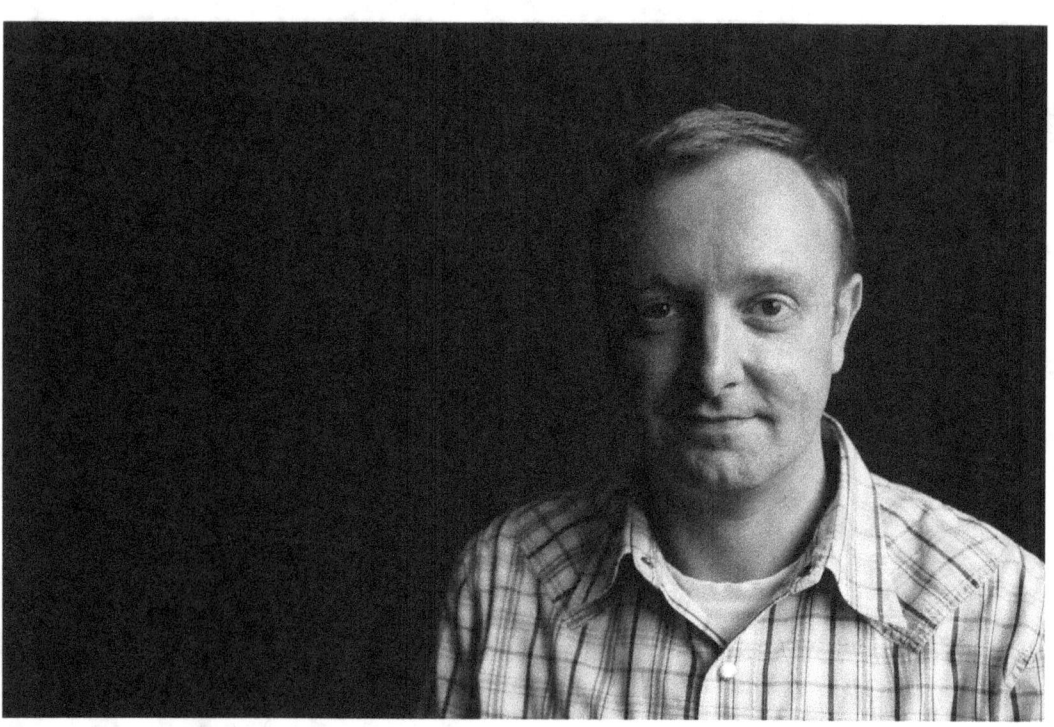

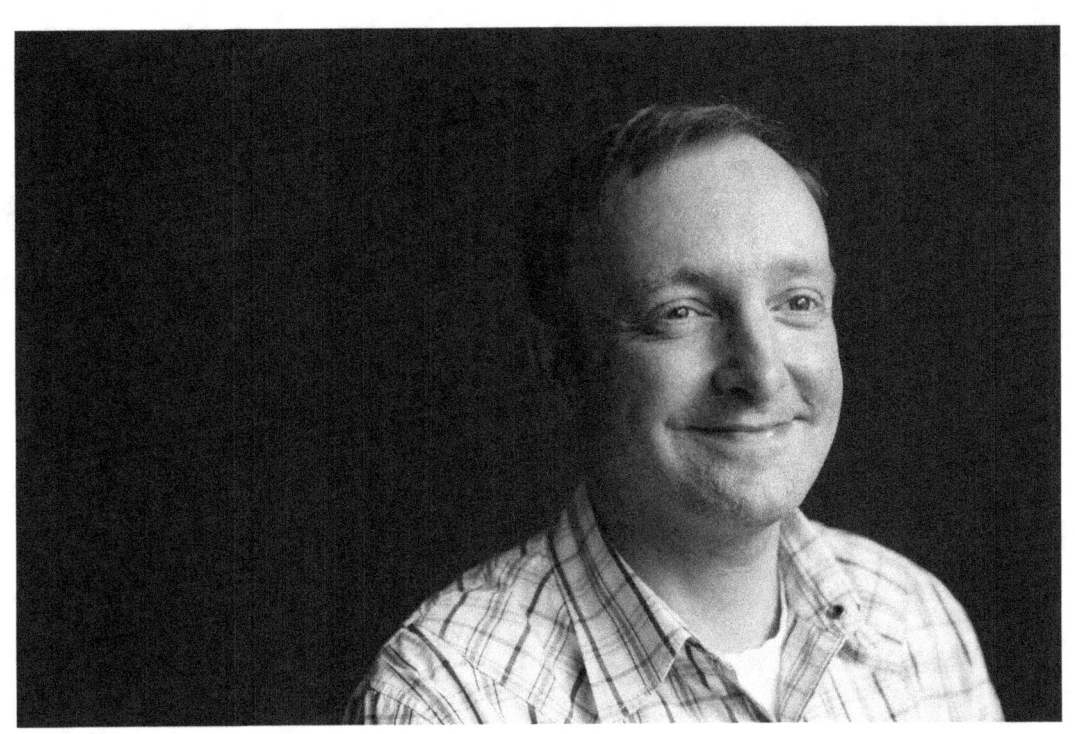

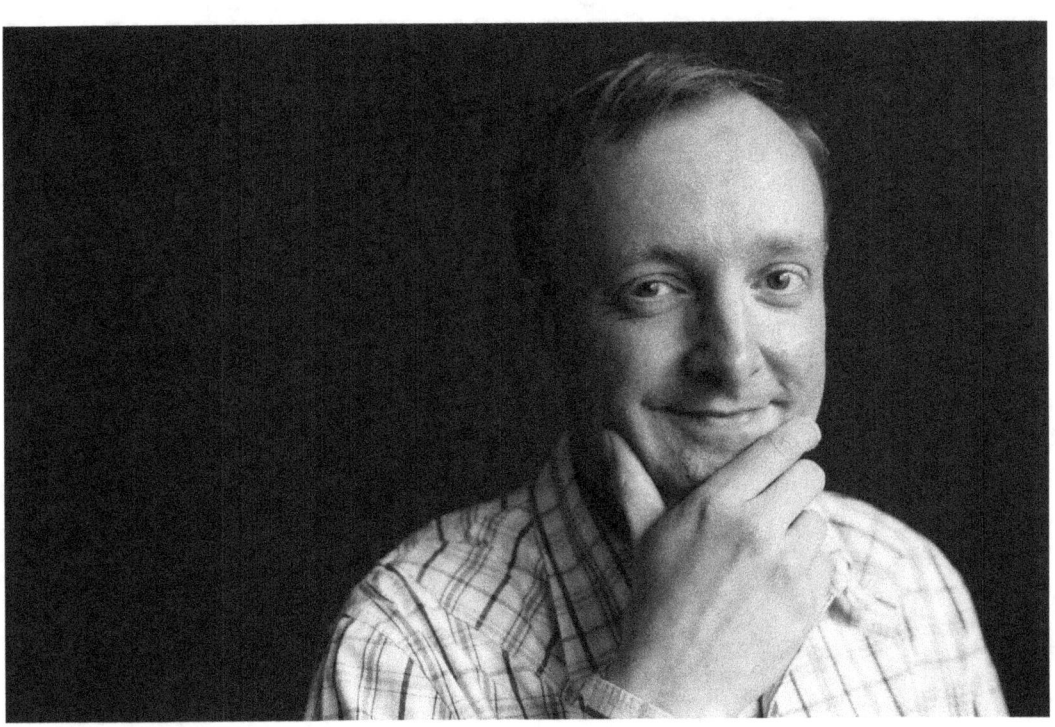

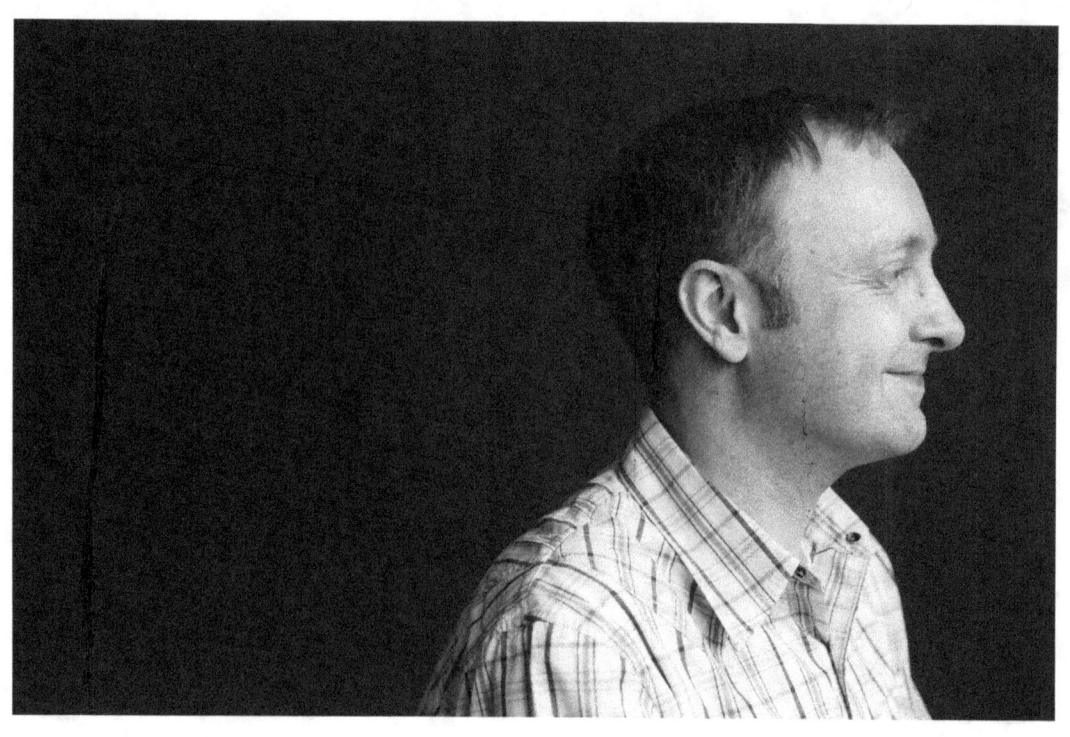

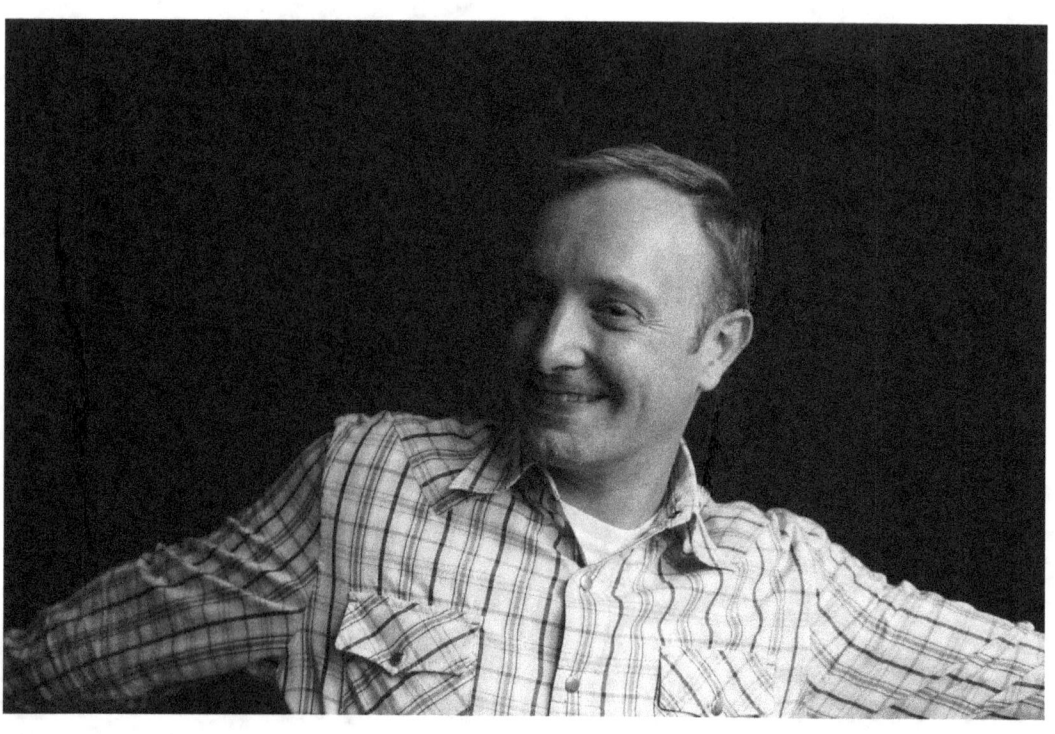

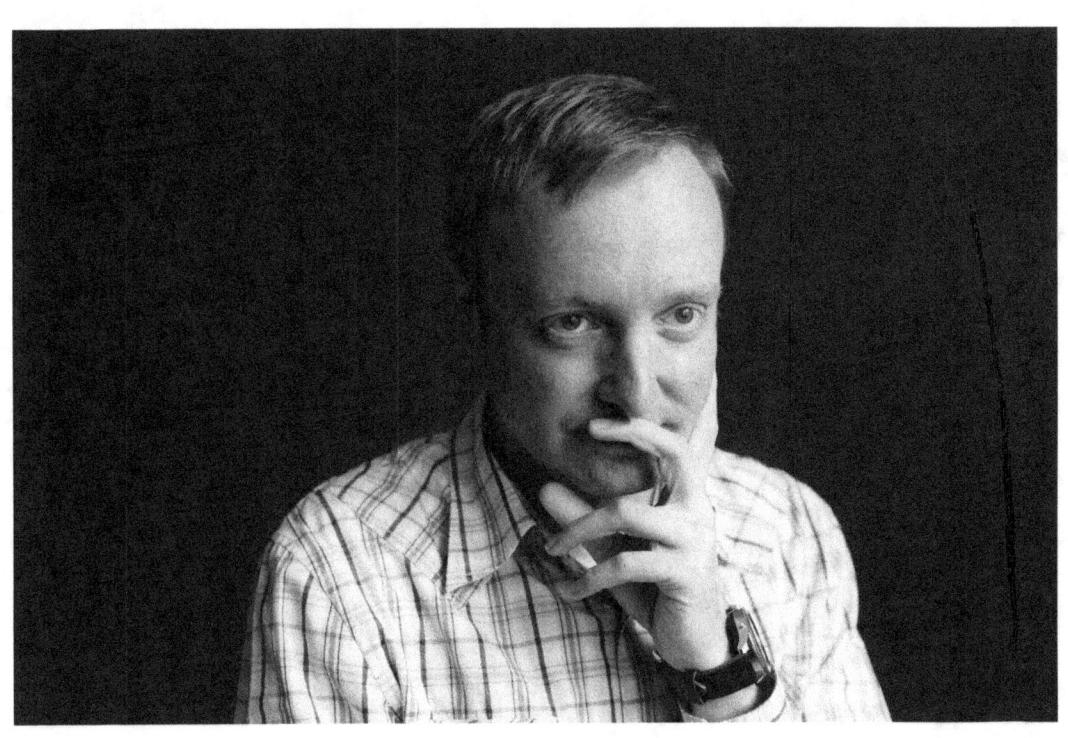

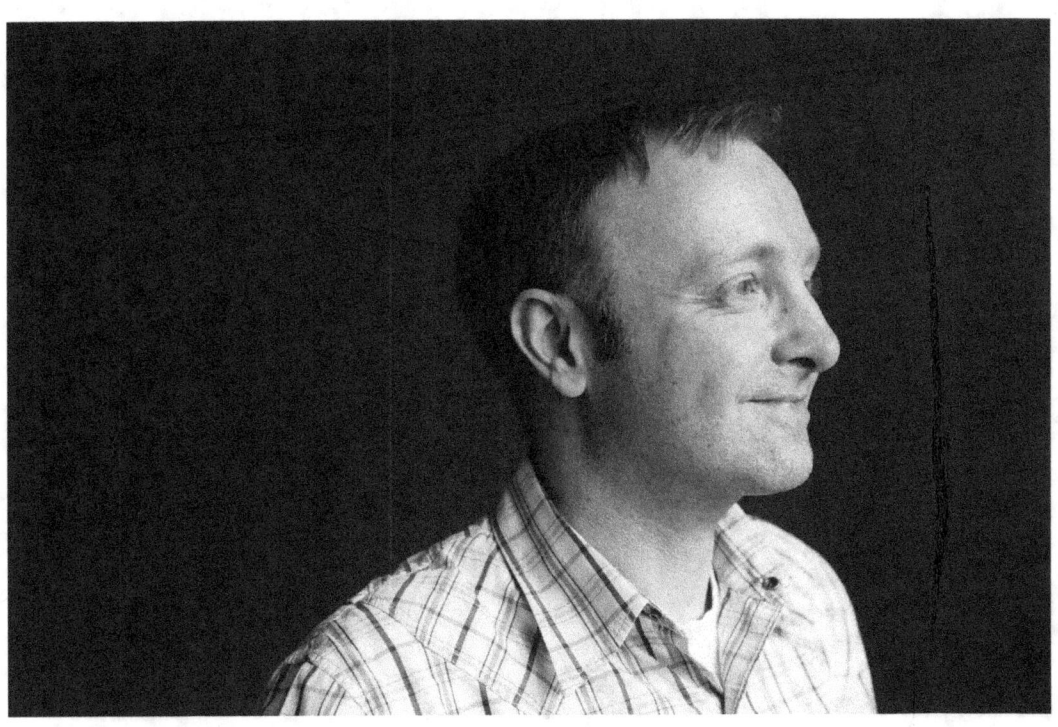

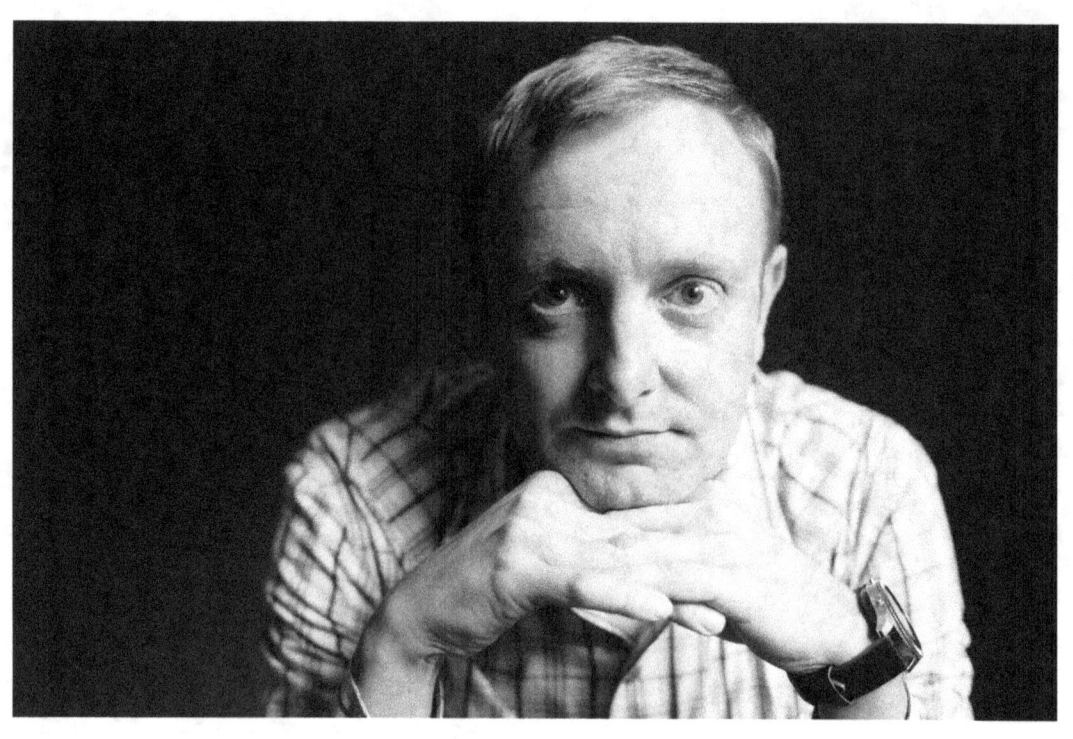

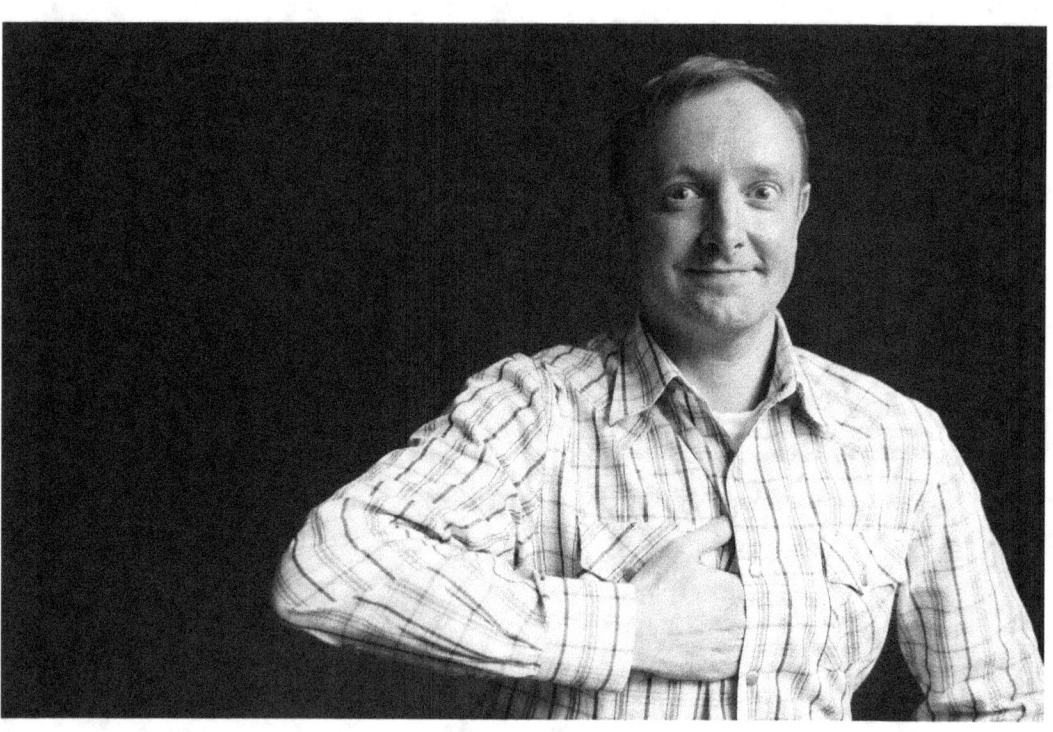

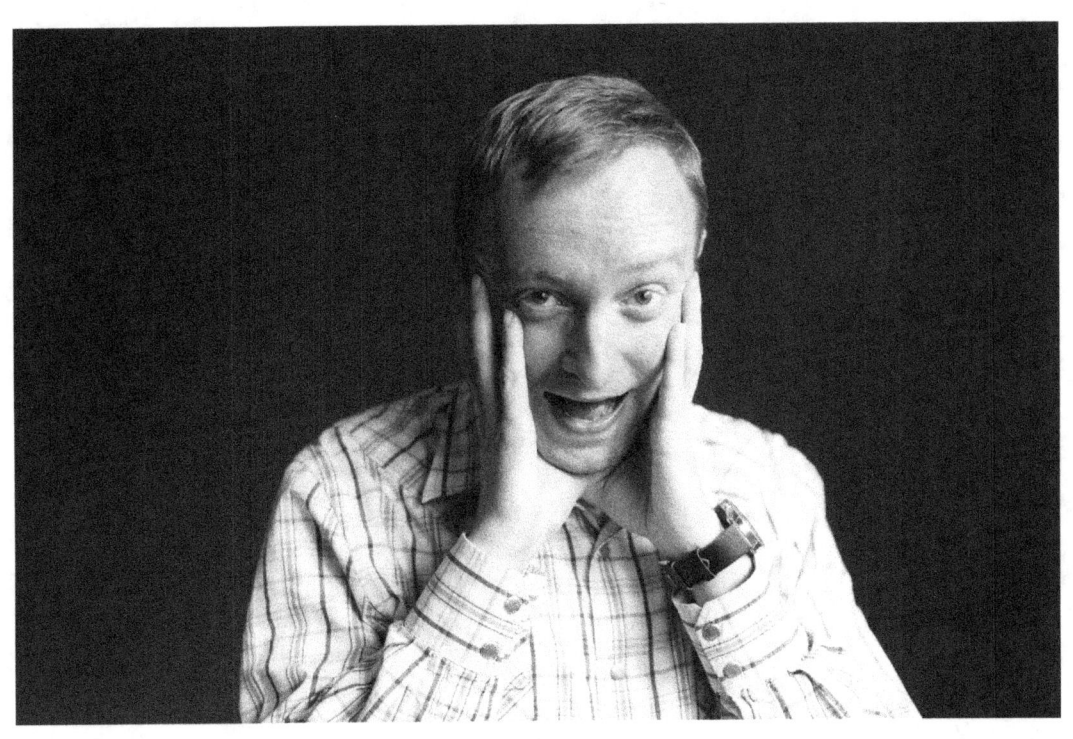
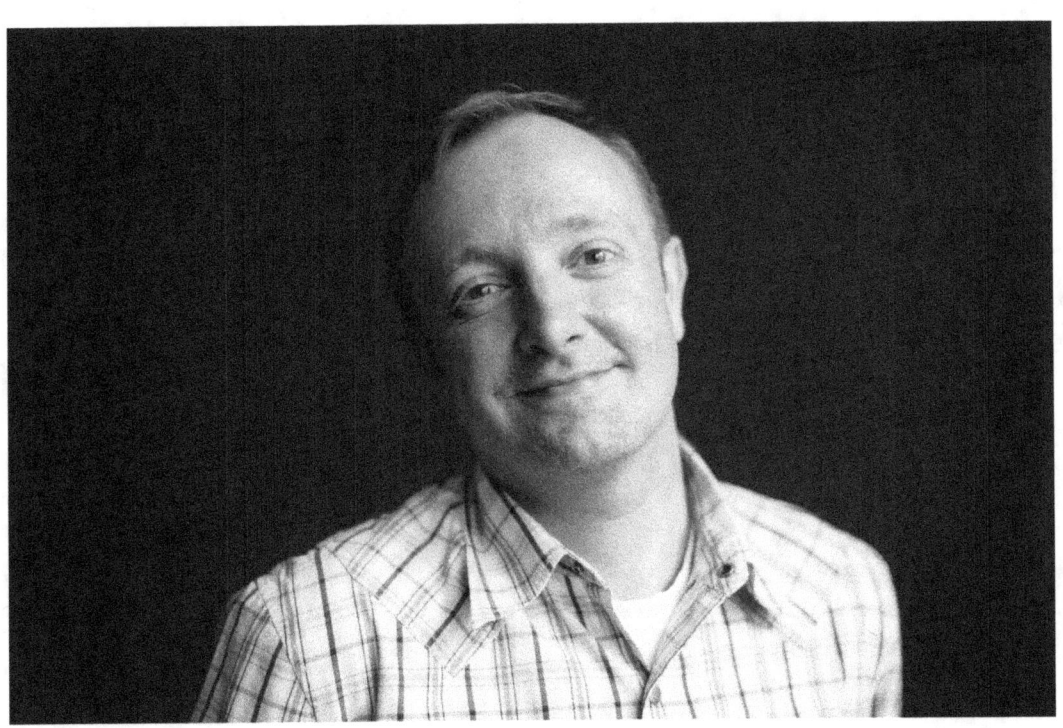

_# STILLLEBEN

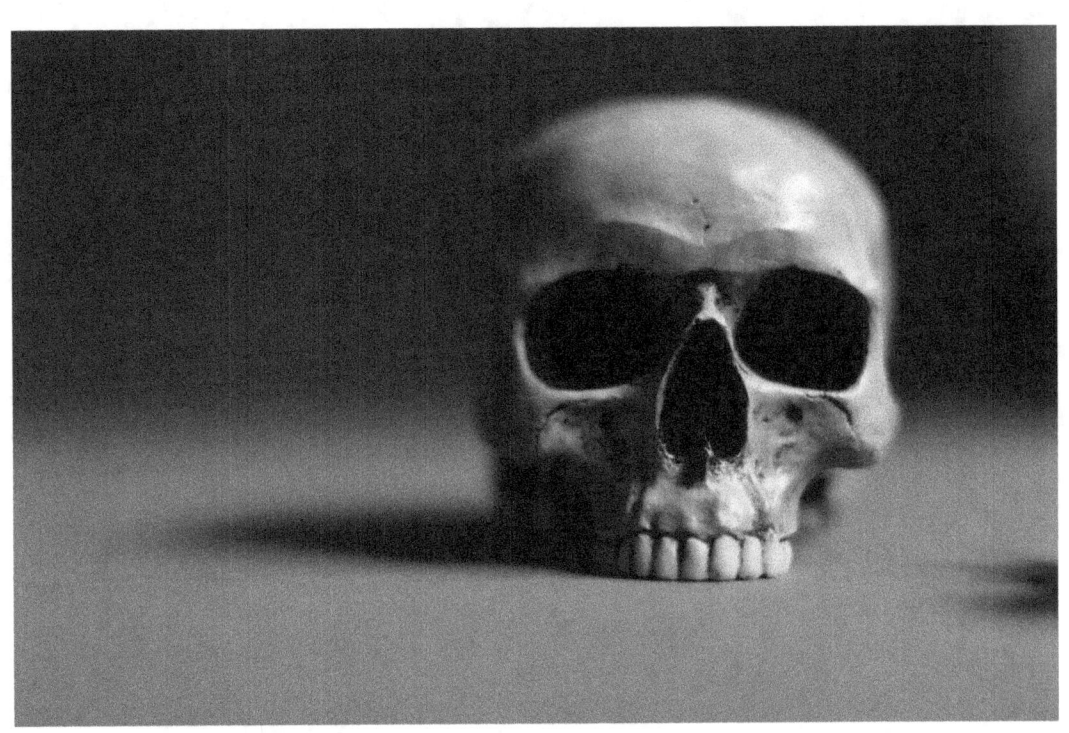

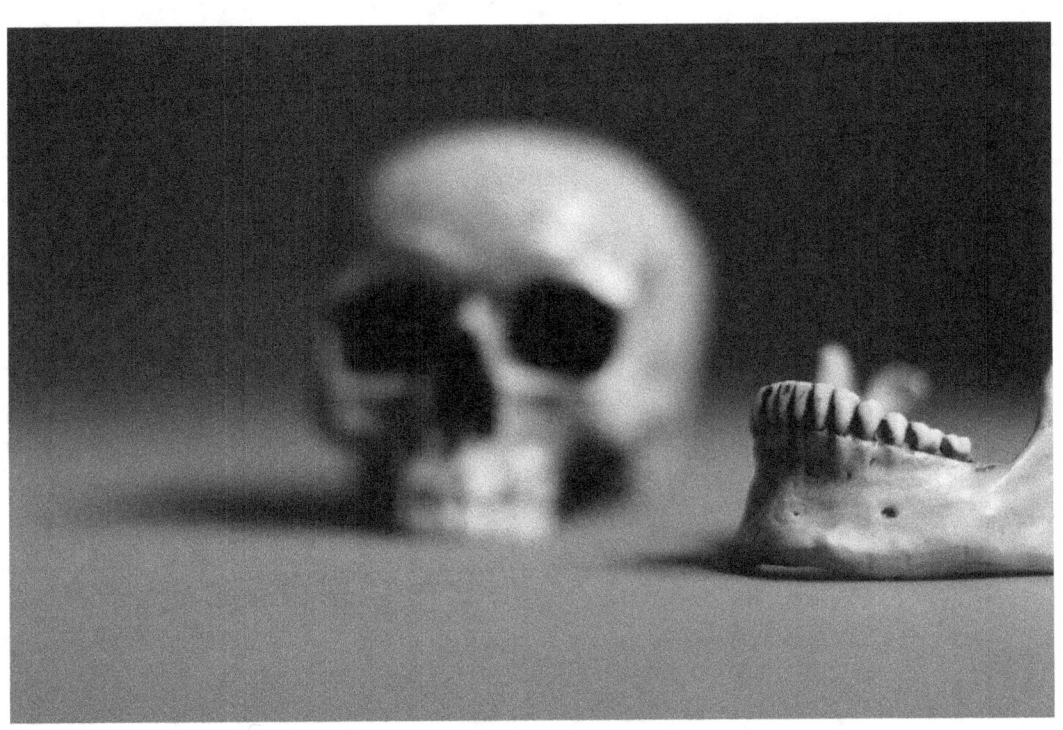

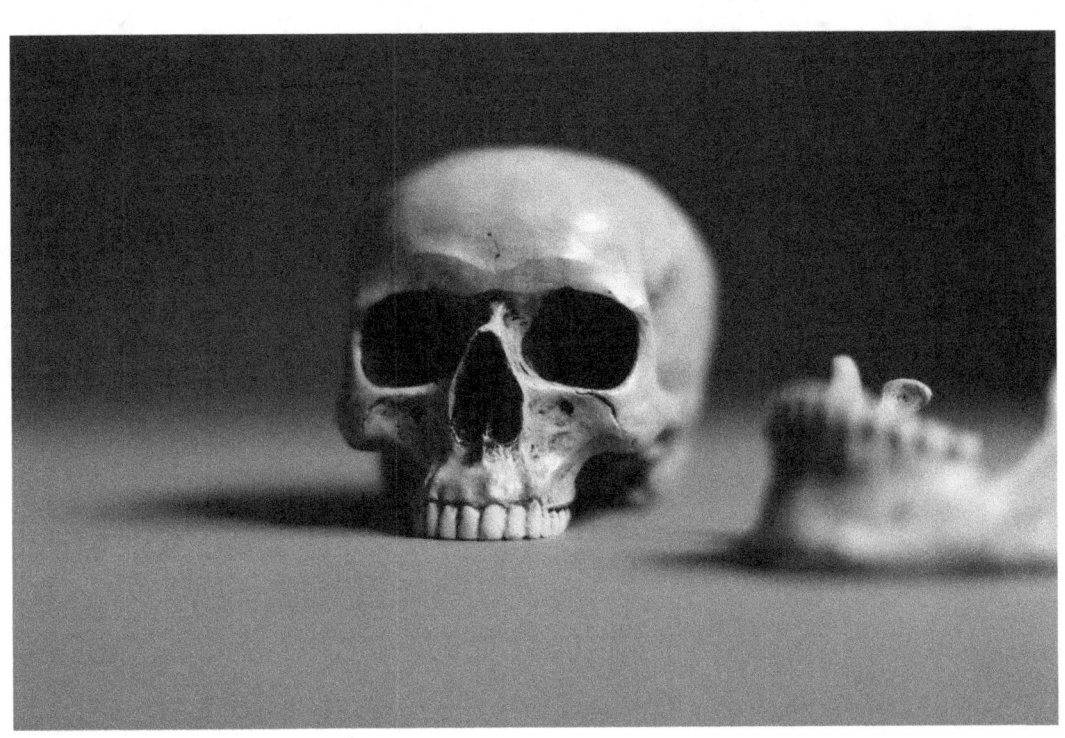

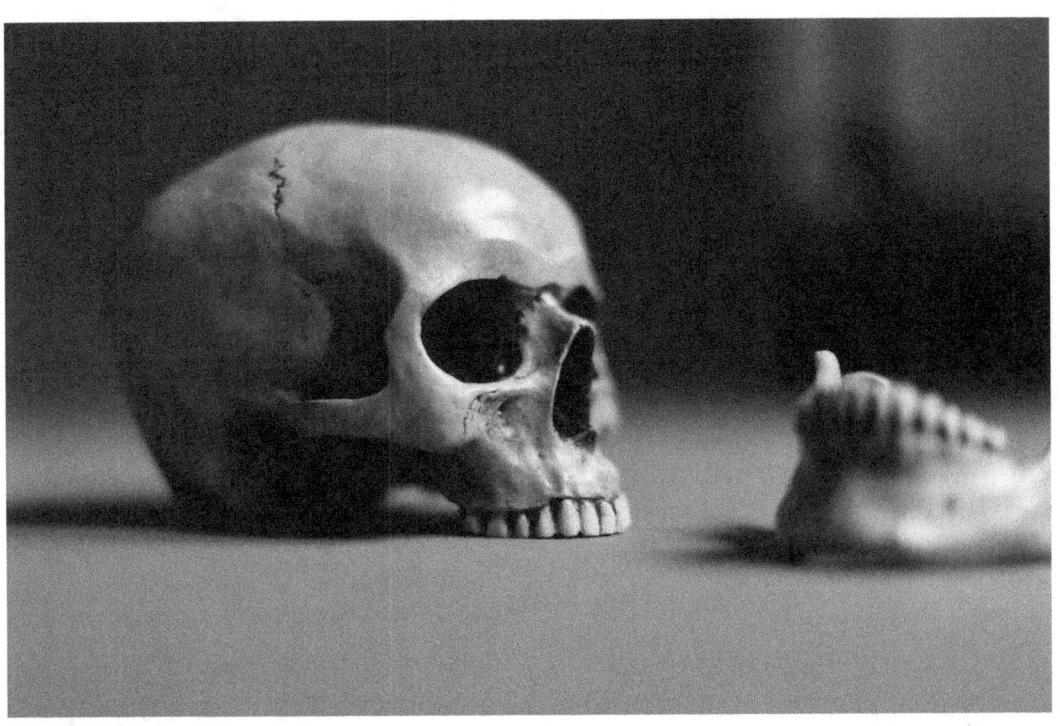

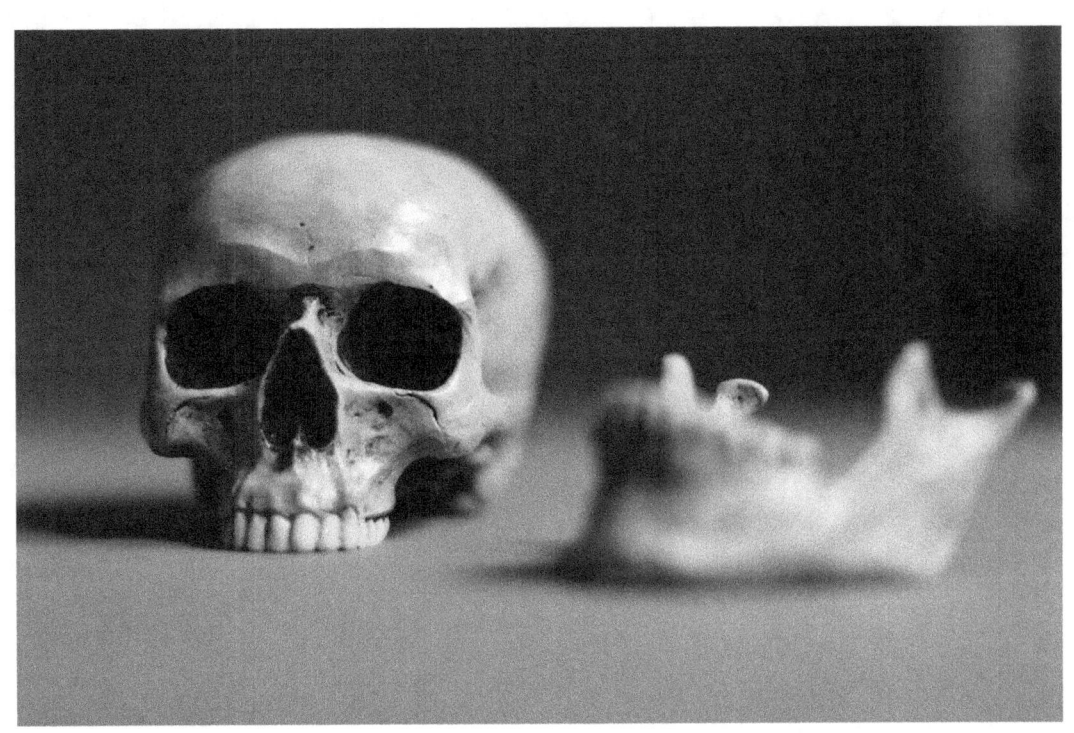

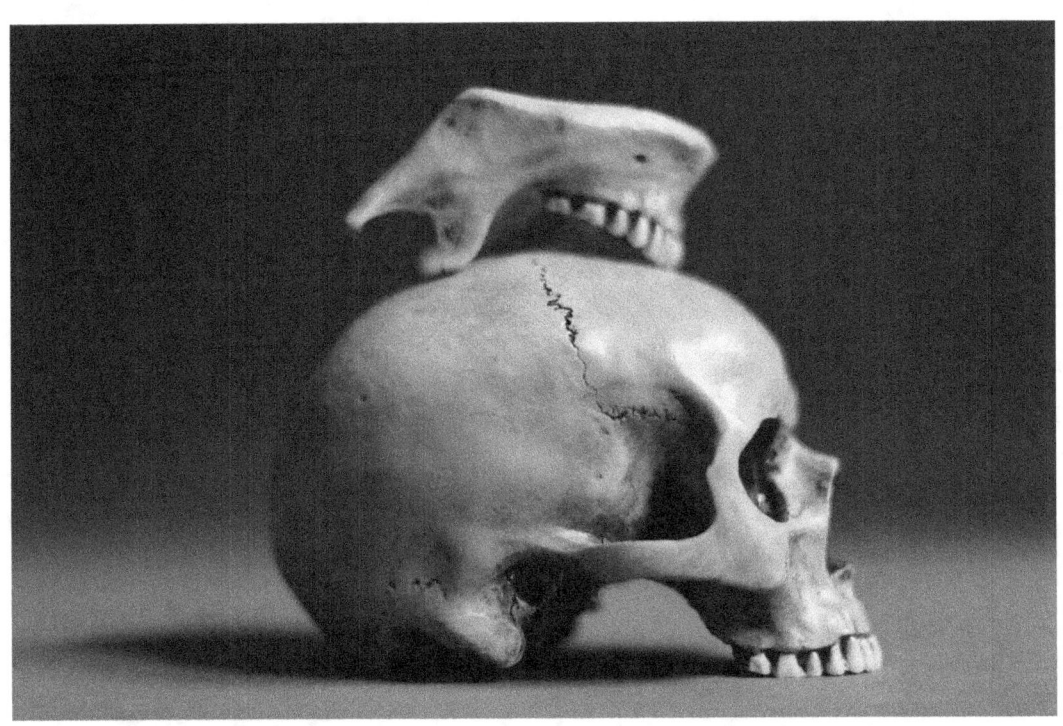

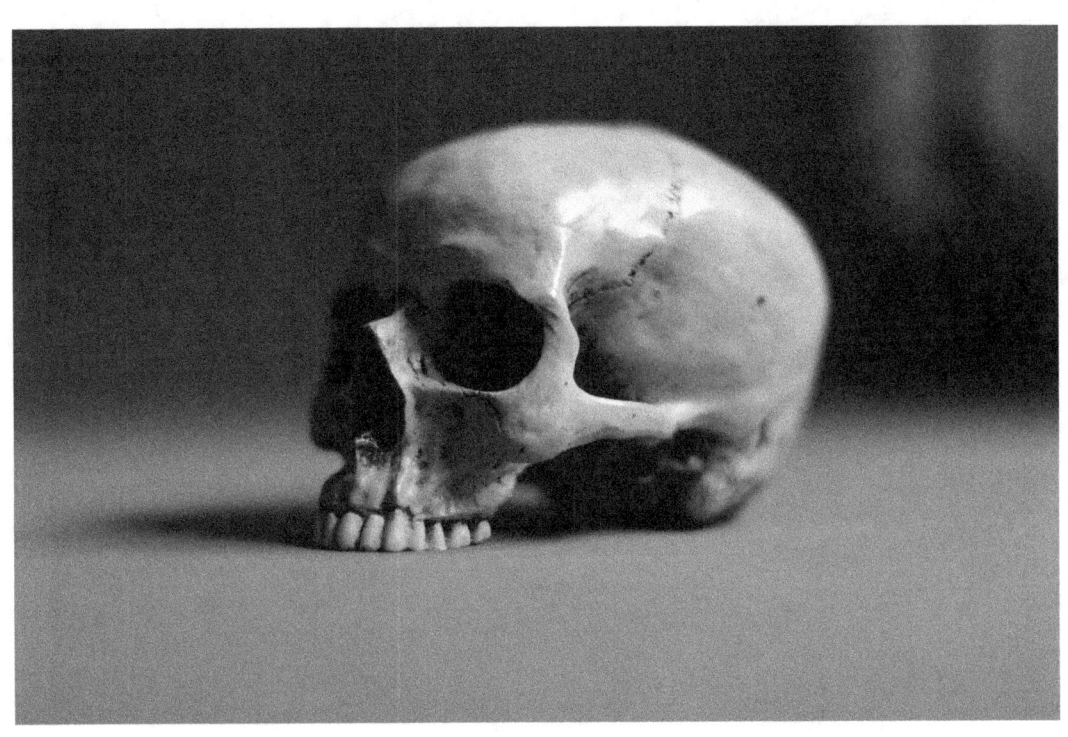

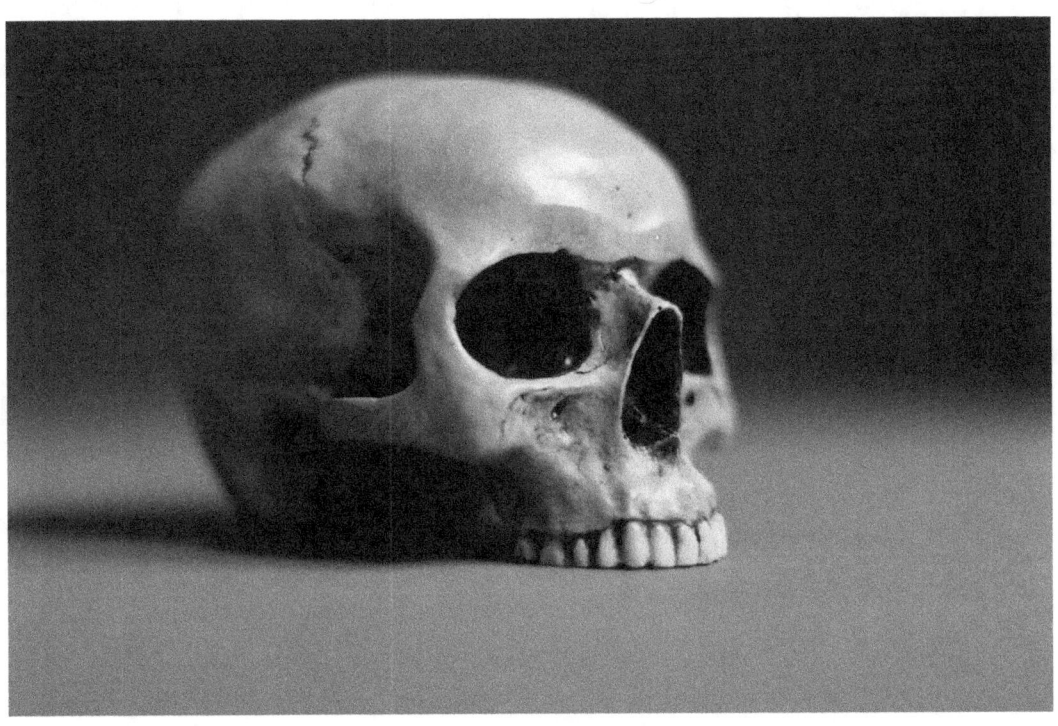

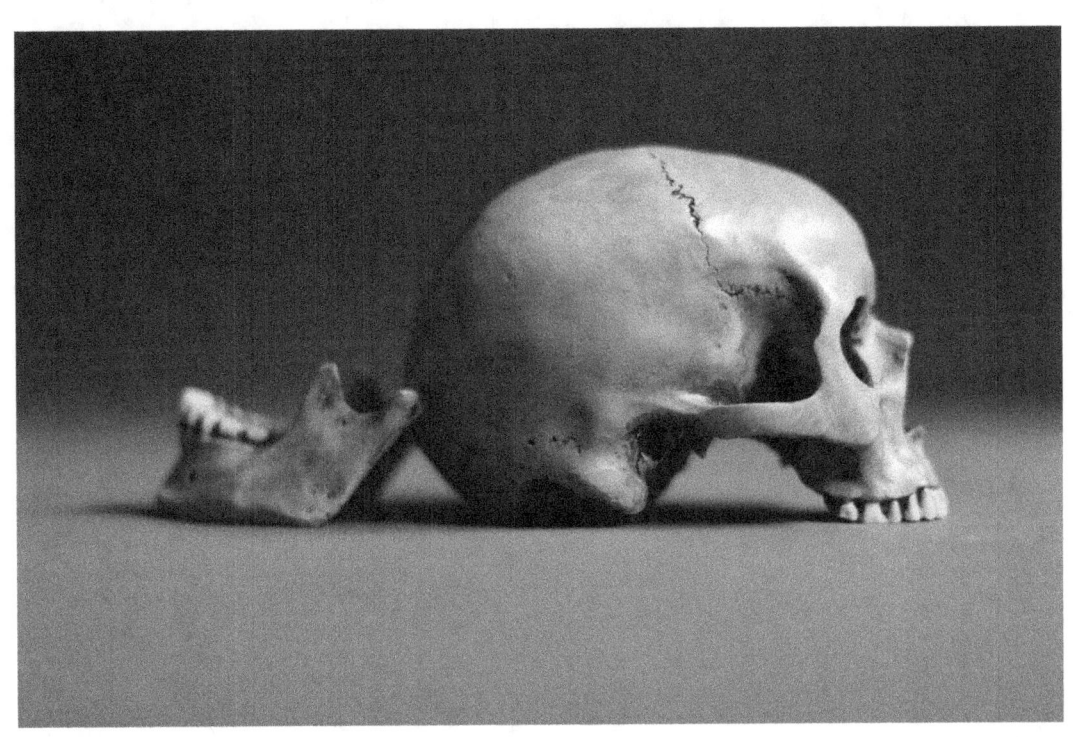

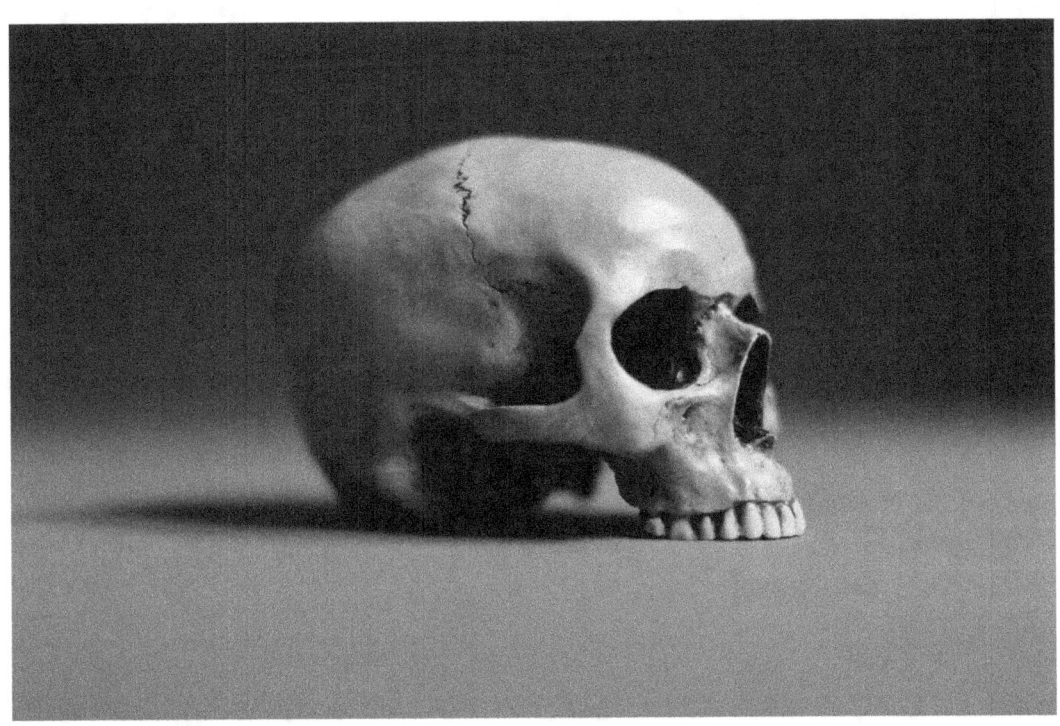

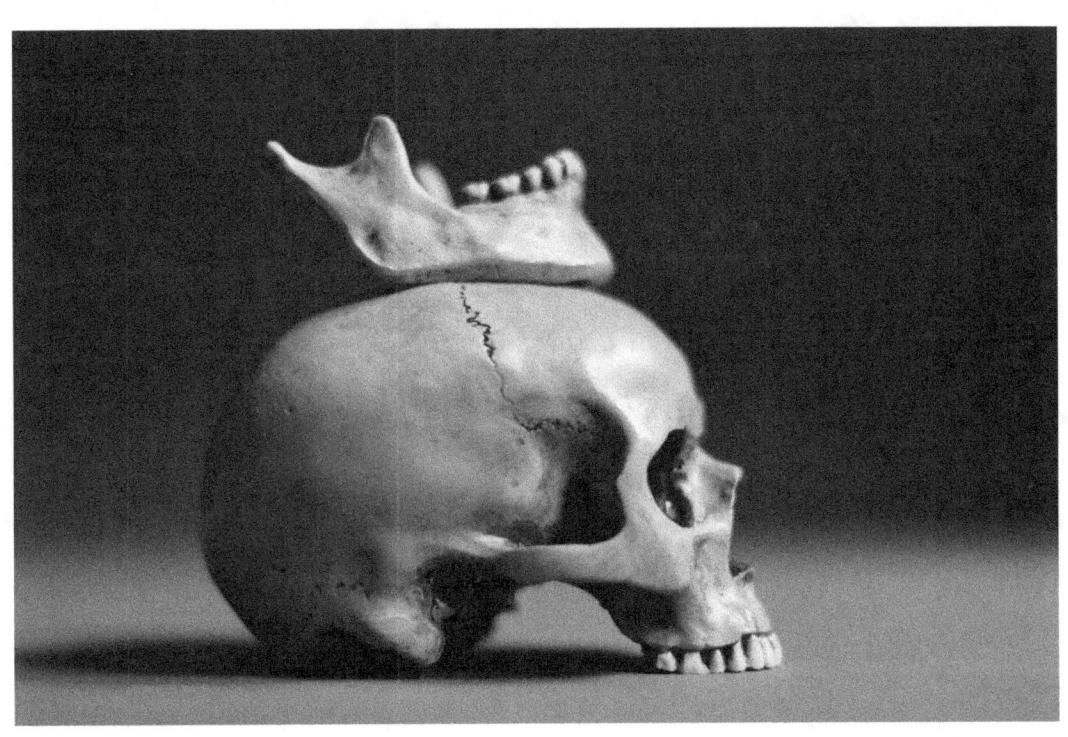
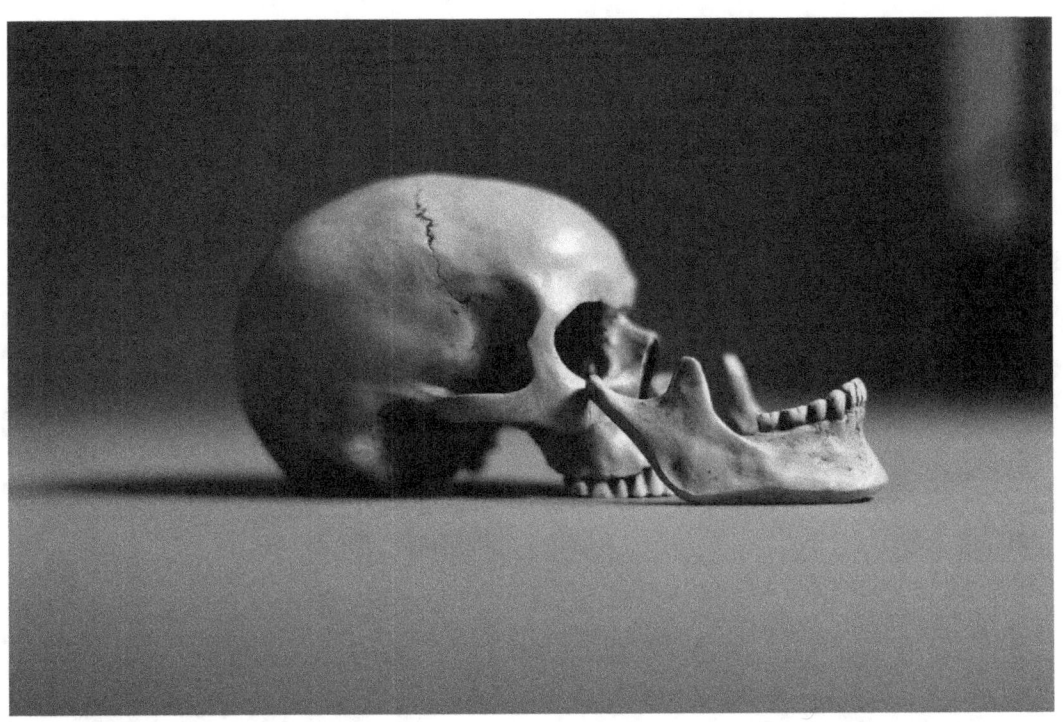

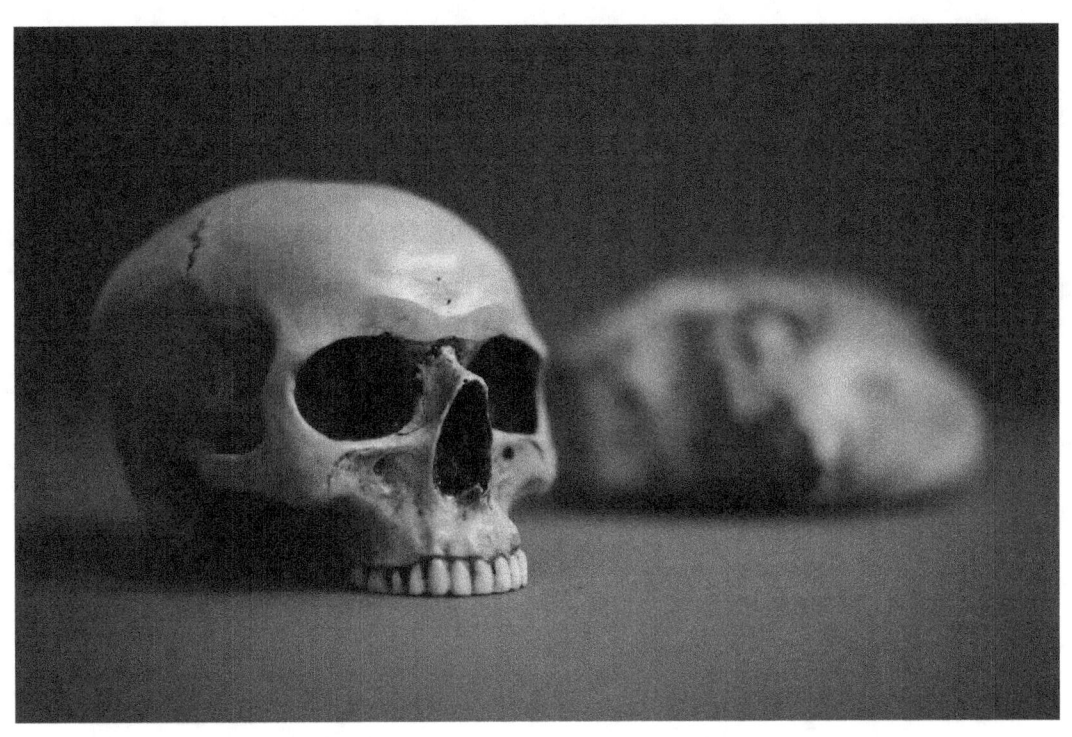
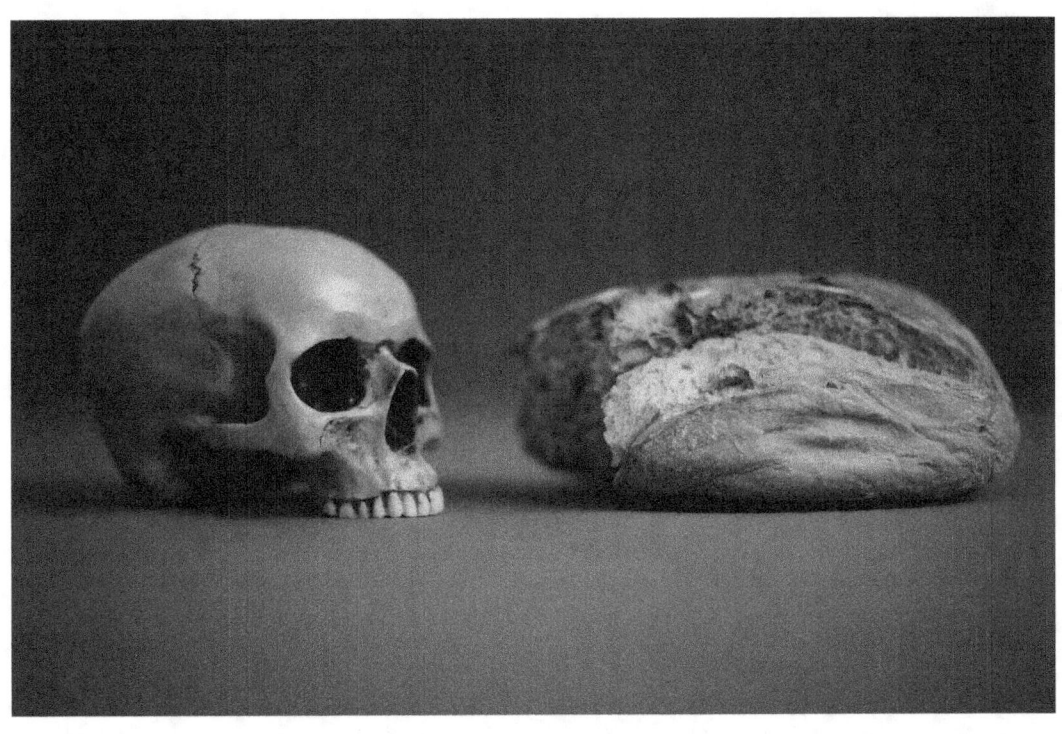

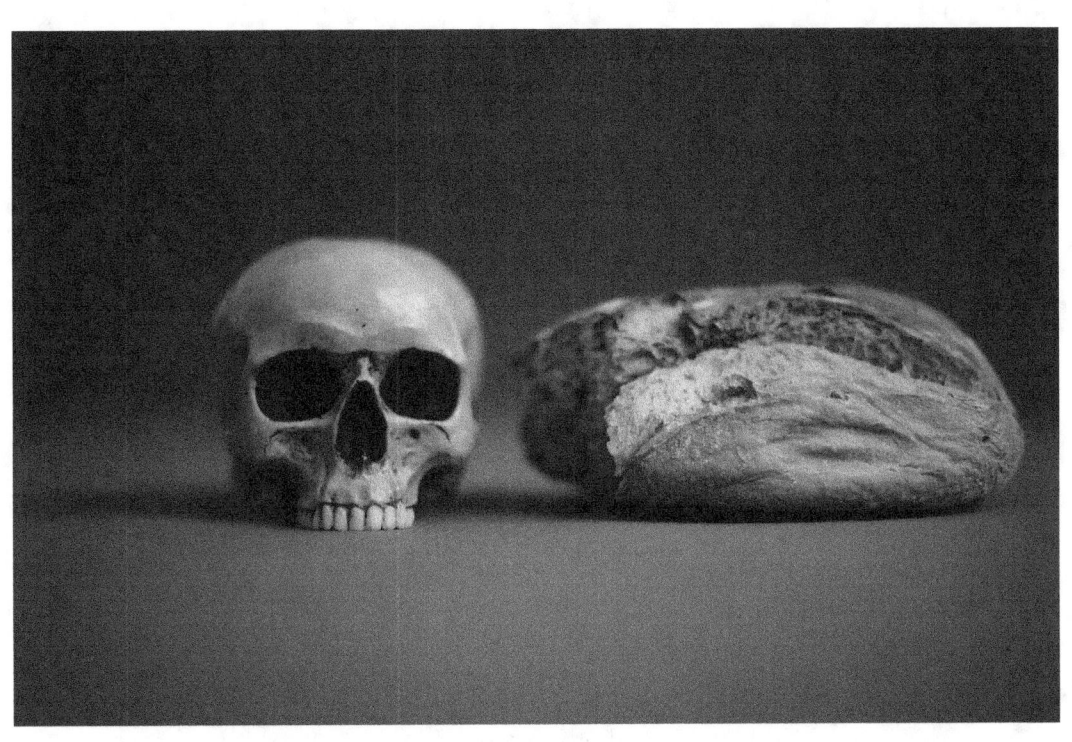

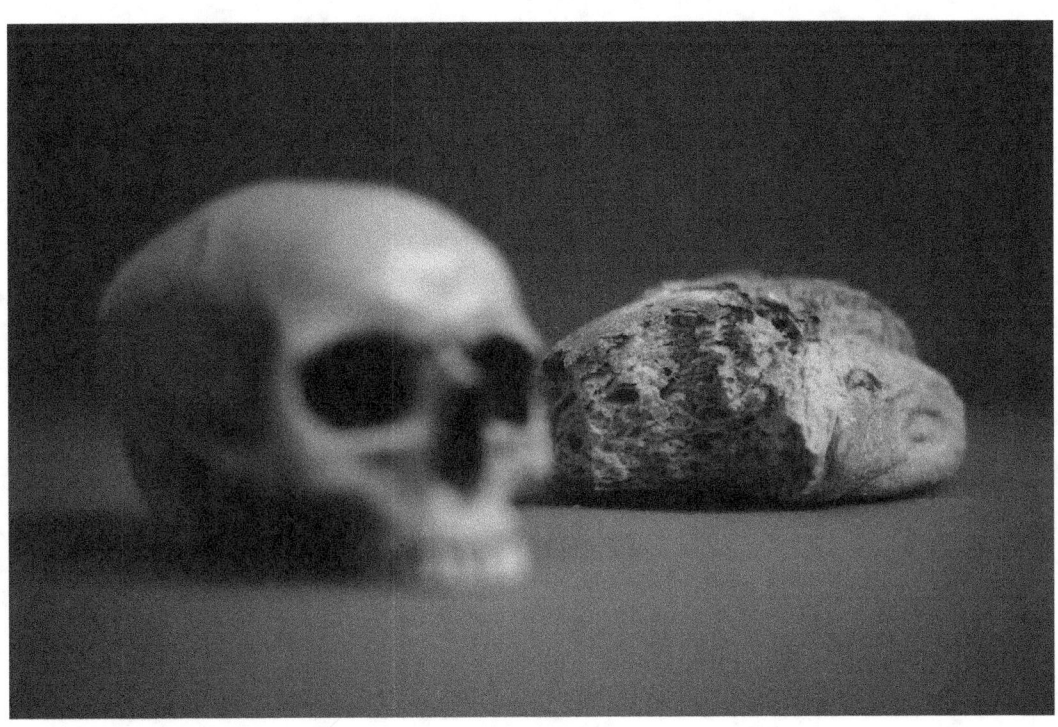

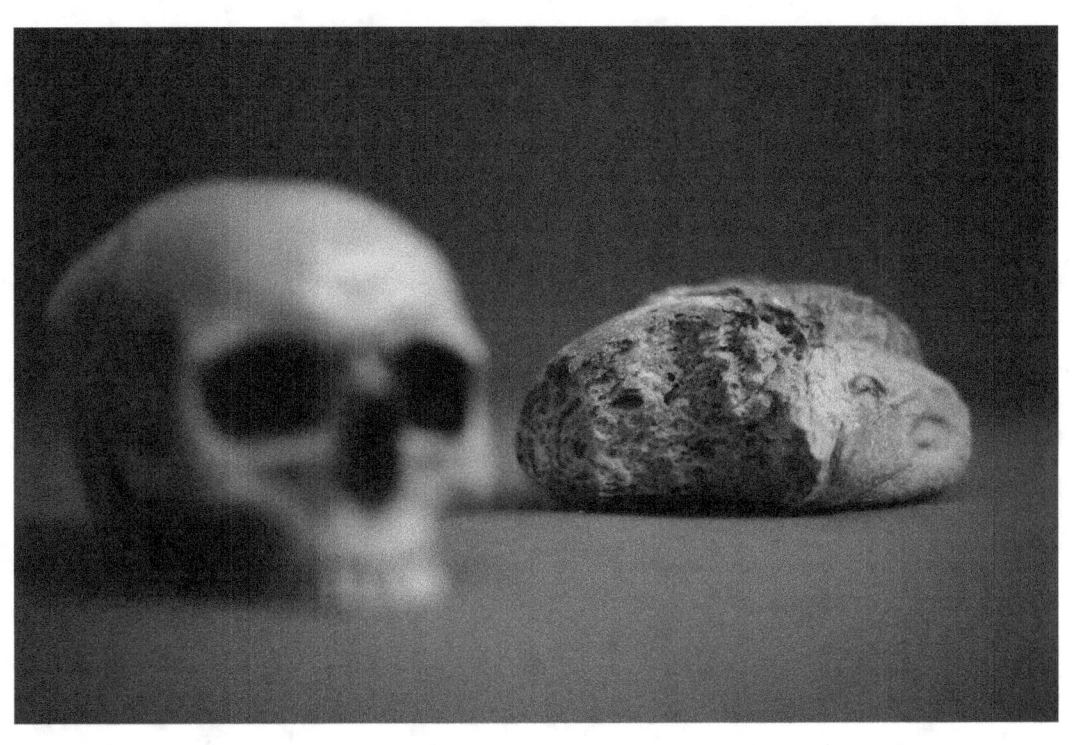

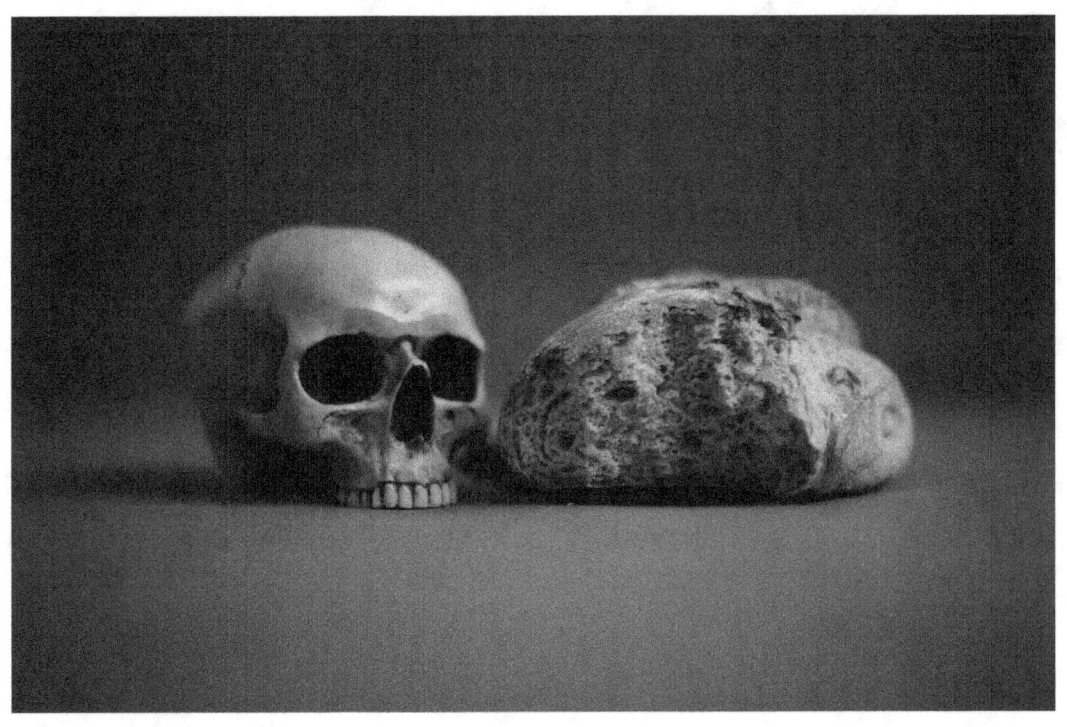

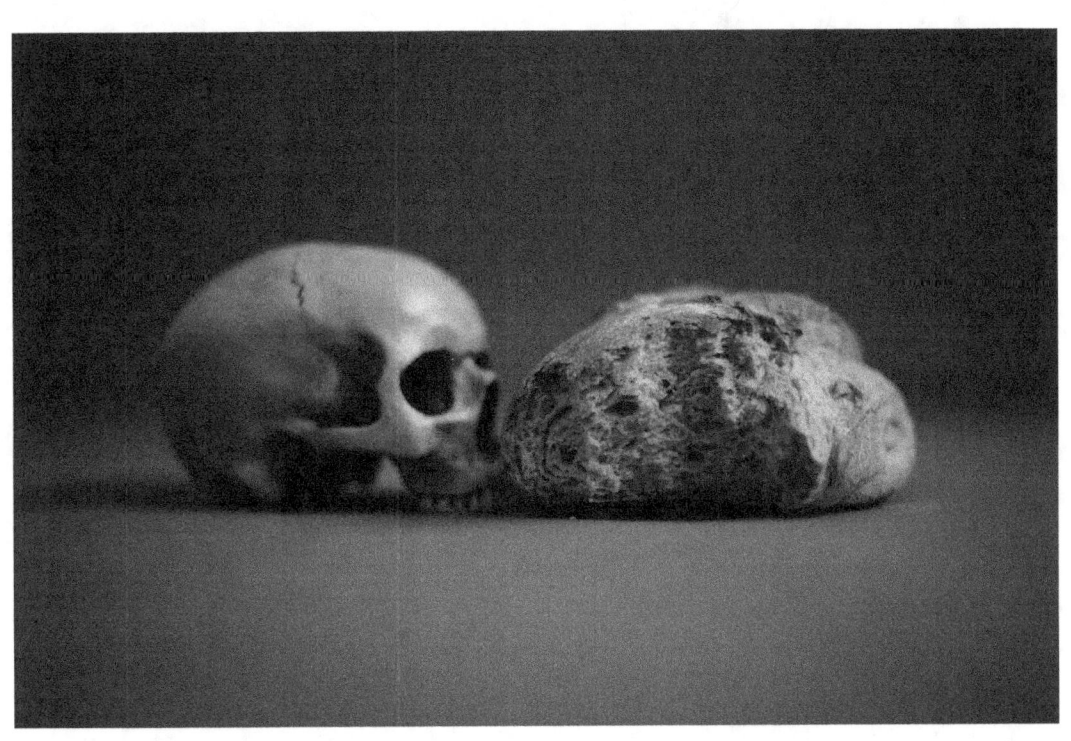
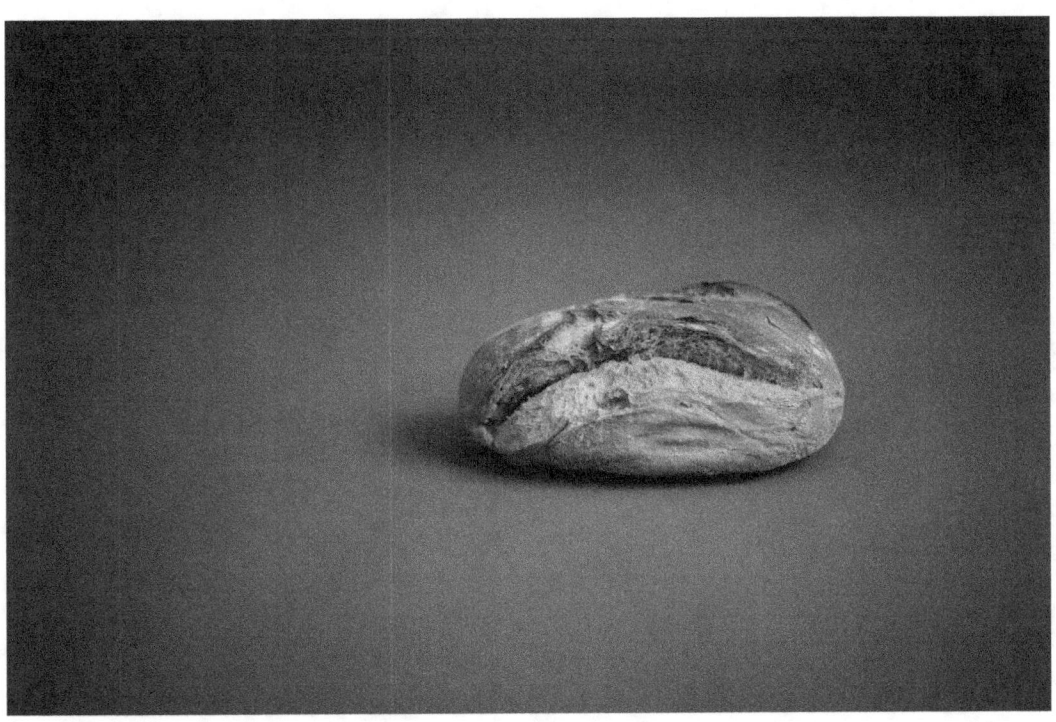

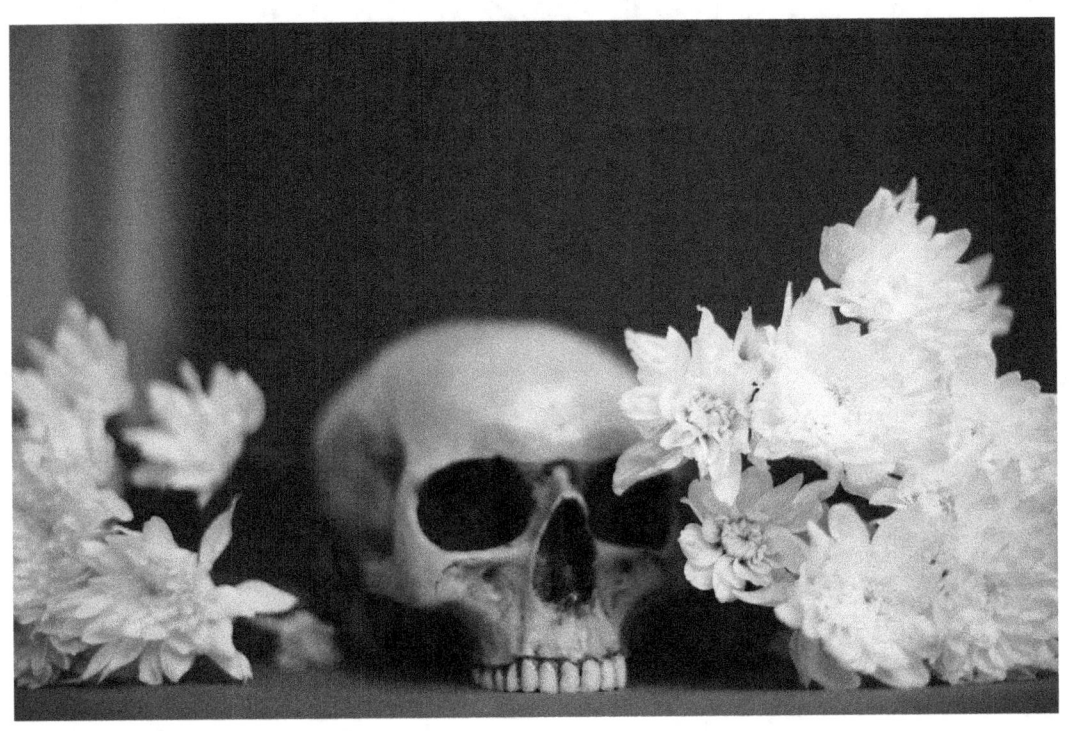
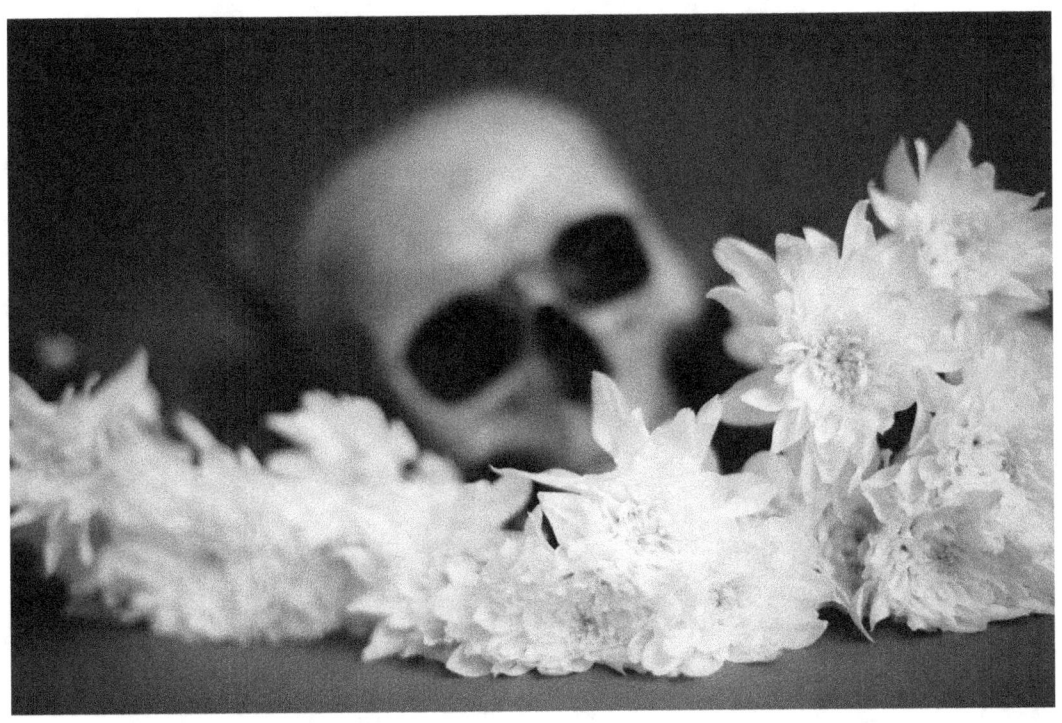

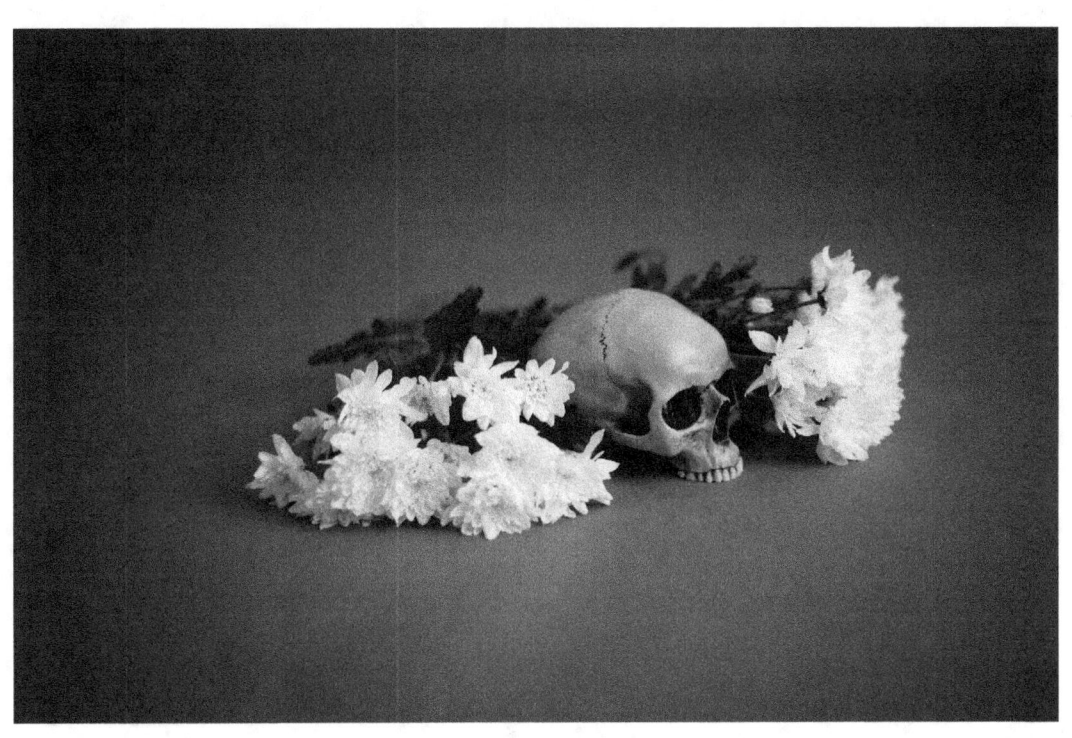

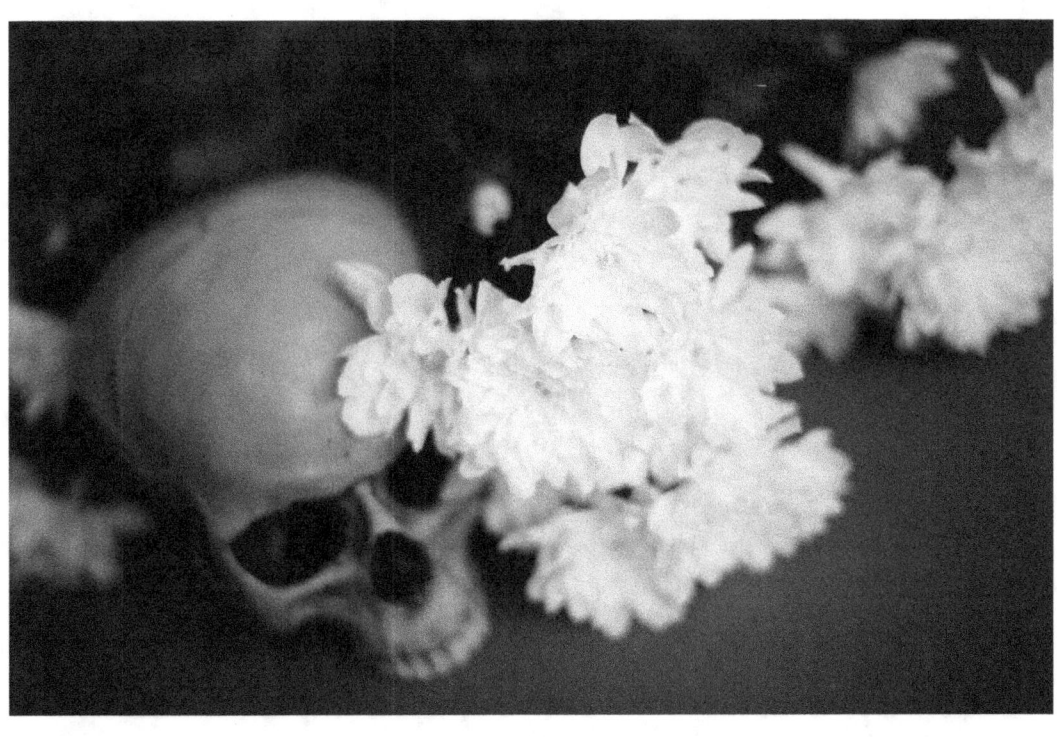

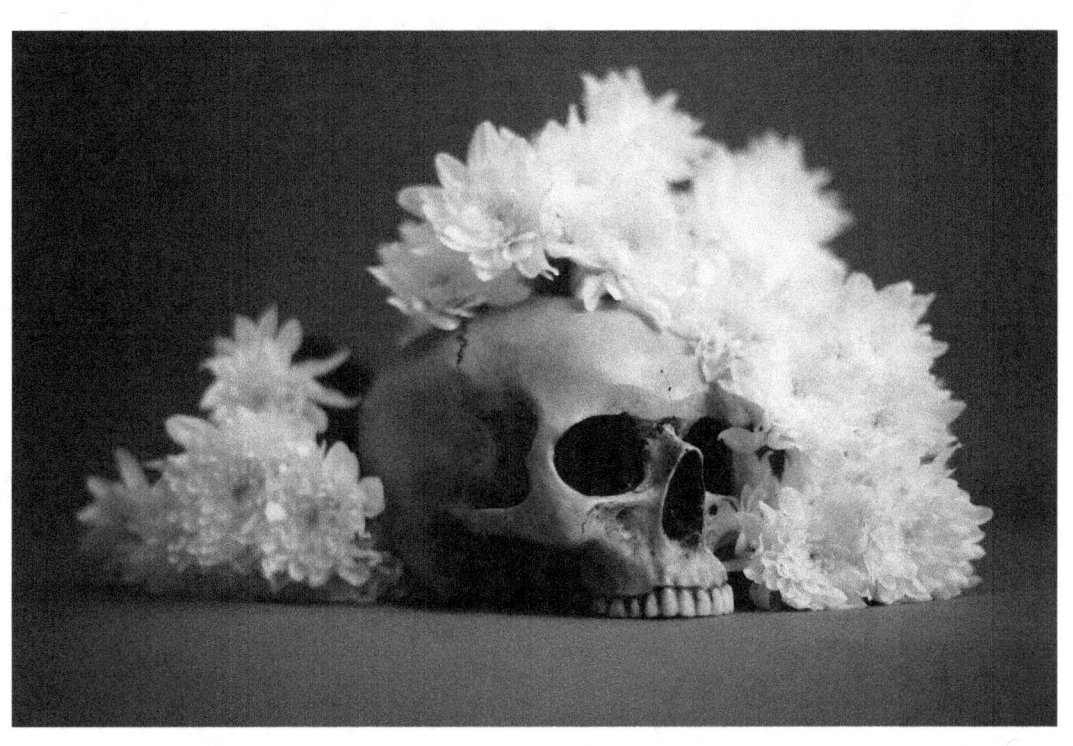

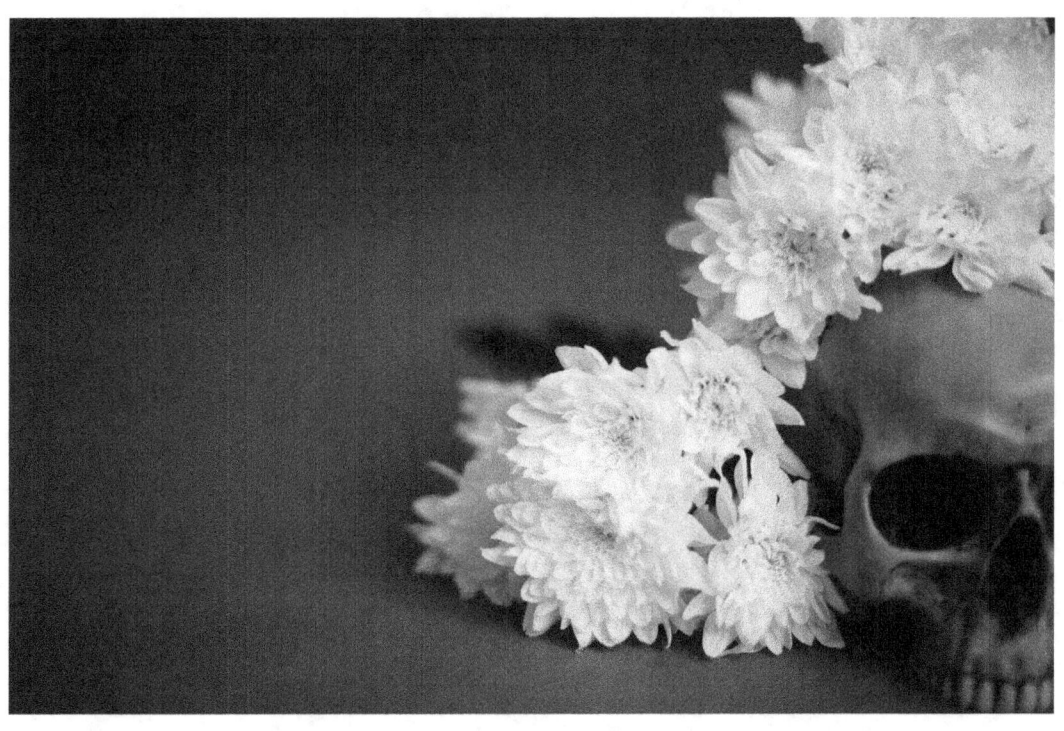

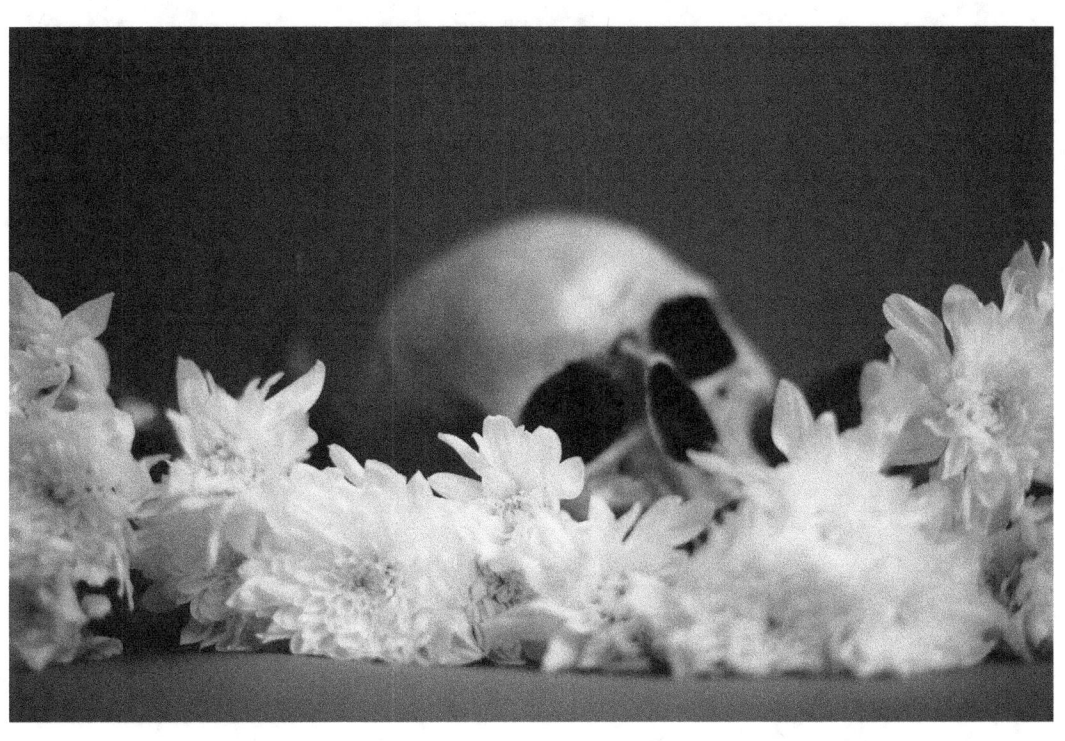

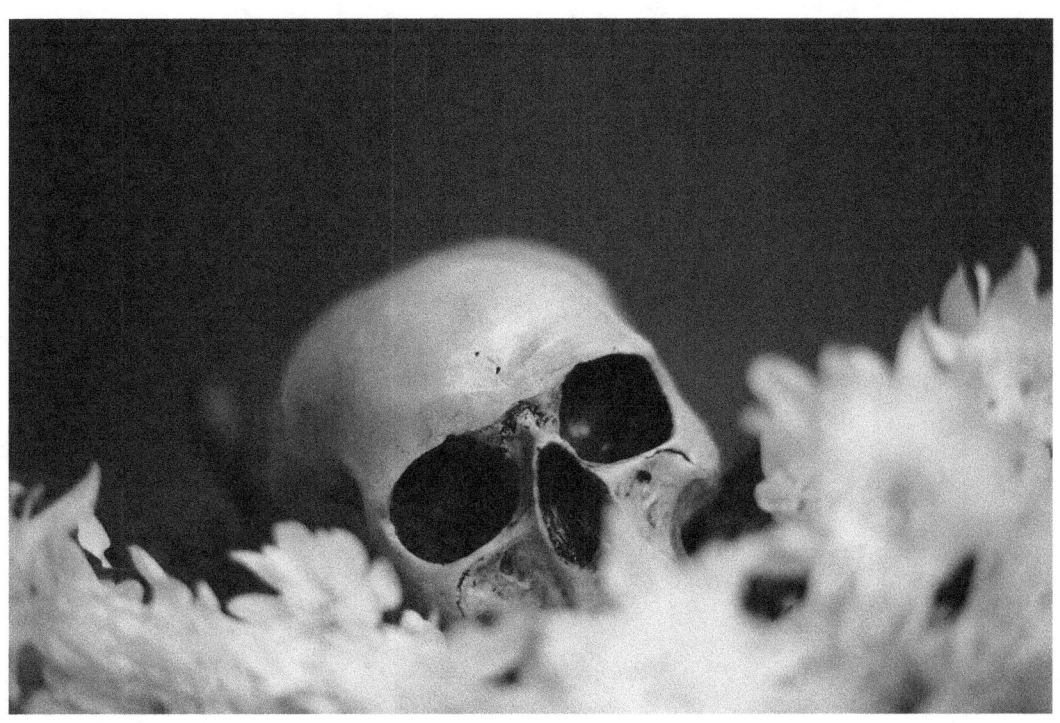

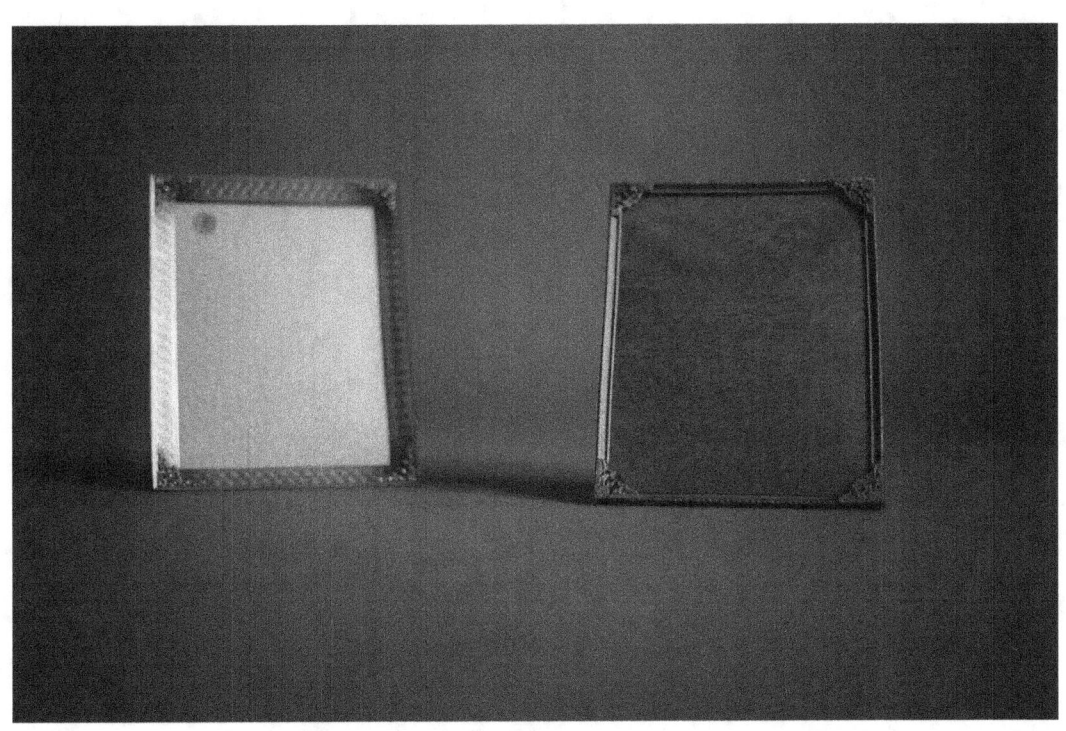

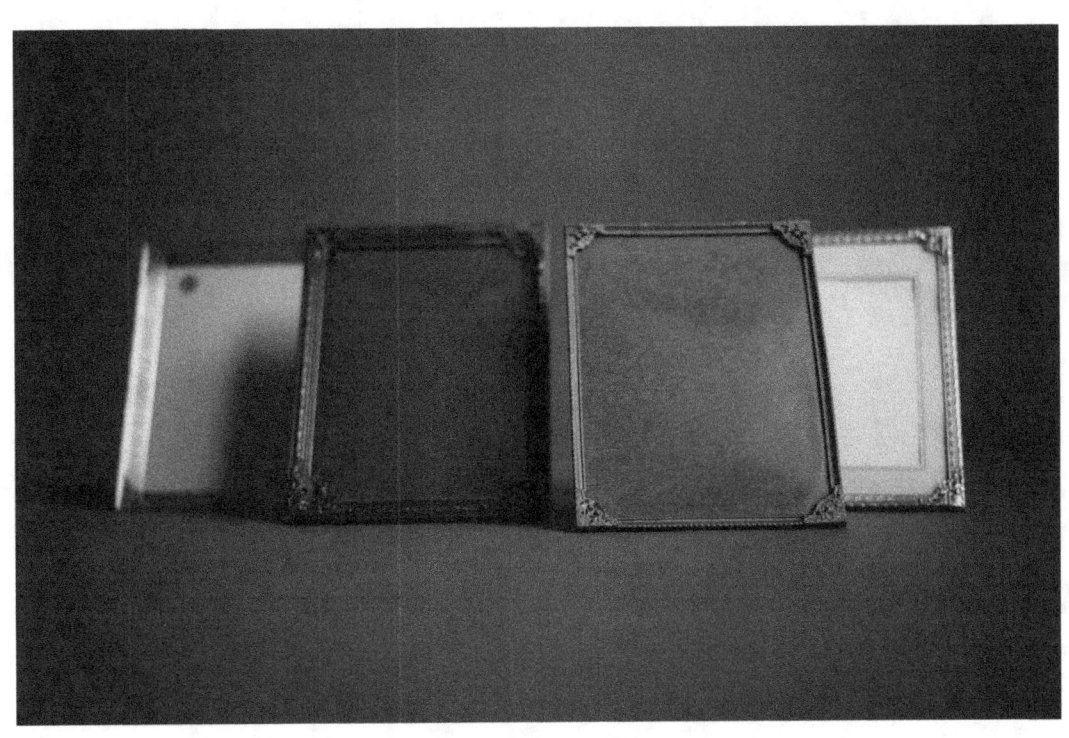

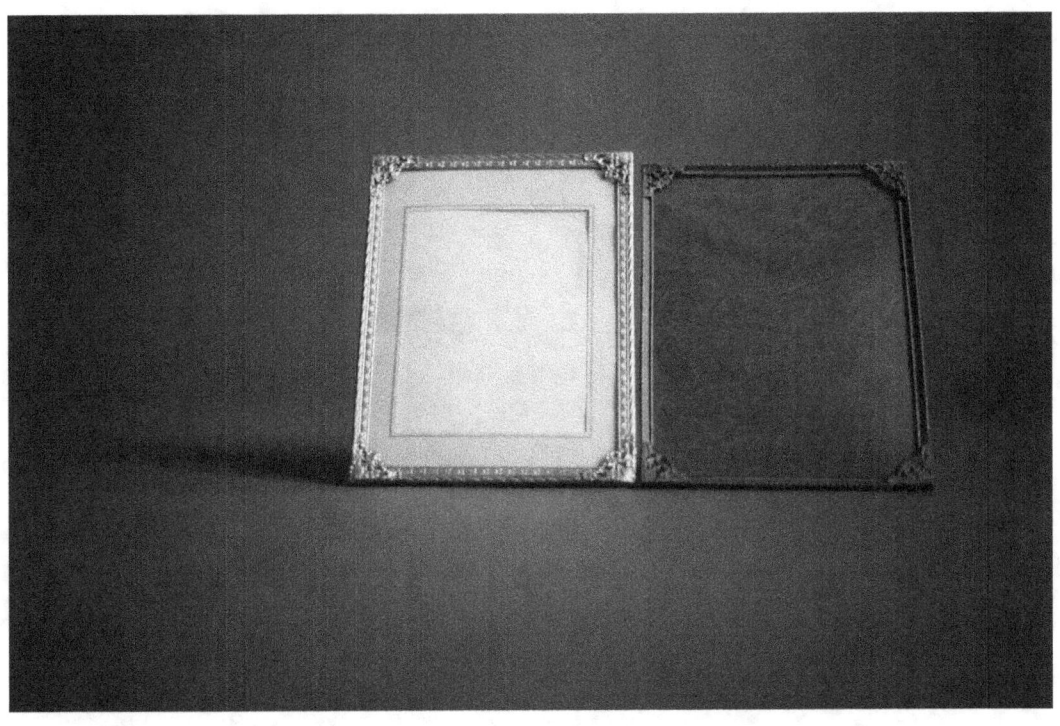

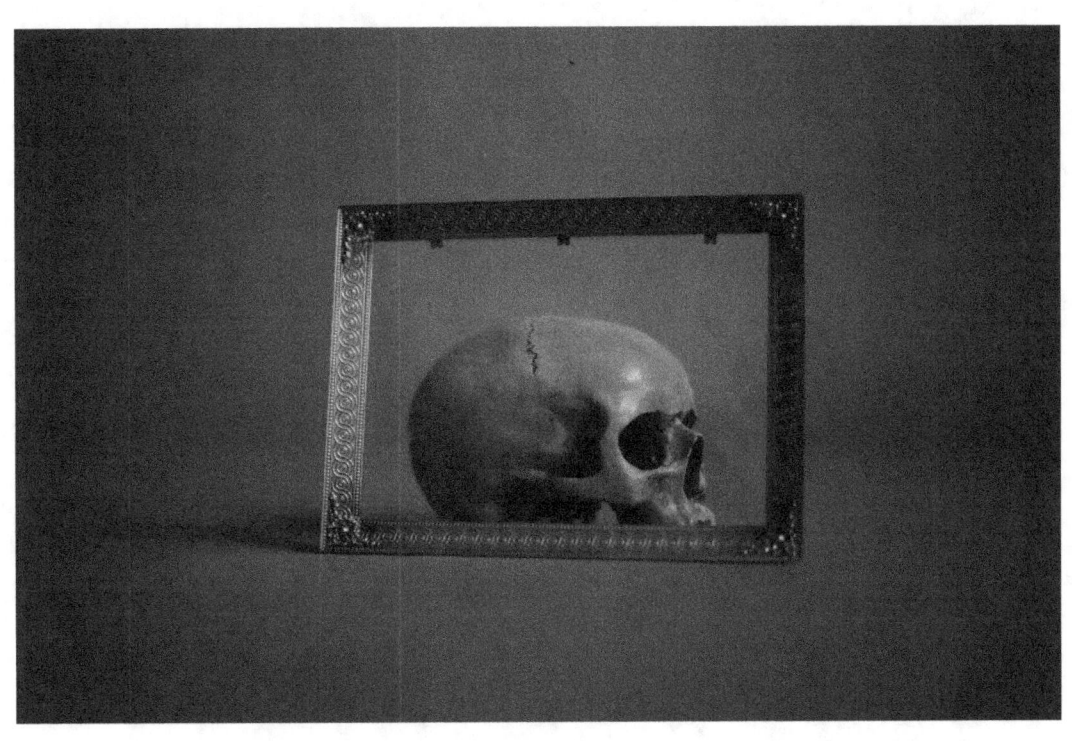
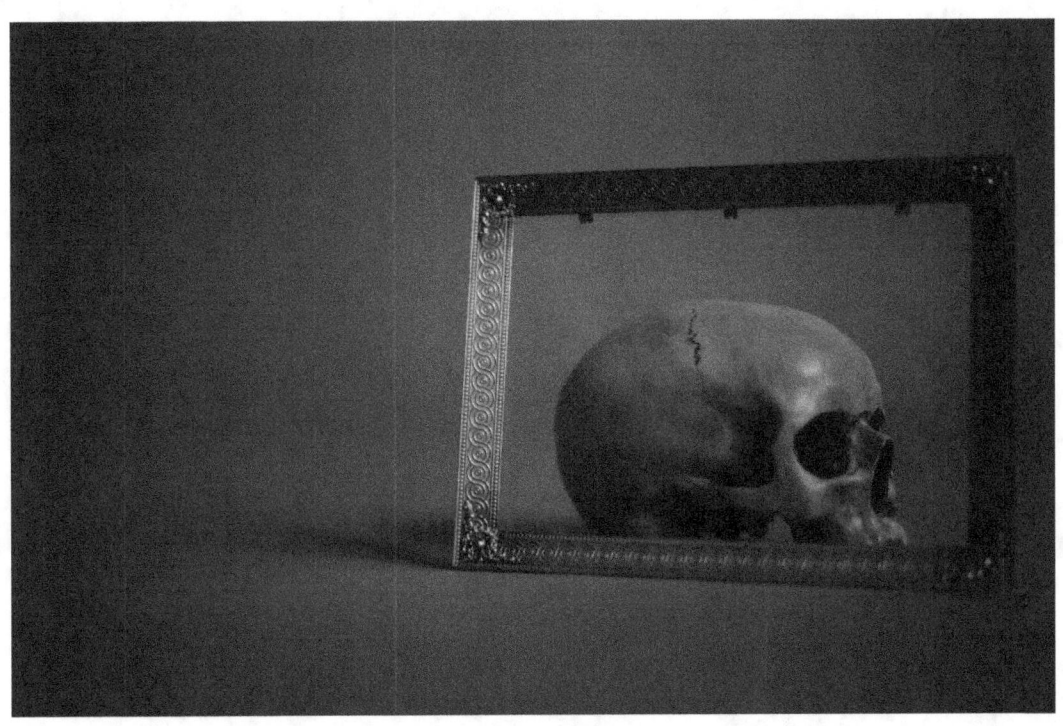

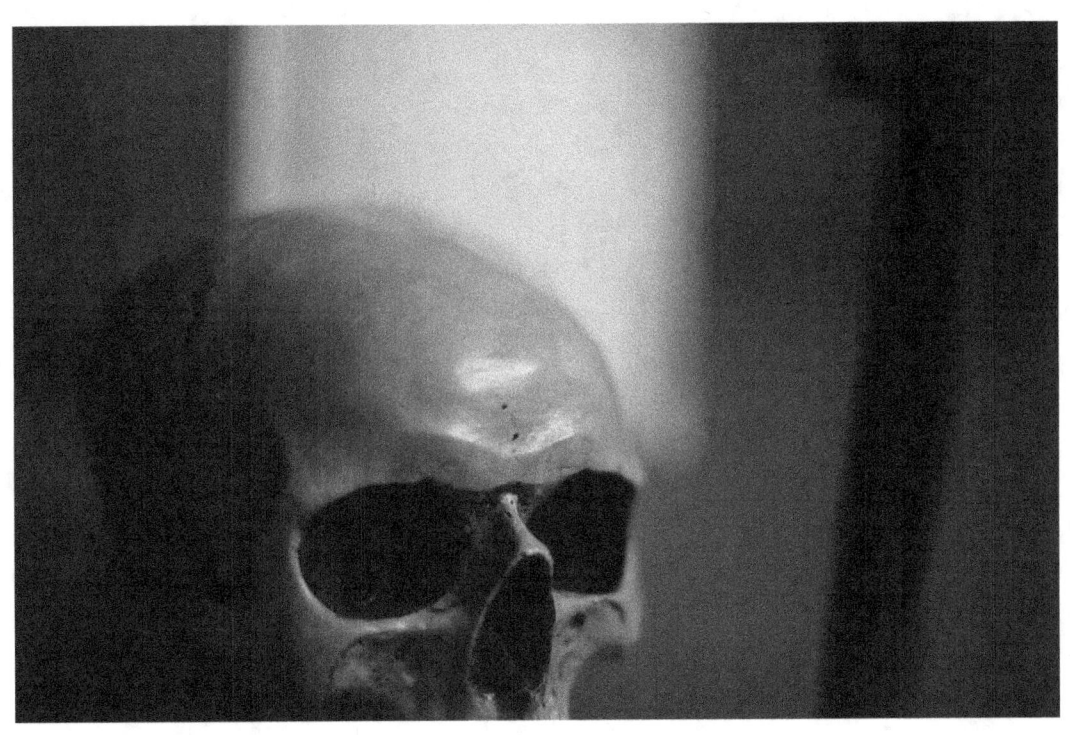
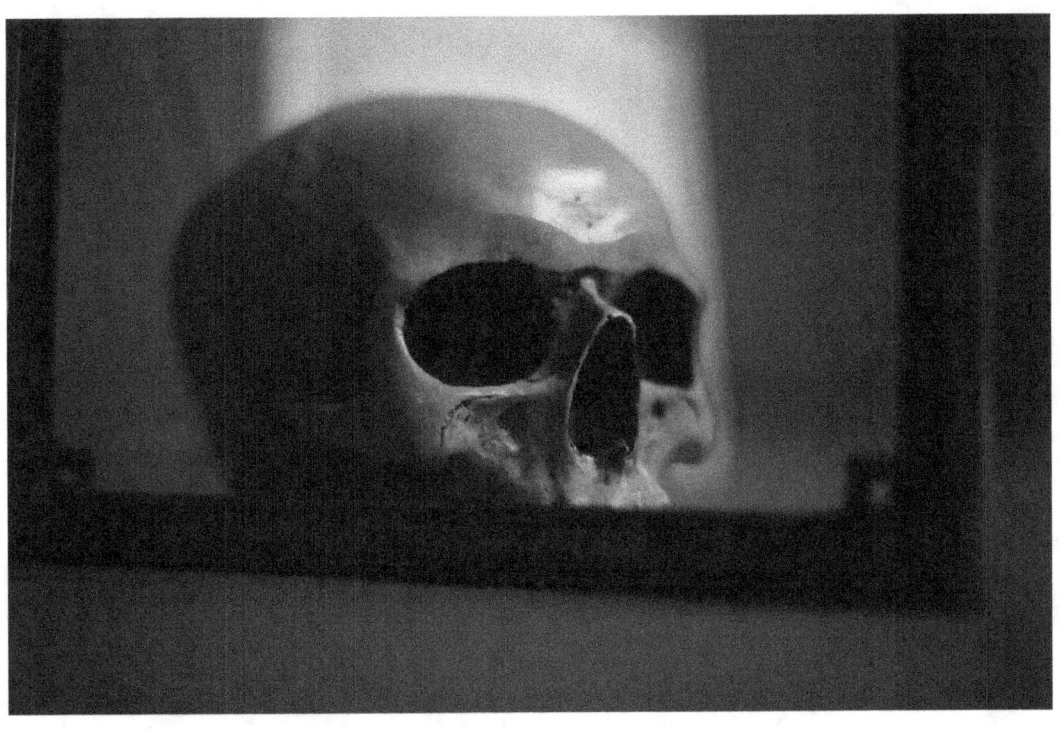

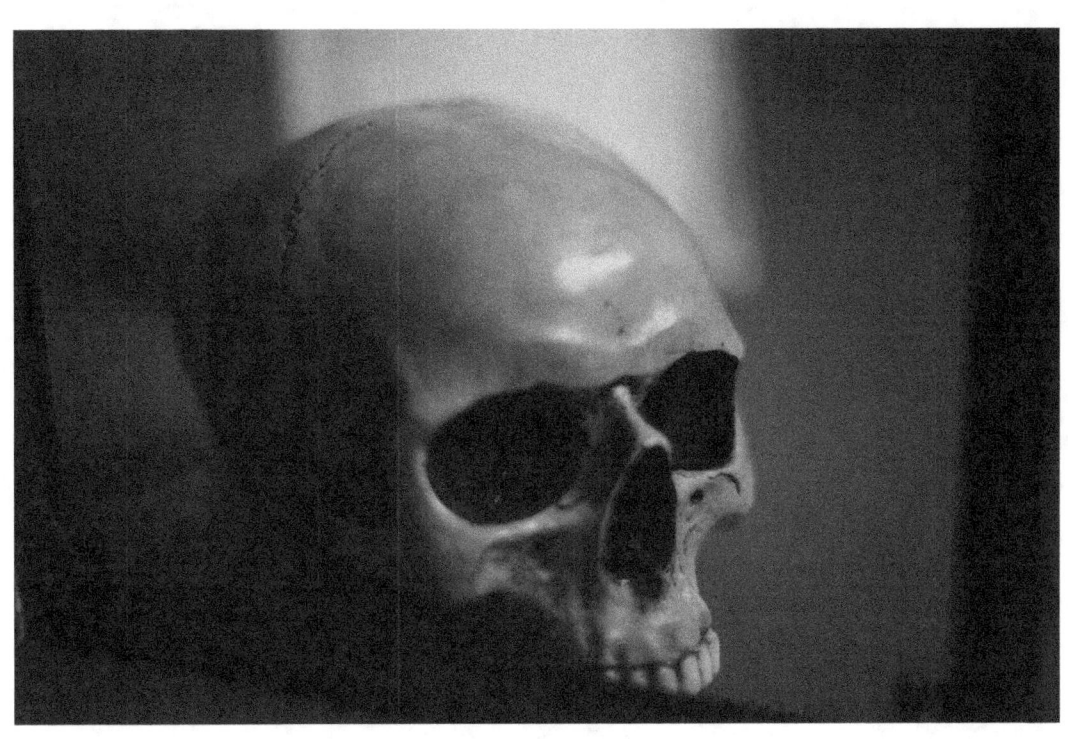

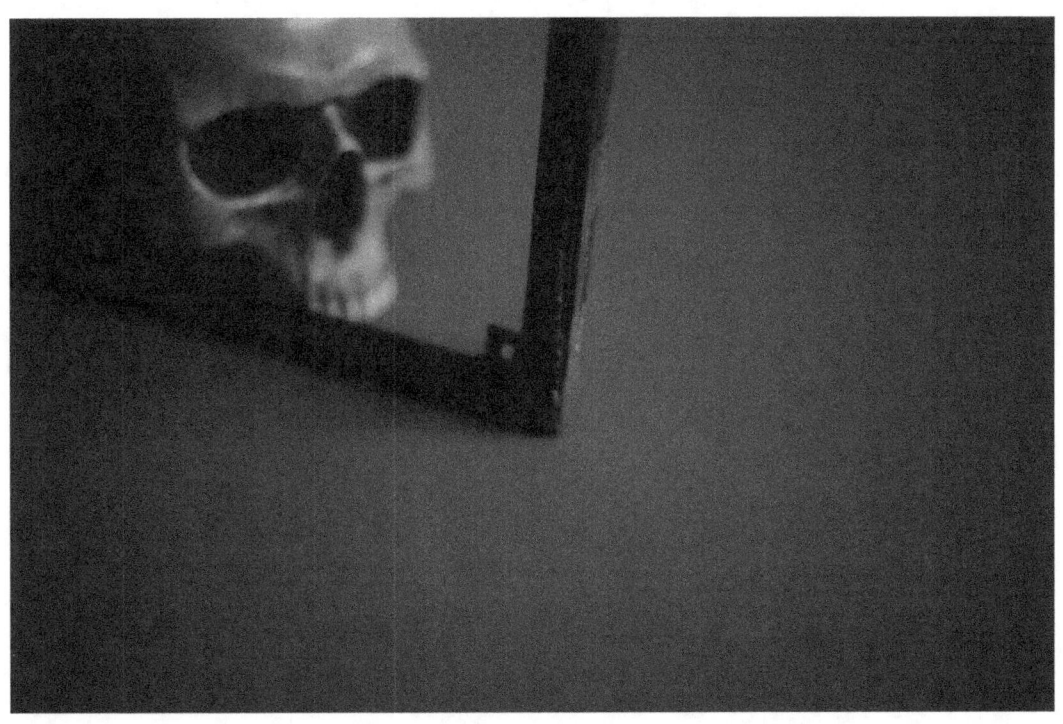

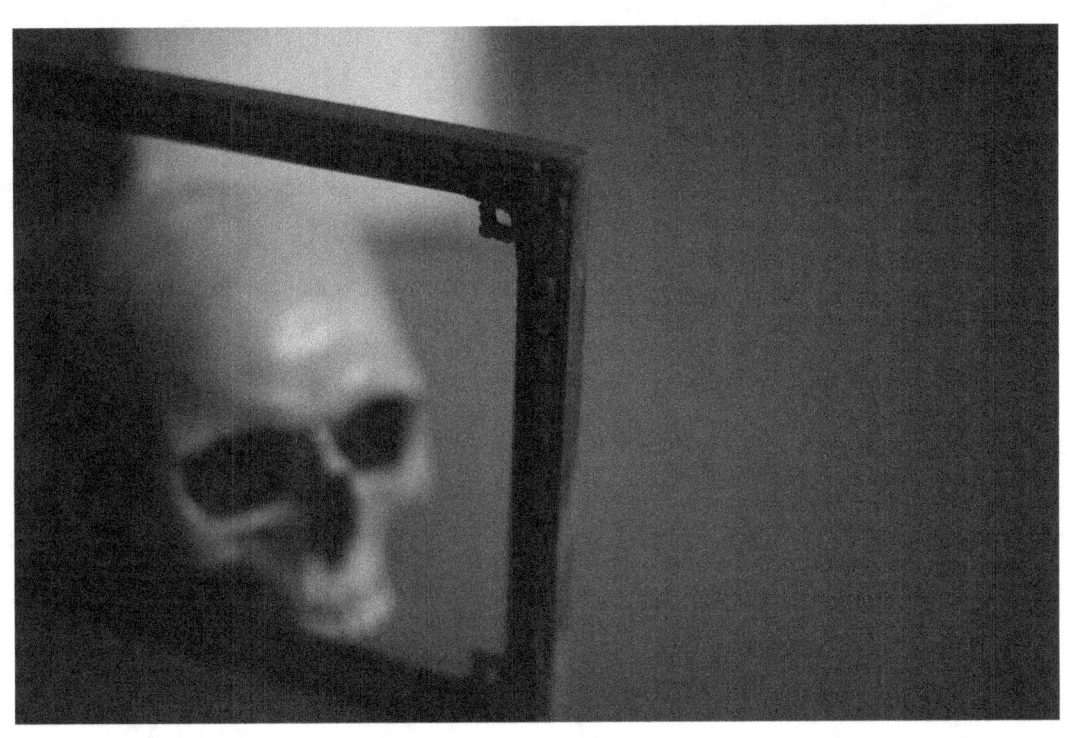

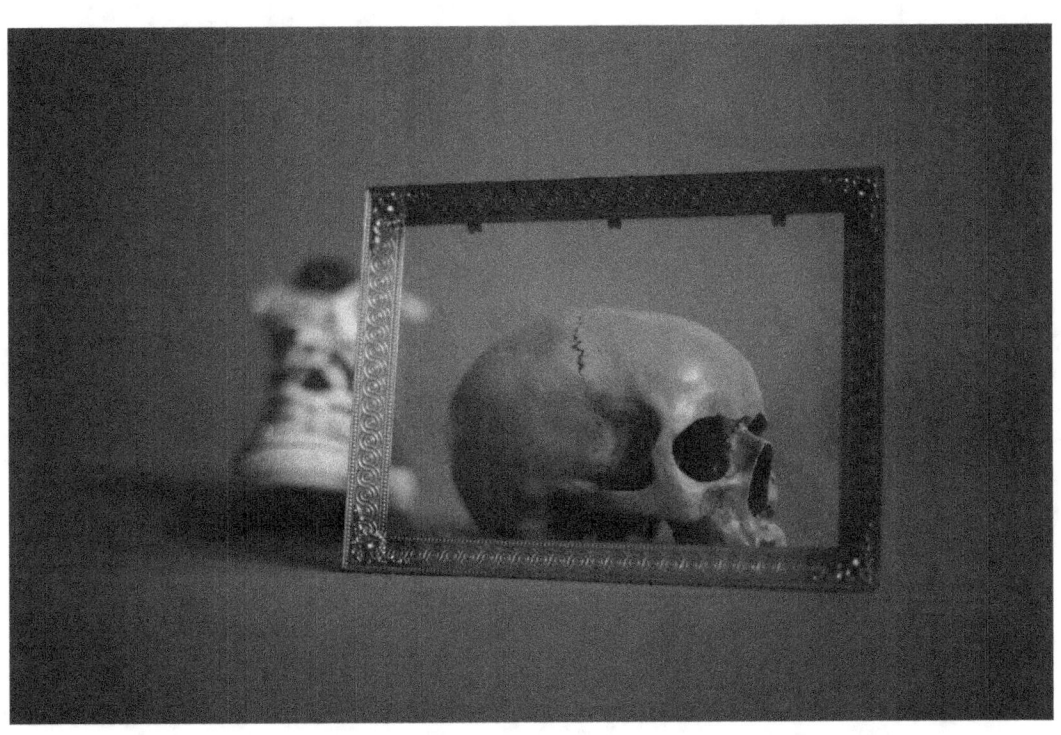

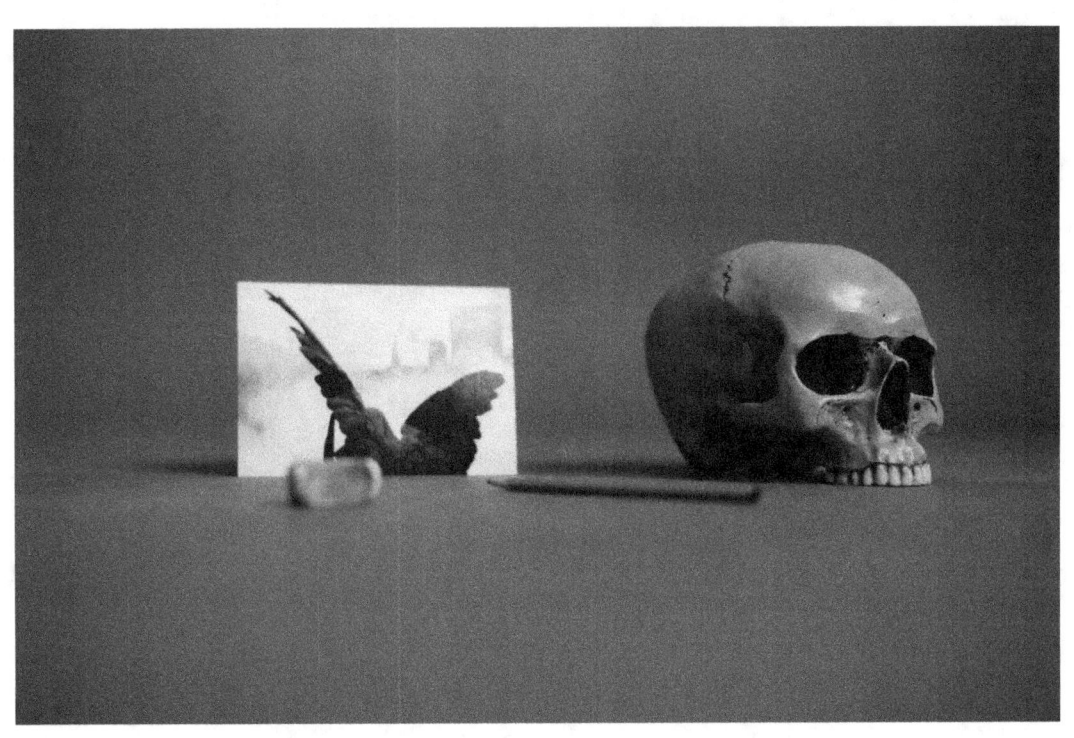

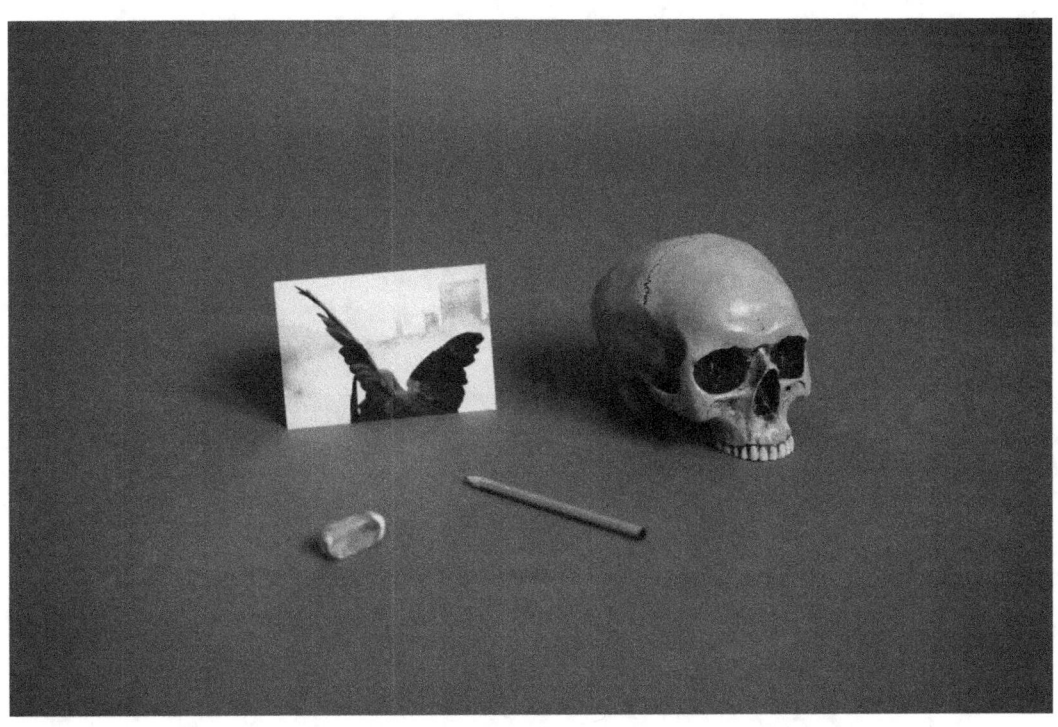

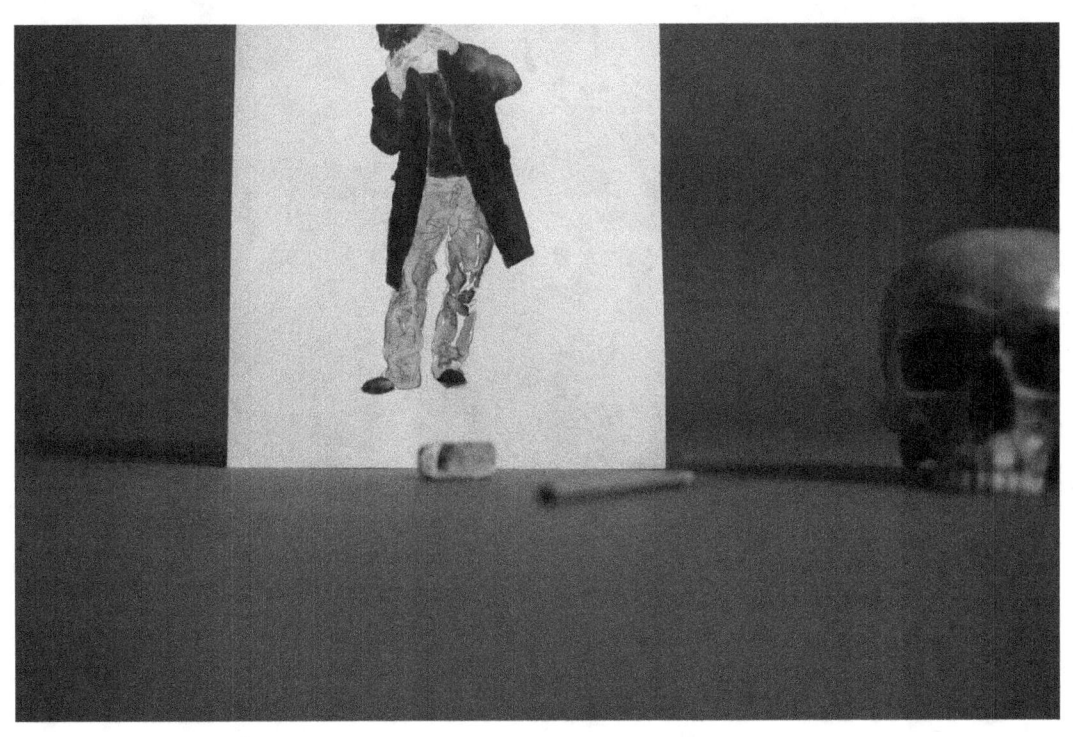

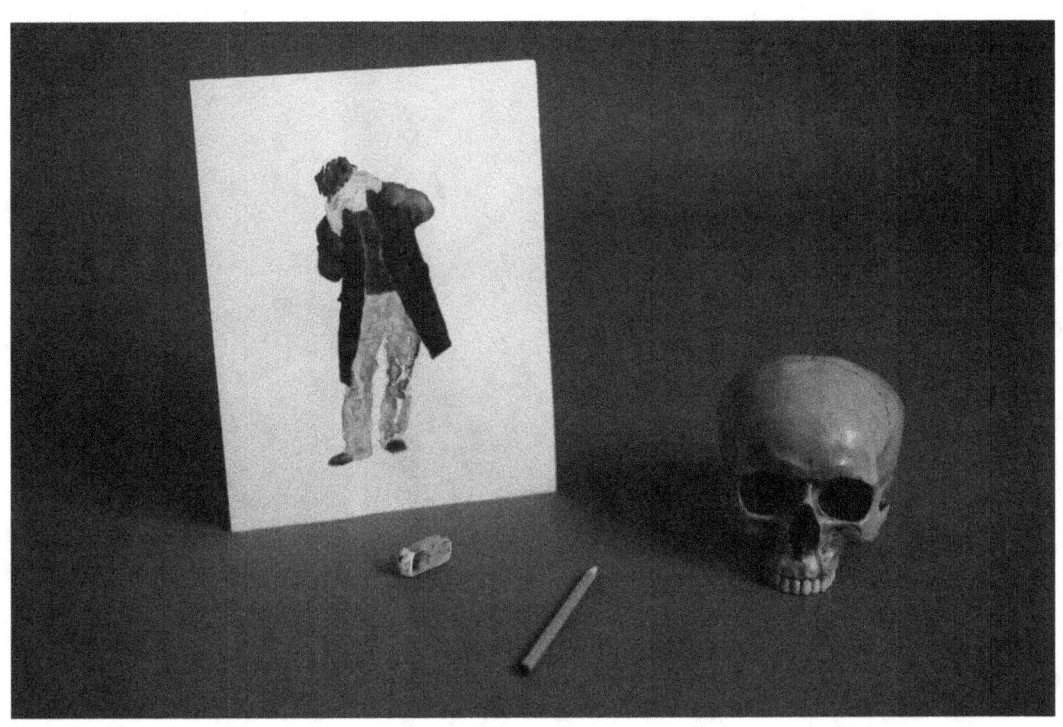

BEITRÄGE

APPUNTI DELL'ARTISTA

Notizen des Künstlers

von Alessandro Chiodo

Das, was wir als unsere Welt, unsere Umgebung bezeichnen, lebt auf und in unseren Gesichtern. Das Gesicht ist der Raum, in dem das, was ist, seine Realität verwirklicht.

Unser Ausdruck bestimmt das Geschehen mit. Er gestaltet die Ereignisse mit.

Unser Gesicht kann Frieden und Freude auf die Welt bringen. Es kann aber auch das Böse verbreiten. Der Betrachter ist in der Lage, etwas Unmittelbares aus uns zu begreifen, aber er wird nur anhand der Tiefe seiner Wahrnehmung und seiner Empathie wirklich verstehen. Die Bilder jedoch, die wir von Menschen aufnehmen, die sind unwissend.

Der porträtierte Mensch befindet sich in einer Konfrontation, einer Auseinandersetzung, mit sich selbst. Er nimmt wahr, dass sein Dasein irgendwie infrage gestellt wird. Er nimmt wahr, dass das Dasein nicht bloß eine Selbstverständlichkeit ist. Er ringt vor der Kamera mit sich selbst und wird später über sich selbst nachdenken und sich Fragen stellen. Er nimmt sich selbst wahr, manchmal vielleicht zum ersten Mal. Die Unwissenheit der Bilder heißt hier auch, dass die Bilder bloß Vermittler eines noch nicht entstandenen Wissens sind. Das Bild ist unwissend deshalb, weil nur der Mensch ihm Wissen verleihen kann.

Das Wissen ereignet sich in uns selbst, in dem Augenblick, in dem wir porträtiert werden. Es entwickelt sich, wenn wir die von uns aufgenommenen Bilder betrachten. Es ereignet sich auch außerhalb von uns, im Betrachter unserer Bilder.

In mancherlei Hinsicht ist auch der Mensch in sich unwissend, und nur in Berührung mit den Bildern wird er wissend.

Das Betrachten eines Gesichts ermutigt uns, keine Angst vor dem Leben zu fühlen. Ich bin ein Mensch voller Glaube und Enthusiasmus. Skepsis ist nicht mein Brot. Zynismus lehne ich ab. Angst vor dem Leben, vor der Zukunft, habe ich wirklich nur selten empfunden, wenn überhaupt. Viele, allzu viele Menschen, sind von der Angst vor dem Leben geprägt. Diese Angst entsteht in ihrem Inneren und ist allzu oft von außen gesteuert. Wer Angst vor dem Leben fühlt, eine tiefe und ganz abstrakte Angst, dem mangelt es oft an Vertrauen und Liebe, sowohl anderen als auch sich selbst gegenüber.

Oft sind wir in unserem Inneren kleinlich, sehr kleinlich. Der Skeptiker ist meistens ein Mensch ohne Fantasie: er verzichtet bewusst auf ein intensives Leben, weil er keinen Menschen liebt.

Mit den Porträts, die ich in diesem Buch zeige, möchte ich das Vertrauen im menschlichen Wesen erwecken. Diese Gesichter sprechen für sich selbst. Ich benötige keine aufwendige Inszenierung: alles ist da. Man muss nur in der Lage sein, es wahrzunehmen. Um es aber richtig wahrnehmen zu können, müssen wir frei von Skepsis, Zynismus und Eigensucht sein. Dagegen müssen wir reich an Vertrauen, Glauben und Liebe sein. Das Betrachten eines Gesichtes ermutigt uns, keine Angst vor dem

Leben zu fühlen.

Mit meinen Stillleben möchte ich im Betrachter ein Nachdenken über das mysteriöse Dasein der Dinge in ihrer Vielfalt auslösen.
Der Schädel und das Brot sind als konkrete und nicht spielerische Metapher zu verstehen, als Reflexion über das Leben.
Die Nachdenklichkeit einiger Bilder, in denen nur ein bzw. mehrere Rahmen gezeigt werden, zeigt dem Betrachter, dass das, was wir oft als real, lebend und konkret bezeichnen, nur eine Frage der Wahrnehmung ist.
Die Dinge und ihre Existenz überschreiten unser Denkvermögen. Nichts ist so, wie wir es uns vorstellen.
Ich möchte Bilder schaffen, deren Verständlichkeit und Beständigkeit jenseits unserer Vorstellungen liegen.
Die Beständigkeit ist nicht immer eine Frage der Zeit, manchmal eher des Raums.

Alessandro Chiodo *hat an den Kunstakademien zu Carrara und zu Venedig studiert. Seit mehreren Jahren ist er als Bildender Künstler in den Bereichen Malerei, Fotografie und Bildhauerei tätig. Seine Werke sind in verschiedenen eureupäischen Ländern sowie außerhalb Europas ausgestellt worden.*
Er hat zahlreiche Erzählungen und Gedichte sowie Artikel und Beiträge im Bereich Kunst und Kultur veröffentlicht.

SCULPTED BY LIGHT

by Carlo Salzani

1. I look at my portraits taken by Alessandro Chiodo and of course I don't recognize myself. Only part of the face emerges from the black background: one eye, one ear, the nose, half of the mouth, sometimes a hand (or part of it); hair and clothing blend into the night in various shades of grey. The light seems to fall from above, pauses for a moment on the temple, on the cheek, then descends on the neck and glides away to the right, towards the greys of the shirt, finally diving back into the dark. I posed for these portraits, and the gaze they return to me is unheimlich, uncanny, simultaneously familiar and foreign, strange. But isn't this true for every portrait? Or even every photograph? Even in the case of other, more luminous portraits, what these images ultimately throw back at us is a world that is certainly real, that says "I've been there," but at the same time is also artificial, construed, abstracted. It is not nature – or rather, it is "another nature," as Walter Benjamin noted long ago, not only because the photographs reveal an "optical unconscious" undetectable to the naked eye, but above all because they create a duplicate, second-degree reality. That is why photography is, for Susan Sontag, in its very essence a sur-realist art.

2. The portraits were taken in a studio, just like the other still-life compositions, and the studio isolates the subjects from their environment, adding thus a further degree of abstraction (even tough here the light is natural: no spot light, flash or other artifices). In a studio, as Richard Avendon said, the subjects become "symbolic of themselves," they shuffle off all those attributes, traits and properties that weight them down with the burden of a role, a story, an identity, and morph into something more

essential – a symbol. (And that's why he preferred to work there.) Is that the reason why I can't recognize myself in these pictures? One's "essence," in the end, is not something one can ever capture, even less in a flat, two-dimensional image; only the multiple gaze of the others could ever attempt to construe it over time. But I'm not so sure that it is my "essence" (or that of the other subjects portrayed) what these photographs intend to capture and present. They do not want – photography never does, even though it often pretends to – to immortalize the real, the "truth," the world "out there" as it is, but rather to make (that is, produce, as artisans and artists do), an image, an artifact. ("To make," and not "to take" a picture, would be the correct description of what photographers do, according to Anselm Adams.)

3. Moreover, these portraits, these pictures are in black and white, which is the very color of abstraction. If color photographs can still pretend to be simply descriptive and factual (though of course they're not), black and white photographs make explicit the subjective essence of the medium: by eliminating the distraction of color and reducing the subject to an ideal situation, the Manichean play of black and white interprets it personally, subjectively, suggesting rather than stating, elaborating rather than describing. Black and white photography is eminently conceptual, it reduces objects, faces, even landscapes to the dramatic intensification of chiaroscuro, to the contrast between the absence of light and its presence, between the absence of color (black) and its blinding fullness (white). And naturally to the entire palette of greys, the "color of theory" (Vilém Flusser). Black and white signifies a "semi-presentness," that is, the lack of full presence, and therefore a further distance between reality and images, adding to them an "aura" that color photographs don't present anymore. Benjamin described the aura as the

appearance of a distance, no matter how close the object may be, and it is this aura that simultaneously brings Chiodo's photographs near to the viewer and keeps them at bay.

4. This whole vocabulary – aura, distance, absence... – carries strong nostalgic overtones, and nostalgia is precisely one of the characteristics traditionally attributed to photography (especially black and white photography; that would explain, according to René Burri, the "cult" devoted to it). By fixing an instant and extracting it from the flux of time, photography freezes history and hides under a glossy patina the grim mask underpinning the whole human adventure: death. Indeed, an obsession with death seems to characterize all theorists of photography, from Susan Sontag and Roland Barthes onwards, who love to emphasize the ultimate sentimentality of the photographic enterprise as essentially a reminder of death (all photographs are a memento mori, wrote Sontag). And yet, Chiodo's photographs are neither sentimental nor nostalgic, and even when they portray a skull their subject is never death. Time is certainly there, as it is in every form of interpretation and in every art, but not in the guise of melancholic longing or pseudo-philosophical sappiness. To the contrary, the sobriety of the composition seems an attempt at reducing pathos to a minimum. It is true that black and white tends to bestow to the image a sense of pastness and thus of "classic," but here this fixity could also be read as a conceptual reduction to abstraction and timelessness – almost to a sculptural, plastic atemporality.

5. Cartier-Bresson argued that, with the invention of the camera, a division of territory took place between painting and photography, whereby

color was assigned to painting. One does not need to be a purist like Cartier-Bresson, however, to appreciate the fact that, if color photography is thus akin to painting, then another art can claim a metaphorical kinship to black and white photography, namely sculpture. And in fact this is the impression given also by Chiodo's photographs: that of sculpted forms. The light descends on faces, hands and cloths like a chisel, removing superfluous material and modelling volumes and hollows; contrary to the obvious flatness of color photographs, here the forms emerge more limpid, pure, the light almost achieves a return to three-dimensionality. Therefore, if in (good) color photographs the true subject is color itself, then here the subject is light, its playing with forms, volumes, lines and textures. ("Photo-graph," as John Herschel baptized the new art in the nineteenth century, means precisely an image made by light.) No essence to reveal, no secret to uncover, no "soul" to capture – no psychology! Chiodo follows the light as it caresses and shapes its subjects in a pure play of exteriorities. Hence the series of portraits, which do not aim at capturing something "true" and "intimate" about its subjects through a number of different perspectives and poses – they don't build up a narrative; they rather construe, in a number of playful chiaroscuro masks ("the mask is the meaning", wrote Barthes), what Italo Calvino, in his "Adventure of a Photographer," called the "total photograph": simply a bunch of fragments of private images – sculpted by light.

6. It is true, nonetheless, that these pictures too are a-historical, a negation of history (just as photography itself), but not in the sense of a morbid sentimentality, of a compulsion to "live the present as a future memory," as Calvino wrote about the so-called "Sunday photographers." Rather, as Giorgio Agamben suggested, they negate history by suspending it

and bringing it to a standstill: what every photograph captures is in fact Judgment Day – every day. The still frame makes every gesture essential, it confers to every pose the weight of a whole life; but this abstraction, far from petrifying the gesture into a lifeless rigidity, returns it to its potentiality, it renders possible once again what, in every instant, is about to get lost forever. In Chiodo's photographs, the light sculpts faces, hands, expressions and poses, consigning them to the absence of mystery of pure gesturality. Their time is the suspension of time of a demand of fulfillment that inhabits every instant.

Carlo Salzani *(geb. 1972) hat in Verona Philosophie studiert und in „Comparative Literatures and Cutural Studies" an der Monash-University in Melbourne (Australien) promoviert. Ein Alexander-von-Humboldt-Stipendium führte ihn nach Deutschland, wo er in Bonn, Tübingen und Münster gelebt hat. Carlo Salzani hat zahlreiche Essays und Beiträge über Walter Benjamin, Franz Kafka und Giorgio Agamben veröffentlicht und Werke von Walter Benjamin und Slavoj Žižek ins Italienische übersetzt.*
Weitere Veröffentlichungen:
Saramago's Philosophical Heritage, herausgegeben mit Kristof Vanhoutte (Palgrave, 2018). Aktuell arbeitet Salzani zusammen mit Felice Cimatti an einem Essay mit dem Titel „Animality in Contemporary Italian Philosophy".

DIE UNWISSENHEIT DER BILDER

Wie die Fotografie lebendige Kunst erschafft

von Larissa Ferro

Wenn wir über Unwissenheit sprechen, meinen wir meist die Abwesenheit eines tieferen Wissen und einer Kenntnis. Vielleicht assoziieren wir auch eine vermeintliche Ungekünsteltheit, Natürlichkeit und Ungezwungenheit. Die Schwarz-Weiß-Fotografien von Alessandro Chiodo jedoch sind aufgeladen von künstlerischem Ausdruck und Energie. Thematisch zeigen sie inszenierte Stillleben und Porträts von gewaltiger Lebendigkeit. Die Kenntnis und das künstlerisch-produktive Wissen des Künstlers mithilfe der Fotografie ein Werk zu schaffen, welches durch und durch als eigenständiges Kunstwerk zu betrachten ist und gleichzeitig vermag, die intensive Stimmung ohne jegliche Buntheit für den Betrachter zu traduieren.

Betrachten wir die folgende Abbildung, fühlen wir uns stark an ein sehr besonderes Zeitalter der Kunst erinnert. In der europäischen Kunsttradition beschreibt das Stillleben die Darstellung regloser Gegenstände. Die beabsichtigte Inszenierung verschiedenster Alltagsgegenstände und deren Gruppierung erfolgte nach bestimmten inhaltlichen und symbolischen sowie ästhetischen Aspekten. Die Vanitas-Darstellung ist ein besonderer Bildtypus des Stilllebens, in welchem die Vergänglichkeit betont wird. Ein besonderes Symbol der Vergänglichkeit ist der in den Vanitasstillleben stets wieder zu findende Totenkopf. Der Totenschädel ist ein sicheres Indiz für die Darstellung des Gedenkens an das Lebensende. Die künstlerische Fotografie von Alessandro Chiodo (Abb. 1) ist jedoch kein Stillleben, das sich allein als eine Art des Mahnmals verstehen lässt. Dezentralisiert nach links befindet sich ein Schädel. Er ruht auf einer ebenen Fläche. Stirn-, Nasen-, Jochbein und Oberkieferknochen wenden sich im Dreiviertelprofil zum rechten Bildrand. Die Augenhöhlen und die Nasenhöhle sind verschattet, sodass sie als schwarze Löcher erscheinen. Der Unterkieferknochen fehlt und so erweckt der Schädel den Eindruck, dass er sich in den flachen Untergrund festbeißt. Der Frontalknochen ist schwach beleuchtet und die unbunten Grauwertstufen der Fotografie erzeugen den Eindruck einer sachten und ruhigen, vielleicht einer gar andächtigen Atmosphäre. Links im Hintergrund befindet sich ein weiterer Gegenstand. Da er sich außerhalb des Fokus befindet, erscheint er unklar und verschwommen. Es ist ein gebrochener Laib Brot. Das Brot dient als Analogie des Lebens, der Nahrung und des Leibeswohls.

Alessandro Chiodo schafft hier eine tiefgehende und nachhaltig einprägsame Bildaussage. Eine Bildaussage, die in kraftvollem Spannungsverhältnis von Leben, präziser Lebendigkeit und Vergänglichkeit steht. Eine Thematik, die so präsent ist wie beinahe kaum ein anderes Thema in der Kunst und von Alessandro Chiodo auf diesem Foto mehr als nur eine Unterstreichung erhält. Zunächst die klare Betonung des Schädels im Vordergrund und des defokussierten Laibs Brot im Hintergrund. Beinahe entrinnt das Brot dem Auge und verliert sich im Hintergrund. Der nächste Aspekt der künstlerischen Umsetzung findet sich im Farbverlauf vom Hintergrund zum Vordergrund. Während die Unterlage, auf denen Schädel und Brot ruhen, durch einen mittleren Grauwert definiert ist, grenzt sich der Hintergrund im oberen Bildbereich in tiefem und satten Schwarz ab. Die klare Form, die Umriss- bzw. Gegenstandslinien und Struktur des Knochens werden betont. Ebenso auch die Augen- und Nasenhöhlen. Sie sind schwarz wie der obere Bildhintergrund. Eine Tiefe, die als Leere oder Abwesenheit gedeutet werden kann. Die Abwesenheit der Sinne, die dafür verantwortlich sind, die Speise im Hintergrund wahrzunehmen und zu erfassen: So sind die schwarzen Augenhöhlen blind und die schwarze Nasenhöhle zeugt von Anosmie. Das unscharf dargestellte Brot im Hintergrund wird fast poetisch gegen das Hauptmotiv abgesetzt. Die schwarz-weißen Abstufungen wirken hier keinesfalls ‚nur grau' - im Gegenteil: Die Farblosigkeit ist dafür verantwortlich, dass im Bild eine identitätstiftende Stimmung entsteht, die eine mentale Farbigkeit beim intensiven Betrachten hervorruft.

Nähert man sich einer Interpretation dieses sehr symbolischen Elements und seiner Darstellungsweise, so liegt natürlich die Ähnlichkeit zu den großen flämischen Meistern der Stillleben nahe. Es sei jedoch betont, dass es bei Alessandro Chiodo wohl kaum um eine Nachahmung oder Gleichgestaltung selbiger geht. Der Betrachter weiß zwar um den Bildgegenstand dieser Fotografie, dennoch erleben wir hier eine künstlerische Neuinszenierung und blicken auf ein Fotowerk, das sich vielfältig, mehrschichtig und vor allem schöpferisch geistreich zeigt.

Die Schwarz-Weiß-Fotografien von Alessandro Chiodo unterliegen zweifelsohne dem FineArt-Gedanken. FineArt als fotografische Passion und als eine eigene Kunstform. Hier umgesetzt durch den feinfühligen Umgang mit der Materie und der Intention, herausragende Qualität zu schaffen. Es sind Kunstfotografien, die vom Fotografierenden als Kunstwerke angefertigt werden und eine kreative Vision sowie einen deutlichen kreativen Prozess erkennen lassen.

Zudem lassen Chiodos Fotowerke eine besondere, objektive Realität erkennen, die durch symbolhaltigen Kreativtechniken den schöpferischen Prozess des Fotografierens als Kunstwerk ebenso würdigt, wie das Ergebnis selbst als künstlerische Vision und Ausdruck verstanden wird. Bemerkenswert dabei ist seine imposante Verschmelzung bekannter Symbole in einer unkonventionell dargestellten Art, die den Betrachter dazu auffordert, sich mit dem Gesehenen und seinem Wissen über Bilder auseinanderzusetzen. Eine Frage, die dieser Aufforderung folgt, kann also lauten: Wieviel Wissen über Bilder beherbergt der Rezipient und welcher Anteil davon ist eigentlich der Unwissenheit seiner selbst geschuldet? Die intensive Stimmung, die sowohl durch Bildmotiv, Komposition und farbige Einschränkung entsteht, lenkt den Blick des Betrachters auf sehr achtsame Art. Die Möglichkeit, Wissen und Nicht-Wissen zumindest zu hinterfragen.

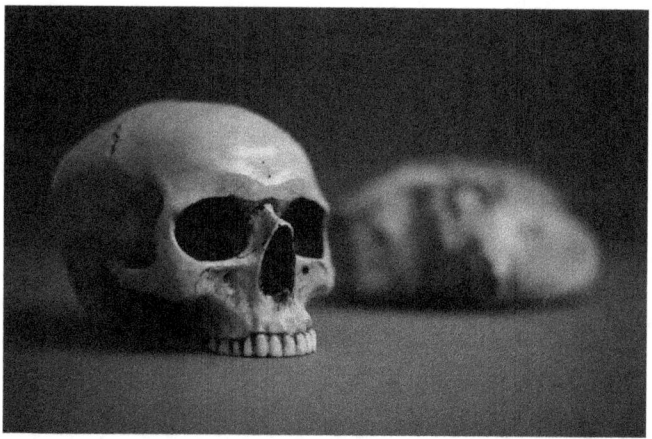

Wenn von einer ‚Unwissenheit der Bilder' in Chiodos Fotografiewerken die Rede ist, sehen wir sie als Aufforderung an den Betrachter, sich durch den visuellen Reiz des Werkes mit seinem Wissen neu auseinander zu setzen und zu fragen, was wir wirklich sehen und was wir sehen wollen. Denn die (vermeintliche) Unwissenheit der Bilder impliziert einen inhaltsreichen und aussagekräftigen Schatz an Impulsen, für ein kreatives Betrachten und offenbart dank der Farbabwesenheit die imposante Kunst - tiefgründig und nachhaltig meisterhaft.

Larissa Ferro *(geb. 1988) lebt als freie Kunsthistorikerin, Museumspädagogin und Kunstvermittlerin der Städtischen Galerie in Bietigheim-Bissingen. Sie hat Kunstgeschichte, Berufspädagogik und Erziehungswissenschaften an der Universität Stuttgart studiert. Nach einer Weiterbildung an der Hochschule der Medien Stuttgart gilt ihr besonderes Interesse zeitgemäßen Konzepten wie Social-Media-Management und Cross-Media-Production. Ein inhaltlicher Schwerpunkt bildet dabei Storytelling als Konzept aus visueller, auditiver und ästhetischer Kommunikation als strategische und operative Methode der Wissensvermittlung im musealen Raum.*

JENSEITS DER EFFEKTE

Die entfremdete Wirklichkeit der Portraits von Alessandro Chiodo

von Dieter Jaeschke

Wenn ich mich durch die Instagram-Stories meiner jungen Freundinnen und Freunde klicke, staune ich manchmal über die faszinierenden Effekte in einigen Fotos. Da strahlen makellose Gesichter in die Smartphonekamera, während die Umgebung im honiggelben Licht des Sonnenuntergangs unscharf verschwimmt. Da wird ein alter Polo mit Dortmunder Kennzeichen auf einer staubigen Landstraße bei Soest ins Gegenlicht platziert und so zum verheißungsvollen Fluchtfahrzeug in Richtung von Freiheit und Abenteuer inszeniert. Wie machen die das bloß?, habe ich mich oft gefragt und die Antwort schon geahnt, denn manche posten unter Fotos auch den nonchalanten Kommentar „#nofilter".

„Kuschelig". „Blüte". „Evergreen". „Nostalgie". So und ähnlich heißen die Filter, mit denen die Jungen ihre flüchtigen Momentaufnahmen pimpen, mit einem Fingertipp nur, manchmal beeindruckend, manchmal ungewollt komisch. Auch der Filter „Sternenstaub" macht nicht aus jedem Nordstadtgesicht eine Maria Grazia Cucinotta.

Auf den Portraits von Alessandro Chiodo sehe ich von all diesen Effekten... nichts.

Ich sehe Gesichter in Schwarz-Weiß, beleuchtet allein vom Tageslicht. Beim Betrachten der Bilder erinnere ich mich an meine ersten Fotos als junger Reporter bei der WAZ in Hattingen. Udo, der festangestellte Fotograf, hatte mir beigebracht, wie man im Labor Filme entwickelt und Bilder abzieht. Das entlastete ihn bei den zahlreichen Terminen am Wochenende. Was für ein

Erfolgserlebnis, es zum ersten Mal geschafft zu haben, in absoluter Dunkelheit einen Film aus der Kamera in die Dose zu bugsieren, dann scharf riechende Flüssigkeiten dazu zu geben – und nach ein paar Minuten einen Negativstreifen zu erblicken, auf dem man tatsächlich betrachten konnte, was man kurz zuvor auf einem Termin abgelichtet hatte. Geradezu stolz war ich, als später unter dunklem roten Licht auf den belichteten Abzügen im Entwicklerbad Konturen aller Graustufen zu echten Fotos heranreiften. Das war Mitte der Neunziger, im Radio der Dunkelkammer liefen Bob Dylans „Knockin' On Heaven's Door", gesungen von Guns 'n Roses, und „I promised myself" von Nick Kamen. Es roch unangenehm nach den Chemikalien aus den weißen Ilford-Flaschen. Und der einzige Effekt, den man per Hand zu erzielen vermochte, war, mit einem runden Stückchen Pappe, das an einem Drahtteilchen befestigt war, das Licht in einigen Bereichen des Motivs zu verstärken oder abzuschwächen. Es war Fotografie als Handwerk im eigentlichen Sinne.

Alessandro Chiodo verwendet keine Filter, zaubert später nicht stundenlang am Rechner mit Photoshop. Er setzt allein auf die Wirkung des Tageslichts, das auf die von ihm fotografierten Gesichter fällt. Die puristische schwarz-weiße Zweidimensionalität entrückt die Menschen ihres alltäglichen Zusammenhangs. Sofort fragt sich der Betrachter, wer oder was der- oder diejenige sein könne. Im Leben. Als Mensch. Im Job. Vermutlich keine Models, dazu entsprechen die meisten der Abgebildeten zu wenig dem vom Mainstream vorgegebenen Schönheitsidealen aus Werbung und TV. Allesamt aber könnten Schauspieler sein. Charakterköpfe, wohin man schaut. Die Schwarz-Weiß-Aufnahmen offenbaren nämlich eine andere Form der Schönheit, die Schönheit des Individuums. So könnten die Fotoserien aus einer Castingdatei stammen. Oder aus einer Bewerbungsmappe für die Schauspielschule. Gianni *), nachdenklich, heiter, erstaunt. Hat er drauf, keine Frage! Marie als glückliche Frau, die gerade einen Heiratsantrag erhalten hat, überglücklich. Gebucht! Carlo, mit Latin-Lover-Potenzial, in die Kamera blickend, verwegen. Passt, als neuer Commissario in der vierten Staffel von „Gomorrha"! Schon diese ersten Assoziationen verdeutlichen: Diese Bilder sind Kunst, da sie den Betrachter auf vielfältige Weise ansprechen. In der unvermeidbaren Interaktion zwischen Bild und Betrachter manifestiert sie sich bereits, die Kunst. „Bilder, Fotografien enthalten immer viel mehr Unvorhergesehenes als Erzählungen überhaupt enthalten können, wo jedes Element eine Funktion hat", schreibt der streitbare Kulturwissenschaftler Helmut Lethen in seinem Buch „Der Schatten des Fotografen. Bilder und ihre Wirklichkeit" (Rowohlt 2014). Und natürlich wirft auch Alessandro Chiodo einen Schatten auf die von ihm portraitierten Menschen. Er inszeniert eine Wirklichkeit, die wie bei seinen gemalten Frauenköpfen viel Raum lässt für Interpretation und Assoziation – eine verfremdete Wirklichkeit also, die mit der Realität der Abgebildeten nichts zu tun haben muss. „Die Fotografie nagelt jeden in seiner Verlassenheit und lässt ihn da", schreibt Lethen weiter. „Das sind eingefrorene Momente, aber die Erzählung kann diese Momente wieder in Fluss und in Zirkulation bringen."

Ich blicke auf Lisa, kennengelernt im wahren Leben habe ich sie nie. Eine freundliche, optimistische Frau blickt mir entgegen, ein wenig schelmisch. Auf den ersten Blick ist sie mir schon sympathisch. „Schau nachdenklich", wird ihr Chiodo beim Shooting zugerufen haben, „und leg die Wange auf deinen Finger!" Und doch wirkt die Geste ein wenig künstlich,

„das ist nicht die echte Lisa", scheint mir dieses Portrait zu sagen. Ganz authentisch empfinde ich sie auf einem anderen Motiv, beim Nachdenken. Fast scheint ein wenig Verzweiflung in diesem Moment mitzuschwingen. Auf einem weiteren Bild blickt mich Lisa mit ihren großen Augen an, das Kinn ist leicht auf ihre Hand gestützt. Ich sehe ein wenig Müdigkeit um ihre Augen, kann ahnen, wie viel Kraft sie der Alltag zuweilen kostet. Ist das nun wirklich Lisa? Die wahre Lisa? Ein echter Aspekt ihres Alltags? Oder doch nur eine Assoziation, ein Eindruck?

Was ist Kunst, was ist Wirklichkeit? „Die Fotografie ist eine hochgradig codierte Transformation des Realen", hat Hubert Damisch schon 1963 in seinen Fünf Anmerkungen zu einer Phänomenologie des fotografischen Bildes festgestellt. Nur die Bilder selbst, sie bleiben... unwissend.

*) *Die Namen der Protagonisten sind fiktiv; gemeint sind aber durchweg Portraits dieses Buches.*

Dieter Jaeschke *(geb. 1969 in Hattingen an der Ruhr) lebt als freier Journalist in Dortmund. Er schreibt seit seinem 17. Lebensjahr für Tageszeitungen, lange Zeit für die Westdeutsche Allgemeine (WAZ), seit 2016 für die Ruhr Nachrichten. Dieter Jaeschke hat Italianistik und Geschichte in Bochum und Florenz studiert und veröffentlicht im Reiseteil der Süddeutschen Zeitung. Während seiner beruflich veranlassten Auslandsjahre als Koordinator für das Deutsche Sprachdiplom (DSD) in Mexiko und in Rumänien erschien bei Dotbooks in München sein Lesebuch „Italienische Reisen" (2013).*

DAS GESICHT, DIE AUGEN, DIE SEELE

von Teo Alexander Fabian

Der Mensch ist ein Komplex, der aus vielfältigen Merkmalen zusammengesetzt ist. Im Laufe der Zeit verändert sich das Individuum, seine Eigenschaften werden jedoch meist dauerhaft zu erkennen sein.

Im Laufe unseres Lebens lernen wir, dass die Identität ein Konstrukt ist, das uns lebenslang charakterisieren, begleiten wird. Die Identität besteht aus physischen und geistlichen Attributen, die zur Erkennung, zur Identifizierung des Menschen beiträgt. Manchmal wird unsere Identität von anderen, auch von uns selbst, in Frage gestellt. Warum? Der menschliche Körper sowie auch unsere Einstellungen, unser Gesicht, sind nicht zeitlich beständig - eine Tatsache, die zur Verunsicherung des Individuums führt.

Die Fotos, die Porträts bilden einen Moment, ein Erlebnis, eine Äußerung ab. Ein kurzer Augenblick wird somit lebenslänglich verhaftet, indem er den Menschen in seiner Einheit darstellt. Diese „Verhaftung" der menschlichen Ganzheit spiegelt sich in meinen Augen auch in Alessandro Chiodos Porträts wider.

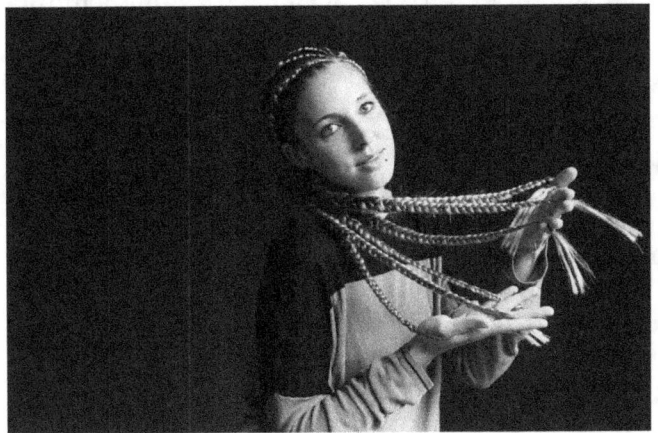

Man glaubt, dass die Augen ein Spiegel der Seele sind, dass sie durch ihre Einzigartigkeit uns von anderen Menschen unterscheiden, dass sie unsere Gefühle reflektieren.

Das Foto links ist dafür ein beeindruckendes Beispiel. Schwarzweiß steht symbolisch für Sachlichkeit, Ernsthaftigkeit. Obwohl die reduzierte Farbenbeziehung den Eindruck dominiert, werden durch eben jene Reduktion die wesentlichen Merkmale des Subjektes in den Vordergrund gebracht. Die Augen gewähren uns einen Blick in die Innere Welt der rätselhaften Frau. Die Expressivität prägt das Image. Die Augen sind nicht nur Ermittler, sondern sie verknüpfen die Innere Welt der Frau mit den Einstellungen, mit der inneren Welt der Betrachter. Es ist, als würde eine seelische Verbundenheit generiert, die den Betrachter zur gefühlsbetonten Interpretation einlädt. Die Figur der Protagonistin erinnert an eine Art Mayakönigin. Der Blick ist imposant, gebietet Respekt, schafft aber auch Vertrautheit, birgt Gewogenheit, Mitgefühl und Freundlichkeit gegenüber dem Angeblickten.

Das zweite Porträt stellt dem Publikum eine andere Hypostase der „Mayakönigin" vor. Ihre zuvor ernsthafte Abbildung wird um eine spielerische Dimension erweitert. Das Haar wird vom Schmuck zum Spielzeug, wobei ihre Augen Jovialität, Gutherzigkeit und Empathie widerspiegeln. Auf der anderen Seite erinnert uns die Schönheit und die Haltung der Protagonistin an die Nixe Loreley, da ihr Haar mehr als ein Merkmal ist, durch ihre Haltung wird es geradezu zu Geschmeide. Diese Vorstellung ist besonders suggestiv, da eine Parallele zwischen den beiden weiblichen Figuren herangezogen werden kann. Die Ästhetik der Nixe wird durch das Syntagma „ihr goldenes Geschmeide blitzet, sie kämmt ihr goldenes Haar" versinnbildlicht, eine Imagination, die auch der Mayakönigin würdig wäre, da ihr natürliches Geschmeide ihre Schönheit symbolisiert.

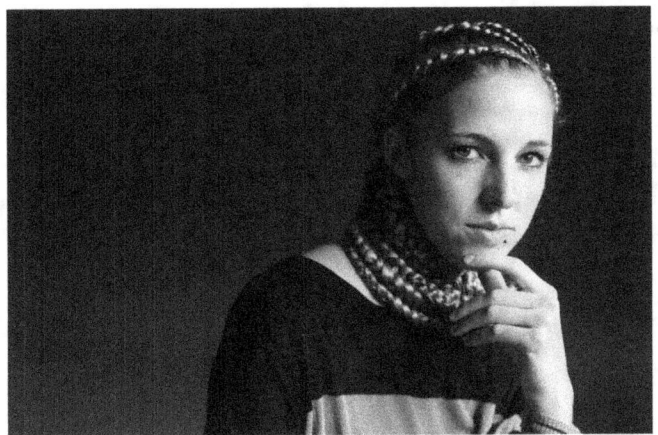

Die zwei Fotografien von Alessandro Chiodo stellen die Unterschiede zwischen menschlichen Etappen dar. Während uns das eine Bild eine spielerische Dimension, die Kindheit, die Spielfreude, Gutherzigkeit und Empathie vor Augen führt, steht das andere Porträt für Ernsthaftigkeit, Geheimnis, Maturität.

Die Menschen sind der Zeit untergeordnet, eine Tatsache dies, man denke nur an den Alterungsprozess. Doch die menschliche Seele entzieht sich dieser Abhängigkeit, nur die materielle Komponente der Individuen sind dem Alterungsprozess unterworfen. Die Menschen haben das Recht, sich so alt zu fühlen wie sie möchten, das zu machen, was ihnen gut tut. Der Mensch muss sich nicht der äußeren Zeitordnung unterwerfen, er sollte aber seiner Seele treu sein, seiner Identität. Das ist wohl die Message, die Botschaft der Porträts von Alessandro Chiodo. Sie erinnern uns daran, dass wir unserem Inneren Ich folgen sollen, dass wir den Moment genießen sollen. Dass wir uns lieben sollen.

Das bringt mich zu der faustischen Äußerung: „Augenblick, verweile doch, du bist so schön."

Teodor-Alexander Fabian *(geb. 1998 in Bukarest) hat an einer der renommiertesten Schulen Rumäniens, dem Deutschen Goethe-Kolleg Bukarest, sein Abitur abgelegt. Er entdeckte früh sein Interesse für visuelle Kunst und Fotografie. Er studiert Publizistik und Kommunikationswissenschaften in Wien.*

URHEBERRECHTE

Alle Rechte vorbehalten. Diese Publikation einschließlich aller Teile ist urheberrechtlich geschützt. Jede Verwertung außerhalb des Urheberrechtsgesetztes ist ohne Zustimmung der Herausgeber unzulässig und strafbar.

© für die Werke von Alessandro Chiodo:
VG Bild-Kunst, Bonn 2018.

Weitere Informationen über den Künstler sind unter
www.alessandro-chiodo.de erhältlich